Julia Naunin

Klang, Bewegung und Theater

Die Wahrnehmung des Akustischen am Beispiel von zeitgenössischen Theateraufführungen

Julia Naunin ist Theaterwissenschaftlerin und Dramaturgin in Bochum und arbeitet an der Ruhr-Universität. Sie promovierte am Institut für Angewandte Theaterwissenschaft der Justus-Liebig-Universität Gießen. Neben freien dramaturgischen Arbeiten publiziert sie zu Klangkunst und Performance. Naunin unterrichtete an der Hochschule für Gestaltung Offenbach mit Schwerpunkten in Theorie und Ästhetik des Gegenwartstheaters, Sound und Räumlichkeit. Als Dramaturgin entwickelte sie das Jugend- und Musikprogramm im HAU Berlin, übernahm Produktionsleitungen und war Künstlerisch-Wissenschaftliche Mitarbeiterin an der Hochschule für Bildende Künste Braunschweig.

Julia Naunin

Klang, Bewegung und Theater

Die Wahrnehmung des Akustischen am Beispiel von zeitgenössischen Theateraufführungen

Neofelis Verlag

Inhalt

Dank // 7

Präludium: Audio-Visionen des Akustischen in der Aufführung *Toneel* // 9

1. Das Akustische wahrnehmen: Annäherungen an inszenierten Klang // 33
1.1 Das Akustische zwischen Theatermusik und ‚Sound-Szenario': Inszenierungen von Sebastian Nübling // 34
1.2 Das Akustische als ‚inszenierter Klang mit Wirkung': Begriff und Konzept im Kontext kulturwissenschaftlicher Hörforschung // 49
1.3 Das Akustische in historischen Überlagerungen: *9 Evenings: Theatre and Engineering* (1966) // 61
1.4 Die Analyse der audio-visuellen Wahrnehmung inszenierter Klänge: Methode und Kategorien // 74
1.5 Zwischenfazit: Arbeit an der Wahrnehmung // 94

2. Bewegung zwischen Hören und Sehen: Wahrnehmungskonzeptionen in Performance- und Theatertheorie, Filmanalyse und Philosophie // 97
2.1 Atmosphäre spüren, hören, sehen, einbilden: Die leiblich-räumliche Wahrnehmung und Imagination // 101
2.2 Audio-Vision: Die filmanalytische Konzeption eines Hör-Sehens über Ton und Bild hinaus // 121
2.3 Wahrnehmung in Aktion: Die sensomotorische Begründung der Wahrnehmung // 133
2.4 Zwischenfazit: Die Wahrnehmung des Akustischen in Bewegung // 142

3. Hören und Sehen austarieren: Rhythmus in *Rondo* // 145
3.1 Choreografie der Wahrnehmung: Auftretende, atmende und klatschende Körper hören und sehen // 151
3.2 Raumsituationen: Kammerkonzertsaal, Disko und Gymnastikstudio im Kreislauf hören und sehen // 163

3.3 Making-of-Wahrnehmung: Karaoke als multimediale Konfiguration des Akustischen hören und sehen // 168
3.4 Zwischenfazit: Bewegung als Balanceakt // 174

4. Hören und Sehen als ‚Zuschauer*innen des Akustischen' testen: Stimme in *Velma Superstar* // 177
4.1 ‚Stimmkörper': Lautmalerei im Hörspiel-Making-of und Lautmaterial von ‚wandernden' Sprecher*innen hören und sehen // 184
4.2 Transitraum-Szenario: Stimme im Feedback hören und sehen // 192
4.3 Spur der Stimme: Schlagersänger im Playback hören und sehen // 202
4.4 Zwischenfazit: Bewegung als Experiment // 209

5. Hören und Sehen probieren: Musik in *Requiem* // 213
5.1 Klangkörper-Szenen: Instrumente, Apparate und Musik-Darsteller*innen im körperlichen Spiel hören und sehen // 219
5.2 Atmosphären: Kirche, Konzert und Tonstudio hören und sehen // 224
5.3 Interferenzen: Elektroakustische Musikproduktion im Überschuss und Entzug hören und sehen // 232
5.4 Zwischenfazit: Bewegung als Übung // 238

6. Audio-visuelle Wahrnehmung des Akustischen zwischen Digression und Disziplinierung // 243
6.1 Aufführungen des Akustischen hören und sehen: Reibungen an Wahrnehmungskonventionen und die audio-visuelle Wahrnehmung als Balanceakt, Experiment und Übung // 249
6.2 Spannung, Leistung, Widerstand: Begründungszusammenhänge einer affektiven, analytischen und reflexiven Bewegung zwischen Hören und Sehen // 255
6.3 Audio-Visionen des Akustischen: Entwicklungen im Dispositiv // 257

Nachspiel: Impuls, Resonanz und Perspektive // 261

Literaturverzeichnis // 265

Dank

Die vorliegende Arbeit ist als Dissertationsschrift am Institut für Angewandte Theaterwissenschaft der Justus-Liebig-Universität Gießen entstanden, wo sie 2015 zunächst mit dem Titel „Klang-Inszenierungen zwischen Hören und Sehen: Bewegung im ‚Akustischen' zeitgenössischer Theaterarbeiten" eingereicht wurde. Sie ist das Ergebnis eines gleichermaßen theoretischen wie praktischen Zugangs zum Theater. Diese Prozesse fanden in Institutionen und Festivals statt ebenso wie im Austausch mit Menschen, denen ich hier danken möchte.

Meine Arbeit im Theater Hebbel am Ufer Berlin eröffnete mir eine Tour d'horizon an Theaterarbeiten, die Fragen an Genres und Konventionen hervorriefen. Die gehörten und gesehenen Aufführungen, Konzerte und Installationen motivierten mich zu dieser Studie. Den Künstlerinnen und Künstlern danke ich für ihre Diskussionsfreudigkeit und für ihre wertvollen Texte, Bilder und Videoaufzeichnungen.

Danken möchte ich auch den Kolleginnen und Kollegen sowie Studierenden an der Hochschule für Bildende Künste Braunschweig und an der Hochschule für Gestaltung Offenbach. Sie unterstützten meine Standbein-Spielbein-Praxis zwischen Forschung, Produktion und Lehre und hatten als Vermittlerinnen und Vermittler zugleich einen wichtigen Anteil daran. Im Gießener Graduiertenzentrum der Kulturwissenschaften (GGK) sammelte ich als Mitglied des Internationalen Promotionsprogramms (IPP) wichtige Anregungen. Ansgar Nünning vermittelte, dass Unvorhergesehenes in Schreib- und Forschungsprozessen sportlich genommen werden kann. Mein Dank gilt vor allem der akademischen Begleitung, Förderung und Forderung durch Gerald Siegmund. Er betreute und bestärkte mein transdisziplinäres Bewegungsverständnis in der Wahrnehmung und gab sowohl in früher als auch später Textgenese wichtige Impulse. Schließlich trug auch das Lektorat von Matthias Naumann aus dem Neofelis Verlag und das Korrektorat von Barbara Hajek zur Veröffentlichungsreife der Studie bei.

Herzlich danke ich allen Erst-, Zweit- und Drittleserinnen und -lesern innerhalb und außerhalb der Deutschen Nationalbibliothek für ihre Genauigkeit, guten Hinweise und Expertise, das sind: Mira Bongard, Matthias Dreyer, Corinna Dziudzia, Martje Esser, Eva Gajek, Kirsten Hehmeyer, Nadia Ismael, Maja Keppler, Thomas Kurze, Lisa Regazzoni – und ich danke sehr den hier nicht genannten Freundinnen und Freunden für ihre Unterstützung.

Meiner Familie danke ich für ihr Vertrauen und ihre Geduld – ihnen widme ich diese Arbeit.

Präludium: Audio-Visionen des Akustischen in der Aufführung *Toneel*

„Wir sind Theatergroep Max und wir speelen Toneel" – mit diesen Worten schreien fünf Spieler*innen in der Aufführung *Stück*[1] das Publikum an. Die Bühnenakteure*innen[2] stehen nebeneinander sehr nahe der ersten Zuschauerreihe und den ‚zuhörenden Zuschauer*innen'[3] frontal gegenüber, sie blicken mich an, ich blicke sie an, hören sie mir auch zu, so wie ich ihnen? Die ausgerufene elektroakustisch verstärkte Behauptung veranlasst sogar, mich in den unbequemen Sitz der Podesterie zurückzuziehen. Mein Blick zur Seite ins Auditorium sucht Bestätigung der umfassenden und aufdringlichen Wirkung. Die Situation scheint still, die Podesterie knarzt, die Stimmung ist angespannt. Und in dieser Unruhe ist meine Neugier auf das, was zu hören und zu sehen oder auch nicht zu hören und nicht zu sehen sein wird, gesteigert. Nicht nur die ausgerufene Behauptung des Theaterspielens – was das sein kann, was das in den folgenden 60 Minuten sein wird, wie das aussieht und wie es sich anhört – steht im

1 Das Gastspiel der Theatergroep Max habe ich in deutscher Sprache beim Festival Theaterformen 2011 in Hannover am 28.06.2011 gesehen. Es ist im Programm unter dem Titel *Stück. Ein experimentelles Turnhallen-Märchen* verzeichnet. „We zijn Theatergroep Max en we speelen Toneel", lautet der Ausruf im Original. *Toneel* (UA: 19.02.2010, RO Theater, Rotterdam, Theatergroep Max / R: Jetse Batelaan).

2 Bühnenakteur*innen ist zunächst ein Dachbegriff für die Bezeichnungen Schauspieler*innen, Musiker*innen, Darsteller*innen, Performer*innen und Akteur*innen. Die Gültigkeit der einzelnen Bezeichnungen in einem Theaterverständnis, das ein Darstellungsparadigma des ‚Als-ob' zur Diskussion stellt, wird in der Studie kontinuierlich diskutiert.

3 Der Begriff ‚zuhörende*r Zuschauer*in' verweist auf die konventionelle Selbstverständlichkeit des Theaters, in der ein Zuschauen dominant ist. Darin sind Implikationen enthalten, die potenzielle Transformationen im Verhältnis von Hören und Sehen betreffen. Ich komme sogleich darauf zurück.

Raum, sondern auch die Frage, wie es zu dem erwartungsvollen und spannungsgeladenen Schweigen nach dem Schreien kommen kann. Der Ausruf ist ein Appell an Beobachtungsgabe und Hörvermögen. Und wenn die Spieler*innen zu Beginn der Aufführung meine Aufmerksamkeit einfordern, geht es um mehr als eine stimmlich und sprachlich artikulierte Information und das, was laut zu hören ist: Die schreienden Körper rücken mir als zuhörende Zuschauerin im Auditorium auf den Leib. Sie provozieren, dass ich mich auf eine undefinierte Art und Weise in Bewegung setze. Sich in den Sessel der Podesterie zurückzuziehen, ist eine mögliche motorische Veränderung der eigenen Position. Mit Blicken, Kopf- und Körperdrehungen situiere und verorte ich mich in der Klangumgebung und -wirkung. Darauf basiert die Annahme, den Ausruf auch als Motivation zu verstehen.

Klang-Inszenierungen wahrnehmen: Das Akustische als Modell und Möglichkeit

Die beschriebene Wirkung zu Beginn der Vorstellung von *Toneel* thematisiert die Wahrnehmung von Stimmen, Klängen, Tönen, Geräuschen in Aufführungen: In der Szene sind – zunächst allgemein benannte – Klangkörper im Klangraum inszeniert. Zentral ist die übergreifende Fragestellung, wie inszenierte Klänge wahrgenommen werden können.[4] Nahe liegt die Antwort, dass sie gehört und/oder gesehen werden und darüber hinaus beispielsweise in einer angespannten Stille wahrnehmbar sind. Der Zusammenhang ist in dieser Studie im Begriffskonzept des Akustischen gebündelt und dient als Klammer, um Wirkungen klingender (und nicht klingender) Körper in dem Klangraum, in dem sich zuhörende Zuschauer*innen befinden, zu beschreiben.[5] Somit bezeichnet das Akustische in zeitgenössischen Theateraufführungen über die Akustik eines Spielorts und damit über eine physikalisch messbare Schallwellenausbreitung hinaus zweierlei: Inszenierte Klänge sind der heuristische Untersuchungsgegenstand und das Akustische umfasst die Debatte von Wahrnehmungssituationen, d. h. die Wahrnehmung innerhalb einer Lautumgebung, sprich die

4 Wirkung gilt im Kontext ästhetischer Wahrnehmung als synonymer Begriff zu Wahrnehmung. Ich komme in Erläuterungen ästhetischer Wahrnehmung darauf zurück, vgl. Kap. 1.2.

5 Zur Begriffsbildung, Systematisierung und Beschreibungsarbeit hinsichtlich von Klang in Theateraufführungen trägt der Vorschlag, vom Akustischen zu sprechen und zu schreiben, bei und verhält sich komplementär zu Diskussionen um Musiktheateraufführungen. Ich komme auf Differenzierungen in der Forschung sogleich zurück.

Wahrnehmung ‚im' Akustischen. Klänge gelten arbeitshypothetisch als Modelle inszenierten Klangs. Sie gehen mit Wirkungen einher, die Hören und Sehen betreffen und Möglichkeiten eines veränderten Zuhörens und Zuschauens eröffnen. Hören und Sehen sind dabei zwei ausdifferenzierte Sinnesleistungen, die variantenreich aufeinander bezogen sind. Das Interesse an klanglichen Aspekten in Aufführungen basiert darauf, dass Klang-Inszenierungen die Wahrnehmung qualitativ verändern. Dazu tragen medientechnische, körperliche und räumliche Klanggestaltungen bei – eine ‚digitale Revolution' in der Klangproduktion ist nicht allein maßgeblich und Motor der Untersuchung. Vielmehr geben Inszenierungen von Körper, Raum und Medien Hinweise darauf, wie zuhörende Zuschauer*innen mit dem Akustischen zeitgenössischer Theateraufführungen aktiv umgehen können. Ihre Aktivität wird in dieser Studie als Bewegungspotenzial diskutiert.

Zeitgenössische Theateraufführungen und Wahrnehmungskonventionen

Die Aufführung *Toneel* findet in einer Turnhalle statt. Abgesehen von konventionellen Vereinbarungen in Aufführungen, in denen eine Turnhalle als Bühne gilt, verweist die Wahl dieses Spielorts in *Toneel* auf eine große Offenheit in der thematischen und ästhetischen Konzeption der Inszenierung, zusammengefasst in eben diesem Titelbegriff.[6] Bühnenakteur*innen tragen Turnschuhe und raschelnde Trainingsanzüge, die mit Accessoires wie einem hochgestellten Stuartkragen, einem Umhang aus Samt, sogar mit einem Diadem versehen sind. Die Kostüme sind eine Mischung aus Alltagskleidung und historischem Schmuck, die Turnhalle als Spielort und Bühnenbild ist ein Ort aus der Lebenswelt des Alltags mit der Option, an diesem Spielort sehr deutlich eine Distanz zum Theaterverständnis anderer Epochen zu eröffnen. Theater auf der Grundlage einer ‚Als ob'-Vereinbarung erscheint in *Toneel* aufgrund der ersten verbalsprachlichen Aussage naheliegend und zudem – nur scheinbar paradox und zugespitzt formuliert – historisch. Zuschauer*innen müssen vor dem Betreten der Turnhalle wie beim Besichtigen von Schlössern aus der europäischen Feudalzeit und anderer epochaler Bauten Schuhüberzieher aus Stoff anziehen und die Bühnenfläche überqueren, um zu ihren Sitzplätzen zu gelangen und um den Fußboden zu schonen. Mögliche Erwartungen des Publikums

6 Dem niederländischen Begriff ‚Toneel' entspricht im Deutschen ‚Theater', ‚Bühne', ‚Szene', ‚Auftritt', ‚Schauplatz', ‚(Schau)Spiel'. Vgl. Donna I. van Norren: *Wolters Handwörterbuch Niederländisch-Deutsch*. Begr. v. I. van Gelderen. Berlin: Langenscheidt 1997, S. 828. Die Übersetzung ‚Stück' verzeichnet das Programmheft des Theaterformen Festivals.

hinsichtlich theaterhistorischer Rollenfächer wie Ritter oder Prinzessinnen werden enttäuscht, obgleich Insignien solcher Figuren im Kostüm zu sehen sind. Theatrale konventionelle Codes scheinen unzuverlässig, eine Figurenkennzeichnung labil und historische Kostüme sind als Spuren einer Theatertradition verhandelbar. Der Aufführung liegt weder ein dramatischer Text noch eine Partitur zugrunde – Gattungseinteilungen, die eben darauf basieren, werden umgangen. Diese Entgrenzung von Gattungen impliziert problematische Wahrnehmungskonventionen.[7]

Im Verlauf von *Toneel* höre und sehe ich Performer, die den Raum geräuschvoll in unterschiedlichsten Positionen, Formationen, Geschwindigkeiten und lautstarken Bewegungen durchkreuzen – sie sitzen, springen, singen und einer der Akteure variiert Auftritte. Auffällig quietschen Haut und Turnschuhe auf dem Hallenboden, die Trainingsanzüge aus Ballonseide rascheln bei jeder Bewegung. In einer anderen Szene sind über den Köpfen des Publikums Mobiltelefone im Auditorium und Bühnenraum angeordnet. Die aufleuchtenden Displays und ihr Klingeln heben den Schau- und Hörraum hervor, in dem ich mich befinde. Mit Lichterketten versehene Seile hängen von der Turnhallendecke, blinken in verschiedenen Farben und lassen an Versprechen von Unterhaltungsangeboten außerhalb der Aufführung sowie an marktorientierte Reize denken. Schnelle Lichtwechsel, die an eine Disko- oder Konzertbeleuchtung erinnern, prägen die Atmosphäre. Der Prozess der Wahrnehmung wird in situativer und konventioneller Rahmung in einer sprachlosen Theater-auf-dem-Theater-Szene deutlich: Die Bühnenakteur*innen hantieren mit Objekten, die so groß wie Tischflächen sind und an überdimensionierte Schülerausweise erinnern. Der pantomimische Vorgang ist als Verkauf von Tickets für eine Konzert- oder Tanztheatervorstellung interpretierbar. In diesen Situationen spitzt die Aufführung *Toneel* zwei theater- und aufführungskonstitutive Charakteristika reflexiv zu, die die Wahrnehmung zwischen Hören und Sehen und ein Verständnis von Theater als Stück und Spiel betreffen. Einerseits geht es um eine Inszenierung von Vorgängen unter den Rahmenbedingungen eines ‚Als ob'-Verhältnisses, das durch eine doppelte Zeichenstruktur gekennzeichnet ist. Andererseits geht es um die zu hörenden und zu sehenden Vorgänge im Verlauf, die sich variantenreich aufeinander beziehen lassen.

7 Hans-Thies Lehmann problematisiert Veränderungen der Wahrnehmung in der Analyse postdramatischer Theaterformen. Vgl. Hans-Thies Lehmann: *Postdramatisches Theater*. Frankfurt am Main: Verlag der Autoren 1999. Ich komme auf Lehmanns Ausführungen dazu zurück.

Die Doppelvalenz dessen, was als Klang und Inszenierung zu hören und zu sehen ist, scheint im Kontext des Theaters so banal wie bedeutsam: Stimmen, Klänge, Töne, Geräusche ebenso wie erwartete und möglicherweise ausbleibende Klänge sind in Szene gesetzt.[8] Gilt Klang in musikalischer Ästhetik auch als autonom respektive selbstreferenziell,[9] zeichnen sich inszenierte Klänge dadurch aus, auf ‚Klang im Verhältnis zu' Körper, Raum und Medientechniken aufmerksam zu machen. Analytische Annäherungen an Wirkungsspezifika inszenierter Klänge heben deshalb Akzentverschiebungen in den Relationen hervor.
Zudem geht es in der maßgeblichen Frage nach dem ‚Wie' der Wahrnehmung darum, ein Bedürfnis nach Bedeutung, das sich im ästhetischen Erleben von Aufführungen als affektiv wahrnehmbare Spannung oder angespannte Stimmung, also auch in emotionaler Bewegtheit, niederschlägt, ernst zu nehmen.[10] Bedeutungen, die in diegetischen Funktionen von Musik oder in strukturellen Besonderheiten einer Aufführung und Erarbeitung derselben formuliert werden, werden in dieser Studie um einen situativen Ansatz ergänzt. Es geht um Raumsituationen, also um Erfahrungsmomente des Akustischen, die ‚Verortungen' bewirken. Die Frage also, wie Klang-Inszenierungen gehört und gesehen werden, lässt sich mit dem Interesse daran umformulieren, wie Wirkungen von Klang im Kontext des Theaters entstehen. Zu Antworten tragen Appelle, Konventionen in historisch-kulturellen Entwicklungen sowie institutionelle oder genrespezifische Rahmungen und Zuordnungen von Klang zu Körper, Raum und Medien wesentlich bei. Sie bedeuten, so die These, eine Bewegung in der Wahrnehmung, die sich in Positionierungen in der Wahrnehmungssituation bemerkbar macht. Vor dem Hintergrund dieser grundsätzlichen Relationalität inszenierter Klänge geht es somit in der Debatte um das Akustische nicht allein

8 Das heuristische Kompositum ‚Klang-Inszenierung' lässt sich sowohl als Determinativ- als auch Kopulativkompositum verstehen, denn es bündelt unterschiedliche Verständnisperspektiven von Klang und Inszenierung.

9 Stellvertretend für Diskussionen um Autonomie und ontologische Begründungen von Klang und Musik vgl. folgende Publikation als Beispiel kontrovers diskutierter Zusammenhänge: Gunnar Hindrichs: *Autonomie des Klangs. Eine Philosophie der Musik.* Berlin: Suhrkamp 2013. In einem Spannungsfeld von Eigensinn und Entgrenzung von Musik wählt Christian Grüny ein anderen Ansatz und fragt ‚wie' Musik ist, vgl. ders.: *Kunst des Übergangs. Philosophische Konstellationen zur Musik.* Weilerswist: Velbrück 2014.

10 Im Kontext weitreichender Diskurse der Musikphilosophie verdeutlicht Richard Klein, dass die Erfahrung des Ausgesetztseins mit der Frage nach dem ‚Wie' der Musik verfolgt werden kann. Im Rahmen dessen können jedoch Wirkungen nicht restlos ‚wegerklärt' werden. Vgl. Richard Klein: *Musikphilosophie zur Einführung.* Hamburg: Junius 2014; ders. / Claus-Steffen Mahnkopf (Hrsg.): *Mit den Ohren denken: Adornos Philosophie der Musik.* Frankfurt am Main: Suhrkamp 1998.

um eine Aufwertung des Auditiven des Theaters.[11] Eine Hörtypologie ist nicht Ziel der Studie, sondern heterogene Beziehungen zwischen Hören und Sehen herauszustellen.

Wechselwirkungen zwischen Hören und Sehen

In Aufführungen wie *Toneel* kommt die Wahrnehmung inszenierter Klänge in Wechselwirkungen zwischen Hören und Sehen, Zuhören und Zuschauen, Hinhören, Weghören, Überhören und Beobachten, Nachsehen, Fokussieren in Blickwechseln, kurz: in Augenblicken und Höreindrücken zur Geltung. Einander an den Händen haltend treten die Spieler*innen in *Toneel* scheinbar lautlos in nahezu exakter Kreisform und in sehr kleinen Schritten von der rechten Bühnenseite langsam in die vordere Bühnenmitte. Bevor sich daran denken lässt, ob und wie Stille im Raum sichtbar werden kann und in welchem Verhältnis dieser Eindruck zur zeitlupenhaften Bewegung der Bühnenakteur*innen steht, stimmen die Spieler*innen leise einen – gesummten – Dreiklang an. Der Vorgang wirkt, als ob sie sich wie in einem stimmlichen Balanceakt oder in einem tonalen harmonischen Muster aneinander ausrichteten. In dem Vergleich kommen meine analytischen Verhältnisbestimmungen zwischen dem Auditiven und Visuellen ebenso wie meine Imaginationen zum Ausdruck. Lassen sich Hören und Sehen in einer integralen Wahrnehmungskonzeption auch in ein komplementäres oder additives Verhältnis setzen, liegt in der Wechselwirkung eine andere Dimension: Zuhören verändert Zuschauen und ist einleitend als ‚zuhörendes Zuschauen' zusammengefasst. Folgende Aufmerksamkeitsverschiebungen in *Toneel* verdeutlichen die transformativen Beziehungen: Spieler*innen sind in der Mitte der Bühnenfläche in einer rautenähnlichen Anordnung frontal zum Publikum zu sehen, sie vollziehen präzise nach links und rechts gesetzte Ausfallschritte. Die simultanen Schritte sind – als rhythmische Geräusche des Auftretens – auch zu hören und lassen sich klanganthropologisch als ‚kleine Wahrnehmungen' charakterisieren: *petites perceptions* bleiben nach Gottfried Wilhelm Leibniz unter einer Bewusstseinsschwelle und sind die Grundlage unbestimmter Eindrücke. Sein Beispiel ist ein Getöse von Wellen, das aus der unbewussten Wahrnehmung einer unbestimmten Anzahl von Einzelgeräuschen besteht, nämlich Wassertröpfchen, die ineinander fallen, *petites perceptions*

11 Auf die Soundforschung im Theater und Hörtypologien komme ich zurück.

gelten bei Leibniz als wichtige philosophische Einsichten.[12] Dabei gehören Schrittgeräusche insbesondere in Tanz und Theater zur Konvention und werden zumeist überhört. Sie ziehen oftmals erst in rhythmischen Mustern, Abweichungen von denselben oder auch in tosendem Getrampel Aufmerksamkeit auf sich. Der gesummte Dreiklang ist ein weiteres Beispiel: Kleine Wahrnehmungen mögen auf Binnenqualitäten einzelner Töne ausgerichtet sein; geschulte Hörer können möglicherweise die Tonlage, Intensität, Klangfarbe oder den Stimmansatz unterscheiden. Diese Binnendifferenzierungen ergänzen das Potenzial, mich in visuellen Fokussierungen – dieser Tautologie zum Trotz – an der nahezu exakten Synchronizität der Ausfallschritte zu orientieren. Auffällig sind die auf dem Turnhallenboden eingezeichneten geometrischen Formen, sie legen Gedanken an Bewegungsachsen und Blickrichtungen nahe.

In der Szene erregen insbesondere die Körper der Spieler*innen Aufmerksamkeit. Stimmlich suggerieren sie ihre Körper als Quellen des Dreiklangs. Dass das inszenierte Summen vor allem an ihren Körpern ‚dingfest' zu machen ist, bringt zugleich ein grundsätzliches Spannungsfeld von Ursache und Wirkung zur Sprache. Darin ist von ‚Stimmkörpern' als Quellen für Klänge in Ambivalenzen die Rede. Denn Bestimmungen von Klangquellen ebenso wie Lokalisierungen derselben stehen für Akzentverschiebungen zwischen Hören und Sehen und implizieren heuristische und visuelle Ordnungsmuster in der Wahrnehmung.[13] Eine ‚Stimmkörperlichkeit' gilt als inszenatorischer Spielraum und wie das Akustische im Hör- und Schauraum in Erscheinung tritt respektive wie Klang inszeniert ist, beinhaltet auch, wie Hören und Sehen inszeniert sind, so eine weitere Ausgangsposition.

Wenn in Wirkungen des Anschreiens, der Schrittbewegungen und summenden Spieler*innen das Verhältnis von Hören und Sehen verhandelbar wird, enthalten Zuordnungen und Imaginationen von zuhörenden Zuschauer*innen potenzielle Trugschlüsse und Lücken. Denn ob und welcher der zu sehenden, schreienden

12 Leibniz unterscheidet zwischen ‚Apperzeption' als – im weitesten Sinne – bewusste Wahrnehmung und ‚Perzeption' im Sinne einer Vorstufe des Denkens, die er in *Nouveaux essais sur l'entendement humain* erläutert, 1704 verfasst, 1765 veröffentlicht. Vgl. Vortrag von Jens Gerrit Papenburg: ‚Petites perceptions' nach Leibniz. Vortrag beim Symposion „Klanganthropologie: Gespür. Empfindung. Kleine Wahrnehmung", 08.11.2007. http://www.udkberlin.de/sites/soundstudies/content/e244/e247/e728/ (Zugriff am 15.07.2016, nicht mehr verfügbar).

13 Bestimmungen von Klangquellen und Lokalisierungen eröffnen eine epistemologische Frage, die in Wissenskonfigurationen des Visuellen angesiedelt ist und auf die ich mit dem Vorschlag von ‚Zuschauer*innen des Akustischen' eingehe, allgemeiner formuliert: Erklärt der Anblick von Klangkörpern oder eine Lokalisierung von Klangquellen heterogene Wirkungen inszenierter Klänge?

Körper Bedrängnis bewirkt, ist zweifelhaft, entzieht sich einer Festlegung und scheint unverfügbar. Klang-Inszenierungen bergen zudem Wirkungen, die als Überschüsse beschreibbar sind, bemerkbar beispielsweise in aufdringlichen Appellen. Ob sich in einem grundsätzlich transformativen Verhältnis zwischen Hören und Sehen ‚Hör-Techniken' entwickeln, die sich mit ‚Betrachter-Techniken' vergleichen lassen, ist ein Vorschlag, um Wechselwirkungen zu erklären.[14] Der Ansatz verspricht einerseits, Inszenierungsstrategien von Klang auf die Spur zu kommen, und andererseits, sich zu erklären, wie Wirkungen zustande kommen. Klang wird in diesem Vergleich als sichtbares Phänomen zugespitzt und lädt in Wechselwirkungen zwischen Hören und Sehen auch zu einem Nachdenken über die Gegenrichtung ein. Damit ist eine visuelle Wahrnehmung von klanglichen Überlagerungen, Pausen von Klang respektive Stille gemeint.

Die erstgenannte Überlegung formuliert Diedrich Diederichsen in einer Rezension der als „audio play" benannten Installation *Stifters Dinge* von Heiner Goebbels.[15] Diederichsen argumentiert nicht auf der Basis von Wahrnehmungskonzeptionen als Synästhesie und alternativ begründeten Formen intermodaler Wahrnehmung,[16] sondern mit einer Unterscheidung von Wahrnehmungskonventionen. Dabei werde die grundsätzliche Frage eines Hörers danach, wie komplexe Objekte und Klänge zusammenhängen, im Theater anders als in der bildenden Kunst auf den Betrachter erweitert: „Man sieht so, wie man sonst hört, und erkennt seine Hör-Technik als Betrachter-Technik wieder [...] Man reagiert auf eine frontale und zeitlich begrenzte Vorführung und forscht ihrer Konstruktion nach"[17]. Mit dem Begriff der Betrachter-Technik spricht Diederichsen

14 Ich beziehe mich mit der Schreibweise von ‚Hör-Techniken' und ‚Betrachter-Techniken' mit Bindestrich auf die Begriffsverwendungen der im Folgenden erläuterten Ansätze.

15 Vgl. Diedrich Diederichsen: Töne haben Ursachen. Immer. In: *Theater Heute*, 1/2008, S. 14–18; *Stifters Dinge* (UA: 13.09.2007, Théâtre Vidy, Lausanne, R: Heiner Goebbels, Aufführungsbesuch 10.06.2010).

16 Einen Überblick über die heterogene Begriffsverwendung und Genese im medizinischen und ästhetischen Sprachgebrauch bietet: Helmut Rösing: Synästhesie. In: *Musik in Geschichte und Gegenwart. Sachteil 9*, hrsg. v. Ludwig Finscher. Kassel / Stuttgart: Bärenreiter / Metzler 1998, Sp. 168–185. Auf das Standardlexikon *Musik in Geschichte und Gegenwart*, 2. Aufl. 1994–2008, hrsg. v. Ludwig Finscher, wird in folgenden Fußnoten mit der Sigle *MGG* verwiesen. Vgl. darüber hinaus Heinz Paetzold: Synästhesie. In: *Ästhetische Grundbegriffe*, Bd. 5, hrsg. v. Karlheinz Barck / Martin Fontius / Dieter Schlenstedt / Burkhart Steinwachs et al. Stuttgart / Weimar: Metzler 2003, S. 840–868. Eine ‚metaphorische Synästhesie' als erlernte Fähigkeit schlagen ausgehend vom Film Robin Curtis / Marc Glode / Gertrud Koch (Hrsg.): *Synästhesie-Effekte: Zur Intermodalität der ästhetischen Wahrnehmung*. München: Fink 2010, vor.

17 Vgl. Diederichsen: Töne haben Ursachen, S. 17. Auf Wahrnehmungskonventionen von Installationen und szenischen Prozessen komme ich kontinuierlich zurück.

Jonathan Crarys Konzept eines Raums des Imaginären an, den Crary ausgehend von einem Camera-Obscura-Modell des Sehens im Zeitraum von 1800 bis 1850 untersucht.[18] Scheint Sehen im Kontext einer zentralperspektivischen Ordnung geradezu unbewegt und quasi körperlos objektivierbar, gilt der Betrachter in Crarys Modell als Repräsentant einer normierenden Konzeption des Betrachtens. Davon ausgehend verfolgt Crary historische Wechselwirkungen von technischer Apparatur und sozialer Praxis und erläutert Veränderungen in künstlerischen Verfahrensweisen und in der Wahrnehmung.

Dass Wahrnehmung in zeitgenössischen Theaterarbeiten auf jeweils spezifische Weise inszeniert ist, wurde zuvor als Ausgangspunkt genannt. Darüber hinaus setzt die Analyse der Wahrnehmung von Klang-Inszenierungen insbesondere an solchen Wirkungen an, die thematisieren, inwiefern eine Aktivität zuschauender Zuhörer*innen in einzelnen Inszenierungsstrategien ‚verhaftet' ist oder ob und wie Strategien unterlaufen oder überschritten werden können, auch ob und wie Widerstand gegenüber einer Zudringlichkeit von Klang ausgeübt werden kann.[19]

Hingegen lässt ein indexikalisches Hören im Sinne der von Diederichsen angesprochenen Ursachenforschung kaum die Schlussfolgerung zu, dass Kenntnisse über Inszenierungsstrategien Wirkungen vollständig erklären. Heuristisch geht es somit darum, ein dynamisches Denkmodell zu finden, das nicht allein von Ursachen, Quellen und Inszenierungsstrategien im Verhältnis zu Wirkungen ausgeht, sondern diese skaliert.

Die Wahrnehmung inszenierter Klänge umfasst also Klangquellenzuordnungen, beispielsweise in Anbetracht von Sängern und Instrumentalspiel – allgemeiner: in Übereinstimmungen zwischen Höreindrücken und sichtbarem Geschehen. Allerdings liegen – insbesondere in medientechnischen – Inszenierungsvarianten von Gesang und Instrumentalspiel auch mögliche Irritationen dieser Übereinstimmung. Von diesem weiteren wesentlichen Punkt nimmt die Studie ihren Ausgang und geht von Besonderheiten der ästhetischen Wahrnehmung mit Bedingungen und Voraussetzungen aus, die andere sind als in der Alltagswahrnehmung. Annahmen zu Ursachen von Klangwirkungen können auch Imaginationen oder audiovisuelle Täuschungen sein. Somit lassen sich ‚Vergegenständlichungen' eines Klangs oder Zuordnungen zu gehörten Stimmen zu

18 Vgl. Jonathan Crary: *Techniken des Betrachters*. Dresden / Basel: Verlag der Kunst 1996.

19 Diesen übergreifenden Analyserahmen erfasse ich terminologisch als Digression und Disziplinierung der audio-visuellen Wahrnehmung im Akustischen. Ich erläutere den Zusammenhang im Rahmen einer dispositivisch erweiterten Aufführungsanalyse, vgl. Kap. 1.4, und schließlich in einer Zusammenfassung, vgl. Kap. 6.

bestimmten Körpern an einem Ende einer Skala ansiedeln. An dem anderen Ende fällt Ursache und Wirkung im Klang zusammen, wird im Anschreien laut und wirkt umfassend und zudringlich. Dazwischen hätten Lokalisierungen und Distanz- und Näheeinteilungen von Klangquellen in Wirkungen ebenso einen Platz wie ein ‚Überhören' aufgrund von Konventionen. Rückgriffe auf andere Sinnesleistungen sind darin enthalten, um mögliche Leerstellen oder Irritationen in angenommenen Zusammenhängen zwischen Wirkungen und Ursachen zu überbrücken. Dabei birgt das Denkmodell eines dynamischen und transformativen Kontinuums erstens eine Verortung von sogenannten ‚Zuschauer*innen des Akustischen' – eine Formulierung, die Übertragungen und Umwege in der Wahrnehmung zum Ausdruck bringt. Eine ausdifferenzierte Sinnesaktivität – wie eine nach Ursachen forschende Hilfskonstruktion im Fokussieren oder Hinhören – wird für die andere in Anspruch genommen. Zweitens haben auf dieser Skala Konventionen und historisch-kulturelle sowie persönliche Dispositionen des Wahrnehmungssubjekts einen Platz und drittens wären auf dieser Skala auch Wahrnehmungspraktiken vorstellbar, die Inszenierungsstrategien und Wahrnehmungsordnungen unterlaufen oder überschreiten.
Die Auffassung, Hören und Sehen als Aktivität zu verstehen, eröffnet außerdem die Aussicht, in einer transformativen Dynamik innezuhalten und eine imaginierte Synthese aller Theaterelemente zu hinterfragen. Dabei führen Einflüsse der Sinnesmodalitäten aufeinander möglicherweise zu divergierenden wie konvergierenden Momenten im Hören und Sehen – und zu Wirkungen wie Übereinstimmungen oder Lücken. Eine Kommunikation der Sinne mit Rückgriffen aufeinander sowie Lücken im Bezug zueinander ist ein weiteres heuristisches Modell, das der oben erläuterten Skalierung als transformatives Kontinuum entgegenkommt. In der spannungsgeladenen Stille nach dem Anschreien, das wie ein stimmlicher Überschuss wirkt, werden zuhörende Zuschauer*innen im Rahmen einer charakteristischen Flüchtigkeit von Klangkörpern in Klangräumen aktiv, so die Annahme. Indem ich mich als zuhörende Zuschauerin einer Zudringlichkeit mit verschränkten Armen zu entziehen versuche, nehme ich nicht nur mögliche emotionale und intellektuelle, sondern auch physische Einteilungen in Nähe und Distanz vor, mögen diese auch minimal sein. Um diese Aktivität zu beschreiben, wird eine Bewegung auf zwei Ebenen diskutiert, zum einen auf einer wahrnehmungskonzeptionellen, die variable Beziehungen zwischen Hören und Sehen verfolgt, und zum anderen auf einer wahrnehmungspraktischen, die konventionelle und historische Rahmungen sowie persönliche kulturelle Prägungen enthält. Die Diskussion beider Ebenen geht von exemplarischen Betonungen von Körper, Raum und Medien aus.

Konzeptionell besteht die Annahme einer Bewegung ‚zwischen' Hören und Sehen, insofern Körper, Raum und Medien als akustische Theaterelemente Hören und Sehen thematisieren. Auf die Frage, wie sich diese Wahrnehmung im ‚Zwischen' präzisieren lässt, werden Antworten in sich entwickelnden Wahrnehmungspraktiken mit einer unterschiedlich qualifizierbaren Bewegung im Zentrum vermutet. Darin kann der Schwerpunkt einerseits darauf liegen, analytisch, d. h. forschend zuzuhören und zuzuschauen ebenso wie andererseits (und zugleich) affektiv dem Geschehen zu folgen und reflexiv Inszenierungsstrategien nicht nur von Klang, sondern auch des subjektiven Hörens und Sehens zu hinterfragen. Als zuhörende Zuschauerin habe ich dabei das Potenzial, mich in dynamischen Positionierungen innerhalb eines Klanggeschehens und gegenüber Inszenierungsstrategien zu bewegen und motorische Optionen wie Kopfdrehungen, Blickbewegungen, Haltungsveränderungen auszuüben. Zugleich geht es um Weiterentwicklungen von Wahrnehmungskonventionen. Zuhörendes Zuschauen wird deshalb begrifflich als audio-visuelle Wahrnehmung gebündelt und zielt auf eine Bewegung zwischen Hören und Sehen ab.[20] Sie kommt schriftsprachlich in einem Bindestrich zum Ausdruck. Darüber hinaus kennzeichnet der Bindestrich in einer Zuspitzung als Trennstrich zwei eigenständige Wahrnehmungsleistungen, ohne zu verleugnen, dass Zuhören das Zuschauen transformiert und *vice versa*.

Gilt das Akustische als inszenierter Klang, ist die Aktivität der zuhörenden Zuschauer*innen aufführungskonstitutiv. Der Trivialität dieser Aussage zum Trotz geht es um Qualitäten einer aktiven Wahrnehmung, bei der das Hören nach wie vor wenig thematisiert wird. Ansätze der Theaterwissenschaft verstehen in Anknüpfung an die Geschichte von Wahrnehmungstheorien diese Aktivität als Teilhabe und Teilnahme, als interaktives Handeln sowie Tätigkeit und Prozess im Kollektiv – im Zuge dessen gilt Wahrnehmung auch als performativ.[21] Es besteht die Einsicht, dass Wahrnehmung sich in Strukturierungsleistungen des wahrnehmenden Subjekts herausbildet, historisch geprägt und wandelbar ist. Wahrnehmungspraktiken bilden sich in spezifischen historischen

20 Auf ein grundsätzliches – phänomenologisches – Bewegungsverständnis in der Wahrnehmung komme ich sogleich zurück und beziehe in theoretische Erläuterungen einer audiovisuellen Wahrnehmung weitere kulturtheoretische und kognitive Bewegungsverständnisse ein, vgl. Kap. 2.

21 Vgl. Arbeitsgruppe Wahrnehmung: Wahrnehmung und Performativität. In: *Paragrana* 13,1 (2004), S. 15–80, hier S. 15. Darüber hinaus: Christina Lechtermann / Kirsten Wagner / Horst Wenzel (Hrsg.): *Möglichkeitsräume. Zur Performativität von sensorischer Wahrnehmung.* Berlin: Schmidt 2007. Zu einem Handlungsbegriff im Kollektiv vgl. Kai van Eikels: *Die Kunst des Kollektiven. Performance zwischen Theater, Politik und Sozio-Ökonomie.* Paderborn: Fink 2013.

Zusammenhängen aus, die auf der Agenda von Theatertheorie und -geschichte stehen. In Auseinandersetzungen mit Blick und Bühnenform,[22] weniger noch mit Architektur und Akustik[23] wird Wahrnehmung im Theater in Paradoxien und als ‚Drama der Wahrnehmung' charakterisiert.[24]
Darüber hinaus zeichnet sich ästhetische Erfahrung durch ihre Prozessorientierung und – im Kontext von philosophisch und kognitionswissenschaftlichen Verkörperungstheorien – durch einen Doppelfokus auf einen wahrgenommenen Gegenstand, der mit leiblich-räumlichen Prozessen der Wahrnehmung verflochten ist, aus.[25] Das Verständnis ästhetischer Erfahrung, auch als Affektion des wahrnehmenden Körpers, nimmt darauf Bezug. In Diskussionen um Erfahrungen des Ästhetischen stehen in einer sukzessiven Abkehr von einem traditionellen Kunstbegriff seit der Moderne nicht allein Werke und Künstler*innen im Mittelpunkt. Eine ästhetische Theoriebildung, die von Erfahrungen ausgeht, ist nicht auf Kunst beschränkt. Wahrnehmungslehren als *aisthesis* – verstanden als Entwicklung sinnlicher Fähigkeiten – bekommen darin eine Schlüsselstellung[26] und schließen Theorien zur Sinnesorganisation

22 Vgl. Ulrike Haß: *Das Drama des Sehens. Auge, Blick und Bühnenform*. München: Fink 2005.

23 Vgl. Viktoria Tkaczyk: Listening in Circles. Spoken Drama and the Architects of Sound, 1750–1830. In: *Annals of Science* 71,3 (2014), S. 299–334.

24 Eine Auswahl an Studien bezieht sich auf Entwicklungen im 20. und 21. Jahrhundert, vgl. Stefan Tigges / Katharina Pewny / Evelyn Deutsch-Schreiner (Hrsg.): *Zwischenspiele. Neue Texte, Wahrnehmungs- und Fiktionsräume in Theater, Tanz und Performance*. Bielefeld: Transcript 2010; Erika Fischer-Lichte / Barbara Gronau / Sabine Schouten / Christel Weiler (Hrsg.): *Wege der Wahrnehmung. Authentizität, Reflexivität und Aufmerksamkeit im zeitgenössischen Theater*. Berlin: Theater der Zeit 2006; Hans-Thies Lehmann: Vom Zuschauer. In: Angelika Sieburg / Jan Deck (Hrsg.): *Paradoxien des Zuschauens. Die Rolle des Publikums im zeitgenössischen Theater*. Bielefeld: Transcript 2008, S. 21–26; Thomas Oberender: Vorwort. Analyse der Störungen. Theater als das Drama der Wahrnehmung. In: Hajo Kurzenberger / Annemarie Matzke (Hrsg.): *TheorieTheaterPraxis*. Berlin: Theater der Zeit 2004, S. 27–38; Patrice Pavis: Zum aktuellen Stand der Zuschauerforschung. In: *Forum Modernes Theater* 26,1–2 (2011), S. 73–97; Jens Roselt: Das Drama der Wahrnehmung. In: Gerald Siegmund / Petra Bolte-Picker (Hrsg.): *Subjekt : Theater. Beiträge zur analytischen Theatralität*. Frankfurt am Main: Lang 2011, S. 57–68.

25 Vgl. Joerg Fingerhut / Rebekka Hufendiek / Markus Wild: Einleitung. In: Dies. (Hrsg.): *Philosophie der Verkörperung. Grundlagentexte zu einer aktuellen Debatte*. Berlin: Suhrkamp 2013, S. 9–107; Emmanuel Alloa / Thomas Bedorf / Christian Grüny / Tobias N. Klaas (Hrsg.): *Leiblichkeit. Begriff, Geschichte und Aktualität eines Konzepts*. Stuttgart: utb 2012.

26 Zu *aisthesis* stellvertretend für andere vgl. folgende Auswahl aus der Forschung: Karlheinz Barck / Peter Gente / Heidi Paris / Stefan Richter (Hrsg.): *Aisthesis – Wahrnehmung heute oder Perspektiven einer anderen Ästhetik*. Leipzig: Reclam 1990; Gernot Böhme: *Aisthetik. Vorlesungen über Ästhetik als allgemeine Wahrnehmungslehre*. München: Fink 2001. Darüber hinaus: Sybille Krämer: Performanz-Aisthesis. Überlegungen zu einer aisthetischen Akzentuierung im Performanzkonzept. In: Arno Böhler / Susanne Granzer (Hrsg.): *Ereignis Denken*.

in jeweiligen historischen Bedingungen ein.[27] Diskussionen beziehen sich auf neurophysiologische, psychologische und phänomenologische Ansätze.[28] In einer anthropologisch-kulturtheoretischen Perspektive kommt Wahrnehmung u. a. in einer leibphilosophischen Profilierung zur Geltung und sucht, eine Trennung von wahrgenommenen Objekten und wahrnehmendem Subjekt zu überwinden. Dabei ist in interdisziplinären Studien zu Kognition, Bewusstsein, Gedächtnis und Erinnerung Maurice Merleau-Pontys phänomenologische Begründung der Wahrnehmung eine paradigmatische Ausgangsbasis für Weiterentwicklungen.[29]

An die phänomenologisch verstandene Wahrnehmung knüpft das hier zentrale Interesse an einer Entwicklung von Wahrnehmungspraktiken an. Die Annahme einer grundsätzlichen Bewegung zwischen Hören und Sehen bezieht sich darauf, dass zuhörende Zuschauer*innen etwas aus situativen Angeboten inszenierten Klangs machen, sich zu Inszenierungsstrategien verhalten, Haltungen möglicherweise verändern und sich im Klanggeschehen positionieren. Der Phänomenologe Bernhard Waldenfels verdeutlicht, dass ein Denken von Bewegung weder eindeutig sein kann noch zu einhelligen Minimalbestimmungen führt, insbesondere nicht, wenn eine Selbstbewegung in der Wahrnehmung in den

TheatRealität, Performanz, Ereignis. Wien: Passagen 2009, S. 131–156; Nikolaus Müller-Schöll / Saskia Reither (Hrsg.): *Aisthesis. Zur Erfahrung von Zeit, Raum, Text und Kunst*. Schliengen: Argus 2005; Bernhard Waldenfels: *Sinnesschwellen. Studien zur Phänomenologie des Fremden 3*. Frankfurt am Main: Suhrkamp 1999; ders.: *Sinne und Künste im Wechselspiel. Modi ästhetischer Erfahrung*. Berlin: Suhrkamp 2010; Lambert Wiesing: *Philosophie der Wahrnehmung*. Frankfurt am Main: Suhrkamp 2002.

27 Zu historischen Wahrnehmungstheorien um 1800 vgl. Caroline Welsh: *Hirnhöhlenpoetiken: Theorien zur Wahrnehmung in Wissenschaft, Ästhetik und Literatur um 1800*. Freiburg i. Br.: Rombach 2003. Resonanz- und Synästhesie-Modelle der Wahrnehmung werden in Transformationen diskutiert, vgl. u. a. Karsten Lichau / Viktoria Tkaczyk / Rebecca Wolf (Hrsg.): *Resonanz. Potentiale einer akustischen Figur*. Paderborn: Fink 2009. Der wahrnehmende menschliche Organismus zwischen synästhetischer Erfahrung und Kinästhesie ist Thema des Sammelbandes von Joerg Fingerhut / Sabine Flach / Jan Söffner (Hrsg.): *Habitus in Habitat III: Synaesthesia and Kinaesthetics*. Bern / New York: Lang 2011.

28 Zusammenfassungen dieser Bezugnahmen liefert der Beitrag: Arbeitsgruppe Wahrnehmung: Wahrnehmung und Performativität. Darüber hinaus konturiert Julia Stenzel kognitions- und kulturwissenschaftliche Perspektiven als Narrativierung von Tanz, Theater und Performance, vgl. dies.: *Der Körper als Kartograph? Umrisse einer historischen Mapping Theory*. München: Epodium 2010.

29 Maurice Merleau-Ponty: *Phänomenologie der Wahrnehmung*, aus d. Franz. v. Rudolf Boehm. München: de Gruyter 1974. Darüber hinaus vgl. Bernhard Waldenfels: *Das leibliche Selbst. Vorlesungen zur Phänomenologie des Leibes*. Frankfurt am Main: Suhrkamp 2000.

Mittelpunkt rückt.[30] Die unterschiedlichen Bestimmungskontexte von Bewegung, in denen eine Ortsveränderung eines Körpers in der Zeit als Ausgangspunkt gilt, machen diese Schwierigkeit deutlich[31]: Bewegung steht für eine grundlegende Kategorie in einer Vielzahl von Diskursen in der Philosophie, Mathematik und Physik als Kinetik, in der Biologie und Psychologie als Kinästhetik und in Politik, Soziologie, Anthropologie und Ökonomie. Darüber hinaus stellen historische Bewegungsmodelle und klassische Bewegungslehren eine Geschichte der Normierung dar; Bewegung gilt als sozial und historisch kodiert. Normierungen von Bewegung sind in einer für Schauspieltheorien und für die Theatergeschichte virulenten ‚sozialen Motorik' und Kontrolle von Affekten[32] sowie in grundsätzlichen Regulierungsbestrebungen als ‚Habitus'[33] oder als ‚Übung' im Sinne der von Michel Foucault beschriebenen körperlichen Disziplinierungsprozesse[34] relevant.[35]

Den Begriff der Bewegung als Analysekonzept im Kontext der Wahrnehmung macht Waldenfels wie folgt fruchtbar. Mit der reflexiven Verbform ‚sich bewegen' bündelt Waldenfels eine doppelte Bestimmung zwischen ‚Bewegen' und ‚Bewegtwerden' und zielt darauf ab, eine Zuschreibung widersprüchlicher Attribute in dem Spannungsfeld von Selbstbewegung, Fremdbewegung und Zwischenbewegung zu umgehen. Umwege, Prozesse des Abweichens und Differierens, Umkreisens sowie Gegenbewegungen können in diesem Sinne sowohl als wahrnehmungspraktische als auch als figurative Beschreibungsansätze gelten. Barrieren zwischen eigenem Erleben und vermeintlich ‚äußerlichen' Wahrnehmungsgegenständen sind darin aufgehoben. Bewegung ist in dieser doppelten Bestimmung ein Dreh- und Angelpunkt der Wahrnehmung.[36]

30 Vgl. Bernhard Waldenfels: Sichbewegen. In: Gabriele Brandstetter / Christoph Wulf (Hrsg.): *Tanz als Anthropologie*. Paderborn: Fink 2007, S. 14–30.

31 Vgl. Kai van Eikels / Annemarie Matzke / Isa Wortelkamp: Bewegung. In: *Metzler Lexikon Theatertheorie*, hrsg. v. Erika Fischer-Lichte / Doris Kolesch / Matthias Warstat. Stuttgart: Metzler 2005, S. 33–42.

32 Vgl. Norbert Elias: *Über den Prozess der Zivilisation. Gesammelte Schriften*, Bd. 3, hrsg. v. Reinhard Blomert / Heike Hammer. Frankfurt am Main: Suhrkamp 1997.

33 Vgl. Pierre Bourdieu: *Die feinen Unterschiede. Kritik der gesellschaftlichen Urteilskraft*. Frankfurt am Main: Suhrkamp 1991.

34 Vgl. Michel Foucault: *Überwachen und Strafen: Die Geburt des Gefängnisses*. Frankfurt am Main: Suhrkamp 1984.

35 Vgl. Gabriele Klein (Hrsg.): *Bewegung. Sozial- und kulturwissenschaftliche Konzepte*. Bielefeld: Transcript 2004.

36 Ergänzend fordert Waldenfels in Anknüpfung an seine eigenen Erläuterungen zur ‚Lebenswelt als Hörwelt' – so das gleichnamige Kapitel in der 1999 erschienenen Studie *Sinnesschwellen* – die Erörterung von ‚Lebenswelt als Bewegungswelt', vgl. Waldenfels: Sichbewegen, S. 29, Fn. 37.

Grundsätzlich ist dieser Zusammenhang von Wahrnehmung und Bewegung in zahlreichen Wahrnehmungstheorien enthalten, in dem Paradigma der ‚Berührung' zugespitzt und in der antiken *movere*-Tradition hinterlegt.[37] Waldenfels' phänomenologisch begründetes Bewegungskonzept bietet im Verständnis einer ‚Bewegung zwischen Hören und Sehen' im Akustischen zeitgenössischer Theateraufführungen einen Ansatz, um Bewegung als heuristischen Suchbegriff wie folgt zu verstehen: In einer Positionierung innerhalb eines akustischen Geschehens und gegenüber inszenierten Körpern, Medien und Räumen gehen zuhörende Zuschauer*innen mit deren Inszenierung aktiv um.

Wenn die Spieler*innen der Theatergroep Max ausrufen, wer in welchem Rahmen spricht und was die Sprecher*innen in und mit diesem Sprechen tun, kommen beide Charakteristika ihres Sprechens performativ sowie in unterschiedlichen Konzepten einer Theatralität[38] zur Geltung. *Toneel* spielen und sprachlich benennen gilt als paradigmatischer Ausdruck des Performativen in John L. Austins sprechakttheoretischer Begründung. In spezifischen Rahmen geht es darum, die Wirklichkeit, die sprachlich benannt wird, zu vollziehen, hervorzubringen und herzustellen.[39] Sämtliche Elemente und Aspekte des szenischen Prozesses – somit auch die akustische Gestaltung – stehen zugleich in einem Spannungsfeld des Zeigens und Sichzeigens.[40] In dieser Ambivalenz werden wesentliche Aspekte

37 Zum Bewegungsverständnis in der Tradition der antiken Rhetorik und Affektdarstellung vgl. Barbara Kursawe: *Docere – delectare – movere: Die officia oratoris bei Augustinus in Rhetorik und Gnadenlehre*. Paderborn: Schöningh 2000.

38 Helga Finter entwirft eine analytische Theatralität im Rahmen eines Theaterverständnisses, in dem das Theater als Re-Präsentation problematisch geworden ist. Grundsätzlich geht sie von einer Dopplung des Theaters aus, mit Szenen vor unserem Auge und Szenen, die imaginativ entstehen, und spricht auch von einer Dramatisierung der Audiovision. Vgl. Helga Finter: Audiovision: Zur Dioptrik von Text, Bühne und Zuschauer. In: Erika Fischer-Lichte / Wolfgang Greisenegger / Hans-Thies Lehmann (Hrsg.): *Arbeitsfelder der Theaterwissenschaft*, Tübingen: Narr 1994, S. 183–192.

39 Zu den Begriffskonzepten des Performativen und der Performanz in sprachphilosophischer und kulturtheoretischer Perspektive vgl. Uwe Wirth (Hrsg.): *Performanz. Zwischen Sprachphilosophie und Kulturwissenschaften*. Frankfurt am Main: Suhrkamp 2002; Erika Fischer-Lichte: *Ästhetik des Performativen*. Frankfurt am Main: Suhrkamp 2004. Performanz in epistemologischer Perspektive fokussiert der Sammelband von Klaus Hempfer (Hrsg.): *Theorien des Performativen. Sprache – Wissen – Praxis; eine kritische Bestandsaufnahme*. Bielefeld: Transcript 2011.

40 Diese grundsätzliche Ambivalenz bestimmt Theater- und Schauspieltheorie in Geschichte und Gegenwart. Vgl. Annemarie Matzke: *Testen, Spielen, Tricksen, Scheitern. Formen szenischer Selbstinszenierung im zeitgenössischen Theater*. Hildesheim: Olms 2005. Veränderungen im Verständnis von Schauspielen bündeln Christel Weiler / Jens Roselt (Hrsg.): *Schauspielen heute. Die Bildung des Menschen in den performativen Künsten*. Bielefeld: Transcript 2011.

einer Subjekt-Konstitution und -Konstruktion diskutiert.[41] Darauf bezugnehmend wird das Performative als Präsenzstrategie[42] verstanden und betrifft die Wahrnehmung und kontingente Erfahrung einer Situation im Modus eines Ereignisses.[43] Theatralitätskonzepte, die statt des Paradigmas ‚Zuschauer*innen, Schauspieler*innen und Theatertext' die Relation ‚Wahrnehmung, Körper und Sprache' ins Zentrum rücken, werden u. a. kulturanthropologisch und historisch erörtert. Ein kulturelles Bezugsfeld, in dem insbesondere die angenommene Mobilität in der Wahrnehmung gültig ist, benennt Helmar Schramm als *Karnevalisierung des Denkens* und erarbeitet ein Modell, das er als Dreieck einer Kinesis, Aisthesis und Semiosis erläutert.[44] Darin liegt eine Grundlage dafür, Kultur nicht primär im Sinnbild eines semiotischen Texts, kurz ‚Kultur als Text', sondern als Aufführung zu verstehen. Vor allem wird dabei deutlich,

41 Vgl. Siegmund / Bolte-Picker (Hrsg.): *Subjekt : Theater*; Friedemann Kreuder / Michael Bachmann / Julia Pfahl / Dorothea Volz (Hrsg.): *Theater und Subjektkonstitution: Theatrale Praktiken zwischen Affirmation und Subversion*. Bielefeld: Transcript 2012.

42 Zu einer performativen Ästhetik des Tanzes als Abwesenheit vgl. Gerald Siegmund: *Abwesenheit. Eine performative Ästhetik des Tanzes; William Forsythe, Jérôme Bel, Xavier Le Roy, Meg Stuart*. Bielefeld: Transcript 2006. Zu einer ‚Performatisierung' als Präsenzstrategie im Konzert vgl. Matthias Rebstock: Strategien zur Produktion von Präsenz. In: Martin Tröndle (Hrsg.): *Das Konzert. Neue Aufführungskonzepte für eine klassische Form*. Bielefeld: Transcript 2009, S. 143–151.

43 Vgl. Nikolaus Müller-Schöll (Hrsg.): *Ereignis. Eine fundamentale Kategorie der Zeiterfahrung: Anspruch und Aporien*. Bielefeld: Transcript 2003; auch André Eiermann: *Postspektakuläres Theater: Die Alterität der Aufführung und die Entgrenzung der Künste*. Bielefeld: Transcript 2009.

44 Helmar Schramm: *Karneval des Denkens. Theatralität im Spiegel philosophischer Texte des 16. und 17. Jahrhunderts*. Berlin: Akademie 1996. Auf der Basis von Texten, die keine Dramen sind, entwirft Schramm eine raum-zeitliche Organisation von Sehen, Sprechen und Handeln analog zu einer Verortung eines idealen Beobachters im Repräsentationsraum der Wissenschaft. Diese Verortung geht nach Schramm mit einer Formalisierung des Denkens einher. Geradezu eine Methodisierung des Denkens entstehe, die mit einer Ab- und Ausgrenzung des Heterogenen und Unberechenbaren, Unsagbaren und Unerklärlichen verknüpft ist. Diese – die Unberechenbarkeit ausgrenzende Stilisierung von Wahrnehmung, Bewegung und Sprache – liegt quasi als ‚Sollbruchstelle' in Repräsentationsmedien wie z. B. der Sprache offen. Schramms Modell bündelt Wahrnehmungsstil, Bewegungsstil und semiotischen Stil als Feld von Diskursen. Sie weisen als Kulturfaktoren über Theater hinaus. Des Weiteren formuliert Joachim Fiebach Ende der 1970er Jahre ein Theatralitätsmodell, das eine handlungs- und darstellungstheoretische Kategorie ins Zentrum stellt. Die Kategorie leitet sich historisch und kulturell durch die Art der Körperverwendung in der Kommunikation her. Vgl. Joachim Fiebach: Brechts ‚Straßenszene'. Versuch über die Reichweite eines Theatermodells. In: *Weimarer Beiträge* 2 (1978), S. 123–147. Zu einer – ebenfalls exemplarischen – anthropologischen Konzeption vgl. Victor Turner: *From Ritual to Theater: The Human Seriousness of Play*. New York: PAJ 1982; Erving Goffman: *Wir alle spielen Theater. Die Selbstdarstellung im Alltag*, aus d. Engl. v. Peter Weber-Schäfer. München: Piper 2003.

dass eine Bestimmung von Theatralität nicht in einer disziplinären terminologischen Fixierung zu entscheiden ist. Innerhalb eines Verständnisses von ‚Kultur als Aufführung', die medientechnische Inszenierungsstrategien von Klang genauso wie Körper und Raum berücksichtigt, lässt sich der wirkungsspezifische Ansatz dieser Studie auch auf die Erforschung veränderter Bedingungen, Angebote und Anforderungen in einer auditiven Kultur beziehen. Gedanken an Grenzen und Freiheiten im Umgang mit einer von politischen und kommerziellen Interessen geprägten und gestalteten Umwelt drängen sich auf, in deren Rahmen Voraussetzungen einer Bewegung zwischen Hören und Sehen auszuarbeiten wären. Ebenso sind musik- und medienwissenschaftliche Auseinandersetzungen mit Klang-Inszenierungen an die vorgeschlagene Bewegung zwischen Hören und Sehen in einer audio-visuellen Wahrnehmung anschlussfähig.[45]
Die kontinuierliche Frage nach dem, was Theater ist, sein kann und welche Wahrnehmungskonventionen daran als Reibungsflächen einen Anteil haben sowie in der wahrnehmenden Interaktion mit dem Publikum überschritten werden, steht in dieser Studie ausgehend von ausgewählten Klang-Inszenierungen zur Debatte. Jede Aufführung bestimmt, einhergehend mit kulturellen Prägungen, individuellen und anderen sozial-kommunikativen Assoziationen und Imaginationen, wie gehört und gesehen wird.[46] Inwiefern das Akustische Theater und andere kulturelle Praktiken in vielfältigen Aufführungsformen reflektiert,[47] ist ein Potenzial exemplarischer Situationen.[48] Überlegungen zu einer Bewegung

45 Kulturwissenschaftliche Kontexte diskutiere ich im Hinblick auf den Sound-Begriff in Kap. 1.2, eine historiografische Perspektive erfolgt in Kap. 1.3 und einzelne Anschlussdiskussionen nenne ich im Nachspiel: Impuls, Resonanz und Perspektive.

46 Diesen Ansatz verdeutlicht Matthias Rebstock auch an Modifizierungen des Konzerts, z. B. in Verfahren einer Auratisierung, Spiritualisierung, Visualisierung und Performatisierung bzw. Theatralisierung, die Veränderungen von Hörerhaltungen vor dem Hintergrund historischer Rezeptionshaltungen ‚absoluter Musik' bewirken. Vgl. Rebstock: Strategien zur Produktion von Präsenz.

47 Zu Veränderungen im Musiktheater vgl. Hans-Peter Bayerdörfer (Hrsg.): *Musiktheater als Herausforderung. Interdisziplinäre Facetten von Theater- und Musikwissenschaft*. Tübingen: Niemeyer 1999; Christa Brüstle / Clemens Risi / Stephanie Schwarz (Hrsg.): *Macht, Ohnmacht, Zufall: Aufführungspraxis, Interpretation und Rezeption im Musiktheater*. Berlin: Theater der Zeit 2011. Die Arbeit *Toneel* ist selbstverständlich auch in anderen Schwerpunktsetzungen auf Kostüme, Lichtregie, Spielort (auch institutionenkritisch) analysierbar und thematisiert Wahrnehmungsrahmungen und -konventionen.

48 Der Begriff der Situation erfährt in Ästhetik und Theatertheorie vor dem Hintergrund eines Gegenwartstheaters, das sich nicht mehr allein durch einen Zeichencharakter und Verfahren der Repräsentation auszeichnet, zunehmende Bedeutung, hebt Doris Kolesch hervor. Vgl. Doris Kolesch: Situation. In: *Metzler Lexikon Theatertheorie*, S. 305–306. Paradigmatisch stellen emotionale, soziale und intellektuelle Aspekte in Wahrnehmungssituationen Ausgangspunkte für

zwischen Hören und Sehen gehen deshalb von drei Arbeiten des Schweizer Performancekollektivs Velma aus. Ihre Aufführungen sind im Kontext genreentgrenzender Praktiken unerforscht und basieren nicht auf Partituren oder Texten, sondern auf der Zusammenarbeit von Musikern und Tänzerinnen. Am Beispiel der Inszenierungen *Rondo*, *Velma Superstar* und *Requiem* werden Ausprägungen einer audio-visuellen Wahrnehmung von Klang-Inszenierungen aufführungsanalytisch diskutiert.

Mit der theaterwissenschaftlichen Methode der Aufführungsanalyse liegt der Schwerpunkt auf Inszenierungsstrategien von Klängen und Wirkungen, die über Inszenierungsabsichten hinausgehen können. Darin hat die wahrnehmende Gestaltung des Geschehens einen wesentlichen Anteil und wird in dieser Studie um Aspekte der Mobilität von zuhörenden Zuschauer*innen ergänzt. Deshalb ist die übergreifende Fragestellung, wie inszenierte Klänge wahrgenommen werden können, in folgende Einzelfragen aufgeteilt: Wie ist Klang inszeniert, wie sind Hören und Sehen inszeniert und wie gehen Zuschauer*innen, die zuhören, mit jeweiligen Angeboten inszenierten Klangs um?

Allerdings ist die epistemologische Frage, wie denn zuhörende Zuschauer*innen überhaupt zu denken sind, damit noch nicht beantwortet. Mein Ausgangspunkt ist ein phänomenologischer mit dem Verständnis eines Subjekts, das nach Merleau-Ponty mit seinem Leib ‚in der Welt ist', genauer, dessen Wahrnehmung leiblich-räumlich verfasst ist. Der reflexive Aspekt des Sichbewegens (Waldenfels) ist darin zentral. Zudem legt das Modell eines ‚idealen Lesers' bzw. idealen Rezipienten nach Wolfgang Iser die Grundlage dafür, dass das Publikum Appelle einer Aufführung verhandelt.[49] Ergänzend profilieren wahrnehmungspsychologische Ansätze in ökologischer Ausrichtung, dass die Umwelt Angebote macht, die angewendet werden.[50] Für die Untersuchung der Wahrnehmung inszenierter Klänge impliziert James J. Gibsons Ansatz, dass das Publikum in der spezifisch gestalteten Wahrnehmungssituation mit Angeboten und

Provokationen und Irritationen der Wahrnehmung her, z. B. in der künstlerischen Bewegung der Situationisten und in dem Anspruch, das Leben zum Kunstwerk zu erklären. Zudem sind Grenzgänge subjektiver Souveränität in Kunstformen wie Happenings, in denen die Einteilung in Zuschauer*innen und Akteur*innen u. a. kollabiert, aufgerufen. Vgl. Guy Debord: *Gesellschaft des Spektakels*. Berlin: Tiamat 1996. Auf den Begriff der Situation gehe ich insbesondere in Erläuterungen der Analysekategorie Raum ein.

49 Vgl. Wolfgang Iser: *Der Akt des Lesens: Theorie ästhetischer Wirkung*. München: Fink 1976.

50 Vgl. James Jerome Gibson: The Theory of Affordances. In: Robert Shaw / John Bransford (Hrsg.): *Perceiving, Acting, and Knowing: Toward an Ecological Psychology*. Hillsdale, NJ: Erlbaum 1977, S. 67–82.

Anforderungen der Aufführung aktiv umgeht. Auf dieser Basis qualifiziere ich den Ausruf „Wir sind Theatergroep Max und wir speelen Toneel" als Provokation und Motivation.

Zweifelsfrei liegen in dem wirkungsorientierten situativen Ansatz und in subjektiven Eindrücken, die hier verbalisiert werden, Grenzen der Analyse. Diesen Grenzen begegnet die Methodik damit, dass historisch-kulturelle Spezifika ebenso wie Konventionen und konkrete Bedingungen zuhörenden Zuschauens in exemplarischen Aufführungen ausgewiesen werden. Somit ist ein bewegliches Wahrnehmungsdispositiv in einer Aufführungsanalyse zentral, die deskriptiv plausibel zu machen versucht, was in exemplarischen Aufführungen zu hören und zu sehen oder eben nicht zu hören und zu sehen ist.

Weitere Grenzen exemplarischer Beschreibungen liegen in dem flüchtigen Geschehen, das sich bereits im Verfassen eines Aufführungsprotokolls nach dem Aufführungsbesuch verändert. Auch Videodokumentationen sind begrenzte Hilfskonstruktionen für Annahmen zu Wirkungen vergangener Situationen.[51]

Um Annahmen zu Wirkungen von Klang-Inszenierungen im Kontext von Zuhören und Zuschauen herzuleiten und um offenzulegen, wie diese Wirkungen entstehen, gilt deshalb die Herausforderung, dynamische Wahrnehmungsprozesse zu verstetigen – im Medium der Sprache. Diese Herausforderung wird hinsichtlich einer sprachlichen Verfasstheit von Wahrnehmung als ‚Denken in Beziehungen – Sprechen im Konflikt' verstanden.[52] Einerseits geht es beispielsweise in oben stehenden Beschreibungsansätzen von *Toneel* darum, einen sprachlichen Ausdruck für Wahrnehmungssituationen zu finden; assoziative Annäherungen, vermeintliche ‚Selbstverständlichkeiten' und Widersprüche sind Teil der Suche nach präzisen Beschreibungen. Andererseits weisen die genannten Begrifflichkeiten wie ‚experimentelle Angebote', ‚Zuschauer*innen-Befinden', ‚auf den Leib rücken', ‚marktorientierte Reize' auf spezifische

51 Ich komme auf den Einsatz von Medientechniken in Klang-Inszenierungen kontinuierlich zurück und problematisiere Wirkungen. Für die Methodik der Aufführungsanalyse gilt die medientheoretische Einsicht, dass Repräsentationsmedien im Gebrauch ebenso wie abseits diskursiver Bestimmungen eine mehrdeutige Rolle zukommt, sie stellen nach Sybille Krämer grundsätzlich ‚blinde Flecken' dar. Vgl. dies.: Das Medium als Spur und Apparat. In: Dies. (Hrsg.): *Medien, Computer, Realität. Wirklichkeitsvorstellungen und Neue Medien*. Frankfurt am Main: Suhrkamp 1998, S. 73–94. Diesen Ansatz entwickelt Krämer weiter, vgl. dies.: Das Medium zwischen Zeichen und Spur. In: Gisela Fehrmann / Erika Linz / Cornelia Epping-Jäger (Hrsg.): *Spuren Lektüren. Praktiken des Symbolischen*. München: Fink 2004, S. 153–166.

52 Zwecks sprachlicher Darstellung der eigenen Wahrnehmung sind metaphorische Beschreibungen, Analogien und Vergleiche aussagekräftig, die Assoziationen und Imaginationen u. v. m. integrieren.

Diskurse und Wahrnehmungsdispositive hin. Foucaults Dispositiv-Konzept ist in der Frage danach, wie inszenierte Klänge wahrgenommen werden können, methodisch hilfreich, um Deskriptionen von Wahrnehmungssituationen zu erweitern und spezifische Diskurse und Einflüsse auf subjektive Eindrücke zu kennzeichnen. Dabei ist ein Bewegungsdispositiv in der Wahrnehmung und Wirkung von Klang-Inszenierungen ein übergreifender Fluchtpunkt, der andere Wahrnehmungsdispositive wie Camera-Obscura-Modelle eines Betrachters respektive ‚Sitzplatzverhaftungen' und Fixierungen in Guckkastenanordnungen des Theaters berücksichtigt. ‚Wie' sich Wahrnehmung verändert, ist dabei relevanter als ein allgemeines *pantha rei*. Daraus ergibt sich, Wahrnehmung als Impuls diskursiver Gestaltung zu verstehen, sprich: eine spezifische Sprache für Wahrnehmungseindrücke zu finden. Zweitens gilt es, in dem komplexen Bezugsfeld von Wahrnehmungskonventionen, subjektiver Erfahrung und Diskursen der Ästhetik eine Aufführungsanalyse zu betreiben, die u. a. subjektive Begrenzungen, sprachliche Verfasstheit und heterogene Verständnisse von Körper, Raum und Medien benennt und reflektiert. Dafür sind Terminologien – wie die Begriffsprägung des Akustischen und der audio-visuellen Wahrnehmung mit Bindestrich – Vorschläge, die mit heterogenen Verständnissen von Bewegung aus Phänomenologie, Atmosphäre-Forschung, Filmanalyse und Kognitionsphilosophie verknüpft sind. Somit stellt der gewählte ‚Theoriemix' Begründungen von Bewegung in der Wahrnehmung multidisziplinär auf, d. h. in denjenigen Ansätzen, die zum Verständnis einer Bewegung zwischen Hören und Sehen beitragen.

Zudem liegen Begründungen von Bewegung in leiblich-räumlichen Erfahrungsqualitäten von Räumen, die akustisch von Atmosphären durchzogen sind. Ein phänomenologisch begründetes Spüren steht zur Debatte.[53] Ergänzt wird die Diskussion um einen Ausblick in die Imaginationsforschung mit einer ‚Theorie der Phantasie' des Philosophen Melchior Palágyi, die mit dem Konzept einer ‚virtuellen Bewegung' arbeitet.[54] Inwiefern sich wirkungsspezifische Aspekte eines Audio-Designs (beispielsweise im Film) mit der Wahrnehmung von Klang-Inszenierungen in zeitgenössischen Theaterarbeiten vergleichen lassen, wird

53 Hermann Schmitz: Leibliche Kommunikation im Medium des Schalls. In: Petra Maria Meyer (Hrsg.): *Acoustic Turn*. Paderborn: Fink 2008, S. 75–88; Gernot Böhme: Akustische Atmosphären. Ein Beitrag zur ökologischen Ästhetik. In: Winrich Hopp (Hrsg.): *Klang und Wahrnehmung. Komponist – Interpret – Hörer*. Mainz: Schott 2001, S. 38–48.

54 Der Theaterwissenschaftler Benjamin Wihstutz arbeitet Palágyis Theorie auf. Vgl. Benjamin Wihstutz: *Theater der Einbildung. Zur Wahrnehmung und Imagination des Zuschauers*. Berlin: Theater der Zeit 2007, insb. S. 95–104.

anhand der von dem Filmtheoretiker und Klangforscher Michel Chion erarbeiteten Theorie der Audio-Vision verfolgt.[55] Nicht zuletzt bietet die sensomotorische Begründung der Wahrnehmung von Alva Noë[56] für das Verständnis der Wahrnehmung als Bewegung zwischen Hören und Sehen wichtige Hinweise und ergänzt ein performatives Wahrnehmungsdispositiv.

Aus der Bestimmung des Akustischen als Modell inszenierten Klangs und als Möglichkeit audio-visueller Wahrnehmung ergeben sich die Ausgangspositionen der Analyse. Klangkörper in Klangräumen sind in den Aufführungen Velmas auftretende Akteur*innen, Instrumente, Apparate, medientechnische Objekte[57] und Bearbeitungen im Live-Geschehen. Körper – auch Zuhörerkörper, die beispielsweise im Applaus ebenfalls Klangkörper sind – sind in einem ‚akustischen Raum'[58] zentral. Genauer: Ein aus ausgewählten Inszenierungen hervorgehendes jeweiliges Verhältnis von ‚Hören und Körper', ‚Hören und Raum' und ‚Hören und Medien' steht in einer transformativen Beziehung zum Zuschauen. Die Unterteilung der Untersuchungskategorien Körper, Raum und Medien ist eine heuristische und keine konzeptuelle. Denn für die Untersuchung von Veränderungen der Wahrnehmung als audio-visuelle Wahrnehmung ist jedes akustische Phänomen in einer der Kategorien mehr oder minder in allen weiteren Kategorien relevant. D. h., es geht in der Analyse darum, eine Bewegung zwischen Hören und Sehen von Körper, Raum und Medien exemplarisch zu konkretisieren. Zugleich ist eine konzeptuelle ‚Bewegung zwischen Hören und Sehen' die Grundlage einer Entwicklung von Wahrnehmungspraktiken. Sie umfassen motorische Bewegungen und Haltungsveränderungen wie Ausrichtungen, Abwendungen, Zuwendungen und sind als affektive, analytische und reflexive

55 Michel Chion: *Audio-Vision. Ton und Bild im Kino*, hrsg. v. Jörg Udo Lensing. Berlin: Schiele & Schön 2012.

56 Alva Noë: *Action in Perception*. Cambridge, MA: MIT Press 2005.

57 Auch Bruno Latours Begriffsprägung „Aktanten" ist in die theaterwissenschaftliche Forschung zur Wahrnehmung eingegangen. Latour untersucht historisch erläuterte visuelle Kulturen in wissenschafts- und techniksoziologischer Perspektive in seiner Akteur-Netzwerk-Theorie und räumt Objekten der Wahrnehmung einen Handlungsspielraum ein. Dabei geht es um ein Aushandeln der Wahrnehmung, in der ein Wahrnehmungseindruck nicht allein von einer ästhetischen Funktion abgeleitet wird. Vgl. Bruno Latour: *Das Parlament der Dinge: Für eine politische Ökologie*. Frankfurt am Main: Suhrkamp 2010.

58 Mareile Gilles versteht den akustischen Raum des Theaters als Erweiterung der dreidimensionalen Anordnung eines Geschehens in einer Guckkastenbühne. Ihr geht es um einen vieldimensionalen Laut-Raum und die Frage, was eine Dominantenverschiebung zugunsten des Auditiven für die Rezeption bedeutet, vgl. Mareile Gilles: *Theater als akustischer Raum*. Berlin: Logos 2000, S. 10. Dem Ansatz schließe ich mich zwar an, konkretisiere diesen allerdings in sogenannten Raumsituationen, vgl. Kap. 1.4.

Bewegungen zwischen Hören und Sehen gebündelt. Denkbar ist das Potenzial, dass zuhörende Zuschauer*innen über theaterkonventionelle Wahrnehmungsanordnungen hinausgehen und sich zu Inszenierungsstrategien von Klang im Hörraum positionieren.
Somit geht es in dieser Studie darum, einige flüchtige ‚Dinge' und Vorgänge, die im zeitgenössischen Theater zu hören sind und die ein Zuschauen verändern mögen, in ihren Wirkungen nachzuvollziehen. Wahrnehmungssituationen sind in Aufführungen kontingente Erfahrungen, die von Inszenierungsstrategien ebenso wenig zu trennen sind wie von kulturellen Prägungen. In diesem Kontext, die ästhetische Erfahrung von Klang-Inszenierungen als Aktivität zu beschreiben, macht auf Optionen einer Selbstbewegung vor Ort aufmerksam und ist als audio-visuelle Wahrnehmung gebündelt.

Struktur der Studie

Um die Bewegung zwischen Hören und Sehen in der Wahrnehmung und Wirkung inszenierter Klänge zu verdeutlichen, ist die Studie wie folgt strukturiert: Das Akustische wird in produktionsästhetischen Thesen am Beispiel von Theaterarbeiten des Regisseurs Sebastian Nübling, der spartenübergreifend arbeitet, hergeleitet (Kap. 1.1). Begriffsprägungen wie Sound, Geräusch und Musik verweisen auf unterschiedliche Diskurse, mit denen das Konzept des Akustischen in Beziehung steht. Ein erweitertes Klangverständnis bildet gleichsam das Bindeglied zwischen dem Akustischen und einer Soundforschung, die sich vor allem durch Heterogenität auszeichnet. Sie korreliert mit einer Hörforschung im Theater und wird deshalb skizziert (Kap. 1.2). Zudem steht das Akustische zeitgenössischer Theaterarbeiten in offenen Relationen zu Entwicklungen von Wahrnehmungskonventionen. Die Kritik der Aufführungsserie *9 Evenings: Theatre & Engineering* (1966) in New York, initiiert durch den Künstler Robert Rauschenberg und den Ingenieur Billy Klüver, macht dies als historisches Beispiel deutlich (Kap. 1.3). Anschließend werden in einem Methodenkapitel die analytischen Schritte der Wahrnehmung von Klang-Inszenierungen offengelegt. Darin gilt es, eine Aufführungsanalyse des Akustischen zu entwerfen, die Voraussetzungen und Bedingungen der Wahrnehmung berücksichtigt. Körper, Raum und Medien werden als Analysekategorien erläutert und beziehen eine Bandbreite akustischer Körper, Raumsituationen und multimedialer Konfigurationen ein (Kap. 1.4). Daran schließen Begründungstheorien einer audiovisuellen Wahrnehmung mit einer Bewegung im Zentrum an. Die unterschiedlichen Ansätze aus der phänomenologischen Atmosphäre-Forschung und Imagination, Filmanalyse und Kognitionsphilosophie wurden ausgewählt, um heterogene Verständnisse einer Bewegung in der Wahrnehmung zu profilieren und Entwicklungen audio-visueller Wahrnehmungspraktiken zu unterstützen (Kap. 2).

Die jeweiligen Fallanalysen der Arbeiten von Velma verdeutlichen eine Bewegung in der Wahrnehmung in unterschiedlichen Schwerpunkten. In rhythmischen Strukturierungen der Aufführung *Rondo* wird eine Bewegung von zuhörenden Zuschauer*innen als Balanceakt zwischen Hören und Sehen angeregt (Kap. 3). Die Aufführung *Velma Superstar* bietet Inszenierungen der Stimme an, die in experimentellen Bewegungen wahrgenommen werden können (Kap. 4). Musik ist in der Aufführung *Requiem* eine Gratwanderung elektroakustischer Klangproduktion und Inszenierung zwischen Liturgie, Konzert und Performance. Darin üben zuhörende Zuschauer*innen eine Bewegung zwischen Hören und Sehen (Kap. 5).

Abschließend wird audio-visuelle Wahrnehmung in einem wirkungsästhetischen Paradigma aus Digression und Disziplinierung gebündelt (Kap. 6). Es zielt darauf ab, das Verhältnis von Klang-Inszenierung und Wahrnehmung wirkungsspezifisch zusammenzufassen. Darin liegt die Option, eine Audio-Vision des Akustischen in zeitgenössischen Aufführungen zu profilieren, die beinhaltet, künstlerische Verfahren in einer Inszenierung zu fokussieren oder auch zu überhören, zu hinterfragen und zu imaginieren, kurz: unterlaufen oder überschreiten zu können.

1.
Das Akustische wahrnehmen: Annäherungen an inszenierten Klang

Der Gesang der Spieler*innen in *Toneel* lenkt die Aufmerksamkeit auf den stimmlichen Ausdruck zwischen Zeichen und Lautmaterial. Akustische Körper ziehen in ihrer Hörbarkeit und Sichtbarkeit Aufmerksamkeit auf sich. Rhythmische Schrittgeräusche und Toneinspielungen in Kombination mit Lichtwechseln, auch raschelnde Kostüme und Apparate wie klingelnde Mobiltelefone, die im Bühnenraum und im Auditorium angeordnet sind, sind weitere Beispiele inszenierter Klänge. Der übergreifenden Fragestellung, wie solche Klang-Inszenierungen wahrgenommen werden können, gehen weitere Fragen voraus, denn, ‚wie' gehört und in Relation dazu gesehen wird, konkretisiert sich in unterscheidbaren Betonungen von u. a. medientechnisch bearbeiteten Klangkörpern im Klangraum. Diese Betonungen rufen somit die Frage auf, wie Klänge inszeniert werden. Wirkungen inszenierter Klänge verweisen zugleich auf die eigene Erfahrungssituation, auch im Sinne einer Affektion. Die Untersuchung dessen, wie Wirkungen zustande kommen, bedeutet also auch danach zu fragen, wie Hören und Sehen inszeniert sind und wie Audio-Zuschauer*innen mit Inszenierungsstrategien umgehen können.[1]

Wahrnehmungskonventionen, die aus Gattungseinteilungen resultieren, haben an Antworten auf die Forschungsfragen einen wesentlichen Anteil. Wenn die Spieler*innen in der Aufführung *Stück* behaupten, dass sie *Toneel* spielen, hilft kein Wörterbuch, um herauszufinden, ob Musiktheater, Tanztheater oder

1 Der Begriff ‚Audio-Zuschauer*in' ersetzt die bisher verwendete Formulierung zuhörende*r Zuschauer*in und basiert auf Erweiterungen von Michel Chions Theorie einer Audio-Vision, die ich in Kapitel 2.2 erläutere.

ein Schauspiel-Märchen zu sehen und zu hören ist. Indem die Aufführung thematisiert, was die Bezeichnungen Stück, Spiel und Theater bedeuten können, *be*schreitet die Aufführung Gattungsgrenzen vielmehr, statt sie eindeutig zu *über*schreiten. Darin vermag das Akustische dazu beizutragen, gattungstypologische Einteilungen in Frage zu stellen und produktive Komplikationen von Wahrnehmungskonventionen herbeizuführen.

Audio-Zuschauer*innen werden in diesen Komplikationen aktiv und zwar – auf einer wahrnehmungskonzeptionellen Ebene – in einer Bewegung zwischen Hören und Sehen, so der Vorschlag. Diese Aktivität im Umgang mit inszenierten Klängen kann – in einer Entwicklung von sogenannten Wahrnehmungspraktiken – auch in physischen Haltungsveränderungen zur Geltung kommen. Genannte Implikationen dieser Bewegung setzen zunächst voraus, das Akustische genauer zu bestimmen, was am Beispiel von grenzbeschreitenden Theaterarbeiten, u. a. von Sebastian Nübling, und am Beispiel von Aufführungen innerhalb der 1966 stattgefundenen Reihe *9 Evenings: Theatre and Engineering*[2] erfolgt.

1.1 Das Akustische zwischen Theatermusik und ‚Sound-Szenario': Inszenierungen von Sebastian Nübling

Inszenierte Klänge und Wirkungen werden als das Akustische ausgewählter Aufführungen auf einer Skala zwischen Theatermusik und ‚Sound-Szenario' angesiedelt. Nübling gilt als Theatermacher, der zusammen mit langjährigen Kollaborateuren wie dem Theatermusiker Lars Wittershagen[3] sehr unterschiedliche Theaterformen zwischen Schauspiel, Musiktheater und Choreografie erarbeitet.

Einerseits spielen seine Inszenierungen mit systematisierenden Einteilungen im Verhältnis von Theater und Musik und gehen mit gattungstypologisch begründeten Funktionen, die der Musik im Schauspiel zugeordnet werden, einher. Andererseits sind diese Einteilungen und Funktionen inszenierter Klänge

2 Der Titel der Aufführungsserie wird im Folgenden mit *9 Evenings* abgekürzt; sie ist in der deutschsprachigen Kunstwissenschaft kaum erforscht.

3 Vgl. zu Nüblings und Wittershagens Zusammenarbeit in konzeptioneller Entwicklung der Theaterarbeiten und im Probenprozess David Roesner: The Politics of the Polyphony of Performance. Musicalization in Contemporary German Theatre. In: *Contemporary Theatre Review* 18,1 (2008), S. 44–55. Vgl. darüber hinaus: Ders.: *Musicality in Theatre. Music as Model, Method and Metaphor in Theatre-Making*. Farnham: Ashgate 2014, insb. Kap. 6 „The Eclectic Musicality of Now", S. 207–256.

entgrenzt, weil Wirkungen ihre Ursachen und mögliche Funktionen überschreiten. Dieses Spannungsfeld wird am Beispiel der Arbeiten *mütter.väter.kinder*, *Fucking Åmål* und *Dido und Aeneas* skizziert. *mütter.väter.kinder* ist eine Aufführung auf der Grundlage biografischen Materials. Die Inszenierung *Fucking Åmål* beruht auf einem Film[4] und *Dido und Aeneas* ist laut Untertitel ein „Musikalisches Schauspielprojekt nach der Oper von Henry Purcell und Christopher Marlowes Tragödie *Dido, Königin von Karthago*". Die analytischen Beschreibungen ausgewählter Szenen verfolgen das Ziel, erste Höreindrücke und Aspekte des Akustischen offenzulegen und innerhalb unterschiedlicher Konventionen der Wahrnehmung zu verdeutlichen.

In der Arbeit *mütter.väter.kinder*[5] ist das Interesse an der Gemeinschaftsform Familie zentral. Ausgangspunkt ist die Zusammenarbeit von Nübling, zwei Musikern, einer Tänzerin sowie Eltern und Kindern der Beteiligten. Titelgebende Rollen entsprechen den sozialen Rollen, werden gelebt und geradezu expliziert, wie der Untertitel „Familienforschung von und mit Sebastian Nübling und 3 Familien" zum Ausdruck bringt.[6] Ein weißes Band auf dem Boden begrenzt die hell ausgeleuchtete Spielfläche im Bühnenraum und umfasst ein Feld, in dem Tische und Stühle, ein Klavier und unterschiedliche Geräte elektroakustischer Geräusch-, Ton- und Musikproduktion platziert sind. Außerhalb dieser Spielfläche stehen weitere Requisiten und sind in dunkler Ausleuchtung kaum zu sehen. Die Markierung suggeriert eine Trennung zwischen der Spielfläche als Modell und einem nahezu analytischen Umgang mit dem, was im Modell geschieht. Und diese Grenze wird im Geschehen von den Spieler*innen ständig im wahrsten Sinne des Wortes überschritten. Demnach kennzeichnet die Ordnung mit weißem Gaffer-Tape sowohl ein thematisch-konzeptionelles als auch strukturelles Spannungsfeld der Inszenierung. Der biografische Selbstversuch der Spieler*innen, also Familie zu praktizieren und gleichsam (vor) zu spielen, ist ebenso Thema wie langjährige berufliche Verbindungen der Akteur*innen untereinander in einer sogenannten Theaterfamilie.

4 *Fucking Åmål* (*Raus aus Åmål*, DK/SW 1998, R: Lukas Moodysson).

5 *mütter.väter.kinder. Familienforschung von und mit Sebastian Nübling und 3 Familien* (UA: 27.11.2008, Theater Freiburg, von: physical virus collective / pvc, R: Sebastian Nübling). Als Produktionsleiterin in die Entwicklung der Arbeit eingebunden habe ich mindestens sechs Vorstellungen gesehen. Zudem liegt der Analyse eine Videodokumentation vom 28.11.2008 zugrunde.

6 *mütter.väter.kinder* ging die Arbeit *Mutter.(Vater.Kind)* voraus (UA: 23.10.2007, Theater Freiburg, von: pvc, R: Sebastian Nübling). Darin arbeitete Nübling mit dem Theatermusiker Tom Schneider und der Tänzerin Alice Gartenschläger zusammen, die mit ihrem gemeinsamen Sohn Yoel auf der Bühne spielten.

Wie Familie zwischen Arbeit und Privatleben, zwischen Konflikt und Fest verläuft, ist das inhaltliche Anliegen des Stücks. Krisen im Kampf um Aufmerksamkeit werden aufgeführt, die Gemeinschaft wird in Tänzen, Ballspielen und Feierlichkeiten auf den Prüfstand gestellt. Treten zu Beginn Vater und Sohn, Tochter und Mutter sowie eine weitere Mutter mit Tochter auf, die sich mit der Aussage „Ich wollte schon immer mal mit … auf der Bühne stehen" dem Publikum vorstellen, endet die Aufführung mit einer Wasserschlacht aller. Die Spieler*innen widmen sich dabei auch dem Publikum. In einzelnen Szenen loten sie die Bandbreite des Akustischen geradezu strukturbildend und mit Wiedererkennungswerten aus. Sie singen und pfeifen eine Reihe an Geburtstagsliedern, diese werden aufgezeichnet und schließlich in einzelnen Tonfolgen in anderen Situationen im Verlauf des Abends wieder verwendet. Um die körperliche, räumliche und elektroakustische Hervorbringung von Klang als Inszenierung offenzulegen, werden hier zwei Szenen ausgewählt, in denen auch die Wahrnehmung der inszenierten Klänge geradezu vorgespielt wird.
Im ersten Drittel der circa 70-minütigen Aufführung rücken die Spieler*innen Tische und Stühle geräuschvoll zusammen und bauen nahe am vorderen Bühnenrand eine Tafel frontal zum Publikum auf. In einer Bankett-Anordnung nehmen sie mit Lars Wittershagen am Kopf der Tafel Platz. Sie decken den Tisch, Tassen und Teller klappern. Aus raschelnder Folie packen sie einzelne Schokoladenkuchen aus und verteilen sie auf die Teller. Nachdem die Spieler*innen den Kanon *Viel Glück und viel Segen* angepfiffen haben, spuckt Wittershagen einen Tischtennisball aus. Der Aufprall ist in der Eigendynamik des Balls und Tempoveränderung zu hören und zu sehen, also Geräusch eines schneller werdenden Rhythmuselements. Zuschauen und Zuhören scheinen geradezu dynamisiert und auch die Spieler*innen wenden sich auf ihren Sitzplätzen aufmerksam dem Ballverlauf zu. Der Ball fällt vom Tisch, rollt in der Bühnenfläche aus, und Gedanken daran, wie eine Geräusch- beziehungsweise Klangausbreitung im Raum sichtbar wird, drängen sich auf. Besonders ist, dass die Akteur*innen dem Ball wie in Zeitlupentempo hinterherschauen, sie richten ihre Körper nach seinem Verlauf aus und verdeutlichen im Bühnenvorgang, dem Klang respektive dem ‚Ball als Klangkörper' hörend und sehend zu folgen. Ob es eine vergleichbare, quasi ‚nachhörende' oder hinterherschauende Aktivität im Auditorium gibt, ist fraglich. Gewiss ist allerdings, dass der Ball in dieser Szene lautlich inszeniert ist. In vorangehenden Szenen, beispielsweise wenn Vater und Sohn sich im Tischtennisspiel die Bälle entgegenschmettern, ist das Ballgeräusch ebenfalls ein Rhythmuselement, dem weitere Spieler*innen außerhalb des abgegrenzten Spielfelds und nicht zuletzt das Publikum im Auditorium

zuhörend zuschauen. Und in einer Szene am Schluss der Aufführung ist das Ballgeräusch in elektroakustischer Reproduktion zu hören, z. B. in Pingpong-Gleichmäßigkeit, einzelnem Schmetteraufprall oder eben eigendynamisch ‚in den Raum auskullernd'. In der oben beschriebenen Szene liegt zunächst nahe, dass das Geräusch auf nichts anderes verweist als auf den Vorgang des Aufprallens in einer Bewegung im Raum. Zugleich fallen die Bewegungen der Spieler*innen auf, wie sie Köpfe und Oberkörper bewegen, sie sitzen vorgebeugt, geduckt und gestreckt und richten sich auf den Verlauf des Balls aus. Und das ist sowohl eine Inszenierung des Requisits als Klangkörper im Klangraum als auch eine Inszenierung von Hören und Sehen in einer Bewegung – im Bühnengeschehen und potenziell im Auditorium, wodurch das Akustische der Aufführung exemplarisch deutlich wird.

Zudem zeichnet sich das Akustische der Szene durch ein gepfiffenes Geburtstagsständchen aus. Es erfüllt paradigmatisch – so sehen es systematisierende Einteilungen vor – eine ‚dienende Funktion' als diegetische Musik und eignet sich für die Interpretation, die für die Aufführung thematisch relevanten familiären Beziehungen zu betonen. Die Spieler*innen pfeifen die Melodie des Lieds nicht in der Struktur eines Kanons und vielstimmig in verschiedenen Tonlagen, sondern als Signal des szenischen Zeremoniells ‚Hier hat jemand Geburtstag'. Allerdings rückt ‚vor' diese Interpretation die Körperlichkeit der Pfeifenden und verdeutlicht eine wesentliche Kategorie der Inszenierung von Klang: Körper. Gilt Pfeifen als Geräusch der Luft aus verengten Lippen, ist diese Artikulation genaugenommen ein Geräusch komplementär zur Stimme. Binnendifferenziert wirkt das Pfeifen wie ein Phänomen, das von Lautqualitäten der Stimme getrennt werden kann – möglicherweise aufgrund von Wahrnehmungskonventionen der Stimme in einem spezifischen Musikverständnis.[7] Die Charakteristika des

7 Weiterentwicklungen in der zeitgenössischen Musik beinhalten Kompositionen für vergleichbare und noch ganz andere Körpergeräusche, u. a. in Werken von Mauricio Kagel, György Ligeti, Karlheinz Stockhausen oder Georg Friedrich Haas wie sie beispielsweise in Rahmen des Festivals „Greatest Hits. Festival für Zeitgenössische Musik" aufgeführt wurden (14.–17.11.2013, Elbphilharmonie Hamburg. Vor der Fertigstellung des Baus fand das Programm in der Laeiszhalle statt). Vokal-Kunst, wie die von David Moss beispielsweise, differenziert sich zunehmend aus. Geräusche wie Schnalzen, Räuspern, Hüsteln, Niesen, Atmen spielen als akustische Körperlichkeit eine wesentliche Rolle. Darüber hinaus sind auch Körpergeräusche wie Schritte, Auftritte, sogar Luftsprünge auffällig, die in (tanz)theaterkonventioneller Wahrnehmung auf auditiver Ebene zumeist wenig Beachtung finden. Zudem ist eine ambivalente Körperlichkeit der Stimme wirksam, allesamt Merkmale akustischer Körperlichkeit, die in den Analysen Velmas auffällig sind. Einem körperlichen Ausdruck wie Lachen beispielsweise kommt nach Lorenz Aggermann eine pathische Dimension zu, vgl. ders.: *Der offene Mund: Über ein zentrales Phänomen des Pathischen*. Berlin: Theater der Zeit 2013.

Akustischen – Körper und Raum – sind auch in der Szene einer Geburtstagsgesellschaft markant.
Max Nübling sitzt mit der Familie am gedeckten Tisch und bekommt Besuch. Mitspieler*innen setzen ihm eine Krone auf. Sie grölen das Lied *For He's a Jolly Good Fellow*, machen mit Selbstauslöser ein Gruppenfoto – auch das Auslösergeräusch ist als elektrotechnisches Signal zu hören – und rennen zu Musik mit Gerangel und hörbarem Geruckel der Stühle um den Tisch. An den Partyaktivitäten beteiligt Max sich nicht, sondern nimmt eine Geschenkkiste entgegen, die sich als Schummelpaket mit viel raschelndem Papier entpuppt und zwei Drumsticks enthält. Die Akteur*innen beginnen zu eingespielter Musik im polyrhythmischen Swing eine Choreografie, die zwischen Stolpern und Schrittfolgen viel improvisatorischen Raum offen lässt. Max trommelt zunächst auf den schwachen Zählzeiten des 4/4-Takts im Offbeat auf den Tisch. In zunehmend schnellerem Upbeat schlägt er sämtliche Teller und Tassen weg. Fliegen schließlich auch die Sticks auf die Seitenbühne, beginnt er, Stühle über die Bühne zu schleudern und Tische umzuwerfen. Offensichtlich und lautstark ist die Materialität der Tische und Stühle in Szene gesetzt, quasi im raumumfassenden Schlagwerk als Lärmproduktion. Diese geradezu körperlich-risikoreichen räumlichen Vorgänge drängen sich auf, wenn Max Nübling über sämtliche Objekte, so z. B. eine senkrecht stehende Kiste, die mit einer Tür zum Publikum hin versehen ist,[8] springt, klettert und andere Requisiten geräuschvoll umkippen. Zudem lässt sich die Lautproduktion auch als potenzieller Verweis auf ‚etwas' wahrnehmen. In einer offenen Zuschauer*innen- wie Zuhörer*innendisposition können eine Selbstreferenz der Lärmproduktion und ein Zeichenpotenzial nebeneinander bestehen: Der Lärm wird einerseits als Lärm wahrgenommen und bedeutet andererseits Wut.[9] Zwischen dem Akteur, der rhythmisch und nicht rhythmisch Geschirr zerschlägt, und der Interpretation eines pubertierenden Sohns, der mit Störgeräuschen aus der ungebetenen Gesellschaft der Geburtstagsfeierlichkeiten ausbricht, liegt ein offener Bedeutungsspielraum. Durch die produktive Wechselwirkung zwischen Hören und Sehen lässt sich

8 Die Tür ist Theater-Requisit par excellence, thematisiert dieses geradezu ikonische Zeichen doch wie der Vorhang ein theaterkonstitutives Charakteristikum: Ein- und Auftritte. Vgl. Juliane Vogel / Christopher Wild (Hrsg.): *Auftreten: Wege auf die Bühne*. Bielefeld: Transcript 2014.

9 Erika Fischer-Lichte bestimmt: „Etwas bewusst wahrzunehmen heißt, es als etwas wahrzunehmen" (Erika Fischer-Lichte: Perzeptive Multistabilität und ästhetische Wahrnehmung. In: Dies. / Gronau / Schouten / Weiler (Hrsg.): *Wege der Wahrnehmung*, S. 129–139, hier S. 131). Dabei begreift sie die Materialität von Dingen zugleich als Signifikat, das mit der Materialität für das Subjekt, das sie als solches wahrnimmt, immer schon gegeben ist.

die Wahrnehmung des jugendlichen Lärmakrobaten als schlichte Freude an der Materialität seiner Aktion respektive am Krach beschreiben. Geräusche und Aktionsradius des Spielers übersteigen mögliche Bedeutungen, die die Szene produziert. In der Lärmakrobatik liegt somit auch das Potenzial, dass der akustische Körper im akustischen Raum seine spezifische Bedeutungszuschreibung und damit einen illustrativen Bezug zwischen Hören und Sehen torpediert. Ob solch eine – Bedeutung überschreitende oder unterlaufende – Wirkung der Lärmakrobatik als Freude, rauschhafte Erfahrung, oder Mitschwingen treffend beschreibbar und qualifizierbar ist, soll offenbleiben. Entscheidender ist in diesem Zusammenhang, inwiefern Hören und Sehen der Lautproduktion sich ‚audiovisuell' auf ein umfassendes Drittes, Symbolisiertes – wie in der Interpretation eines pubertierenden Jungen zugespitzt – beziehen müssen. Alternativ kann sich die Lautproduktion auch – audio-visuell – mit disparaten Elementen des Geschehens verknüpfen lassen. Die Aufmerksamkeit verschiebt sich auf verschiedene Elemente der inszenierten Klangproduktion im Raum. Innerhalb dieses akustischen Raums befinden sich Audio-Zuschauer*innen und gehen mit inszenierten Klängen affirmativ oder kritisch um. Vorerst können die sportiven Bewegungen Nüblings als ‚akustische Choreografie' zusammengefasst werden. Auch ein Tanz der Geburtstagsgesellschaft zu eingespielter Swing-Musik ist als ‚akustische Raum-Bewegung' der Spieler*innen beschreibbar. Zudem hebt die Einspielung von Musik ebenso wie das elektroakustisch eingespielte Auslösergeräusch der Mobiltelefonkamera einen weiteren Gestaltungsspielraum des Akustischen hervor, nämlich die medientechnische Inszenierung von Klang. Digitale, instrumentale und elektroakustische Tonproduktion sowie medientechnische Bearbeitungen der Klänge im Geschehen, beispielsweise in Verstärkungen von Requisiten und Bearbeitungen der Stimme, kommen zur Geltung und werden am Beispiel der Schauspiel-Inszenierung *Fucking Åmål* erläutert.[10] Thematisch geht es in der Theateradaption des gleichnamigen Films um die Geschichte einer ersten Liebe im schwedischen Provinzkaff Åmål.[11] Agnes ist eine Zugezogene und mag Elin, die oft von ihrem Erfahrungshunger nach erstem

10 *Fucking Åmål* (UA: 28.01.2005, Theater Basel, R: Sebastian Nübling). Ich habe drei Vorstellungen in Basel und Berlin gesehen. Der Analyse liegt zudem eine Videodokumentation vom 17.12.2005 zugrunde.

11 Für die Theateradaption übersetzte Hansjörg Betschart das Drehbuch, die Bühnenfassung erarbeitete das Team in Zusammenarbeit mit der Dramaturgin Julia Lochte und Uwe Heinrich. Für den internationalen Markt wurde der Filmtitel umbenannt in *Show Me Love*. Das ist auch der Titel des am Schluss des Films verwendeten erfolgreichen Musikstücks der schwedischen Sängerin Robyn. Das Lied wird in Nüblings Inszenierung in einzelnen Melodiesequenzen eingespielt. Vgl. *Fucking Åmål*.

Sex, erstem Kuss mit einem Mädchen und nach Drogen spricht und schreit. Ein Panorama an sprachlichen und körperlichen Bösartigkeiten der Jugendlichen untereinander steht zudem in dem Kontext, Übergriffen elterlicher Normalität zu entkommen. Schauspieler*innen des Theaters Basel spielen gemeinsam mit Schauspieler*innen des Jungen Theaters Basel. Letzteres ist ein eigenständiges Haus ohne Ensemble, Jugendliche besuchen Theaterkurse und nehmen an Eigenproduktionen teil. Diese Zusammenarbeit zeichnet die Inszenierung thematisch-konzeptionell und strukturell aus, die Jugendlichen spielen die Teenies, die Schauspieler*innen spielen Erwachsene.[12] Die Licht- und Tonregie gestaltet einen Raum, der sowohl an ein Kinderzimmer erinnert als auch an alternative Orte wie eine Sporthalle oder eine Parkbank. Im Rahmen der Handlung lässt sich interpretieren, dass die zugezogene Agnes sich im fiktiven Provinzort Åmål – im Sinne einer Neuverortung – einlebt und die Jugendlichen untereinander und gegenüber erwachsenen Langweilern ebenfalls eine veränderte Position proben. Insbesondere erzeugt die Licht-und-Ton-Kombination zu Beginn der Vorstellung einen Raum in einer Stimmung, die zunächst im Begriff eines ‚Sound-Szenarios' zusammengefasst wird. Der Begriff ‚Szenario' steht für eine Möglichkeit dessen, was zu hören und zu sehen ist.[13] Die Stimmung erstreckt sich über mehrere Szenen und ist – szenografisch gesprochen – eine Klanglandschaft. Spieler*innen agieren darin dialogisch und körperlich in gesteigertem Tempo. Die zweite ausgewählte Szene zeichnet sich durch die Inszenierung der Stimme zwischen Live-Sprechen und Reproduktion aus, ein Verfahren, das Zuordnungen zwischen Stimme und Sprecherin und dadurch die Wahrnehmung irritiert. Stimme und Sprechen sind vielmehr reflexiv in Szene gesetzt und vervielfältigt.

Nahezu 2000 gebrauchte und von Baseler Bürgern gespendete Stofftiere bedecken die Bühnenfläche. Diese ist begrenzt von einem Sofa, das die Spieler*innen im weiteren Verlauf als Requisit für akrobatische Übungen verwenden. Aus der Masse der Plüschtiere schnellen die jugendlichen Spieler*innen hervor, tauchen darin ab, nutzen sie als Wurfgeschosse und andere Waffen und liebkosen das Textil. Diese Spielwiese ist oft in gedimmtem Licht zu sehen. Elektroakustische Geräusche kommen hinzu, die weder an menschliche Stimmen noch bestimmte Tiere erinnern und für die es nur lautmalerische Begriffe zu geben scheint. Es

12 Die Jugendlichen sprechen Schwyzerdütsch, ihre Dialoge werden übertitelt und erfüllen die Funktion einer Figurenkennzeichnung. Die Schauspieler*innen sprechen Hochdeutsch.

13 Auf den Begriff des Szenarios komme ich in den Ausführungen zur Untersuchungskategorie Raum zurück, vgl. Kap. 1.4. Auf Assoziationen und Imagination, die an Raumsituationen und -wirkungen einen wesentlichen Anteil haben, gehe ich im Theoriekapitel zur Wahrnehmung von Atmosphäre ein, vgl. Kap. 2.1.

fiept und schnarrt, schabt und rumpelt und plumpst. Die Geräusche sind in ihrer Richtungslosigkeit auffällig und lassen an ‚5.1-Surround-Sound' im Kino denken. Lichtschimmer reflektieren in Plastikaugen der Kuscheltiere und verbreiten zusammen mit den Geräuschen eine geradezu raumfüllende Unruhe.[14] Die Klangraumgestaltung mittels Geräuschen (Lars Wittershagen) und Lichtregie (Andreas Grüter) ist ein atmosphärisches Sound-Szenario und vergleichbar mit nicht-diegetischer Musik im Schauspiel. Zugleich setzen Dialoge zwischen den Akteur*innen in der grundsätzlichen Ausbreitung und Überlagerung von Klang sowie in der Atmosphäre Zäsuren. Dabei bleibt insbesondere die Schauspielerin der Elin (Meret Mundwiler) ob ihres Sprechtempos und ihrer Lautstärke in Erinnerung. Hinzu kommt ihr Bewegungsrepertoire und -tempo, vor allem während sie Jungs anbrüllt. Sie jault und johlt, schmeißt sich in die Arme jeweiliger Partner und schubst sie von sich. Dabei hebt sie sich stimmlich deutlich von oben beschriebenen subtil wirkenden elektroakustischen Geräuschen ab. Dass Audio-Zuschauer*innen die subtil wirkenden Klänge medientechnischen Objekten wie Lautsprechern zuordnen und dadurch räumlich zu verorten suchen, ist ein müßiges Unterfangen – die omnidirektionale Wirkung der Klänge dominiert und gelingt lediglich hinsichtlich stimmlicher und akrobatischer Artikulation einiger Spieler*innen. Die dynamische Wahrnehmung zwischen Hören und Sehen ist in einer weiteren Szene herausgefordert und in einem medientechnisch inszenierten Sprechen betont.

Aufzeichnungen der Stimme mit einem Diktiergerät stehen im Mittelpunkt dieser Szene. Die Schauspielerin der Agnes (Bettina Höchli) sitzt mit einem Diktafon in der Mitte der Bühne und spricht Überlegungen darüber aus, was an ihren Mitschüler*innen unausstehlich ist und inwiefern Elin auch eine Ausnahme darstellen könnte. Sie stoppt die Aufnahme, spult zurück, spielt sie ab, löscht und äußert eine andere Formulierung. Diese zeichnet sie ebenfalls auf, um sogleich erneut ‚darüber' zu sprechen – ‚darüber' in Anführungsstrichen, weil ihr erneutes Sprechen weniger einen Metadiskurs, sondern eine alternative Formulierung bedeutet. Während sie die Aufzeichnung abspielt, beginnt die Schauspielerin synchron zur reproduzierten Stimme erneut zu sprechen, wofür eher ein umgangssprachliches ‚Drübersprechen' ein passender Ausdruck ist. Die sich überlagernde Stimme und Aufnahme erwecken den Eindruck eines Stimmengewirrs und legen nahe, den Vorgang des Sprechens als Infragestellen der

14 „Das ist dann beinah so unheimlich wie in einem Stephen-King-Film und verdeutlicht die Heimatlosigkeit der Jugendlichen im überlebten Kinderzimmer umso fieser" (Simone Meier: Das winzige Stückchen Punk. In: *Theater Heute*, 3/2005, S. 8–9, hier S. 8), fasst Simone Meier die Ausstrahlung zusammen.

Worte und des Sprechens selbst zu beschreiben. Das Aufnahmegerät scheint dieses reproduzierte Sprechen geradezu zu ‚verdinglichen' und sichtbar zu machen.[15] Dabei werden Spuren dessen, was die Figur zum Ausdruck bringt, sowohl verbal als auch durch den sprechenden Körper der Schauspielerin und in der abgespielten, gelöschten, umformulierten, ‚drüber' sprechenden reproduzierten Stimme und damit nicht zuletzt im Hören und Sehen ausgelegt. Die sprechende Schauspielerin zu sehen, verhilft allerdings nicht dazu, Überlagerungen der gehörten Stimme zu unterscheiden. Vielmehr kommt die Stimme als vervielfachte Stimme zur Geltung und ist in Vorgängen des Aufzeichnens, Abspielens, Sprechens und Umformulierens inszeniert.[16] Zudem ist darin eine Unterbrechung der als natürlich geltenden Verbindung von Stimme und Körper thematisiert, begleitet vom schnarrenden Geräusch des Apparats. Es liegt nahe, das Diktafon als Tagebuch zu interpretieren. Gleichsam mag das Aufnehmen, Löschen, Umformulieren und erneute Aufzeichnen in grundsätzlichen Unzulänglichkeiten der (sprachlichen) Vermittlung von Gedanken oder Gefühlen begründet sein. Somit ist der Apparat nicht mehr ‚nur' Zeichen für ein Tagebuch. Die medientechnisch vermittelte und vervielfachte Stimme suggeriert vielmehr, dass der Apparat und das Sprechen[17] medienreflexiv in den Vordergrund rücken. Relationen zwischen einem ambivalenten ‚Stimmkörper' und Stimmklang – zudem potenziert in medientechnischer Reproduktion – werden vielmehr in der Wahrnehmung erarbeitet, gedacht, assoziiert und imaginiert. Sie laufen weder im Hören und Sehen der Sprecherin noch des Apparats eindeutig zusammen. Somit ist das Stimmengewirr ein Fundus für produktive Wahrnehmungskomplikationen.
Ergänzend zu sprechenden, schreienden, flüsternden Körpern und zur medientechnischen Aufzeichnung der Stimme ist eine weitere Inszenierungsstrategie der Stimme – ohne medientechnische Realisierung – in Nüblings Inszenierung *Dido und Aeneas* zu hören und zu sehen: Die Sopranistin Ulrike Bartusch singt.

15 Ausgehend von der Stimme erfasst Doris Kolesch die Beziehung zwischen Hören und Sehen in dem titelgebenden Diktum: Wer sehen will, muss hören. Stimmlichkeit und Visualität in der Gegenwartskunst. In: Dies / Sybille Krämer (Hrsg.): *Stimme: Annäherung an ein Phänomen*. Frankfurt am Main: Suhrkamp 2006, S. 40–64.

16 Helga Finter Fokus einer ‚Dramatisierung der Audiovision' wurde im Präludium im Zusammenhang mit einem analytischen Theatralitätsmodell genannt, vgl. Finter: Audiovision: Zur Dioptrik von Text, Bühne und Zuschauer; dies.: *Die soufflierte Stimme. Text, Theater, Medien: Aufsätze 1979–2012*. Frankfurt am Main: Lang 2014.

17 ‚Sollbruchstellen' der Sprache korrespondieren mit der Konzeption eines Mediums zwischen Zeichen und Spur. Vgl. Präludium. Darüber hinaus gilt Stimme medientheoretisch als ‚Spur des Körpers'. Vgl. Cornelia Epping-Jäger / Erika Linz (Hrsg.): *Medien / Stimmen*. Köln: DuMont 2003.

Die Inszenierung *Dido und Aeneas* hatte 2006 am Theater Basel Premiere.[18] Die „Schauspielproduktion mit singenden Schauspielern", wie Sebastian Nübling die Inszenierung im Interview bezeichnet, ist „konzeptionell in enger Zusammenarbeit mit den musikalischen Leitern Lars Wittershagen und Lutz Rademacher entstanden".[19] Henry Purcells Musik wird von dem Barockorchester der Schola Cantorum Basiliensis unter der musikalischen Leitung von Rademacher gespielt. Chorsolisten der Hochschule für Musik Basel singen im ‚Chor der nahen Verwandten', Dido wird dargestellt von der Schauspielerin Sandra Hüller und gesungen von der Sopranistin Ulrike Bartusch. Der Musiker Lars Wittershagen gibt die Figur von Jupiters Lustknaben Ganymed, sitzt in der Mitte der Bühne mit dem Rücken zum Publikum und ergänzt die instrumental gespielte und gesungene Barockmusik mit eingespielten Arabic und Italo Pop Sounds aus dem Laptop. Die Musik Purcells sowie unterschiedliche Klänge und Geräusche mit Signalfunktionen überlagern sich in der Inszenierung der Geschichte der Königin: Aeneas, Flüchtling aus Kleinasien, bringt Dido in der Gesellschaft Karthagos in Aufruhr, Misskredit und schließlich zu Fall. Der dramaturgische Aufbau der Aufführung beginnt mit einem gemeinsamen Kochen, steigert sich zum Fest und mündet in eine Katastrophe. Der Klang der Szene wird mit Musikinstrumenten, Kochgeräten und anderen Requisiten, mit elektroakustischen Apparaten und stimmlich sowie medientechnisch erzeugt. Während die Ouvertüre dieser einzigen durchkomponierten Oper von Purcell erklingt, sind allerlei Vorgänge des Kochens zu sehen, zu hören und sogar auch zu riechen. Die Stimme wird hier auf besondere Weise inszeniert: Sandra Hüller spricht und schreit, seufzt und klagt und Bartusch singt im szenischen Spiel.

Während das Publikum auf steil ansteigender Podesterie Plätze sucht, sind ca. 15 Personen auf der Bühne damit beschäftigt, bei leisen Gesprächen eine lange Tafel zu decken. Akteur*innen in festlicher Abendgarderobe kippen

18 *Dido und Aeneas* (UA: 07.04.2006, Theater Basel, R: Sebastian Nübling, Musikalische Leitung: Lutz Rademacher / Lars Wittershagen, Bühne: Muriel Gerstner, Dramaturgie: Julia Lochte). Alle aus dem Team – bis auf Rademacher – arbeiten seit langem mit Nübling zusammen. Die Inszenierung wird als „spartenübergreifendes Projekt [...], das Schauspieler und Sänger auf der Bühne zusammenbringt" (http://www.theater-basel.ch/index (Zugriff am 15.06.2015, nicht mehr verfügbar)), angekündigt. In einigen Kritiken wird die Bühne im Theater Basel als Arena-Anordnung beschrieben. Ich habe ein Gastspiel im Rahmen des Theatertreffens am 15.05.2007 in der Schaubühne am Lehniner Platz in Berlin gesehen, diese Aufführung fand in einer klassischen Guckkasten-Anordnung statt. Der Analyse liegt zudem eine Aufzeichnung der Vorstellung vom 08.04.2006 im Theater Basel zugrunde.

19 Eva Behrendt / Franz Wille: „Alles ist erzählt – und dann kommen noch zehn Minuten Musik". Ein Gespräch zwischen Theater Heute, Muriel Gerstner, Sebastian Nübling, Albrecht Puhlmann. In: *Theater Heute*, 4/2007, S. 18–27, hier S. 18.

Stühle um, Schuhe klackern, Geschirr für ein 4-Gänge-Menü klirrt, Lachen und Schneebesengequirle ist zu hören. Auf der einen Seite ist die Bühnenfläche von einer Küchenzeile begrenzt, gegenüber ist das Orchester platziert. Musiker spielen ihre Instrumente, während die Spieler*innen kochen, essen und feiern. Ein elektronisches Gerät signalisiert, dass die Garzeit im Backofen erreicht ist. Als der Kriegsflüchtling Aeneas in die Gesellschaft des Festmahls hereintritt, ist die von Purcell komponierte Melodie aus der Sterbeszene Didos zu hören. Ausschnitte ihrer Schlussarie sind auf einzelne Klänge reduziert und erinnern an eine elektroakustisch verzerrte Version einer Spieluhr. Diese Verschränkungen erzeugen ein Panorama inszenierter Klänge und machen Wahrnehmungskonventionen von Musik, Oper und Musiktheater als auch Schauspiel verhandelbar.

Die Akteur*innen spielen Instrumente, zudem ist der lautliche Umgang mit Requisiten und die medientechnische Sound-Produktion auffällig. Dido und Aeneas steigen zum Balztanz auf den Tisch, Aeneas und sein Nebenbuhler Iarbas kämpfen auf der Tafel rabiat, schmeißen sich gegenseitig hinunter und reißen diverses Geschirr lautstark mit sich. Diese akustische Körperlichkeit kommt auch stimmlich zur Geltung.[20]

Die Figur Dido ist durch ein doppeltes Spiel gekennzeichnet: Zwischen Grande Dame, Partygirl und Opfer einer Gesellschaft, die den Geliebten nach Italien abschiebt, kommt Dido nicht zur Ruhe. Dabei wirkt dieses Spiel zwischen Rollentypen wie ein Pendeln, verankert u. a. in der Interpretation widerstreitender Interessen der Figur. Und dieses Pendeln ist auch hinsichtlich der Stimme deutlich, einerseits im vielschichtigen Ausdrucksrepertoire der Schauspielerin Hüller und in der Gesangsstimme Bartuschs. Hüller ächzt, flüstert, räuspert sich, schreit und brüllt. Sie nutzt sowohl stimmlich als auch in ihrem Bewegungsrepertoire viele Ausdrucksfacetten: Überhöhungen der Stimme sind auszumachen und sie klettert polternd über Stühle und auf die Festtafel. Dann wieder verharrt sie mit scheinbar suchendem Blick, während Bartusch virtuos die Arien singt. Die Ausdrucksregister der zwei Darstellerinnen verlaufen unabhängig voneinander. Und gleichsam liegt in dieser Inszenierung unterschiedlicher Stimmlichkeit die Aufforderung, der Polyglossie einer Figur und Polyphonie der Aufführung zuzuhören.

20 David Roesner vergleicht die Inszenierung Nüblings mit der Choreografie von Sasha Waltz im Kontext sozial-gemeinschaftlicher Bedeutung und fokussiert Genrefragen, Körperlichkeit und Werkgrundlage, vgl. David Roesner: Singing Actors and Dancing Singers. Oscillations of Genre, Physical and Vocal Codes in Two Contemporary Adaptations of Purcell's Dido and Aeneas. In: *Studies in Musical Theatre* 1,2 (2007), S. 123–137.

Der Aufruf ist nicht dadurch gemindert, dass wir die physische Hervorbringung sehen, sondern wirkt plausibel im Sinne des von Roland Barthes formulierten Appellcharakters der Stimme: „*‚Hör mir zu*' heißt: *Berühre mich, wisse, dass ich existiere*"[21]. Die Stimmen werden nicht nur gehört, sondern entfalten im Zuhören eine taktile körperliche Dimension. Barthes Tastsinnmetaphorik eröffnet darüber hinaus den Bezug zu einem ‚sensorium commune'[22]. Eine Zudringlichkeit[23], quasi eine aufdringliche Berührung ist thematisiert. Möglicherweise ergibt sich ein ‚unreines' Hören, eines, das entgegen von Konzertkonventionen und auch entgegen der von Richard Wagner postulierten Wichtigkeit eines ‚mystischen Abgrunds' mit dem in den Graben verbannten und verdeckten Orchester, die physische Hervorbringung des Klangs hört und sieht.[24] Wird die physische Hervorbringung als Vermittlungspotenzial zwischen Hören und Sehen verstanden und geht mit heterogenen Voraussetzungen in der Beziehung zwischen

21 Roland Barthes: Zuhören. In: Ders.: *Der entgegenkommende und der stumpfe Sinn. Kritische Essays III*, aus d. Franz. v. Dieter Hornig. Frankfurt am Main: Suhrkamp 1990, S. 249–263, hier S. 255 (Herv. i. Orig.). Diesen Ansatz erweitert Barthes auch auf Zuhörerkörper, und er redet davon, dass „das Zuhören spricht" (ebd.).

22 Vgl. Ulrike Zeuch: *Umkehr der Sinneshierarchie. Herder und die Aufwertung des Tastsinns seit der frühen Neuzeit*. Tübingen: Niemeyer 2000. Aus medienwissenschaftlicher Perspektive problematisiert Karin Harrasser das Verständnis vom ‚Körper als Medium' im Rückgriff auf Aristoteles' *De Anima*. Haut und Fleisch sind bei Aristoteles Vermittlungsinstanzen zum Organ Seele und der Tastsinn nimmt in diesem Medienverständnis eine zentrale Position ein, denn er sei als Gemeinsinn (*koiné aísthēsis*) viele Sinne gleichzeitig: „Er macht durch Vermischung und Entmischung die Sinneswahrnehmungen erst unterscheidbar und garantiert den Selbstbezug durch innere Berührung" (Karin Harrasser: Synthese als Vermittlung. Innere Berührung und exzentrische Empfindung. In: Gabriele Gramelsberger / Peter Bexte / Werner Kogge (Hrsg.): *Synthesis. Zur Konjunktur eines philosophischen Begriffs in Wissenschaft und Technik*. Bielefeld: Transcript 2014, S. 93–104, hier S. 95). Zu dem Konzept einer ‚exzentrischen Empfindung' des Avantgarde-Künstlers Raoul Hausmann vgl. Peter Bexte: Mit den Augen hören / mit den Ohren sehen. Raoul Hausmanns optophonetische Schnittmengen. In: Helmar Schramm / Ludger Schwarte / Jan Lazardzig (Hrsg.): *Spuren der Avantgarde: Theatrum anatomicum. Frühe Neuzeit und Moderne im Vergleich*. Berlin / New York: de Gruyter 2011, S. 426–441.

23 „[B]eyond sound localisation or source identification [...t]he ear conveys the dynamics, energies, objects and materials involved in the sound production process and is affected by their intensity, power or tempo" (Katharina Rost: Intrusive Noises: The Performative Power of Theatre. In: Lynne Kendrick / David Roesner (Hrsg.): *Theatre Noise: The Sound of Performance*. Newcastle upon Tyne: Cambridge Scholars 2011, S. 44–56, hier S. 53).

24 Nach Heiner Goebbels kennt ein ‚reines Hören' die Quelle der Hervorbringung nicht. „Aber die Stimme geht immer ein persönliches Vermittlungsverhältnis ein, das sie zum Anderen herzustellen versucht. Selbst beim Hören. Und wer auch noch mit eigenen Augen dabei ist und zuschaut, wie dieses Vermittlungsverhältnis verstellt ist – von den Bemühungen um die Erzeugung von Klängen, zu denen der eigene Körper des Sängers kein plausibles Verhältnis herstellen kann –, der ist schnell ‚verstimmt'." (Heiner Goebbels: Mindestens schwer verzweifelt. Ein Essay über den Umgang mit Stimme im zeitgenössischen Musiktheater. In: *Theater der Zeit*, 1/2009, S. 24–27, hier S. 26.)

Körper und Stimme oder zwischen körperlichem Spiel und Lautlichkeit einher, ist Plausibilität eine Bewertungskategorie. Darin ist eine Wahrnehmung herausgefordert, die das jeweilige Verhältnis von Hören und Sehen dynamisch auslotet. Somit thematisiert das Akustische, inwiefern die audio-visuelle Wahrnehmung mehr ist als die Summe der den Sinnen zugeschriebenen Eigenschaften, Besonderheiten und Funktionen. Dieses ‚Mehr' steht als Wirkung von Klang-Inszenierungen im Begriff des Akustischen im Vordergrund der Analyse und setzt an einem ‚Wie' der Wirkung an.

Im Akustischen der zuvor analysierten Szenen ist auffällig, dass die Aufführungen zwischen Gattungseinteilungen changieren, wie es eben in *Dido und Aeneas* zwischen Musiktheater und Schauspiel konzeptionell der Fall ist. Darin entfaltet sich das Potenzial, dass Aufführungen, die einen Schwerpunkt auf akustische Gestaltung setzen, Wahrnehmungskonventionen zwischen Tanz, Theater und Konzert entgrenzen. Zusammenfassend zeichnet sich das Akustische in den ausgewählten Szenen durch Inszenierungen der Stimme, durch lautstarke Bewegungen der Akteur*innen, durch instrumentales Spiel, auch in der Materialität von Kochgeschirr oder in der Technizität anderen Instrumentariums aus. Die beschriebenen Wirkungen stellen darin gleichsam zur Debatte, was zeitgenössisches Theater sein kann. Sie betreffen Gattungsfragen, deren theatertheoretische Diskussion insbesondere im Hinblick auf die Wahrnehmungsforschung im Theater zusammengefasst wird.

Von Beispielen, wie im zeitgenössischen Theater mit der Ebene des Akustischen umgegangen wird, lässt sich ein Wahrnehmungswandel ableiten. Zwischen Tradition und Transformation werden Wahrnehmungskonventionen in Wechselwirkungen verhandelt. Damit steht die Frage im Raum, in welchen gattungstypologischen Einteilungen zeitgenössische Aufführungen beschrieben werden können.[25] Hans-Thies Lehmanns Vorschlag, im Hinblick auf Transformationen

25 Ein Aufführungsbegriff, der performative Räume, Körper und Medien umfassen soll, rückt ins Zentrum der Diskussion, vgl. Erika Fischer-Lichte / Adam Czirak / Torsten Jost / Frank Richarz / Nina Tecklenburg (Hrsg.): *Die Aufführung. Diskurs – Macht – Analyse.* München: Fink 2012. Auch Richard Wagners ‚Gesamtkunstwerk'-Begriff wird verwendet vgl. Guido Hiß: *Synthetische Visionen. Theater als Gesamtkunstwerk von 1800 bis 2000.* München: Epodium 2005. Florian Malzacher polemisiert auf der Suche nach einer Bezeichnung für performative Kunst des Theaters: „Freies Theater? Alles vorbelastet oder missverständlich. Time based Art? Live Art? Immerhin Versuche, die Genres nach anderen Grenzen zu definieren. Devised Theatre, also ein Theater, das stets von null entwickelt werden muss? New Theatre, noch immer? Postdramatisches Theater? Zumindest mal ein erfolgreiches, vermarktbares Schlagwort. Aber wie passt da jener Tanz darunter, der in den vergangenen Jahren so einflussreich war, der aber ebenfalls noch immer einen passenden Namen sucht: konzeptueller Tanz? [...] Tatsächlich aber verweist der Mangel an Begriffen vor allem auf einen Mangel an Verschriftlichung, einen Mangel

von postdramatischem Theater zu sprechen, erlangt dabei insofern gattungspoetische Bedeutung, als er versucht, aus der ästhetischen Logik der Theaterformen heraus gattungstheoretische Einteilungen zu überwinden.[26] Lehmann leistet mit der analytischen Beschreibung von Aufführungserfahrungen einen Beitrag zu Diskussionen um den Einsatz verschiedener theatraler Mittel in zeitgenössischen Theaterarbeiten, beispielsweise Körper, Text, Musik, Rhythmus, Raum. Sein Vorschlag problematisiert zugleich ein allzu enges Verständnis von Inszenierung, das von einem traditionellen Dramen- und Werkverständnis ausgeht, ebenso wie ein allzu breites von Aufführung. Im Rahmen dessen spricht Lehmann auch eine Wahrnehmungspolitik des Theaters an. Sie basiere darauf, „daß die Weise der Perzeption nicht zu trennen ist von der Existenz des Theaters in einer Lebenswelt aus Medien, die alles Wahrnehmen massiv modellieren"[27]. In einer grundsätzlichen ‚Antwort'-Disposition von Zuschauer*innen auf bestimmte Zeichenlogiken, die nach Lehmann in den Massenmedien generell politischen und instrumentellen Zielen verschrieben sind, gibt es im Theater hingegen eine „*Wahrnehmungspolitik*, die zugleich eine Ästhetik der Verantwortung heißen könnte"[28] und eine wechselseitige Implikation von Akteure*innen und Zuschauer*innen beinhaltet. Darin kommt ein Verständnis von Wahrnehmung zum Tragen, das Lehmann im Begriff der Erfahrung erweitert. In einem fast zehn Jahre später erschienenen Beitrag erläutert er Erfahrungen, die Zuschauer*innen mit sich selbst machen. Sie müssen sich mit ihrer eigenen Einstellung zu einem Medium konfrontieren:

> Der Zuschauer könnte jetzt in ein Spiel geraten zwischen einer Haltung, die sich an der Tradition von Kunsttheater orientiert, und einer sozusagen unbestimmten Position, im günstigsten Fall einer offenen Wahrnehmungseinstellung auf etwas hin, für das er noch keinen Begriff und keine genaue Vorstellung hat.[29]

an Kommunikation, die sich nicht auf Werbung beschränkt, in den performativen Künsten, die in dieser Hinsicht verblüffend sprachlos sind" (Florian Malzacher: Große Tiere – Die Kunst der Kuratoren. In: *Theater Heute*, 4/2011, S. 5–21, hier S. 8–9).

26 Lehmann: *Postdramatisches Theater*, S. 17. Lehmann stellt im Bewusstsein grundsätzlicher Entwicklungsdynamik und Heterogenität klar, dass eine umfassende Zusammenschau sich von selbst verbiete. Zur Kritik des Konzepts vgl. auch Christel Weiler: Postdramatisches Theater. In: *Metzler Lexikon Theatertheorie*, S. 245–248.

27 Vgl. Lehmann: *Postdramatisches Theater*, S. 469.

28 Ebd., S. 471 (Herv. i. Orig.).

29 Lehmann: Vom Zuschauer, S. 25.

Darin ist der Akt der Wahrnehmung, auf dieses oder jenes zu achten, eine Entscheidung und ein von Lehmann als „(Mit-)Spielraum" benanntes Interaktionsfeld.[30] In dieser Offenheit kann – statt von Handlungs- oder Darstellungslogiken – von Wirkungen ausgegangen werden, die Bedeutungslogiken übersteigen.

Hierin gewinnt der Begriff des Akustischen besondere Relevanz, weil er ein Spannungsfeld zwischen spezifischen Inszenierungsstrategien und unkalkulierbaren Wirkungen erzeugt. In der Inszenierung *Fucking Åmål* dient die medientechnische Inszenierung der Stimme nicht der lautlichen Amplifizierung einer sprachlichen Aussage, sondern ist medienreflexiv auf das Sprechen bezogen. Ist das Akustische als Stimmengewirr auffällig, beteiligen sich Audio-Zuschauer*innen daran in kaum pauschalisierbarer Qualität, zumindest aber hörend und sehend. Die Szenenanalyse der Arbeit *mütter.väter.kinder* verdeutlicht die im Bühnenvorgang inszenierte Wahrnehmung im Hinterherschauen oder Hinterherhören der Spieler*innen hinter dem im Raum kullernden Tischtennisball. Diese Aktivitäten auch im Publikum voraussetzend, eröffnen sie das Potenzial, Wahrnehmung mit einer Eigenbewegung, mit veränderter Aufmerksamkeit, affektiven Berührungen und Reflexionen ästhetischer Strategien und ihrer Kontexte zu verknüpfen. Deshalb gilt das Akustische einerseits als Modell: Klang ist in einer Strategie der Inszenierung angesiedelt und im Probenprozess entstehen Entscheidungen über Klang als Resultat.[31] Zudem bündeln Klang-Inszenierungen mögliche Wirkungen, die das Verhältnis von Hören und Sehen thematisieren. Bezogen auf die Szenenanalysen sind solche Wirkungen beispielsweise Lust am Krach, Reflexionen sprachlicher Informationen und die Vielstimmigkeit einer Figur.

Zugleich sprechen diese Implikationen dafür, Hörforschung und Klangverständnisse aus kulturwissenschaftlicher Perspektive zu berücksichtigen. Denn die allgemeine Bestimmung des Akustischen als inszenierter Klang mit Wirkung gilt selbstverständlich auch für Begriffskonzepte wie Sound und Geräusch. Darin liegen Ausgangspunkte, um das Akustische in einer zunehmenden wissenschaftlichen Aufmerksamkeit auf auditive Erfahrungen sowie in grundsätzlichen Veränderungen der Wahrnehmung zu kontextualisieren. Sie tragen dazu bei, das Akustische als wirkungsspezifische Akzente im Hören und Sehen zu verstehen.

30 Vgl. Lehmann: Vom Zuschauer, S. 25.

31 Begriffe und Konzepte wie Komposition, Klangorganisation und Sounddesign weisen auf Klangverständnisse in unterschiedlichen Disziplinen und Begriffstraditionen hin, auf die ich in Kap. 1.2 zurückkomme.

1.2 Das Akustische als ‚inszenierter Klang mit Wirkung': Begriff und Konzept im Kontext kulturwissenschaftlicher Hörforschung

„Are we discovering sound? Sound in the theatre, sound in our lives, sound and what distinguishes it from noise, from speech, from silence?", fragt Patrice Pavis im Vorwort der 2011 erschienenen Publikation *Theatre Noise.*[32] Unter dem Dachbegriff ‚sound' motiviert Pavis' Frage vor allem weitere, wie z. B. Fragen zur Abgrenzung zwischen Sound und Geräusch, Lärm, Sprechen und Stille. Seine Entdeckerlust lässt sich vor allem als Aufforderung zu Unterscheidungen verstehen.

Der ‚sound'-Begriff im englischen Sprachgebrauch umfasst ebenso wie der französische ‚son' verschiedene Bedeutungen, die die deutsche Sprache mit den Begriffen Laut und Klang unterscheidet. Der Konzeptbegriff ‚Sound' schließt Perspektiven auf Musik- und Klangkultur sowie auf Sprache und Phonologie ein.

Im musikalischen Kontext steht Sound für nicht eindeutige Unterscheidungen zwischen charakteristischen Klängen im Musikspiel sowie im übertragenen Sinn für einen musikalischen Stil.[33] Im Sound-Begriff sind Unterscheidungen von Klangproduktion und Erfahrung in unterschiedlichen sozialen Kontexten gebündelt, die sich mit Kategorien und Methoden der klassischen Musiklehre nicht erfassen lassen.[34] Kulturwissenschaftliche Forschung zu Sound differenziert sich als Klangforschung, Hörforschung und als Erforschung des Sonischen respektive der auditiven Dimension der Lebenswelt in transdisziplinären Perspektiven aus. Die Sound Studies untersuchen historisch spezifische Kulturen des Hörens und wie diese mit Klängen Bedeutungen generieren.[35] Mit der Frage, wie inszenierte Klänge gehört und gesehen werden können, lässt sich zudem an Diskussionszusammenhänge anknüpfen, die Petra Maria Meyer im sogenannten

32 Patrice Pavis: Preface. In: Kendrick / Roesner (Hrsg.): *Theatre Noise*, S. x–xiii.

33 Die Musikwissenschaft bestimmt den Sound-Begriff im Kontext technischer Produktion und Gestaltung von Klang und Klangfarbe. Vgl. Helmut Rösing: Klangfarbe und Sound in der westlichen Musik. In: *MGG. Sachteil 5*, 1996, Sp. 156–159, hier Sp. 159.

34 Vgl. Tobias Janz: Qualia, Sound, Ereignis. Musiktheoretische Herausforderungen in phänomenologischer Perspektive. In: *Zeitschrift der Gesellschaft für Musiktheorie* Sonderausgabe (2010): Musiktheorie / Musikwissenschaft. Geschichte – Methoden – Perspektiven, S. 217–239, hier S. 223.

35 Vgl. Jens Gerrit Papenburg / Holger Schulze: Fünf Begriffe des Klangs. Disziplinierungen und Verdichtungen der Sound Studies. In: *Sound Studies. Positionen. Texte zur aktuellen Musik* 86 (2011), S. 10–15. Die Autoren benutzen Sound und Klang synonym und erklären die sprachliche Dopplung mit kulturell unterschiedlichen Herangehensweisen. Sie untersuchen Klang als dynamische Gestalt in einem Netzwerk verschiedener Forschungsperspektiven und markieren Knotenpunkte in den Begriffen Quelle, Objekt, Signifikant, Rest und Affekt. Einführend zu Bedeutungsdimensionen von Klang, Geräusch und auditiver Kultur vgl. *Zeitschrift für Semiotik* 34,1–2 (2012): Situation und Klang.

Acoustic Turn bündelt.[36] Veränderungen von Wahrnehmungskonventionen im Theater schließen daran an.[37]

Pavis' Frage, ob Sound überhaupt und was genau damit entdeckt wird, betont also zunächst die voraussetzungsreiche Komplexität von Sound. Der Begriff ‚Klang' umfasst sowohl den Bereich Sound als auch den des Akustischen, wobei das Akustische als Spezifikation von Sound gelten kann. Mit dem Begriffskonzept des Akustischen kann daher an einer Differenzierung von Sound im Theater gearbeitet werden.[38]

Arbeitshypothetisch sind für diese Differenzierung folgende Ausgangspunkte wichtig: Der Begriff des Akustischen bezieht sich auf die Wahrnehmung inszenierter Klänge in Aufführungen, während der Sound-Begriff auch auf funktionales Sounddesign in Architektur, Produktgestaltung respektive *acoustic branding* und in weiteren Geltungsbereichen kodifizierter Klänge angewendet wird.[39] In diesem ersten Spannungsfeld zwischen funktionalen und nicht funktionalen Klängen thematisiert das Akustische im Theater die Wahrnehmung selbst, und zwar in solchen Aufführungen, die zwischen Konzert und Theater

36 Ausgangspunkt Meyers ist das Hörbare in vielfältigen Zusammenhängen und Phänomenbereichen von Klang. Darin werden phänomenologische und psychoanalytische Konzeptualisierungen des Hörens, künstlerische Positionen im Medienwechsel, Musik als Indikator veränderter Hörgewohnheiten, Aspekte eines filmischen ‚Acoustic Turn' und akustische Raumgestaltungen in Klanginstallationen vorgestellt. Vgl. Petra Maria Meyer: Stimme, Geste und audio-visuelle Konzepte. Akustische Kunst – Performance – ‚Theater der Ohren'. In: Dies. (Hrsg.): *Acoustic Turn*, S. 291–351.

37 Der 11. Kongress der deutschen Gesellschaft für Theaterwissenschaft im Oktober 2012 unter dem Titel *Sound und Performance* setzte daran an, dass Sound in seiner gesamten semantischen Bandbreite einen grundlegenden Wandel von Wahrnehmungskonventionen zum Ausdruck bringt und eine kulturwissenschaftliche Perspektive auf Sound und Performance erfordert. Vgl. Wolf-Dieter Ernst / Anno Mungen / Nora Niethammer / Berenika Szymanski-Düll (Hrsg.): *Sound und Performance: Positionen – Methoden – Analysen*. Würzburg: Königshausen & Neumann 2015.

38 Von einem Sounddesign im Theater spricht die deutschsprachige Forschung auch, um die Gestaltung der lautlichen Ebene zu kennzeichnen. Julia Schröder untersucht einen Theatersound in der Arbeit der Komponisten Hans Peter Kuhn und Leigh Landy. In deren Arbeiten sieht Schröder einen neuartigen „Einsatz in Geräuschkompositionen […] im Theater […], womit sie zwischen Sounddesign und Bühnenmusik liegend eine neue Form von Theatersound schaffen" (Julia H. Schröder: Im Hörraum vor der Schaubühne. Theatersound für Robert Wilson (Hans Peter Kuhn) und Heiner Müller (Leigh Landy). In: Dies. (Hrsg.): *Im Hörraum vor der Schaubühne. Theatersound von Hans Peter Kuhn für Robert Wilson und von Leigh Landy für Heiner Müller*. Bielefeld: Transcript 2015, S. 11–47, hier S. 39).

39 Georg Spehr (Hrsg.): *Funktionale Klänge: Hörbare Daten, klingende Geräte und gestaltete Hörerfahrungen*. Bielefeld: Transcript 2011.

changieren und somit tradierte Gattungszuschreibungen überschreiten. Darin können Abgrenzungen von spezifischen Funktionen von Klängen vorgenommen werden, wobei Bedeutungen inszenierter Klänge nicht obsolet sind. Ihr Potenzial liegt vielmehr in den Ambivalenzen von Inszenierungsstrategien und Wirkungen begründet. Das Begriffskonzept des Akustischen – zuvor definiert als Modell inszenierten Klangs und möglicher Wirkungen – hebt, so die These, in wahrnehmungskonventionell geprägten Situationen die affektive, intellektuelle und auch physische Disposition eines Hörers hervor, der im *théatron* zuschaut. Somit hat der kulturwissenschaftlich verstandene Sound-Begriff für das Akustische eine rahmengebende Funktion[40] und verweist auf Kontexte der Wahrnehmung, die über Theater hinausgehen. Weil die Sound Studies heterogene Ausgangspunkte als Rahmen für das Akustische bereitstellen, werden sie im Folgenden skizziert.[41]

Analysen der auditiven Lebenswelt werden in den Sound Studies aus anthropologischer[42], medientechnischer[43] und -theoretischer Perspektive betrieben und beziehen sich auf Kulturen des Hörens und auf Untersuchungen zur Klanggeschichte. Sie sind um ästhetische und medienreflexive Auseinandersetzungen

40 Grundsätzlich steht der Sound-Begriff als Konzept für die Untrennbarkeit eines physikalischen und wahrgenommenen Phänomens. Diese Bedeutung gilt sowohl für den Begriff des Akustischen als auch für den hier verwendeten Klang-Begriff. Mit der Konjunktur des Sound-Begriffs drängt sich auch eine Inflation desselben auf; offen sind dabei unterscheidende Funktionen von Sound in kultureller und historischer Forschung.

41 Die Forschung zu Sound in historischer Perspektive sowie die englischsprachige und französischsprachige Forschung wird erläutert in Holger Schulze (Hrsg.): *Sound Studies. Traditionen – Methoden – Desiderate. Eine Einführung.* Bielefeld: Transcript 2008.

42 Vgl. *Paragrana* 2,1–2 (1993): Das Ohr als Erkenntnisorgan; *Paragrana* 16,2 (2007): Klanganthropologie: Performativität – Imagination – Narration; Holger Schulze: *Gespür – Empfindung – Kleine Wahrnehmungen. Klanganthropologische Studien.* Bielefeld: Transcript 2012. Der Technikphilosoph Don Ihde bestimmt Klang phänomenologisch, u. a. als Stimmphänomene in der Wahrnehmung eines Individuums ebenso wie als Klang in technologischer Produktion der Popmusik. Dabei thematisiert er die Frage, wie (und ob) digitaler Klang verkörpert wird. Vgl. Don Ihde: *Listening and Voice. Phenomenologies of Sound* [1976]. Albany: State University of New York Press 2007.

43 Die Forschung orientiert sich an gespeicherten Sounds. Für einen Überblick verschiedener Diskursansätze vgl. Julia Kursell: Sounds of Science – Schall im Labor (1800–1930). In: Dies. (Hrsg.): *Sounds of Science – Schall im Labor*, Preprint zur Konferenz am 05–07.10.2006. Berlin: MPIWG 2006, S. 3–6. Vgl. zudem Wolfgang Ernst: Zum Begriff des Sonischen (mit medienarchäologischen Ohr erhört/vernommen). In: *PopScriptum. Texte zur populären Musik* 10 (2008). http://www2.hu-berlin.de/fpm/popscrip/themen/pst10/index.htm (Zugriff am 15.07.2016); Axel Volmar / Jens Schröter (Hrsg.): *Auditive Medienkulturen: Techniken des Hörens und Praktiken der Klanggestaltung.* Bielefeld: Transcript 2013.

ergänzt.[44] Die auditive Gestaltung des Alltags und eine Beziehung von Hören und Raum, die von ökonomischen Zielen sowie politischen und gesellschaftlichen Interessen geprägt ist, werden erforscht. Sollen die einen Orte – wie Kaufhäuser oder einzelne Produkte – Kunden binden,[45] sollen sich an denselben und anderen Orten wie beispielsweise dem Hamburger Hauptbahnhof bestimmte Personengruppen keineswegs ‚zweckentfremdend' aufhalten.[46] Diese durch Medientechnologien und Musik gestalteten Lebensräume – so konkret wie ein Bahnhof und so virtuell wie im Computerspiel – gelten als klangliche Milieus.[47] Davon grenzt sich der kanadische Komponist Raymond Murray Schafer mit Untersuchungen zu einer Klangökologie ab. Klänge der Umwelt sind nach Schafer an ‚originale Quellen' gebunden.[48] Entstehende ‚Soundscapes', so Schafers

44 Jonathan Sterne wendet sich im Rahmen seiner Studie *The Audible Past* gegen eine „audiovisual litany". Sterne erläutert Hörtechniken („audile techniques"), die nicht auf der Unterscheidung von Charakteristiken des Hörens und Sehens beruhen, beispielsweise nennt er Entwicklungen eines Hörens ausgehend von einem Stethoskop, das mit intellektueller Distanzierung einhergehe. Vgl. Jonathan Sterne: *The Audible Past: Cultural Origins of Sound Reproduction*. Durham, NC: Duke UP 2002. Grundsätzlich wird in den Sound Studies – insbesondere hinsichtlich der Klangwirkungen – die Frage gestellt, in welchem Verhältnis die Sinne untereinander gedacht werden können und ob die Sound Studies die Opposition zwischen Auditivem und Visuellem brauchen, um ihren Gegenstand zu definieren, vgl. Papenburg / Schulze: Fünf Begriffe des Klangs, S. 15. Vgl. darüber hinaus Andi Schoon / Axel Volmar (Hrsg.): *Das geschulte Ohr: eine Kulturgeschichte der Sonifikation*. Bielefeld: Transcript 2012.

45 Eine der bekanntesten Begriffsprägungen – „Muzak" – ist nach der 1934 gegründeten Muzak Incorporation benannt und bezeichnet die von General Squier 1922 eingerichtete sonische Gestaltung in Kaufhäusern, Fahrstühlen, Hotels oder Restaurants in kommerzieller Zweckgebundenheit.

46 Der Bahnhofsvorplatz wurde von 2002 bis 2014 mit klassischer Musik beschallt. Die Deutsche Bahn begründet die Beschallung mit einem erhöhten Sicherheitsgefühl und hält vermutete Zielvorstellungen, mit dieser Beschallung Junkies zu vertreiben, für eine Legende. Seit September 2014 ist sogenannte Chill-out-Lounge-Musik zu hören.

47 Vgl. Marcus Maeder (Hrsg.): *Milieux Sonores / Klangliche Milieus. Klang, Raum und Virtualität*. Bielefeld: Transcript 2010.

48 Vgl. Raymond Murray Schafer: *Die Schallwelt, in der wir leben*, aus d. Engl. v. Friedrich Saathen. Wien: Universal Edition 1971 (Orig.: *The New Soundscape*). Schafer geht es um ‚natürliche' Klangquellen im Gegensatz zur Warenförmigkeit technologisch gestalteter Klänge, er formuliert: „[D]er Schall, den wir wahrnehmen, ist von seinen natürlichen Quellen abgeschnitten. Und das ist es, was ich Schizophonie nenne." (Ebd., S. 52.) Die Bezeichnung ‚originale Quellen' verwende ich in Anlehnung an Papenburg / Schulzes Charakterisierung von Schafers Forschung, die Autoren problematisieren und polemisieren: „Das Pathos der originalen Quellen […] bleibt ein höchst problematisches und gleichermaßen stark motivierendes Erbe der Klangökologie. Einerseits bleiben Quellen-Theorien des Klanges als kulturpessimistischer Essenzialismus der ‚wahren' und einzig ‚authentischen' Klangwahrnehmung unweigerlich einem technologiefeindlichen Furor des historischen *New Age* und der gegenkulturellen bis pietistischen Ökologiebewegungen der 1960er Jahre verhaftet; andererseits bietet das physisch-materiell erfahrbare Spezifikum des Auditiven eine schwer hintergehbare bis erratische *scientific*

Begriffskonzept, zeichnen sich durch Qualitäten aus, die nicht in einer Quellenorientierung auf eine intentional und funktional gestaltete Umwelt aufgehen.[49] Dieses Charakteristikum ist hinsichtlich von inszenierten Klängen in Theateraufführungen eine mögliche Wirkung, wobei ‚Klänge und originale Quellen' im Theater problematisch und durchaus in Inszenierungsstrategien eingebunden sind. Deshalb lässt sich das Konzept ‚Soundscape sensu Schafer' nicht ohne Einschränkungen auf das Akustische in Aufführungen beziehen.[50] Zur Bezeichnung von räumlichen Wirkungsdimensionen inszenierten Klangs bieten sich die deutlich metaphorischeren Begriffe ‚Klanglandschaft' und ‚Soundfläche' an und werden in dieser Studie verwendet.[51] Anders als R. M. Schafer schlägt Pierre Schaeffer mit dem Konzept eines *objet sonore* ein Klangobjekt vor, das unabhängig von Klangquellen Bedeutungen vermittelt und gleichsam in Relation zu Aufzeichnungstechnologien steht. Seine Ausgangspunkte entwickelt Michel Chion in einer Audio-Vision von Bild und Ton im Kino weiter.[52] Chions Ansätze sind für eine audio-visuelle Wahrnehmung des Akustischen ebenfalls wichtig.

entity. Die Warenförmigkeit, Modularität und Austauschbarkeit der üblicherweise verhandelten Güter stehen im Gegensatz zur Orts-, Material-, Sinnes- und Leibspezifik des Auditiven [...]" (Papenburg / Schulze: Fünf Begriffe des Klangs, S. 12 (Herv. i. Orig.)).

49 In der Folgepublikation *The Tuning of the World* (New York: Knopf 1977) erweitert Schafer den Soundscape-Begriff auf Umgebungen, die aus Tonmontagen resultieren. Übersetzungen ins Deutsche heben eine Geschichte des Hörens ausgehend von folgendem Zusatz im Original hervor: *A Pioneering Exploration into the Past History and Present State of the Most Neglected Aspect of Our Environment: the Soundscape*. Vgl. ders.: *Die Ordnung der Klänge. Eine Kulturgeschichte des Hörens*, aus d. Engl. u. neu hrsg. v. Sabine Breitsameter. Mainz: Schott 2010. Holger Schulze hält den Untertitel in Breitsameters Übersetzung für eine „unbegründete Behauptung" und hebt den „irritierend foucaultschen Titel" hervor (Holger Schulze: Körper und Klang. In: *Merkur. Deutsche Zeitschrift für Europäisches Denken* 68,4 (2014), S. 350–358, hier S. 355).

50 Der Begriff Soundscape wird im Kontext des Theaters teils analytisch und teils metaphorisch verwendet, analog zum Topos ‚Theater als Landschaft' nach Gertrude Stein. Vgl. Matthias Dreyer: Landscape & Soundscape. Postanthropozentrische Ästhetik bei Robert Wilson und Heiner Müller. In: Schröder: *Im Hörraum vor der Schaubühne*, S. 119–143.

51 Wirkungen einer Klanglandschaft, Soundfläche und Atmosphäre untersuche ich in den Fallstudien. Sie gehen auch von Installationen aus, die einen „Ocean of Sound" (David Toop: *Ocean of Sound. Klang.Geräusch.Stille*, aus d. Engl. v. Diedrich Diederichsen. St. Andrä-Wördern: Hannibal 1997) nahelegen. Raumwirkungen im Sinne einer Atmosphäre, deren Wahrnehmungskonzeptionen ich in Kap. 2.1 untersuche, sowie eine „non-cochlear Sonic Art" (Seth Kim-Cohen: *In the Blink of an Ear. Toward a Non-cochlear Sonic Art*. London: Continuum 2009) spielen darin eine Rolle. Vgl. Juliane Rebentisch: *Ästhetik der Installation*. Frankfurt am Main: Suhrkamp 2003; Eiermann: *Postspektakuläres Theater*.

52 Auf Schaeffers Forschung basierend untersucht Michel Chion den Sonderfall des ‚Akusmatischen' – Hören ohne sichtbare Quelle. Auf beide Ansätze gehe ich insbesondere in Kap. 2.2. ein.

In den Kunst- und Kulturwissenschaften sind Geräusche in Musik und Alltag ebenso wie apparativ und instrumental hervorgebrachte Klänge und Töne, ihre digitale Produktion sowie Speicherungstechniken ein wachsendes Forschungsfeld. Geräusch gewinnt im negativ konnotierten Sinne von Lärm und Krach einerseits und als Musik und Klang andererseits akademische Aufmerksamkeit.[53] Historische Impulse der italienischen Futuristen liefern für den musik- und kulturwissenschaftlichen Zusammenhang von Sound, Noise, Geräusch und Klang wesentliche Ausgangspunkte.[54] Als entscheidende Differenzierungskriterien von Lärm und Klang gelten soziale Konnotationen im kulturtheoretischen Kontext. Jacques Attali führt politische Implikationen aus[55] und Paul Hegarty spitzt zu: „noise is cultural"[56].

In künstlerischen Auseinandersetzungen mit der Lebenswelt und in einer *hearing perspective* auf die Umwelt ist eine Begriffsverwendung zwischen Sound und Klang fließend, formuliert der Klangkünstler Sam Auinger.[57] Zudem wird der Sound-Begriff in medientechnischer, künstlerischer und marktstrategischer

53 Vgl. Camille Hongler / Christoph Haffter / Silvan Moosmüller (Hrsg.): *Geräusch – das Andere der Musik. Untersuchungen an den Grenzen des Musikalischen*. Bielefeld: Transcript 2014; Sylvia Mieszkowski / Sigrid Nieberle (Hrsg.): *Unlaute: Noise / Geräusch in Kultur, Medien und Wissenschaften seit 1900*. Bielefeld: Transcript 2017.

54 Beispielsweise Ferruccio Busonis *Entwurf einer neuen Ästhetik der Tonkunst* (1907), Luigi Russolos *Kunst der Geräusche* (1913) und Edgar Vareses kompositorische Experimente, u. a. im Werk *Density 21.5* (1936), einer Komposition für eine Querflöte, deren Einsatz als ‚perkussiv' gilt. Vgl. dazu David Toop: *Into the Maelstrom: Music, Improvisation and the Dream of Freedom: Before 1970*. New York: Bloomsbury 2016, S. 52.

55 Vgl. Jacques Attali*: Bruits: Essais sur l'économie politique de la musique*. Paris: Fayard 2001.

56 Paul Hegarty: N*oise / Music. A History*. New York: Bloomsbury Academic 2009, S. 3. Aus musikwissenschaftlicher Perspektive vgl. Peter Niklas Wilson: Russolos Enkel. Anmerkungen zur Ästhetik der New Yorker „Noice music". In: *MusikTexte. Zeitschrift für Neue Musik* 23 (1988), S. 25–27.

57 Vgl. Carsten Seiffarth / Martin Sturm / Offenes Kulturhaus Oberösterreich (Hrsg.): *Sam Auinger and Friends: A Hearing Perspective. Book 2 / theory*. Wien: Folio 2007. Kunstwissenschaftliche und medienreflexive Auseinandersetzungen mit Klang, Bild und Raum und Institutionen greifen ineinander, u. a. in Entwicklungen der Klangkunst, vgl. exemplarisch Ralf Beil / Peter Kraut (Hrsg.): *A House Full of Music. Strategien in Musik und Kunst*. Ostfildern: Hatje Cantz 2012. Vgl. auch Salomé Voegelin: *Listening to Noise and Silence: Towards a Philosophy of Sound Art*. New York: Continuum 2010. Die räumliche Dimension von Sound fokussiert der Klangkünstler und Theoretiker Brandon LaBelle, vgl. exemplarisch ders.: *Acoustic Territories: Sound Culture and Everyday Life*. New York / London: Continuum 2010. Aus kunstwissenschaftlicher Perspektive über Sound Art hinaus und mit folgendem Begriffsvorschlag vgl. Eva Fischer: *Audiovisuelle Kunst. Entwicklung eines Begriffes: VJing, audiovisuelle Live Performance und Installation im Kontext kunsthistorischer und zeitgenössischer Entwicklungen*. Saarbrücken: Akademiker 2014.

Verschränkung insbesondere im Kontext kultureller Bild- und Tonproduktion ausgelotet. Das Web-Archiv *See This Sound* versammelt künstlerische Positionen, die historisch und systematisch in den Bezugsfeldern Popkultur, Wahrnehmungstheorie und Medientechnologie reflektiert werden.[58] Interaktivität gilt dabei als Schlüsselkonzept und ist in heterogenen Perspektiven auf symbolische Kommunikation und kulturelle Transferinteressen angesiedelt.[59] Mobilität wird darin zum wichtigen Analyseaspekt.[60] Einigkeit besteht in den Diskursen darüber, dass eine Sound-Gestaltung unserer Umwelt mit einem umfassenden Wahrnehmungswandel einhergeht.

Pavis' rhetorische Frage betrifft diesen Wahrnehmungswandel. Sein Aufruf zu begrifflicher Differenzierung in der Rede über Sound betont, Hören als wesentliche Erfahrungsdimension von Theater komplementär zum Sehen zu verstehen: „The point is to go beyond (or at least to make complete) our vision of theatre as visual *mise en scène* by way of a sonic, auditive, and musical conception of a performance: *aurality*, the counterpart and complement of visuality"[61]. Daran schließt das hier zentrale Interesse an Veränderungen der Wahrnehmung an und geht zugleich über die Erforschung des Hörens hinaus. Der analytische Suchbegriff einer ‚Bewegung zwischen Hören und Sehen' ergänzt die

58 Beispiele der Bild- und Tonproduktion umfassen Film, Klangkunst, Performance Art und Tanzfilm, u. a. auch unter dem Begriff des Gesamtkunstwerks. Systematische Betrachtungen reichen von der audiovisuellen Wahrnehmung in Farbe-Ton-Analogien bis zur Synästhesie. Das Web-Archiv wird unter der wissenschaftlichen Leitung von Dieter Daniels an der Hochschule für Grafik und Buchkunst Leipzig fortgesetzt, vgl. http://www.see-this-sound.at/webarchiv/ (Zugriff am 15.07.2016). Die Beiträge stehen in Verbindung zu der gleichnamigen Ausstellung 2009 und einem Symposium in Linz, dokumentiert in folgenden Publikationen: Cosima Rainer / Stella Rollig / Dieter Daniels / Manuela Ammer (Hrsg.): *See this sound: Versprechungen von Bild und Ton*. Köln: König 2009; Dieter Daniels / Sandra Naumann (Hrsg.): *See this sound. Audiovisuology. Compendium. An Interdisciplinary Survey of Audiovisual Culture*. Köln: König 2010; dies. (Hrsg.): *See this Sound. Audiovisuology. Essays: Histories and Theories of Audiovisual Media and Art*. Köln: König 2011.

59 Dieter Daniels / Rudolf Frieling (Hrsg.): *Medien Kunst Aktion. Die 60er und 70er Jahre in Deutschland*. Wien / New York: Springer 1997; dies. (Hrsg.): *Medien-Kunst-Interaktion: Die 80er und 90er Jahre in Deutschland*. Wien / New York: Springer 2000. Darüber hinaus vgl. Uwe Seifert / Jin Hyun Kim / Anthony Moore (Hrsg.): *Paradoxes of Interactivity: Perspectives for Media Theory, Human-Computer Interaction, and Artistic Investigations*. Bielefeld: Transcript 2008.

60 Vgl. Jeffrey Wimmer / Maren Hartmann (Hrsg.): *Medienkommunikation in Bewegung. Mobilisierung – Mobile Medien – Kommunikative Mobilität*. Wiesbaden: Springer 2014.

61 Pavis: Preface, S. x (Herv. i. Orig.). Auf Pavis' Qualifizierung des Verhältnisses von Hören und Sehen als komplementäres oder konträres Verhältnis komme ich im Verlauf der Studie kontinuierlich zurück. Dabei gehe ich davon aus, dass es um eine transformative Beziehung zwischen Hören und Sehen geht.

von Pavis angesprochenen komplementären und kontrapunktischen Beziehungen zwischen Hörbarem und Sichtbarem. In der vorgeschlagenen Orientierung an Bewegung steht das Akustische deshalb in folgendem Verhältnis zu oben dargelegten Sound-Konzeptionen: Sound umfasst ein weites Klangverständnis und zeichnet sich durch eine historische und kulturelle Bedeutung der Begriffe Laut, Klang, Ton, Geräusch und Lärm aus. Steht der Sound-Begriff für produktive Unschärferelationen in Geltungsbereichen der Lebenswelt und Ästhetik, Hörforschung und Klangproduktion, werden diese auch im Akustischen zeitgenössischer Theaterarbeiten vermutet. Sie betreffen allerdings im Theater nicht allein das Hören, sondern Transformationen aller Sinnesleistungen. Damit bietet das Akustische die Aussicht, von einzelnen Besonderheiten des Hörens innerhalb einer Aufführung auszugehen und diese Besonderheiten in ihren Auswirkungen auf die Wahrnehmung anderer Charakteristika der Aufführung zu untersuchen. Im Akustischen einer Aufführung rücken also weitere Elemente in Betracht, zum Beispiel rhythmische und nicht rhythmische Bewegungen der Akteure*innen, Apparate, Kostüme, Requisiten, ein virtuoser Umgang mit Instrumenten – vielleicht auch ohne Ton –, Stimme, Sprache und Sprachlosigkeit, kurz Körper, Raum und Medien. Somit ist das Akustische im Theater von einer Sound- und Hörforschung abgegrenzt, die Beziehungen zum Visuellen nicht berücksichtigt. Zudem ist der Oberbegriff Sound im Begriff des Akustischen spezifiziert, und zwar erstens in leiblich-räumlichen Wahrnehmungssituationen vor Ort – darin sind spezifische Konventionen enthalten. Zweitens ist das Spannungsfeld von Strategie und Wirkung inszenierter Klänge zu untersuchen. Ergebnisse lautlicher Designstrategien sind nicht bestimmbar, jede Strategie ist notwendigerweise ein Versuch.[62] Hinsichtlich von Aufführungen lässt sich somit von Wirkungen in einer strategischen Unbestimmbarkeit ausgehen. Dieser ‚Rest' wird insbesondere in der Stimme deutlich[63] und macht sich im Rahmen inszenierter

62 Eine Funktionalisierung der Klanggestaltung, ein *acoustic branding* beispielsweise, mag unter bestimmten Bedingungen, um die es in dieser Studie nicht geht, grundsätzlich wirkungsmächtig sein, kann aber potenziell auch ins Leere laufen oder im Gebrauch überschritten werden. Welche Freiheiten es braucht, um einen alternativen Umgang mit der lautlich gestalteten Umwelt zu ermöglichen, ist eine philosophische Fragestellung, die u. a. Christian Grüny hinsichtlich der Musik stellt, vgl. ders.: *Kunst des Übergangs.*

63 Mladen Dolar beschreibt diesen Rest, auch in der eigenen Erfahrung der Stimme in irritierenden Situationen, im Rückgriff auf Jacques Lacan das, was nicht vollständig in den Prozess der Signifikation eingeht, die „positive Substanz der Stimme" und des Phonems (Mladen Dolar: *His master's voice. Eine Theorie der Stimme.* Frankfurt am Main: Suhrkamp 2007, S. 51). Darüber hinaus sieht eine technisch orientierte Medienwissenschaft, die sich aus der Literaturwissenschaft entwickelt, bereits in den 1980er Jahren eine spezifische Form im Klang ‚ex negativum'.

Klänge in Irritationen bemerkbar – anders formuliert: Das, was ich höre, passt nicht zu dem, was ich sehe.[64] Das Zwischenergebnis in der Irritation ist ein experimenteller Zusammenhang zwischen Zuschauen und Zuhören, in diesem wird eine Unbestimmbarkeit durch alle Beteiligten in der Aufführung ‚aktualisiert'. Zudem sind in Aufführungen zeitliche und lokale Verdichtungen dessen, was Aufführungen zu Hören und zu Schauen anbieten, potenziell vervielfältigt und aufgespalten wie in der Wirkung eines Stimmengewirrs oder – als Klanglandschaft – ‚verräumlicht'. Darin mögen wahrnehmungskonventionell bedingte Zusammenhänge verzerrt erscheinen und können Annahmen und Erwartungen kippen. Ein unbestimmbarer Rest kann somit allgemein eine irritierende Wirkung sein sowie – abstrakter – als Lücke, Rand, Rauschen oder auch als Leerstelle beschrieben werden. Ob darüber hinaus ein Hören und Sehen dieser Unbestimmbarkeit quasi trainiert werden kann und das Akustische in Aufführungen ein gutes Experimentierfeld dafür ist – beispielsweise klangliche Milieus aus der Lebenswelt, Technik, Unterhaltung, Musik zu verarbeiten –, hängt mit der Aufmerksamkeit von Audio-Zuschauer*innen zusammen. Im Akustischen von Aufführungen geht es um erprobte, geübte, im Raum und im Geschehen zur Geltung kommende inszenierte Klänge,[65] die zunächst ihre Hörbarkeit thematisieren; d. h., sie lenken die Aufmerksamkeit auf sich als Klänge. Zugleich thematisieren sie Relationen zu dem, was zu sehen oder anderweitig erfahrbar ist. Somit geht es im Begriff des Akustischen nicht um objektivierten Klang, sondern das Akustische ist in Inszenierungsstrategien eingebunden, deren Absichten auch ins Leere laufen können. Im Rahmen ästhetischer Erfahrung und Hörforschung im Theater werden diese Besonderheiten wie folgt gebündelt.

Als komplementäre Begriffe zu Wirkung gelten ‚Wahrnehmung' und ‚Rezeption' in Theatergeschichte und -theorie.[66] Sie sind – auch über das Theater hinaus – in

In dieser ist Sound das, was an den ‚Rändern der Schrift' hörbar wird. Vgl. Friedrich Kittler: *Grammophon, Film, Typewriter*. Berlin: Brinkmann & Bose 1986. Für einen Überblick über Rest-Bestimmungen vgl. Papenburg / Schulze: Fünf Begriffe des Klangs, S. 14.

64 Ob diese Irritationen in Aufführungen beabsichtigt sind und mit dieser Absicht auch ihre Erfahrung exklusiv begründbar ist, bleibt als grundsätzliche Frage an das Verhältnis von Strategie, Form, Gestaltung und Wirkung offen, vgl. Grüny: *Kunst des Übergangs*.

65 Sofern diese Ausgangspunkte auch im Konzert gelten, wird das Inszenierungsverständnis einhergehend präzisiert. Vgl. Rebstock: Strategien zur Produktion von Präsenz; Christa Brüstle: *Konzert-Szenen. Bewegung, Performance, Medien. Musik zwischen performativer Expansion und medialer Integration 1950–2000*. Stuttgart: Steiner 2013. In der vorliegenden Studie stehen Aufführungen im Mittelpunkt, die gleichsam den Übergang zwischen Konzert und Theater ausloten.

66 Vgl. einführend Patrice Pavis: Wirkung. In: *Metzler Lexikon Theatertheorie*, S. 393–397.

Konzeptionen einer Wirkungsästhetik profiliert. In einer Verschränkung von Produktions- und Rezeptionsästhetik erläutert beispielsweise Wolfgang Iser Wirkungen in der Literatur, die – sowohl in einem traditionellen Werkverständnis als auch in offenen Textformen – einen aktiven Charakter des Lesers hervorheben. Im Werk schließen sich Leerstellen zu einer Appellstruktur zusammen und treffen auf den Leser, der damit imaginativ umgeht.[67] Darauf bezieht sich auch die Klanganthropologin Sabine Sanio und formuliert ein interaktives Moment ästhetischer Erfahrung mit Wirkungen in einem wirklichkeitsverändernden Potenzial.[68] Im Einklang damit stehen Konzeptionen einer performativen Wahrnehmung im Theater.[69] An dieses Interaktivitätsparadigma schließen Ansätze der Hörforschung im Theater an.

Zuhören im Theater richtet sich u. a. auf die Stimme zwischen Lautartikulation und Sprechen/Singen aus, Stimmlichkeit ist in disziplinenübergreifender Begründung als Untersuchungskategorie des Gegenwartstheaters zentral. Sprechen, Schreien, Singen sind neben (mikrofoniertem) Atmen, Lachen, Flüstern als akustische Register des Subjekts in Szene gesetzt.[70] Darin werden Annahmen zu einem bestimmten ‚Stimmkörper' hinsichtlich von Geschlecht und Alter hinterfragt, eine natürlich geltende Verbindung von Stimme und Körper wird in experimentellen, vielstimmigen, chorischen und medientechnischen Vorgängen und

67 Vgl. Wolfgang Iser: *Das Fiktive und das Imaginäre. Perspektiven literarischer Anthropologie*. Frankfurt am Main: Suhrkamp 1991, insb. S. 9–17.

68 Sabine Sanio bündelt entsprechende künstlerische Entwicklungen als „didaktische Momente" und meint solche, die weniger ‚Neues' als vielmehr andere Arten des Sehens und eines Blicks, der die Wirklichkeit selbst verändern könnte, propagieren. Diese sieht Sanio beispielsweise in der Musik von John Cage oder Alvin Lucier, in dem Theater von Bertolt Brecht, in der Malerei von Marcel Duchamp oder Andy Warhol, in der Literatur ausgehend von Friedrich Nietzsches Sprachkritik, auch in Gedichten von Ernst Jandl, Oskar Pastior oder Helmut Heißenbüttel. Vgl. Sabine Sanio: Interaktion und Kommunikation in der ästhetischen Erfahrung. Perspektiven einer situativen Ästhetik. In: Hopp (Hrsg.): *Klang und Wahrnehmung*, S. 49–66.

69 Die von Erika Fischer-Lichte vorgeschlagene autopoietische Feedback-Schleife im Theater ist die Ausgangsbasis einer performativen Ästhetik, in der es um eine grundsätzliche Interaktivität zwischen Bühnenakteuren und Publikum geht. Fischer-Lichte setzt für die Wirksamkeit einer Feedbackschleife eine Ko-Präsenz von Akteuren und Zuschauern voraus und profiliert Interaktion in einem selbstbezüglichen und sich selbst hervorbringenden Sinn. Vgl. dies.: *Ästhetik des Performativen*, S. 59.

70 Vgl. Aggermann: *Der offene Mund*; Jenny Schrödl: *Vokale Intensitäten. Zur Ästhetik der Stimme im postdramatischen Theater*. Bielefeld: Transcript 2012; Vito Pinto: *Stimmen auf der Spur: Zur technischen Realisierung der Stimme in Theater, Hörspiel und Film*. Bielefeld: Transcript 2012.

Anordnungen ausgelotet.[71] Dynamische Verbindungen zwischen Körpern und anderen Klangquellen der Lautproduktion rücken im szenischen Geschehen in den Vordergrund. Sie sind zwischen Musik und anderen Bewegungskünsten[72] angesiedelt und werden als intermediale Kunstform beschrieben. Bewegung und Stillstand,[73] Rhythmus[74] und szenische Anlehnungen an musikalische Strukturen und Musikalisierungen sind darin von Bedeutung.[75]

Lynne Kendrick und David Roesner nennen darüber hinaus die folgenden Aspekte, in denen Fragen an ‚Theatre Noise' gebündelt werden können: „Silence", „Embodiment", „Bruiteur / Foley Artist", „Materiality", „Vocality", „Musicalisation", „Production of meaning", „Sound and vision", „Space", „Immersion"[76],

71 Vgl. Kolesch / Krämer: *Stimme*; Finter: *Die souffliert*e *Stimme*; Doris Kolesch / Jenny Schrödl (Hrsg.): *Kunst-Stimmen*. Berlin: Theater der Zeit 2004; Hans-Peter Bayerdörfer (Hrsg.): *Stimmen – Klänge – Töne. Synergien im szenischen Spiel.* Tübingen: Narr 2002; Miriam Dreysse: *Szene vor dem Palast: Die Theatralisierung des Chors im Theater Einar Schleefs*. Frankfurt am Main: Lang 1999. Der Zusammenhang von Körper und Stimme wird auch wissenschaftsgeschichtlich problematisiert, vgl. Petra Bolte-Picker: *Die Stimme des Körpers: Vokalität im Theater der Physiologie des 19. Jahrhunderts*. Frankfurt am Main: Lang 2012.

72 Stephanie Schroedter (Hrsg.): *Bewegungen zwischen Hören und Sehen: Denkbewegungen über Bewegungskünste*. Würzburg: Königshausen & Neumann 2012. Gabriele Brandstetter geht innerhalb des von Schroedter vorgeschlagenen Bewegungsparadigmas einem ‚listening'-Verständnis als spezifisch kinästhetische Aufmerksamkeit im zeitgenössischen Tanz nach, zum einen als Eigenwahrnehmung differenzierter Muskelzustände und zum anderen im Kontext von Körperkontakt, Verschiebung von Gewicht und räumlicher Lage. Sie beschreibt nicht Zuhörer*innenkörper im Auditorium, sondern Tänzer*innen, vgl. Gabriele Brandstetter: ‚Listening' – Kinaesthetic Awareness im zeitgenössischen Tanz. In: Ebd., S. 113–127.

73 Vgl. u. a. Günther Heeg / Anno Mungen (Hrsg.): *Stillstand und Bewegung. Intermediale Studien zur Theatralität von Text, Bild und Musik*. München: Epodium 2004.

74 Vgl. Christian Grüny / Matteo Nanni (Hrsg.): *Rhythmus – Balance – Metrum. Formen raumzeitlicher Organisation in den Künsten*. Bielefeld: Transcript 2014; Christa Brüstle / Nadia Ghattas / Clemens Risi / Sabine Schouten (Hrsg.): *Aus dem Takt. Rhythmus in Kunst, Kultur und Natur.* Bielefeld: Transcript 2005; Patrick Primavesi / Simone Mahrenholz (Hrsg.): *Geteilte Zeit: Zur Kritik des Rhythmus in den Künsten*. Schliengen: Argus 2005; Christa Brüstle / Albrecht Riethmüller (Hrsg.): *Klang und Bewegung. Beiträge zu einer Grundkonstellation*. Aachen: Shaker 2004; Gerold Baier: *Rhythmus. Tanz in Körper und Gehirn*. Reinbek: Rowohlt 2001.

75 Vgl. Roesner: Musicality in Theatre; Matthias Rebstock / David Roesner (Hrsg.): *Composed Theatre: Aesthetics, Practices, Processes*. Bristol: Intellect 2012; Tore Vagn Lid: *Gegenseitige Verfremdungen. Theater als kritischer Erfahrungsraum im Stoffwechsel zwischen Bühne und Musik*. Frankfurt am Main: Lang 2011; Roesner: The Politics of the Polyphony of Performance; ders.: *Theater als Musik. Verfahren der Musikalisierung in chorischen Theaterformen bei Christoph Marthaler, Einar Schleef und Robert Wilson*. Tübingen: Narr 2003; Wolfgang Sandner (Hrsg.): *Heiner Goebbels. Komposition als Inszenierung*. Berlin: Henschel 2002.

76 Immersion geht in kunstgeschichtlichem Kontext auf die Einfühlungstheorie (*empathy*) von Friedrich Theodor Vischer, Robert Vischer und Theodor Lipps zurück. Ich verwende den Begriff als Analysekonzept zugunsten einer Ubiquität von Klang nicht.

„Interaction“, „Listening“.[77] Die Hörforschung im Theater ist maßgeblich durch Verflechtungen dieser (und weiterer) Schwerpunkte gekennzeichnet. Ausgehend vom Hören hebt auch der Tagungsband *Sound und Performance* die Forschungsdimensionen Immersivität, Affiziertheit, Partizipation, Offenheit und Relationalität ebenso wie ästhetische Strategien einer Publikumsinvolvierung, Rhythmisierung, Musikalisierung und Begegnung theatertheoretisch und -ästhetisch hervor.[78] Differenzierungen des Zuhörens[79] profilieren eine Partizipation, die u. a. als ‚Synchronisierung' in einer Gemeinschaft verstanden wird.[80] Zuhörer*innen gelten darin ebenso wie Zuschauer*innen als ‚Handelnde'.[81]

Zusammenfassend betrifft das Akustische als Modell und Möglichkeit inszenierten Klangs vor dem Hintergrund der in diesem Kapitel skizzierten Sound- und Hörforschung die Beziehung von Hören und Sehen erstens in historisch-kulturellen Konventionen und zweitens in heterogenen Eigenschaften, die einzelnen Sinnesleistungen zugeordnet werden. Sie beeinflussen sich wechselseitig. Mit dieser Arbeitsdefinition des Akustischen korrespondiert eine audio-visuelle Wahrnehmung in dem Denkmodell einer Bewegung zwischen Hören und Sehen. Die Frage, inwiefern das Begriffskonzept des Akustischen als besondere Ausprägung eines kulturell und historisch spezifizierbaren Sound-Verständnisses sinnvoll ist, um Wirkungen von Klang im Theater näher zu beschreiben, beantwortet der Ausgangspunkt, dass Wahrnehmungssituationen von Aufführungen mit ortsspezifischen Rahmungen einhergehen und die Wahrnehmung konventionell beeinflussen.

Am Beispiel der Aufführungsserie *9 Evenings: Theatre and Engineering* lässt sich nachvollziehen, dass Erwartungen des Publikums 1966 in New York mit experimentellen Präsentationspraktiken des Aufführens, Ausführens und Ausstellens – gebündelt im Oberbegriff Theater – erheblich kollidierten. Diese Kollisionen werden im Folgenden auf der Basis von Berichten, Aussagen der Beteiligten und weiterem Quellenmaterial erläutert.

77 Lynne Kendrick / David Roesner: Introduction. In: Dies. (Hrsg.): *Theatre Noise*, S. xiv–xxxv, hier S. xxxii.

78 Vgl. Ernst / Mungen / Niethammer / Szymanski-Düll (Hrsg.): *Sound und Performance.*

79 Katharina Rost: *Sounds that matter. Dynamiken des Hörens in Theater und Performance.* Bielefeld: Transcript 2016.

80 *Performance Research* 3,16 (2011): On Participation & Synchronisation, hrsg. v. Bettina Brandl-Risi / Kai van Eikels / Ric Allsopp. Der Begriff der Synchronisation ist ebenfalls in Bindungstheorien der neurowissenschaftlichen Erforschung von Perzeption verankert.

81 Einführend zu Handlungskonzepten im Theater vgl. Barbara Gronau: Handlung. In: *Metzler Lexikon Theatertheorie*, 136–140.

1.3 Das Akustische in historischen Überlagerungen: *9 Evenings: Theatre and Engineering* (1966)

Die Aufführungsserie *9 Evenings: Theatre and Engineering* steht im Kontext eines Wahrnehmungswandels, den experimentelle Kunstpraktiken in der sogenannten Neo-Avantgarde ausloteten. Grenzgänge zwischen bildender Kunst und Theater setzen sich seit den 1960er Jahren mit Wahrnehmungskonventionen auseinander, z. B. in Raumformen, die von der klassischen Guckkastenbühne abweichen und eine Trennung von Bühne und Zuschauerraum aufheben und reflektieren.[82] Insbesondere ein anthropologisches Verständnis von Theater, beispielsweise bei Richard Schechner, macht unterschiedlichste Formen der Partizipation zum Thema. Prozesshafte Kunstformen wie die ‚Aktionen' der Wiener Aktionisten, ‚Ereignisse' der amerikanischen Happening- und Fluxusbewegung oder ‚Situationen' der Situationistischen Internationale und künstlerische Entwicklungen in Überlagerungen von Ritual und Kunst gelten als Wegbereiter der performativen Wende und beziehen Fragen zu Mediatisierungen der Wahrnehmung ein.[83] In diesen Veränderungen schienen medientechnische Prozesse durchaus zu Irritationen eines traditionellen Theaterverständnisses beizutragen, so die These hinsichtlich der Aufführungsserie *9 Evenings: Theatre and Engineering.*

Die Aufführungen der *9 Evenings* in New York 1966 thematisierten Körper, Raum und Medien auf unterschiedliche Weise und in verschiedenen Kunstformen. Choreografien, Kompositionen und Installationen waren in der 69th Regiment Armory Hall vom 13. bis 26. Oktober 1966 zu hören und zu sehen.[84] Der Künstler Robert Rauschenberg und der Ingenieur Billy Klüver[85]

82 Vgl. zu Interferenzen von Theater und bildender Kunst insbesondere ausgehend von Räumen: Barbara Gronau: *Theaterinstallationen. Performative Räume bei Beuys, Boltanski und Kabakov*. Paderborn: Fink 2010. Stellvertretend für andere vgl. auch Erika Fischer-Lichte / Robert Sollich / Sandra Umathum / Matthias Warstat (Hrsg.): *Auf der Schwelle. Kunst, Risiken und Nebenwirkungen*. München: Fink 2006; Frieder Reininghaus / Katja Schneider / Elmar Budde (Hrsg.): *Experimentelles Musik- und Tanztheater*. Laaber: Laaber 2004.

83 Der Begriff ‚Mediatisierung' umfasst hier allgemein Prozesse und Theorien eines sozialen und kulturellen Wandels, vgl. Andreas Hepp / Friedrich Krotz / Carsten Winter (Hrsg.): *Theorien der Kommunikations- und Medienwissenschaft*. Wiesbaden: VS 2008.

84 Die 2.600 m² große Exerzierhalle der 69. Militäreinheit wurde zuvor u. a. für Sportveranstaltungen genutzt. 1913 fand dort die *Armory Show* statt, eine erste öffentliche Ausstellung post-impressionistischer Kunst der europäischen und amerikanischen Moderne.

85 Klüver hatte bereits zuvor mit Jasper Johns, John Cage und Robert Rauschenberg zusammengearbeitet ebenso wie beispielsweise mit Jean Tinguely 1960 an *Homage to New York*. Ergebnisse der von ihm und Rauschenberg initiierten Zusammenarbeit zwischen Künstler*innen und Ingenieur*innen sollten ursprünglich innerhalb des Stockholm Festival for

initiierten, dass zehn Künstler*innen, Tänzer*innen und Komponisten neun Monate mit ca. 30 Ingenieur*innen und Techniker*innen der Bell Telephone Laboratories zusammenarbeiteten. Ihnen ging es darum, Projekte in der Auseinandersetzung mit Medientechniken zu entwickeln. Neben dem bildenden Künstler Rauschenberg waren Öyvind Fahlström und Alex Hay, die Tänzer*innen und Choreografinnen Deborah Hay, Steve Paxton, Yvonne Rainer, Lucinda Childs und der Künstler Robert Whitman sowie die Komponisten und Musiker David Tudor und John Cage beteiligt.[86]
Für die Performances wurden unterschiedliche technische Steuerungs- und Übertragungsprozesse entwickelt, die im Rahmen der Auseinandersetzungen mit Technologien in performativen Prozessen ausgelotet werden sollten. Billy Klüver erläutert im Rückblick: „I believe it was John Cage who remarked that the 9 Evenings 'was like the early movies' where the camera, the stage, the literary content, and the acting were all separate and easily identifiable elements. An

Art and Technology Mitte September 1966 gezeigt werden. Verabredungen dazu scheiterten aus – allgemein angegebenen – finanziellen und organisatorischen Gründen und die Beteiligten bemühten sich um eine alternative Finanzierung und einen Aufführungsort in New York.

86 Theaterwissenschaftlich ist die Aufführungsserie eine Forschungslücke. Vor allem in kunsthistorischen Retrospektiven und mediengeschichtlichen Ansätzen werden die Aufführungen diskutiert. Vgl. Sabine Breitwieser (Hrsg.): *E. A. T. Experiments in Art and Technology*. Köln: König 2015. Zwecks Erörterungen der jeweiligen Themen und Interessen in den Arbeiten greife ich auf vorliegende Materialien und Einschätzungen der Beteiligten sowie auf Würdigungen aus kunstgeschichtlicher Perspektive zurück: Sylvie Lacerte: 9 Evenings and Experiments in Art and Technology. In: Dieter Daniels / Barbara U. Schmidt (Hrsg.): *Artists as Inventors – Inventors as Artists*. Ostfildern: Hatje Cantz 2008, S. 158–175. Der Beitrag ist aus dem Jahr 2005 und im Internet auf den Archivseiten der Daniel Langlois Foundation hinterlegt. 2006 erscheint ein Katalog mit detailreichen Schilderungen, Skizzen und Kritiken zur Aufführungsserie begleitend zu einer Retrospektive der *9 Evenings* im MIT List Visual Arts Center, vgl. Catherine Morris / Clarisse Bardiot (Hrsg.): *9 Evenings Reconsidered: Art, Theatre, and Engineering, 1966*. Cambridge, MA: MIT List Visual Arts Center 2006. Seit 1996 arbeitet die schwedische Filmemacherin Barbro Schultz Lundestam an Dokumentarfilmen der jeweiligen Abende, u. a. mit ausgiebigen Interviews der Beteiligten. Die Filme wurden zwischen Oktober 2012 und Juli 2013 im Museum Hamburger Bahnhof in Berlin gezeigt, zusätzlich konnte ich die Filme in Archiv-Sitzungen einsehen. Weitere Manuskripte und dokumentarisches Material befinden sich im E. A. T. Archiv im Getty Research Institute in Los Angeles und sind in der Daniel Langlois Foundation in Montreal einsehbar. Im Internet sind zahlreiche Skizzen, Audio- und Videomaterial und kunstwissenschaftliche Beiträge hinterlegt: http://www.fondation-langlois.org/flash/e/index.php?NumPage=571 (Zugriff am 15.07.2016). Zur Analyseperspektive im Verhältnis Dokumentation, Interessen der Künstler*innen und Erfahrungen des Publikums vgl. den aufschlussreichen Beitrag von Caitlin Jones / Lizzie Muller: Between Real and Ideal: Documenting New Media Art. In: *Leonardo. Journal of the International Society for the Arts, Sciences and Technology* 41,4 (2008), S. 418–419.

unmixed media“[87]. Dieser Ansatz wird retrospektiv in kunstwissenschaftlicher Perspektive gewürdigt.[88] Zugleich interessierten Klüver Medientechniken in Performances nicht als Selbstzweck und ‚Effekt-Apparate‘. Rezensenten und Beteiligte der Aufführungen kritisierten 1966 eben diesen Aspekt; sie bemängelten fehlende Positionen zur Kulturindustrie und wirkungsarme Inszenierungen von Medientechniken in neo-avantgardistischen Konventionen.[89] Auf der Basis vorliegender Dokumente bezieht sich die Darstellung der Serie darauf, wie in den Arbeiten akustische Körper, Objekte und Medien in Szene gesetzt wurden, und beinhaltet Positionen kunstwissenschaftlicher Würdigung und Kritik.[90]
Der Künstler Öyvind Fahlström beschreibt seine Arbeit *Kisses Sweeter than Wine* als einen Initiationsritus für ein neues Medium unter dem Stichwort ‚total theatre‘.[91] Die einstündige Aufführung zeichnet sich durch Schauspiel, Objekte, Projektionen, Einspielungen von Radio-Aufzeichnungen und den titelgebenden Popsong in der Cover-Version der Band The New Christy Minstrels aus.[92] Robert Rauschenberg tritt in historischem Kostüm auf und trägt Texte des Engländers Jedediah Buxton (1707–1772) vor. Galt Buxton als Beispiel eines Autodidakten, dem unabhängig von Lehre und Ausbildung die Fähigkeit nachgesagt wurde, komplexe mathematische Aufgaben zu lösen, spricht Fahlström von diesem Vermögen als „machine-like qualities in people“[93]. Radio-, Film- und Fernsehausschnitte aus Nachrichtensendungen thematisieren beispielsweise

87 Billy Klüver: Theater and Engineering. An Experiment. 2. Notes by an Engineer. In: *Artforum* 5,6 (1667), S. 31–33, hier S. 32 (Herv. i. Orig.).

88 Vgl. Michelle Kuo: 9 Evenings in Reverse. In: Morris / Bardiot (Hrsg.): *9 Evenings Reconsidered*, S. 31–43, hier S. 31.

89 Vgl. Brian O'Doherty: New York: 9 Armored Nights. In: Morris / Bardiot (Hrsg.): *9 Evenings Reconsidered*, S. 75–79; Lucy Lippard: Total Theatre? In: Ebd., S. 65–73. Der Beitrag Lippards erschien im Original in der Januar-Ausgabe des Magazins *Art International* 1967.

90 Die Originalaussagen der Künstler*innen zu ihren Arbeiten sind in dem Quellenmaterial, das Programmnotizen und Interviews umfasst, hinterlegt, vgl. vorherige und folgende Anmerkungen. Zudem erwähnt Frances Dyson eine Materialsammlung, die ich nicht einsehen konnte und zwar von Pontus Hultén / Frank Königsberg (Hrsg.): *Billy Klüver, 9 Evenings: Theatre and Engineering*. New York: Foundation for Contemporary Performance Arts 1966, o. P., zit. n. Frances Dyson: *The Tone of Our Times: Sound, Sense, Economy and Ecology*. Boston: MIT Press 2014, S. 184.

91 Vgl. Catherine Morris: 9 Evenings: An Experimental Proposition (Allowing for Discontinuities). In: Dies. / Bardiot (Hrsg.): *9 Evenings Reconsidered*, S. 9–21, hier S. 11.

92 Archivmaterial und dokumentarische Aufzeichnungen dieser Aufführung sind einsehbar auf der Internet-Seite der Daniel Langlois Foundation: http://www.fondation-langlois.org/flash/e/index.php? NumPage=571 (Zugriff am 15.07.2016).

93 Öyvind Fahlström: Program Notes, zit. n. Morris: 9 Evenings: An Experimental Proposition, S. 11.

nukleares Wettrüsten, Vietnamkrieg, Rassendiskriminierung und amerikanische Politik gegenüber Native Americans, Drogen- und Nahtoderfahrungen sowie chirurgische Geschlechtsumwandlungen. Narrative Kontinuitäten treten zugunsten einer fragmentarischen Bandbreite und Collage des Materials zurück. Die Titelzeile des Popsongs *Kisses Sweeter than Wine* wird wiederholt laut eingespielt, sie gewinnt – wie der Refrain in einem Lied – in der Aufführung eine strukturierende Funktion. Implizieren die Themen eine kritische Haltung gegenüber der nordamerikanischen Politik, bleibt – ausgehend von der Dokumentation der Aufführung – eine Bezugnahme auf die Geschichte des Aufführungsorts – das war die Armory Hall als Ausbildungsstätte des Militärs – erstaunlich offen. Stattdessen wurden, so die Kunstkritikerin Lucy Lippard, heterogenes Material und eine Aneinanderreihung von Unvereinbarkeiten gefeiert.[94]

In der Arbeit *Carriage Discreteness* beschäftigt sich die Tänzerin und Choreografin Yvonne Rainer mit der Eigenständigkeit der Elemente der Aufführung in ihrer Getrenntheit und ihren Steuerungsprozessen. Rainer bezeichnet ihre Arbeit als „dance consisting of two separate but parallel (simultaneous) continuities and two separate (but equal) control systems. 1. Performer continuity controlled by me [...] 2. Event continuity to be controlled by TEEM [...]".[95] Einerseits steuert das von den Ingenieuren entwickelte Theatre Electronic Environmental Module (TEEM) die Vorgänge im Bühnengeschehen.[96] Das System löst beispielsweise einen Mechanismus aus, durch den Hunderte von Styroporkugeln aus 15 Meter Höhe auf den Boden fallen. Ihr Geräusch kommt – sogar in den überlieferten Aufnahmen – effektvoll zur Geltung. Andererseits sind Tänzer*innen mit Empfangsgeräten ausgestattet, die auf Rainers Anweisungen hin verschiedene Materialien wie Sperrholzplatten und Röhren auf der in Rechtecken strukturierten Bühnenfläche verteilen. Die von Rainer formulierte Unterscheidung von ‚performer continuity' und ‚event continuity' stellt zur Debatte, inwiefern die Abläufe im Bühnengeschehen durch die Choreografin und/oder durch Techniken in Funktionszusammenhängen entschieden und kontrolliert werden.

94 Vgl. Lucy Lippard: Total Theatre?, S. 65–73.

95 Yvonne Rainer: 9 Evenings: Theater and Engineering, Program Notes, zit. n. Morris: 9 Evenings: An Experimental Proposition, S. 16.

96 Dieses kabellose Funktionssystem wurde in mehreren Arbeiten der *9 Evenings* eingesetzt. Die verschiedenen Komponenten sind in Skizzen und Erläuterungen im Archivmaterial auf den Seiten der Langlois Foundation einsehbar. In Rainers Arbeit spezifizierte Per Biorn das Modul. Vgl. außerdem Clarisse Bardiot: The Diagrams of 9 Evenings. In: Dies. / Morris (Hrsg.): *9 Evenings Reconsidered*, S. 45–52.

Steuerungsprozesse sind ebenfalls in Deborah Hays Arbeit *Solo* zentral. Zu sehen sind 16 Tänzer*innen und acht ,Controller' auf der Bühne. Letzte nehmen am Bühnenrand neben Funkmasten Platz, sie haben Geräte in der Hand, mit denen sie rollende Plattformen durch die Halle navigieren. Zusätzlich weist ein weiterer Performer wie in der Rolle eines Dirigenten gegenüber den Controllern die Bewegungsrichtungen der Objekte im Bühnengeschehen an. Die visuelle Analogie zu einem Orchester, das körperliche Bewegungen ohne Musik produziert, liegt nahe. Zu der von Toshi Ichiyanagi komponierten Musik führen die Tänzer*innen eine Reihe asynchroner Arm- und Beinbewegungen in Interaktionen mit den rollenden Plattformen durch. Deborah Hays Ansatz scheint darauf ausgerichtet zu sein, vor allem visuelle Elemente wie z. B. sich bewegende Performer in Licht und Dunkelheit sowie Bewegungen der Plattformen in inszenierten Steuerungsprozessen sichtbar zu machen.[97] Akteur*innen lassen sich als Controller*innen, Dirigent*innen und Tänzer*innen beschreiben. Die Körper- und Objektbewegungen sind in Hays Arbeit medientechnisch vermittelt und parallel ist Ichiyanagis eingespielte Musik eine eigenständige Ebene. Diese Parallelität kann Erwartungen an Theater enttäuschen, was sich in einer Kritik an der Zusammenhangslosigkeit der Elemente bündelt.

Robert Rauschenberg bezieht in der Aufführung *Open Score* Geräusche eines Tennisspiels in das Verhältnis szenischer Elemente, das geradezu in einem Bedingungsgefüge beschreibbar ist, ein. Kontaktmikrofone und Miniatursender sind an Tennisschläger montiert. Frank Stella und Mimi Kanarek spielen mit diesen Schlägern eine Partie; der Aufprall der Bälle wird auf Lautsprecher übertragen. Ihr Nachhall ist mit einem Steuerungsmechanismus verbunden, der die Lichter an der Decke löscht. In zunehmender Dunkelheit sind diese funktionalen Geräusche der Aufschläge zu hören. Nicht sichtbar treten schließlich 500 Komparsen in Rauschenbergs Performance auf und bewegen sich in einem festgelegten Bewegungsrepertoire. Direktiven für Bewegungen der Teilnehmer umfassen beispielsweise „Touch someone who is not touching you", „Move closer together", „Sing one of the ten songs being sung (loudly), or sing a song of your own choice", im Dunkeln verlassen die Teilnehmer die Bühne – „as mysteriously as you appeared", so Rauschenbergs Anweisung.[98] In der Aussage wird deutlich, dass Rauschenberg auch eine zufällige Liedauswahl der Teilnehmer beabsichtigt, die Stimmlichkeit der Spieler*innen scheint wichtiger als ein bestimmtes

97 Zu diesem Aspekt vgl. auch Morris: 9 Evenings: An Experimental Proposition, S. 15.

98 Robert Rauschenberg: Instructions for Participants in „Open Score", 1966, zit. n. Kuo: 9 Evenings in Reverse, S. 36.

wiedererkennbares Lied. Rauschenberg tritt mit Simone (Forti) Whitman im Arm auf und überquert in langsamen Schritten die Bühne.[99] Dabei unterbricht er seinen Gang, setzt (Forti) Whitman ab und sie singt in einem melodisch eingängigen Sprechgesang ein Lied, das in Kritiken stilistisch als Bänkelsang oder Moritat beschrieben wird. Der Inhalt des Gesangs ist weder dokumentiert noch im Hören der überlieferten Aufnahmen rekonstruierbar. Denkbar ist, dass der Livegesang uneindeutig bleiben soll, um diegetische Funktionen von Musik zu vermeiden. Die Hell-dunkel-Dramaturgie auf der Basis des medientechnisch verschalteten kompetitiven sportlichen Spiels verleiht den Liedern eine obskure Wirkung. Dabei Ursachen und Quellen des Gesangs zu sehen oder zu imaginieren, klärt die Wirkung nicht auf.

David Tudor versieht in *Bandoneon! (a combine)* das einem Akkordeon ähnliche Instrument ebenfalls mit Kontaktmikros. Gespielte Töne werden verstärkt und überlagern sich mit einem elektroakustischen Geräusch. Ein lautes Brummen ist auffällig. Zugleich sind die Verstärker der Instrumente mit Lichtprojektoren verbunden, letztere ändern die Helligkeit und heben im Dunkeln insbesondere die räumliche Wirkung des instrumentalen Spiels hervor. Tudor thematisiert den verstärkten Klang des Instruments in einem grundsätzlichen Oszillieren zwischen Wirkungen und Klangqualitäten des Instruments, im Rückblick formuliert er: „Bandoneon!'s sound image is a tending toward total oscillation (approaching white noise) with the differentiation discoverable therein [...] a performer activating interacting media will instigate an unscannable environment".[100] Wichtiger als der Klang des Bandoneons ist Tudor offenbar eine medientechnische Entgrenzung des instrumentalen Klangs, eine Entgrenzung also, die als Rauschen oder unverfügbarer Rest oder – in seinen eigenen Worten – als ‚unscannable environment' im Sinne einer nicht erschließbaren Umgebung beschreibbar sein mag.[101] Auf diese Weise überschreitet die Verstärkung von Klang zweierlei Annahmen der Wahrnehmung von Klang. Die eine betrifft die ‚Erkennbarkeit' von Klang hinsichtlich einer möglichen Quelle, also die Frage, ob hier der Klang eines Instruments zu hören ist oder – und vor allem – eine medientechnische Bearbeitung. Die andere Annahme berührt den Stellenwert der Technik im Spannungsfeld von Ursache und Wirkung: Konventionelle

99 Simone Forti war von 1962 bis 1966 mit Robert Whitman verheiratet und nahm nach der Trennung wieder ihren Mädchennamen an. In den Dokumenten sind beide Namen ebenso wie die eingeklammerte Version genannt, die ich ebenfalls im Kontext der *9 Evenings* verwende.

100 David Tudor: Bandoneon! Pre- and Post-Operative Note, 1973, zit. n. Kuo: 9 Evenings in Reverse, S. 42.

101 Vgl. ebd.

Funktionen einer Verstärkung (wie eine bessere Hörbarkeit eines Instruments) werden zugunsten anderer Klangqualitäten („white noise") überschritten. Dabei war die Aufführung laut Berichterstattung davon geprägt, dass Verstärkungen der Klänge scheiterten. Die Kunsthistorikerin Michelle Kuo folgert daraus, dass ästhetische Strategien wie Unbestimmtheit und Zufälligkeit in Anbetracht technischer Verschaltungen eine Neubestimmung benötigten,[102] ein Thema, das auch die Ingenieure und Künstler in unterschiedlichen Aspekten reflektierten: Rauschenberg führte den hohen Stellenwert der Technik in seiner Arbeit auf einen zunächst emphatischen Umgang mit Möglichkeiten zurück.[103] Billy Klüver hob im Rückblick auf die gesamte Aufführungsserie den experimentellen Charakter der einzelnen Aufführungen hervor. Effekte allerdings schienen ihm weniger wichtig gewesen zu sein als Experimente und Weiterentwicklungen im Umgang mit technischen Möglichkeiten.[104] Der Ingenieur Herb Schneider wünschte sich in diesem Experimentieren mehr Transparenz und Information gegenüber dem Publikum und erhoffte sich davon – und ausgehend von medientechnisch generierten Effekten – andere Formen interessierter Partizipation:

> Why not tell them that some of the sounds they hear come from Hong Kong or a Geiger counter. We're not trying to popularize science mechanics. But in broad terms just the functional idea that you can make use of certain devices to produce certain effects is of interest.[105]

Robert Whitmans Installation *Two Holes of Water – 3* benutzt Fahrzeuge als Vorführkabinen von unterschiedlichen aufgezeichneten und Echtzeit-Aufnahmen. Als Bühnenbild suggeriert die Raumgestaltung den Aufbau eines Autokinos. Das Akustische ist auf der Basis des dokumentarischen Materials kaum auszumachen. Lediglich ein Knistern und Rauschen ist zu hören, das vor allem von den in der Aufführung verwendeten Reproduktionstechnologien auszugehen scheint. Vorproduzierte Aufnahmen, Live-Aufnahmen von anderen Orten und die Raumgestaltung mit riesigen Projektionsflächen sind dominantes

102 Ebd., S. 32.

103 Ebd., S. 42.

104 Ebd., S. 42–43.

105 Herb Schneider zit. n. Whitman: Theater and Engineering. An Experiment. 1. Notes by a Participant. In: *Artforum* 5, 6 (1967), S. 26–30, hier S. 30. Das Gespräch fand ca. 2 Wochen nach den *9 Evenings* statt. 40 Jahre später ist es erneut veröffentlicht, vgl. Clarisse Bardiot / Catherine Morris (Hrsg.): Interview with Herb Schneider. In: Dies. (Hrsg.): *9 Evenings Reconsidered*, S. 55–59.

Material ohne anwesende Performer. Vielmehr scheint das Spannungsfeld von medientechnischer Produktion und Reproduktion im Verhältnis zu Erwartungen an eine Aufführung, in der Produktion und Rezeption von Bild und Ton zusammenfallen, zentral.

Körpereigene Geräusche von Performern kommen in der Aufführung von Alex Hay mittels Medientechnologien zur Geltung. In *Grass Field* trägt er in einem Rucksack Differenzialverstärker, die Signale von Hirnströmen, Muskelbewegungen und Bewegungen der Augen mittels Elektroden empfangen. Sie werden durch einen Decoder transformiert und im Auditorium als Geräusche wiedergegeben. Von Robert Rauschenberg und Steve Paxton werden ausgelegte Stoffbahnen in einer festgelegten Reihenfolge und innerhalb eines bestimmten Zeitmaßes mit langen Stangen aufgehoben und rufen Gedanken an eine gemeinschaftliche und interaktive Skulptur hervor.[106] Währenddessen ist Hays Gesicht in Nahaufnahme auf eine Leinwand projiziert und die durch den Decoder erzeugten Geräusche sind weiterhin zu hören. Auf diese Weise thematisiert Hay Mikrobewegungen des Körpers akustisch.

Lucinda Childs Arbeit *Vehicle* präsentiert Klänge und Geräusche, die durch physische Bewegungen von Körpern und Objekten im Raum entstehen. Eines dieser Objekte entwickelte der Ingenieur Per Biorn (in Zusammenarbeit mit Peter Hirsch): Die sogenannte Ground Effect Machine (G. E. M.) ist eine Plattform, die aussieht wie ein Luftkissen und die sich – durch Staubsauger- und Kühlschrankmotoren angetrieben – durch den Raum bewegt. „Like a windsurfer"[107], wie Childs im Interview beschreibt, schweben die Performer William B. Davis und Alex Hay auf der Plattform durch den Saal. Darüber hinaus umfasst der komplexe Bühnenaufbau visuelle Elemente wie einen hängenden Plastikkubus und mit Glühbirnen gefüllte und in der Halle schwingende rote Eimer, die in ein Sonar-System (Doppler-Echolot-System) eingebunden sind. Das System mit der Frequenz von 70 kHz überschreitet menschliches Hörvermögen, doch die Eimer unterbrechen diese Frequenz. Die Unterbrechungen werden

106 Die Assoziation von Franz Erhard Walthers *Werksätzen* entsteht vor allem visuell. Dessen partizipative Arbeiten stehen für ein transformiertes Bild- und Skulpturverständnis im Rahmen seines Diktums „Handlung als Werkform". Er lebte von 1967 bis 1973 in New York und führte im Museum of Modern Art 1969 im Rahmen der Ausstellung *Spaces* den *1. Werksatz* durch. Eine Verbindung zum Judson Dance Theater wird Walther zwar in Internetquellen nachgesagt, ist jedoch in der kunstwissenschaftlichen Literatur meines Wissens nicht belegt. Dahingehende Forschung steht aus.

107 *Lucinda Childs: Vehicle / 9 Evenings in Theatre & Engineering*. US 2010. R: Barbro Schultz Lundestam. Produktion: Billy Klüver / Julie Martin.

wiederum in hörbare Audiosignale umgewandelt. Ausgehend von Aufzeichnungen der Performance in Bild und Ton, lassen sich Geräusche beschreiben, die wie Unterwasser-, Wind- oder Feedback-Geräusche aus den im Raum verteilten Lautsprechern klingen und sich mit dem Summen der Motorengeräusche der G. E. M. mischen. Live-Radiosignale unterbrechen ebenfalls das Sonar-System und verursachen, dass Glühbirnen in unregelmäßigen Abständen aufleuchten. Childs äußert ihr Interesse an Bewegungen, die in Eigenschaften ausgewählten Materials liegen:

> I do not feel that dance should be limited to the display of physical exertion alone; anything that can exist in a non-static state for a certain duration of time is of interest to me. My ideas are generally derived from the laws which govern the materials themselves and I attempt to allow the qualities and limitations of materials to be exposed in different situations.[108]

Childs impliziert in ihrer Erläuterung ein Tanz-Verständnis, das das Akustische einschließt. Dabei sind Audiosignale, die aus der Unterbrechung von Frequenzen resultieren und eine summende G. E. M. Beispiele ihres erweiterten Materialbegriffs.

An ihr Interesse schließen Fragen nach Klangquellen an, die auch in John Cages Komposition mit dem Titel *Variations VII* wesentlich sind. Auf mehreren aneinandergereihten Tischen sind verkabelte Geräte angeordnet, beispielsweise Verstärker, Regulierungsapparate, Radioempfänger, Saftmixer, Toaster, Mikrofone, Lautsprecher. Diese Installation ist um Lichtquellen auf dem Fußboden ergänzt, sie beleuchten Verkabelungen der Geräte von unten. Per Telefonverbindung, u. a. zu 20 unterschiedlichen Radiostationen, zur *New York Times*-Druckerei, dem Merce-Cunningham-Studio, einem Zoo, einem Elektrizitätswerk und einem Restaurant, sollen mehr als 50 unterschiedliche Klangquellen zu hören gewesen sein. Während die Performer David Tudor, David Behrman, Anthony Guazzo, Lowel Cross und John Cage die Geräte in der Anordnung manipulieren, aktivieren Fotozellen die Verbindungen zu den Klangquellen außerhalb der Armory Hall sowie die unterschiedlichen Objekte auf den Tischen. Ausgehend von der Videodokumentation sind räumliche Klangwirkungen insbesondere in Hell-dunkel-Situationen auffällig, der Ingenieur

108 Manuskript *Vehicle* by Lucinda Childs, zit. n. Morris: 9 Evenings: An Experimental Proposition, S. 9.

Cecil Coker vergleicht den Verlauf und die Beteiligung des Publikums mit der Atmosphäre in einer Bar.[109] In dem Arrangement ist die Interaktion zwischen Objekten und Akteur*innen, die vor allem als Operatoren der Medientechnik auftreten, sowohl physisch als auch medientechnisch geprägt, hinzu kam bei der zweiten Aufführung die Aktivität des Publikums. Die Zuschauer*innen und Zuhörer*innen verließen ihre Sitzplätze, traten an die Tafel, aktivierten ebenfalls die Fotozellen und gestalteten somit den Verlauf der Aufführung mit.
Die physische Beteiligung des Publikums ist in der Arbeit von Steve Paxton mit dem Titel *Physical Things* entscheidend. In der Armory Hall durchwandern Zuhörer*innen und Zuschauer*innen ein 45 Meter langes Tunnelsystem aus Plastikfolie und passieren Performances im ‚Forrest Room', ‚Big Room' und der ‚Performance Tube'. Eine räumliche Aufteilung in Bühnengeschehen und Auditorium ist dadurch nicht möglich. Musik wie Gustav Mahlers *Das Lied von der Erde* und Audio-Aufnahmen, beispielsweise einer Hypnosesitzung zur Raucherentwöhnung, werden aus Telefonhörern ausgestrahlt. Ähnlich wie in Fahlströms ‚total theatre' collagiert und parallelisiert Paxton die medientechnischen und nicht medientechnischen Elemente der Aufführung, in der er sich vor allem für unfokussierte Wahrnehmungsprozesse statt für ereignishafte Erscheinungen interessiert:

> […] the aesthetics tend toward a modest use of new materials and really a kind of an ambiguity of focus, let alone of use, to not make them especially spectacular. Now our presenting the stuff you guys [the engineers] made for us in that way made it even more invisible than it was.[110]

Retrospektiv charakterisiert die Kunsthistorikerin Michelle Kuo eine Wahrnehmung der *9 Evenings*, die sich als Zögern, Stocken und Unterbrechungen von Beziehungen zum Bühnengeschehen verstehen lässt, sie spitzt zu: „The intrusion of dead air and delay enhanced this halting process, as the synaesthetic turned

109 *John Cage: Variations VII / 9 Evenings in Theatre & Engineering.* US 2006, R: Barbro Schultz Lundestam. Production: Billy Klüver / Julie Martin. Die Cage-Forschung aus medienwissenschaftlicher Perspektive und in spezifischen Analyseaspekten von Aufführungen, Kompositionen oder Installationen ist hier nicht zentral. Verwiesen sei dazu auf den Sammelband von Julia H. Schröder (Hrsg.): *Cage & Consequences.* Hofheim: Wolke 2012.

110 Steve Paxton / L.J. Robinson: Art and Technology: A Dialogue, 1967, zit. n. Michelle Kuo: 9 Evenings in Reverse, S. 43.

to an awareness of mediated reception“[111]. Ihre Würdigung einer mit Medientechniken zunehmend vermittelten Interaktion zwischen Publikum und Performer*innen wurde in der damaligen Kritik von anderen Aspekten dominiert, möglicherweise auch von Erwartungen an spektakuläre, unterhaltsame Aspekte von Medien und Theater. Der Techniker Cumminsky äußert im Gespräch mit (Forti) Whitman: „[...] When you go to a gallery, you're not constrained to linger at the pictures. [...] Art's more like window shopping. When you sit down, you're ready to get entertained“.[112] Zudem wurden Ambitionen der Künstler*innen im Umgang mit den entwickelten Medientechniken ob ihrer Wirkungsarmut kritisiert. Von überzogenen Ansprüchen der Künstler*innen und von einer zu wenig radikalen Herangehensweise war die Rede.[113] Der Kunsthistoriker Brian O'Doherty beispielsweise stellt die in *9 Evenings* aufgeführten experimentellen Praktiken als neo-avantgardistische Konventionen in ihrer Produktivität infrage:

> The anti-conventions then established are now conventions themselves, [...]: randomness, chance, simultaneity, lack of climax and resolution, dissociation of parts. [...] What matters is what they can be made to yield as conventions. Emerging most strongly is the equal emphasis of parts, whether concurrent or sequential. One bit of data or one activity is as good as another, whether it is so-called reality, or a reality surrogate (TV and film images). This equal weighing of experience, in which noise may be music and any visual image art [...] a time situation in which a tube of constructed activities is squeezed solid. [...] I feel it is the artists' experience that left its mark most strongly on 'Evenings'.[114]

Die Aussagen legen in der vorgetragenen Vehemenz ein Zeugnis darüber ab, dass technische Verfahren in den Aufführungen als nicht produktiv wahrgenommen wurden. Vor allem enttäuschte ihr Einsatz Erwartungen: (Forti) Whitman notiert am Eröffnungsabend: „The audience was incensed. There was a feeling of

111 Kuo: 9 Evenings in Reverse, S. 33. Und: „9 Evenings forced signature devices of chance, participation, and abstraction to confront the fully technocratic world around them. Indeterminacy translated into technological breakdown. Machine behavior trumped compositionial scores. Audience and performer interaction became increasingly mediated. The structural inversion of these tactics represented not simply an end, then, but a transformation“ (ebd., S. 31).

112 Zit. n. Whitman: Theater and Engineering. An Experiment. 1. Notes by a Participant, S. 30.

113 Vgl. Lippard: Total Theatre?, S. 70.

114 O'Doherty: New York: 9 Armored Nights, S. 79.

disaster“[115]. Anders als Fachkritik und Publikum interessierten sich Initiatoren und beteiligte Künstler*innen – laut den überlieferten Aussagen – wohl weniger für neue Ergebnisse, sondern für prozessuale Entwicklungsmöglichkeiten. Dass diese für ein Publikum uninteressant sein könnten, reflektierte Klüver bereits am zweiten Tag der Aufführungen, am 15. Oktober 1966:

> There are three elements fighting. The artist, the engineers and the audience. These three will have to come to some resolution. It seems to me that this will take several years. [...] And it's better to leave problems unsolved until a solution develops through an organic process of experience with this new thing. After all, the idea of having 2000 people present as an audience to some end product might have been an obsolete, habitual thing to do, which didn't really apply to what had been going on between the artists and the engineers. But I am sure that many, many problems will not so much be solved as abandoned in favor of other problems more pertinent to what can come of this way of working.[116]

„This new thing“ bezeichnet zusammenfassend technische Steuerungsprozesse in Aufführungen. Forschungsinteressen und Interessen an Transformationen ästhetischer Strategien sind darin enthalten, d. h., Fragen nach künstlerischer Entscheidung in dem Spannungsfeld von Strategie und Wirkung sowie nach allgemeiner Kontrollierbarkeit von Ursache und Effekt werden implizit gestellt. An der konstatierten Wirkungsarmut der Aufführungen hatten scheinbar Wahrnehmungskonventionen und Erwartungen einer Spektakelkunst mit Klimax einen wesentlichen Anteil. Diese Erwartungen wurden in Collagen,

115 „Robbie (tech) said to me, 'You guys are emotionally prepared for this. We aren't'. I tried to tell him that we're used to having audiences boo, hiss, and walk out. That the history books are full of accounts of performances at which the audiences were incensed and which later were recognized to be important achievements. Robbie kept saying, 'You guys were emotionally prepared'“ (Whitman: Theater and Engineering: An Experiment. 1. Notes by a Participant, S. 30).

116 Billy Klüver zit. n. Whitman: Theater and Engineering: An Experiment. 1. Notes by a Participant, S. 30. Billy Klüver hat in seinen Aufzeichnungen 10.000 Besucher für die gesamte Veranstaltungsreihe notiert, vgl. ders.: Theater and Engineering: An Experiment. 2. Notes by an Engineer. Ein Jahr nach den Aufführungen schlossen sich die Kollaborateure Rauschenberg und Klüver mit dem Theatermacher Robert Whitman und dem Ingenieur Fred Waldhauer in dem Verbund Experiments in Art and Technology (EAT) zusammen, um Künstler*innen einen langfristigen Umgang mit neuen Technologien zu ermöglichen. Eine Dokumentation der Arbeiten im Rahmen von EAT findet sich in der Datenbank www.medienkunstnetz.de (Zugriff am 15.07.2016), vgl. zudem Bettina Funcke: *Pop oder Populus. Kunst zwischen high und low.* Köln: König 2007.

Montagen von Bild und Ton sowie in installative Anordnungen und möglicherweise in ein erweitertes Skulpturverständnis überführt. Darin liegen Entgrenzungen konventioneller Theatervorstellungen und zugleich Anforderungen an die Wahrnehmung, Aufmerksamkeit und Aktivität des Publikums. Die Anforderungen können dahingehend zugespitzt werden, dass Audio-Zuschauer*innen auf ihre Wahrnehmungsleistungen reflexiv zurückverwiesen werden. Ob sich dabei ein Vermögen herausbildet, zwischen medientechnisch vermittelter und nicht medientechnisch vermittelter Wahrnehmung zu unterscheiden, bleibt fraglich. Möglicherweise wird das eigene Unvermögen einer Unterscheidungsfähigkeit deutlich, kurzum, die Art und Weise wie Hören und Sehen inszeniert, gestaltet und modelliert ist, kann Audio-Zuschauer*innen entgehen. In den Aufführungen der *9 Evenings* mögen elektroakustische Übertragungen von dekodierten Hirnströmen, Geigerzählern oder Frequenzunterbrechungen nicht unbedingt als Klangquellen erkennbar gewesen sein, doch sie kennzeichnen als Geräusche die Klangumgebung, in die Audio-Zuschauer*innen wirkungsspezifisch eingebunden waren.

In vergleichbaren Klangwirkungen geht es um ‚Klang als Eigenzustand' der Wahrnehmung, wie der Musikwissenschaftler Peter Wicke Klangerfahrungen in Auswirkungen der Digitalisierung auf populäre Musikkultur beschreibt. Seine Pointe lautet, dass darin „nur noch der Ort des Hörens real" ist.[117] Wicke legt damit nahe, dass Zuhörer*innen sich situativ verorten. Inwiefern Audio-Zuschauer*innen das in zeitgenössischen Aufführungen insbesondere in einer Bewegung zwischen Hören und Sehen erstens affektiv, zweitens analytisch und drittens reflexiv tun, steht am Beispiel zeitgenössischer Aufführungen zur Debatte.

Exemplarische Bewegungen einer Verortung werden mit den Mitteln der Aufführungsanalyse auf phänomenologischer Basis untersucht. Die Methodik ist durch ein Verständnis des Akustischen als Dispositiv erweitert, um Voraussetzungen und Bedingungen subjektiver Wahrnehmung zu kontextualisieren. Ausgangspunkte dieser Erweiterung werden zunächst dargelegt.

117 Ausgehend von dem Klangresultat, ist es nach Wicke nicht mehr möglich, „die Modi der Klangerzeugung – herkömmliche Musikinstrumente, technische Effektgeräte, nachträgliche Formen der Klangbearbeitung und -transformation, technische Klangsynthese – zweifelsfrei zu identifizieren" (Peter Wicke: Das Sonische in der Musik. In: *PopScriptum. Texte zur populären Musik* 10 (2008). http://www2.hu-berlin.de/fpm/popscrip/themen/pst10/index.htm (Zugriff am 15.07.2016).

1.4 Die Analyse der audio-visuellen Wahrnehmung inszenierter Klänge: Methode und Kategorien

Das Begriffskonzept des Akustischen bezeichnet Wirkungen inszenierten Klangs wie die bisherigen Ansätze zur Bestimmung des Akustischen dargelegt haben. Diese Wirkungsästhetik verknüpft produktions- und rezeptionsästhetische Überlegungen. Somit liegt der Schwerpunkt nicht auf einer wahrnehmungstheoretischen Konzeption von Bewegung, die historische und weitere ausdifferenzierte empirische und philosophische Fragestellungen ins Zentrum rückt. Diese werden berücksichtigt, insofern sie zu Antworten auf die Fragen beitragen, wie Klang inszeniert ist, wie Hören und Sehen inszeniert sind und was Audio-Zuschauer*innen aus diesen Angeboten machen.

Einen wesentlichen analytischen Zugang zu wirkungsästhetischen Überlegungen liefert die Aufführungsanalyse als theaterwissenschaftliche Methodik.[118] Sie wird hier ergänzt um das Verständnis des Akustischen als Dispositiv im Foucault'schen Sinne, um folgende Zusammenhänge zu berücksichtigen: In Verflechtungen von Inszenierung, Aufführung und Wirkung gilt das Dispositiv-Konzept als analytische Konstellation, um sich Veränderungen der Wahrnehmung im Akustischen als audio-visuelle Wahrnehmung zu nähern. Im Akustischen verändert sich ein Guckkastendispositiv mit fixierter Audio-Zuschauer*innenposition auf einem bestimmten Sitzplatz, so die Ausgangsbasis. Zudem integriert das Verständnis des Akustischen als Dispositiv historisch-kulturelle Bedingungen, Voraussetzungen und subjektive Prägungen der Wahrnehmung. Ästhetische Erfahrung ist somit nicht auf Perzeption enggeführt, sondern berücksichtigt Sollbruchstellen in genannten Relationen und in Diskursen. Wenn zudem das Dispositiv nicht nur eine heuristische Annäherung an kulturelle Parameter der Wahrnehmung meint, sondern wenn die Aufführung inszenierter Klänge selbst als Dispositiv verstanden werden kann, sind darin außerdem Veränderungen und Transformationen ästhetischer Strategien sowie einhergehende Infragestellungen von Genreeinteilungen berücksichtigt. Auch um diese Veränderungen geht es exemplarisch, und zwar entlang akustischer Körper, akustischer Raumsituationen und akustischer Medientechnologien, die variable Beziehungen zwischen Hören und Sehen hervorbringen.

118 Die Aufführungsanalyse in phänomenologischer Begründung liefert beispielsweise Jens Roselt: *Phänomenologie des Theaters*. Paderborn: Fink 2008.

Ansätze zu einer dispositivischen Aufführungsanalyse

In der Analyse der Wahrnehmung inszenierten Klangs sind Voraussetzungen auf drei Ebenen wirksam: Es geht erstens um die mediale Verfasstheit der Wahrnehmung in diskursiven und konzeptionellen Prägungen. Zweitens sind in der multimedialen Kunstform des Theaters historisch-kulturelle Wahrnehmungskonventionen enthalten. Somit geht es drittens auf einer wirkungsspezifischen Ebene um einen Umgang mit Veränderungen auf beiden genannten Ebenen aus der Perspektive von Audio-Zuschauer*innen – sie gilt als wahrnehmungspraktische Ebene. Erscheinen diese fundamentalen Aspekte zunächst wie ein kommunikativer Umweg, führen insbesondere konzeptionelle Fragen zu inszeniertem Klang und Wahrnehmung respektive Wirkung kontinuierlich darauf zurück. Auf diesen Ebenen ist eine Historizität ästhetischer Wahrnehmungsprozesse ebenso gültig wie ihre kontinuierliche Transformation und impliziert, dass auch Imagination, Erinnerung und Emotion historisch-kulturell, diskursiv und institutionell geprägt sind.

Veränderungen der Wahrnehmung werden nicht in einer Ursache-Wirkung-Logik angesiedelt, sondern in einem reziproken Prozess zwischen wahrnehmenden Subjekten innerhalb unterschiedlich gestalteter Situationen.[119] Anders formuliert: Ebenso wie Inszenierungsstrategien in Aufführung und Wahrnehmung von Klang zur Geltung kommen, bringen Audio-Zuschauer*innen Erfahrungen mit inszenierten Klängen in die ästhetische Erfahrung ein und wenden diese an. In diesem Zusammenhang ist entscheidend, dass Anforderungen an die Wahrnehmung im Aufführungsgeschehen offen liegen: Fragen an Wahrnehmungsleistungen von inszeniertem Klang und an inszeniertes Hören und Sehen werden gestellt, hervorgerufen und motiviert.

Ein mögliches Analysemodell des Akustischen wurde zuvor als transformatives Kontinuum vorgeschlagen, es lässt sich mit dem Verständnis als Dispositiv präzisieren und kommt inszeniertem Klang als Modell und Möglichkeit und genannten Voraussetzungen der Wahrnehmung in diskursiver und konventioneller Komplexität, Dynamik und Reflexivität entgegen. Herzuleiten ist deshalb,

119 ‚Das' wahrnehmende Subjekt ist an dieser Stelle eine heuristische Zuspitzung im Sinne eines idealen Rezipienten, dem ich im Kontext einer kulturhistorischen und -kritischen Dialektik nicht nachgehe, sondern von dem ich in einer kulturtheoretischen Begründung eines ‚bewegten' Subjekts ausgehe, vgl. Andreas Reckwitz' Entwurf einer ‚hochmodernen Subjektivität' in Kap. 2. Ergänzend zu intersubjektiv begründeten Vorgängen einer Übertragung im Theater vgl. Eva Holling: *Übertragung im Theater. Theorie und Praxis theatraler Wirkung*. Berlin: Neofelis 2016.

inwiefern eine dispositivische Aufführungsanalyse der Wahrnehmung inszenierten Klangs in Aufführungen nahekommen kann.

Michel Foucault verdeutlicht das Dispositiv-Konzept 1977 im Gespräch mit drei Psychoanalytikern und benennt ein Netz aus heterogenen Vorannahmen und Entscheidungen, die für Begriffsbildungen, Verständnishorizonte und soziale Interaktionen maßgeblich sind.[120] Solche Vorannahmen kommen beispielsweise in diskursiven und nicht diskursiven Praktiken zur Anwendung, beeinflussen „Diskurse, Institutionen, architektonische Einrichtungen, reglementierende Entscheidungen, Gesetze, wissenschaftliche Aussagen, philosophische, moralische oder philanthropische Lehrsätze, kurz: Gesagtes ebensowohl wie Ungesagtes“[121]. Die Entwicklung eines Dispositivs sieht Foucault von einer strategischen Zielsetzung dominiert, es ist in ein ‚Spiel der Macht‘ eingeschrieben. Gleichsam gilt das Dispositiv nicht als Ordnungssystem, da seine heterogenen Elemente ‚beweglich‘ sind und weiterentwickelt werden. Das Dispositiv ist Ort eines doppelten Prozesses, so Foucault:

> Prozeß einerseits einer funktionellen Überdeterminierung, sofern nämlich jede positive oder negative, gewollte oder ungewollte Wirkung in Einklang oder Widerspruch mit den anderen treten muß und eine Wiederaufnahme, eine Readjustierung der heterogenen Elemente, die hier und da auftauchen, verlangt. Prozeß einer ständigen strategischen Wiederauffüllung andererseits.[122]

Inhaftierung ist eines der von Foucault erläuterten Beispiele für ein Dispositiv, das dem gesellschaftlichen Problem der Kriminalität begegnet. Was also hat ein Dispositiv wie Inhaftierung mit der audio-visuellen Wahrnehmung des Akustischen in zeitgenössischen Theaterarbeiten zu tun?

Wenn ein Dispositiv der Lösung allgemeiner gesellschaftlicher Probleme dient, stellt sich zunächst die Frage, welches Problem Klang-Inszenierungen in Aufführungen lösen. Als Probleme sind beispielsweise Veränderungen der medialen Verfasstheit der Wahrnehmung, ihrer Diskurse, ihrer historischen

120 Vgl. Michel Foucault: Ein Spiel um die Psychoanalyse: Gespräch mit Angehörigen des Département de psychanalyse der Universität Paris VIII in Vincennes. In: Ders.: *Dispositive der Macht: über Sexualität, Wissen und Wahrheit,* aus d. Franz. v. Jutta Kranz et al. Berlin: Merve 1978, S. 118–175. Das Gespräch fand kurz nach dem Erscheinen von *La volonté de savoir* (dt. *Der Wille zum Wissen*) statt, in dem Foucault das Konzept des Sexualdispositivs entwickelt. Vgl. ders.: *Histoire de la sexualité*, Bd. 1: La volonté de savoir. Paris: Gallimard 1976.

121 Foucault: Ein Spiel um die Psychoanalyse, S. 119–120. Vgl. auch Giorgio Agamben: *Was ist ein Dispositiv?*, aus d. Ital. v. Andreas Hiepko. Zürich: Diaphanes 2008.

122 Foucault: Ein Spiel um die Psychoanalyse, S. 121 (Herv. i. Orig.).

Prägung, ihrer Bestimmung zwischen Reiz und Rührung,[123] ihrer Konzeption in so unterschiedlichen Institutionen wie Theater und anderen Einrichtungen mit kommerziellen und/oder wissenschaftlichen Interessen denkbar. Nun geht es aber gar nicht primär darum, unter dem Deckmantel des Dispositivkonzepts für eine allzu pauschale Veränderung von Wahrnehmung im Sinne eines *pantha-rei*-Modells nach Heraklit oder für eine grundsätzliche Veränderung von Kunstpraktiken zugunsten einer Verfransung zu plädieren. Mehr noch, als auf ein definierbares Problem zu reagieren, ist einem Dispositiv zu eigen, auf nicht regulierte Energien und Kräfteverhältnisse ausgerichtet zu sein. Im Zuge dessen werden Dispositive im Kontext des Ästhetischen qualifiziert.[124] Dabei bietet das Akustische als Dispositiv in zeitgenössischen Theateraufführungen an, eine heuristisch zugespitzte ‚Sitzplatzverhaftung' von Audio-Zuschauer*innen im Theater und ein damit im Zusammenhang stehendes zentralperspektivisches Camera-obscura-Modell zu problematisieren.[125] Ein Guckkastenmodell gilt darin als funktional überdeterminiert, insofern Inszenierungsstrategien allgemein mit Absichten und Interessen einhergehen. Die Aufmerksamkeit wird einerseits gelenkt und andererseits sowohl im Proben- als auch im Aufführungsprozess in einem zeitlich und räumlich festgelegten Rahmen durch alle Beteiligten strategisch aufgefüllt. Grundsätzlich gilt ein doppelter Prozess funktioneller Überdeterminierung und strategischer Wiederauffüllung im Theater als Dysfunktionalität einer Ordnung, auf die das Dispositiv antwortet, so der Vorschlag im Forschungsprojekt „Theater als Dispositiv".[126] Dysfunktional ist eine Sitzplatzverhaftung im Akustischen, insofern jede Lenkung

123 Vgl. auch Konrad P. Liessmann: *Reiz und Rührung. Über ästhetische Empfindungen*. Wien: WUV Facultas 2004.

124 Vgl. Elke Bippus / Jörg Huber / Roberto Nigro (Hrsg.): *Ästhetik x Dispositiv. Die Erprobung von Erfahrungsfeldern*. Zürich: Voldemeer / Springer 2012. Vgl. darin insbesondere Roesner: Musikalität als ästhetisches Dispositiv: Analogien und Transfers. In: Ebd., S. 195–206. Vgl. zudem Rolf Grossmann: Medienkonfigurationen als Teil (musikalisch)-ästhetischer Dispositive. In: Ebd., S. 207–216. In einem zuvor erschienenen Artikel spricht Großmann auch von ‚auditiven Dispositiven', vgl. ders: Verschlafener Medienwandel. Das Dispositiv als musikwissenschaftliches Theoriemodell. In: *Dispositive. Positionen. Texte zur aktuellen Musik* 74 (2008), S. 6–9.

125 Relativierbar und eingeschränkt ist die Diskussion einer fixierten (und zentralperspektivisch) verfassten Zuschauerperspektive selbstverständlich in zahlreichen historischen und aktuellen Gegenentwürfen. Zu historischen Entwicklungen vgl. Haß: *Das Drama des Sehens*. Zahlreiche weitere Formen wie Audio-Walks und szenische Installationen entstehen – auch im Kontext des Theaters.

126 Vgl. Gerald Siegmund: Theater als Dispositiv. Ästhetik, Praxis und Episteme der darstellenden Künste. DFG-Forschungsprojekt. http://gepris.dfg.de/gepris/projekt/262397687 (Zugriff am 15.07.2016). Das Konzept des Forschungsprojekts der Angewandten Theaterwissenschaft

der Aufmerksamkeit auf bestimmte Zusammenhänge im Verlauf lediglich ein Versuch ist. Wirkungsabsichten können unwirksam sein und Erwartungen der Audio-Zuschauer*innen können kippen. Die strategische Wiederauffüllung kann im Rahmen von Inszenierungsstrategien oder -interessen geschehen oder eben nicht und dadurch eine funktionelle Überdeterminierung unterlaufen. Wirkungsabsichten in Anordnungs- und Organisationspraktiken einer Inszenierung[127] korrespondieren in Aufführungen des Akustischen zudem mit einem Wissen um gelingende oder misslingende Steuerungsmomente von Aufmerksamkeit, Wahrnehmung und Wirkung. Und diese Versuche sind in Anbetracht inszenierter Klänge umso offener. Denn Eigenschaften, Produktionsweisen und Präsentationsstrategien beispielsweise von elektroakustischen und instrumentalen Klängen und der Stimme zeichnen sich mindestens durch ihre Überlagerungen und omnidirektionale Ausbreitung aus. Sie legen Orientierungsansätze wie Quellenforschung und Lokalisierung im Verhältnis zur eigenen Körperposition nahe und rufen womöglich Plausibilitätsstrategien im Zuschauen, das durch Zuhören verändert ist, hervor.

> Versteht man die Aufführung [...] als Dispositiv so lassen sich konkreter [...] die Produktionsverhältnisse einer Aufführung sowohl auf allgemeiner institutioneller wie auf inszenierungsbezogener Ebene in den Blick nehmen und mit Fragen nach den Rahmungen, den Modi der Präsentation und der Steuerung von Wahrnehmung und Rezeption verbinden.[128]

Daran schließen die Autoren des Gießener Forschungsprojekts Überlegungen zu Aufführungspraktiken – u. a. von Musik – an. Sie gehen mit Veränderungen von Wahrnehmungskonventionen einher und verdeutlichen, dass differenzbildende Charakterisierungen von Genreeinteilungen in Sprechtheater, Tanz, Musiktheater, Konzert oder Installation problematisch werden und Neubestimmungen notwendig machen.[129]

an der Justus-Liebig-Universität Gießen spricht davon, dass „[d]ie Elemente, die ein Dispositiv bilden, können in ihm indes nie ganz aufgehen, da sie stets über- oder unterdeterminiert bleiben" (Siegmund: Theater als Dispositiv).

127 Der Gebrauch des Inszenierungsbegriffs zur Analyse in den Bereichen Politik, Recht und Kommerz ist darin nachvollziehbar.

128 Siegmund: Theater als Dispositiv.

129 Neubestimmungen umfassen sowohl begriffliche Kennzeichnungen als auch Eigenschaften, durch die sich die Aufführungen auszeichnen. In den Aufführungskontexten ‚Festival' und Theater als ‚Institution' sind folgende Bezeichnungen zu finden: In der Einteilung in Musiktheater, Tanz und Bildende Kunst / Film / Installation verzeichnet die Ruhrtriennale 2014 beispielsweise: Tanzperformance, Pas de deux mit Musik, Solo in Variationen, Choreografie für

Insbesondere in der wirkungsspezifischen Analyse inszenierter Klänge ist deshalb der Impuls zentral, Beschreibungsqualitäten für Erfahrungen des Akustischen zu entwickeln. Am Beispiel der Unterscheidung in diegetische und nicht diegetische Bühnenmusik lässt sich eine diskurskritische Notwendigkeit nachvollziehen.[130] Denn die begriffliche Systematisierung von Schauspielmusik auf erzähltheoretischer Grundlage stößt angesichts von Theaterarbeiten, deren erzähltheoretische Grundlage im Zweifelsfall ungeklärt ist, an Grenzen.[131] Einteilungen in diegetische und nicht diegetische Musik respektive Zuordnungen von Funktionen erfassen das Akustische zeitgenössischer Theaterarbeiten nicht (mehr) oder nur teilweise, weil Inszenierungsvarianten von Klang und ihre Bezüge vervielfacht sind. Deshalb werden Begriffs- und Beschreibungspräzisierungen für variable Beziehungen zwischen Hören und Sehen erarbeitet und beziehen ein ‚Als ob'-Paradigma im Sinne fiktionaler und zugleich performativer Handlung als Spannungsverhältnis ein.[132] In einer diskursiven Arbeit an

40 Maschinen, Choreografie für das Ruhrgebiet und interaktive Installation, vgl. http://archiv.ruhrtriennale.de/archiv/2014 (Zugriff am 15.07.2016). Das Hebbel am Ufer, Berlin, verzeichnet für den Monat Mai 2015: Aufführung, Arbeit, Lecture Performance, Installation, Mix aus Improvisation, Live-Video-Übertragung und Zuschauerbeteiligung / interaktiver Live-Film, Projekt, Produktion, vgl. http://www.hebbel-am-ufer.de/programm/ (Zugriff am15.07.2016).

130 Der Sprachwissenschaftler Siegfried Jäger analysiert im Dispositiv ein sprachkritisches Potenzial, das von Foucault'schen Epistemen durch diskursive und nicht diskursive Formen abgegrenzt ist. Vgl. ders.: Theoretische und methodische Aspekte einer Kritischen Diskurs- und Dispositivanalyse. In: Reiner Keller / Andreas Hirseland / Werner Schneider / Willy Viehöver (Hrsg.): *Handbuch Sozialwissenschaftliche Diskursanalyse*, Bd. 1: Theorien und Methoden. Opladen: Leske & Budrich 2011, S. 83–114. Diese sprachkritische Perspektive ist auch in einem audio-visuellen Wahrnehmungsdispositiv inszenierter Klänge enthalten.

131 Systematisierend beschreiben das Verhältnis Theater und Musik Detlef Altenburg / Lorenz Jensen: Schauspielmusik. In: *MGG. Sachteil 8*, 1998, Sp. 1035–1049. Problematisierungen dieser Systematisierung nennen Clemens Risi / Robert Sollich: Musik. In: *Metzler Lexikon Theatertheorie*, S. 209–214. Eine historische Momentaufnahme in einem kursorischen Beschreibungsansatz bietet Adolf Aber: *Musik im Schauspiel. Geschichtliches und Ästhetisches*. Leipzig: Beck 1926. Historische Forschungen zur Musik im Theater betreibt Ursula Kramer: Auf der Suche nach dem verlorenen Klang. In: Schröder: *Im Hörraum vor der Schaubühne*, S. 163–193. Weitere Dimensionen von Musik und Musikalität eröffnet Roesner: *Theater als Musik*; ders.: *Musicality in Theatre*.

132 Das Gießener Forschungsprojekt geht auf die Ebene der Fiktion wie folgt ein: „Die Frage nach der Fiktion zeichnet sich dann am Horizont ab, wenn durch Kontingenz alternative Produktions- und Rezeptionshaltungen im und zum Dispositiv erprobt werden können. So ist die Performativität der Aufführung zwar ein realer Vollzug, der eine Wirklichkeit herstellt. Doch ist diese gleichzeitig eine ‚als ob' Wirklichkeit und damit zugleich auch immer ein Aussetzen des realen Vollzugs. Dysfunktion und Fiktion lassen sich somit nicht nur als zentrale Mechanismen der Aufführung ausweisen, sondern ebenso als entscheidende Parameter in der Organisation von Wissen, da die Fiktion die dysfunktionalen Momente im Dispositiv zu kompensieren versucht" (Siegmund: Theater als Dispositiv). Die philosophische Frage, inwiefern

der Wahrnehmung liegen somit Antworten auf die Frage, wie über- oder unterdeterminierte Elemente des Dispositivs des Akustischen in Aufführungen dysfunktional bleiben, um jeweiligen konkreten Bedingungen der Wahrnehmung entgegenzukommen. Werden Aufführungspraktiken wie Konzert und Theater – in dieser Studie analytisch und deskriptiv – mit differenzbildender Funktion einander gegenübergestellt, kommt darin eine allgemeine Medialisierung und intermediäre Rahmung zum Ausdruck.[133] Die Unterteilung geht heuristisch mit Wahrnehmungskonventionen des Theaters und des Konzerts einher und wird in der Analyse des Akustischen als Dispositiv berücksichtigt.[134]

Zusammenfassend und mit Bezug auf fixierte Zuschauer*innenpositionen als nicht regulierbares Kräfteverhältnis im Akustischen formuliert, geht es also in Anbetracht inszenierter Klänge um solche Wirkungen, die sich an Strategien dominanter Zur-Schau-Stellung in einem Guckkastendispositiv reiben. Dabei gilt es, ein jeweiliges Verhältnis von Hören und Sehen am Beispiel exemplarischer Aufführungen auszuloten, was wiederum den Vorschlag einer audio-visuellen Wahrnehmung mit Bewegungspotenzialen nach sich zieht. Mit diesen Potenzialen verändert sich eine fixiert gedachte Ordnung des Zuschauens und verbindet vervielfachte Beziehungen zwischen Hören und Sehen mit eventuellen physischen Aktivitäten von Audio-Zuschauer*innen. Ihre Aktivität mag affektiv, analytisch und ebenso reflexiv begründet sein.

In Aufführungen inszenierten Klangs fließen Diskurse ein, ebenso wie das Akustische diskursive Bestimmungen hervorbringt oder daran appelliert. Ein

im Dispositiv des Akustischen Irritationen quasi reflexiv in die künstlerischen Arbeiten eingeschrieben sind, also über- und unterdeterminiert bereits Wirkungen zeitigen sollen und nur deshalb als Kippmomente in der Wahrnehmung beschrieben werden können, bleibt dabei offen. Zu dieser grundsätzlichen Frage vgl. Grüny: *Kunst des Übergangs.*

133 Ausgehend von dem Dispositiv der Guckkastenbühne fokussiert Gerald Siegmund den Ort einer Medialisierung von Wahrnehmung als strategische Verbindung der Wahrnehmung der Zuschauer mit dem, was auf der Bühne dargestellt wird. Vgl. Gerald Siegmund: Un-Fug: Gespenster und das Wahrnehmungsdispositiv des Theaters. In: Ders. / Bolte-Picker (Hrsg.): *Subjekt: Theater*, S.31–45, hier S. 32. Zu Raum- und Blick-Dispositiven des Theaters, der Choreografie und Raum-Ästhetik vgl. Haß: *Das Drama des Sehens*; Birgit Wiens / Gabriele Brandstetter (Hrsg.): *Theater ohne Fluchtpunkt: Das Erbe Adolphe Appias: Szenographie und Choreographie im zeitgenössischen Theater.* Berlin: Alexander 2010; Birgit Wiens: *Intermediale Szenographie: Raum-Ästhetiken des Theaters am Beginn des 21. Jahrhunderts.* Paderborn: Fink 2014.

134 Zu theatralisierter Musik vgl. Brüstle: *Konzert-Szenen*; Matthias Rebstock: *Komposition zwischen Musik und Theater. Das instrumentale Theater von Mauricio Kagel zwischen 1959 und 1965.* Hofheim: Wolke 2007; Sandner: *Heiner Goebbels. Komposition als Inszenierung.* Darüber hinaus versammeln Roesner und Rebstock Beiträge, die ein changierendes Verhältnis zwischen Komposition und Inszenierung, respektive Aufführung im Begriff ‚Composed Theatre‘ bündeln, vgl. Rebstock / Roesner (Hrsg.): *Composed Theatre.*

jeweiliges Verhältnis sprachlich und analytisch herzuleiten, setzt somit an den komplexen Beziehungen zwischen Hören und Sehen akustischer Körper in akustischen Raumsituationen und akustischer Medientechnologien an. Körper, Raum und Medien werden deshalb im Folgenden als Untersuchungskategorien im Hinblick auf inszenierungsstrategische und wirkungsspezifische Besonderheiten erläutert.

Körper, Raum und Medien als Kategorien der Analyse

In den zuvor geschilderten Aufführungserfahrungen sind Körper, Raum und Medien in verschiedenen akustischen Qualitäten hervorgehoben. Sie sind zugleich heuristische Kategorien in der Untersuchung einer audio-visuellen Wahrnehmung inszenierter Klänge. Akustische Körper, akustische Raumsituationen und akustische multimediale Konfigurationen werden heuristisch unterschieden. Die Unterscheidungen werden wirkungsspezifisch als ambivalente ‚Stimmkörper' und als lautlicher Aktionsradius der Spieler*innen und Audio-Zuschauer*innen (‚akustische Choreografie') beschrieben. Ausprägungen einer Klanglandschaft, Atmosphäre, Szenerie und eines Szenarios sind Wirkungen von u. a. inszenierten Apparaten. Zugleich gelten Letztgenannte als Spuren und sind in grundsätzlichen Überlagerungen mit akustischen Körpern in akustischen Räumen relevant. Sie sind mit heterogenen Auffassungen von Körperlichkeit, Räumlichkeit und Medialität in der ästhetischen Wahrnehmung von Aufführungen verknüpft.

*Akustische Körper: Spieler*innen, Requisiten,*
*Instrumente und Audio-Zuschauer*innen*

Pfeifen die Spieler*innen in der Arbeit *mütter.väter.kinder* ein Geburtstagslied oder summen einen Bach-Choral wie in der Arbeit *Toneel*, ist die Aufmerksamkeit auf ihre Körper gelenkt. Genauer geht es um Inszenierungen der Stimme, ausdifferenziert im Sprechen, Schweigen, Singen, Schreien oder Summen, Pfeifen, Krächzen und Prusten. Darin sind mehrere ineinandergreifende Spannungsfelder wirksam, die übergeordnet als referenzielle Spannung zwischen Stimme und Körper gebündelt sind. Hier sind grundsätzliche Bezüge zwischen der Wahrnehmung einer Stimme und physiologischen Annahmen zu Alter, Geschlecht, Statur eines Sprechers oder wirkungsorientierten ‚Bestimmungen'[135] mehrdeutig. Jede stimmliche Artikulation, über deren Sprecher wir uns kein

135 In diesem deutschsprachigen Ausdruck – im Sinne einer diskursiven Normierung – lässt sich eine weitere Dimension von Stimmlichkeit ablesen. Darin geht es um Stimmlichkeit in den Dimensionen von Hörigkeit, Macht und Einfluss.

Bild machen können oder dessen Sprache unverständlich ist, suggeriert einen spezifischen Körper, nicht zuletzt in der Imagination.[136] Das Forschungsfeld der Stimme weist dieses Spannungsfeld aus, u. a. eine problematische Körperlichkeit zwischen Symbol und Index, Identität und (De-)Subjektivierung. Die Flüchtigkeit der Stimme[137] ist zudem gepaart mit einer appellativen und affektiven Kraft[138] und weitere Eigenschaften liegen in physiologischen, historischen, ästhetischen und technologischen Begründungen und Entwicklungen.[139] Als natürlich geltende Verbindungen von Stimme und Körper werden im Rahmen von ästhetischen Strategien ausgelotet,[140] was zugleich Irritationen von Wahrnehmungskonventionen nach sich zieht: Jeder Körper, der uns im Theater anschweigt, lässt eine akustische Äußerung erwarten und ist durch das, was das Publikum im Rahmen der Wahrnehmungssituation ‚mitbringt', ebenso wie durch das, was vorher war und nachher sein wird, konturiert. Heuristisch sind Wirkungsmomente der Stimme im Rückgriff auf die dargestellten Beispiele in schweigende[141], stillstehende, blickende und angeblickte akustische Körper unterteilt. Wenn Blicke der Spieler*innen ins Auditorium im Schweigen und Stillstehen exemplarische Vorgänge sind, gewinnen sie eine spezifische Dimension akustischer Körperlichkeit, denn sie heben sich von einem erwarteten prozessualen Verlauf verbaler theatraler Kommunikation ab, im Schweigen quasi *ex negativum*,

136 Zum Verhältnis von Stimme und Körperlichkeit vgl. einführend Doris Kolesch: Stimmlichkeit. In: *Metzler Lexikon Theatertheorie*, S. 317–320. Auf einzelne Aspekte der Stimmforschung in kulturwissenschaftlicher und historischer Perspektive komme ich im Verlauf der Studie zurück.

137 Eine grundsätzliche Flüchtigkeit präzisierend spricht Bernhard Waldenfels von stets in einer Nachträglichkeit existierenden Lauten, die beispielsweise Medientechnologien einzufangen versuchen, vgl. ders.: Stimme am Leitfaden des Leibes. In: Epping-Jäger / Linz: *Medien / Stimmen*, S. 19–35.

138 Vgl. Krämer / Kolesch: *Stimme*; Finter: *Die soufflierte Stimme*. Auf diese Zusammenhänge komme ich insbesondere in Kap. 4 zurück, darin fokussiere ich eine performative Ästhetik der Stimme am Beispiel der Aufführung *Velma Superstar*.

139 Vgl. Kendrick / Roesner: Introduction, S. xxi. Stimmtechniken sind durch Körpertechniken ergänzt.

140 Vgl. Kolesch / Schrödl: *Kunst-Stimmen*; Reinhart Meyer-Kalkus: *Stimme und Sprechkünste im 20. Jahrhundert*. Berlin: Akademie 2001.

141 Schweigen gilt als Pause und konstitutive Kontur des Sprechens und ist etwas anderes als Stille. Wahrnehmungskonventionen im Tanz lassen weniger stimmliche Äußerungen, sondern andere dominante Ausdrucksformen des Körpers erwarten. Überlagerungen zwischen Schweigen und Stille sind insbesondere musiktheateranalytisch, musikwissenschaftlich und philosophisch profiliert, vgl. Regine Elzenheimer: *Pausen, Schweigen, Stille. Dramaturgien der Abwesenheit im postdramatischen Musik-Theater*. Würzburg: Königshausen & Neumann 2005; Alice Lagaay / Emmanuel Alloa (Hrsg.): *Nicht(s) sagen: Strategien der Sprachabwendung im 20. Jahrhundert*. Bielefeld: Transcript 2008.

im Schreien (und in medientechnischer Verstärkung) geradezu in einem stimmlichen Überschuss betont und nicht zuletzt räumlich und körperlich in Szene gesetzt.[142] Zugunsten einer transformativen Beziehung von Hören und Sehen erhält in dieser Studie der Blick allein keine eigene Untersuchungskategorie, mit einer Ausnahme.[143]

Wenn die Stimme als Vermittler zwischen Körper und Klang Irritationspotenziale birgt und zudem medientechnisch aufgefächert ist, rückt ein ‚vielstimmiges' Klanggeschehen in den Vordergrund wie in der Doppelbesetzung der Dido-Figur mit Sing- und Sprechstimme in Nüblings Inszenierung. Zudem ist Sprechen, beispielsweise im Umgang mit einem Aufnahmegerät in *Fucking Åmål*, reflexiv thematisiert und zieht bisweilen mehr Aufmerksamkeit auf sich als spezifische Bedeutungen des Gesagten. Inszenierungen eines Körpers, der in solchen Geräuschen auf sich aufmerksam macht, die die Stimme vom Sprechen trennen, kommen hinzu: Schnalzen, Räuspern, Lachen sowie Ausschläge der Stimme respektive Umschlagmomente sind weitere Varianten akustisch inszenierter Körper. Zusätzliche Experimente mit anwesenden und abwesenden, zu sehenden (und nicht zu sehenden) und zu hörenden Körpern steigern die grundsätzliche referenzielle Spannung zwischen Stimme und Körper und problematisieren Annahmen einer Verkörperung im Sinne einer Repräsentation. Inszenierungen der Stimme sind somit eine wesentliche Facette akustischer Körper. Inszenierungen eines Körpers, der im Trampeln, Tanzen, Springen und Stampfen auf sich aufmerksam macht, kennzeichnen akustische Körper ebenfalls. Das Stichwort ‚Aktionsradius' bündelt diese weitere Facette der akustischen Körper der Spieler*innen. Rhythmisch gesetzte Ausfallschritte wie in der Arbeit *Toneel* oder auch ein kompetitiv wirkender Tanz von Mutter und Tochter sind in *mütter.väter.kinder* sowohl zu hören als auch zu sehen. Dieser Aktionsradius umfasst auch den Umgang mit Requisiten und Kostümen sowie mit Instrumenten und Apparaten. Geradezu als Kraftakt ist beispielsweise das körperliche Spiel mit Drumsticks auf den umstehenden Requisiten durch Max Nübling in *mütter.väter.kinder* auffällig.[144] Wenn beispielsweise Instrumente oder Apparate als nicht klingende in Szene gesetzt sind, ist Hörbarkeit im Umgang mit denselben nicht alleiniges Kriterium des Akustischen. Darin überlagern sich sowohl Aspekte inszenierter Instrumente als auch inszenierter Medientechniken.

142 Auf die Inszenierungsstrategie eines Tableaus komme ich in Kap. 3 zurück.

143 Die Wirkungsspezifik akustischer Körper in einem schweigenden Anschauungsprozess ist insbesondere in Kap. 3 Thema.

144 Die Überschneidung mit der Analysekategorie Raum ist in diesem Beispiel ebenfalls gegeben.

Ein Beispiel für akustisch inszenierte Requisiten ist der von Wittershagen ausgespuckte Ball in der Arbeit *mütter.väter.kinder*. Auch klirrende Teller, Gläser oder klapperndes Kochgeschirr wie in der Arbeit *Dido und Aeneas* sind in dieser Unterkategorie zusammengefasst und um die Wahrnehmung klackernder Absatzschuhe im Kostüm ergänzt. Dabei geht es weniger darum, ein Verständnis von Instrumenten zu erweitern. Drumsticks, mit denen Requisiten wie Tische und Stühle bearbeitet werden oder mit denen Geschirr lautstark quasi ‚vermöbelt' wird, sind mehr als inszenierte Requisiten, sondern akustische Körper. Reibungen zwischen einem Objektkörper- und Klangkörper-Status derselben sind dabei wesentlich.[145]

Schließlich tragen auch Audio-Zuschauer*innen, die schweigend zuhören, zur Inszenierung von Klang bei. Zunächst bieten sie in dieser theaterkonventionellen Haltung eine Grundlage für die Wahrnehmung akustischer Körper im Bühnengeschehen. Vor dem Hintergrund ihres Schweigens wird der aufprallende Tischtennisball erst hörbar. Inwiefern dieses Schweigen inszeniert ist, etwa wenn die Spieler*innen in *Toneel* dem Publikum provokant gegenüberstehen und die Audio-Zuschauer*innen im Anblick zu fixieren scheinen, bleibt offen. Entscheidender ist die Wirkung in der einleitend formulierten Frage, wer im Rahmen der Aufführung wen anschaut. Wenn in einer Aufführung zudem Claqueur*innen beteiligt sind, wenn das Geräusch des Klatschens in elektroakustischer Reproduktion im szenischen Prozess eingespielt wird, wenn die Akteur*innen auf der Bühne ‚animierend' klatschen – allesamt Inszenierungsstrategien, die vor allem in den ausgewählten Arbeiten des Performancekollektivs Velma zur Geltung kommen –, ist die konventionelle Beteiligung des Publikums Spielmaterial und inszeniert. In exemplarischen Situationen geht es somit auch um ein konventionelles Schweigen von Audio-Zuschauer*innen sowie um Applaus-Inszenierungen.

Alles in allem umfassen akustische Körper sowohl zu hörende als auch potenziell zu hörende Körper: Von Stimme und Aktionsradius, Requisiten und Instrumenten gehen Klangwirkungen aus. In diesen mögen Audio-Zuschauer*innen auch einen Wechsel zwischen sinnlichen Registern vollziehen.[146] Dieser Wechsel

145 Diese Reibung ist musikontologisch zugespitzt und betrifft Fragen nach der Materialität von Klang: Welchen Stellenwert hat Klang als ‚Ding' – oder metaphorischer: Musik als Stein – innerhalb der subjektiven Erfahrung? Vgl. zu dieser Diskussion Gunnar Hindrichs: *Die Autonomie des Klangs*. Berlin: Suhrkamp 2013; Grüny: *Kunst des Übergangs*.

146 Diesen Aspekt hebt Grüny im Musikhören hervor und spricht davon, den Wechsel in ein anderes sinnliches Register geradezu beobachten zu können, vgl. Grüny: *Kunst des Übergangs*, S. 46. An anderer Stelle spricht er von einem „doppelten Sehen" und „anderem Hören" (ebd., S. 17–33, insb. S. 28–30).

betrifft auch die Beziehung von Hören und Sehen in Raumsituationen und wird als weitere Untersuchungskategorie erläutert.

Akustische Raumsituationen in Szenerien und Szenarien
Das Ballgeräusch in der Arbeit *mütter.väter.kinder* hebt die Ausbreitung dieses inszenierten Requisits im Raum hervor. Ein Klangraum entsteht, innerhalb dessen sich Audio-Zuschauer*innen befinden. Dieser Ausgangspunkt kennzeichnet das Auditorium grundsätzlich und verdeutlicht, dass systematische Differenzierungen akustischer Räume relationale sind. Der Raum gilt in Aufführungen einerseits als ein abstraktes räumliches Modell, in dem akustische Körper (und mögliche Klangquellen) in Nähe- und Distanzzuordnungen im Verhältnis zur eigenen Position lokalisiert werden. Andererseits und ebenso konstitutiv wird die Beschaffenheit und Gestaltung eines akustischen Raums durch Audio-Zuschauer*innen leiblich-räumlich und imaginativ erfahren, d. h., sie haben daran einen subjektiven Anteil. Der Theaterraum ist als mathematisches Modell und als subjektiv-imaginäres Konstrukt doppelt verfasst, wie Jens Roselt zuspitzt.[147] Dadurch ergibt sich ein akustischer Raum in Ambivalenzen zwischen einer ‚Voraussetzung für Klang' und als ein ‚Ergebnis von Klang'. Eine Schallwelle als wahrnehmbares Objekt zu definieren, das man in räumlicher Ausbreitung oder zeitlicher Frequenz (unter reduktionistischen Bedingungen) misst, ist in dieser doppelten Verfassung problematisch. Ebenso problematisch ist eine topologische Konzeption eines akustischen Raums, in dem lokalisierte Klangquellen aufschlussreicher scheinen als ihre Wirkungen. Vielmehr stehen deshalb und anknüpfend an den Topos des Zwischenraums dynamische Charakteristika eines akustischen Raums im Vordergrund[148]; sie sind in dieser Studie als akustische Raumsituationen zusammengefasst. Insbesondere die Relation Raum und Bewegung verweist dabei auf heterogene, u. a. soziologische[149], entwicklungsphysiologische und performative Begründungszusammenhänge,

147 Vgl. einführend Jens Roselt: Raum. In: *Metzler Lexikon Theatertheorie*, S. 260–267, hier S. 266.

148 Uwe Wirth geht davon aus, dass „Räumlichkeit durch Bewegungen im Raum konstituiert und zweitens durch Zwischenräumlichkeit definiert" wird (ders.: Zwischenräumliche Bewegungspraktiken. In: Ders. (Hrsg.): *Bewegen im Zwischenraum*. Berlin: Kadmos 2012, S. 7–34, hier S. 7). Beispielsweise arbeitet Helga Finter diesen Topos ausgehend von der Stimme als Leerstelle mit einem Aktivierungspotenzial aus, vgl. dies.: Der (leere) Raum zwischen Hören und Sehen: Zu einem Theater ohne Schauspieler. In: Till A. Heilmann (Hrsg.): *medias in res: Medien-kulturwissenschaftliche Positionen*. Bielefeld: Transcript 2011, S. 127–138.

149 Die soziologische Raumanalyse Martina Löws geht beispielsweise von Michel de Certeaus Unterscheidung in Räume und Orte aus und profiliert für die Raumkonstitution ein *Spacing*, verstanden als Platzierungen, Errichten, Bauen oder Positionieren. Dazu zählt Löw auch den

die durch theoretische Reflexionen über Raum[150] im Rahmen eines Spatial Turn[151] ergänzt werden. Vor diesem Hintergrund wird der akustische Raum als ein qualitativ variierendes Gefüge und Ergebnis von räumlichen Bewegungen des wahrnehmenden Leibs und Subjekts verstanden.[152] Die ‚Phänomenologie des Leibes' nach Maurice Merleau-Ponty und Waldenfels bietet für dieses Verständnis ein Fundament, zielt sie doch maßgeblich darauf ab, eine Einheit des Wahrnehmenden und des Wahrgenommenen zu beschreiben.[153] Sie wird zunächst hinsichtlich einer leiblich-räumlichen Bewegung erörtert, daran schließt die Konzeption ‚akustischer Raumsituationen' an, um schließlich akustische Räume in Szenerien, Klanglandschaften und Atmosphären sowie Szenarien heuristisch zu unterscheiden.

Merleau-Pontys Leib-Verständnis ist durch ein ‚Zwischen' zwischen Subjekt und Objekt gekennzeichnet. Diese Ambiguität verdeutlicht er am Beispiel der sich selbst berührenden Hände und stellt im Begriff des Chiasmus die topologische Dimension dieser Überkreuzung heraus. In der Berührung ist das Spüren der Hand ein Innen und Außen zugleich, denn der Leib ist nicht Gegenstand, sondern zeichnet sich durch eine besondere Qualität der Selbstwahrnehmung aus. Die ‚Doppelempfindung' der Hände ist sein wiederkehrendes Beispiel für ein grundsätzliches, wechselseitiges ‚Eingelassensein' und ‚Verflochtensein' von Leib und Welt. Ihre vorsprachliche Erfahrung bündelt er im Begriff *chair* (Fleisch).[154]

Der wahrnehmende Leib ist das Zentrum von Merleau-Pontys *Phänomenologie der Wahrnehmung* (1945). Dabei kennzeichnet die Erfahrung der Welt, dass sie weder empirisch objektiv noch ontologisch möglich ist, denn der Leib befindet sich in der Welt und wirkt auf dieselbe ein, d. h. auf die Umgebung und das

Vollzug von Wahrnehmungs-, Vorstellungs- und Erinnerungsprozessen. Vgl. Martina Löw: *Raumsoziologie*. Frankfurt am Main: Suhrkamp 2001; Arbeitsgruppe Wahrnehmung: Wahrnehmung und Performativität.

150 Vgl. einführend Jörg Dünne / Stephan Günzel (Hrsg.): *Raumtheorie. Grundlagentexte aus Philosophie und Kulturwissenschaften*. Frankfurt am Main: Suhrkamp 2006.

151 Vgl. Doris Bachmann-Medick: *Cultural Turns. Neuorientierungen in den Kulturwissenschaften*. Reinbek: Rowohlt 2007, insb. Kap. 6 „Spatial Turn", S. 284–328.

152 Finters Studien verdeutlichen die grundsätzliche Dimension einer Subjektkonstitution durch audiovisuelle Signifikantensysteme, gebündelt im „subjektiven Raum". Vgl. dies.: *Der subjektive Raum*, Bd. 1: Die Theaterutopien Stéphane Mallarmés, Alfred Jarrys und Raymond Roussels: Sprachräume des Imaginären. Tübingen: Narr 1990; dies.: *Der subjektive Raum*, Bd. 2: ‚... der Ort, wo das Denken seinen Körper finden' soll: Antonin Artaud und die Utopie des Theaters. Tübingen: Narr 1990; dies: *Die soufflierte Stimme*.

153 Vgl. Merleau-Ponty: *Phänomenologie der Wahrnehmung*; Waldenfels: *Das leibliche Selbst*.

154 Vgl. Maurice Merleau-Ponty: *Das Sichtbare und das Unsichtbare: gefolgt von Arbeitsnotizen*, aus d. Franz. v. Regula Giuliani / Bernhard Waldenfels. München: Fink 1994, S. 182. Das Fragment wurde posthum veröffentlicht.

Milieu des Körpers und zwar in einer Bewegung des Leibs.[155] In der „Phänomenologie der Bewegung des Leibes" kommt eine ontologische Verschränkung von Wahrnehmung und Bewegung zum Ausdruck. Die Idee einer sich bewegenden und sich wahrnehmenden Leibstruktur in der Umwelt begreift Merleau-Ponty als ‚motorische Intentionalität'.[156] Er beschreibt Bewegung in der Wahrnehmung nicht in Momentaufnahmen von Einzelbewegungen, diese werden in der leiblichen Erfahrung zusammengeführt:

> Selbst wenn man mathematische Instrumente erfindet, die einer unendlichen Mannigfaltigkeit von Positionen und Augenblicken Rechnung zu tragen gestatten, so wird doch nie in einem identischen Beweglichen der Akt des Übergangs selbst erdenklich, der immer zwischen zwei Augenblicken und zwei Positionen ist, so nahe einander man sie auch wählen mag. Suche ich dergestalt die Bewegung klar und deutlich zu denken, so vermag ich nie zu verstehen, dass Bewegung je für mich zu beginnen und mir als Phänomen gegeben zu sein vermag.[157]

Indem Merleau-Ponty eine grundsätzliche Bewegung in der Wahrnehmung voraussetzt, impliziert er einen leiblichen Wahrnehmungsraum als Bewegungsraum. In diesem erfasst er das Verhältnis zwischen Positionen und der grundsätzlichen Bewegung in der Wahrnehmung als „augenblickliche Transposition"[158].

155 Vgl. Merleau-Ponty: *Phänomenologie der Wahrnehmung*, S. 166. In Merleau-Pontys Worten: „Denn der Normale hat seinen Leib nicht bloß als ein System aktueller Positionen, sondern ebensosehr und in eins damit als offenes System einer Unendlichkeit gleichwertiger Stellungen in anderen Orientierungen" (ebd., S. 171). Merleau-Ponty verweist in diesem Abschnitt auf das „Körperschema", das vor ihm beispielsweise Paul Schilder prägte. Zu Merleau-Pontys Körperschema-Verständnis vgl. Stefan Kristensen: Merleau-Ponty I – Körperschema und leibliche Subjektivität. In: Alloa / Bedorf / Grüny (Hrsg.): *Leiblichkeit*, S. 23–36. Für einen Überblick zum Körperschema Schilders vgl. Gerald Siegmund: Das Gedächtnis des Körpers in der Bewegung. In: Leopold Klepacki / Eckhart Liebau (Hrsg.): *Tanzwelten. Zur Anthropologie des Tanzens*. Münster: Waxmann 2008, S. 29–44.

156 Vgl. Merleau-Ponty: *Phänomenologie der Wahrnehmung*, S. 166. Die leiblich wahrgenommene Bewegung unterscheidet sich von der bloß raumzeitlich vorgestellten Bewegung durch ihre Konkretion. Denn während die abstrakte Beschreibung einer Körpergeste den Vorgang in eine Bewegung und ein Ziel zerlegen würde, geschieht sie konkret im Leib, der sich im Bewegungsimpuls selbst das Ziel gibt. Es handelt sich, schreibt Merleau-Ponty, um „[...] eine vom Leib selbst geleistete antizipierende Erfassung des Bewegungsziels, [...] einen ‚Bewegungsentwurf', eine ‚Bewegungsintentionalität'" (ebd., S. 136).

157 Ebd., S. 313.

158 Vgl. ebd., S. 171. Darüber hinaus schlägt Roselt in der Phänomenologie des Theaters „markante Momente" vor, die allerdings auf einen anderen Schwerpunkt als auf eine Bewegung zwischen Hören und Sehen ausgerichtet sind. Es geht Roselt um Ansprüche auf Erklärung ausgehend vom Staunen als kognitive Leidenschaft, Wissen-Wollen und Denken. Vgl. Roselt:

Seine Profilierung liefert die Grundlage, den wahrnehmenden Leib *in* Bewegung zu beschreiben und ‚im' Akustischen anzusiedeln. Zudem schließt daran der Vorschlag an, einen akustischen Raum situativ zu dynamisieren und von ‚akustischen Raumsituationen' auszugehen.
Akustische Raumsituationen lassen sich wie folgt verstehen: Die Wahrnehmungssituation zeichnet sich durch den zeitlichen und lokalen Verweis auf eine Nachfolge und einen Vorlauf aus. Grenzen des lateinischen *situs* und *locus* (Lage und Ort) liegen offen und kennzeichnen die Situation als kontingentes Fragment mit dem Potenzial, in einer Situation und Position innezuhalten.[159] Zugleich ist eine Aktivierung von Audio-Zuschauer*innen in Bewegung relevant, denn Verortungen in der Situation ebenso wie Einteilungen in Bühne und Auditorium kommen nicht ohne einander aus, sie sind in die Verbindungen ‚Hier und Dort' und ‚Jetzt und Gleich' eingebettet.[160] Somit werden in lokalen als auch zeitlichen Besonderheiten des Hörens Gründe einer aktiven Teilnahme vermutet,[161] die als Spannungsfeld zwischen Innehalten und Bewegung des wahrnehmenden Körpers verstanden werden können. Darin mäandern Einteilungen von ‚Hier und ‚Dort' sowie ‚Jetzt und Gleich' an Grenzen dieser Einteilung, sind also kontinuierlich prozessualisiert und können nicht in Einzelzustände zerlegt werden. Daraus folgt, dass Raumsituationen sich in der leiblich-räumlichen Wahrnehmung durch den Bezug zueinander und Verweise aufeinander auszeichnen. Zeitliche und räumliche Ordnungsmuster, die jeweils Hören oder Sehen

Phänomenologie des Theaters. Darin sind ‚Augenblicksstrukturen' im Sinne von Dieter Merschs Ereignisphilosophie relevant, vgl. Dieter Mersch: *Ereignis und Aura. Untersuchung zu einer Ästhetik des Performativen*. Frankfurt am Main: Suhrkamp 2002.

159 Zu einem weiterentwickelten Fragment-Begriff vgl. Jean-Luc Nancy: Die Kunst – Ein Fragment. In: Jean-Pierre Dubost (Hrsg.): *Bildstörung. Gedanken zu einer Ethik der Wahrnehmung*. Leipzig: Reclam 1994, S. 170–184. Darüber hinaus vgl. Anton Bierl / Gerald Siegmund / Christoph Meneghetti / Clemens Schuster (Hrsg.): *Theater des Fragments. Performative Strategien im Theater zwischen Antike und Postmoderne*. Bielefeld: Transcript 2009.

160 Doris Kolesch weist auf die Traditionslinie eines theaterästhetischen und -theoretischen Verständnisses der ‚Situation' auf der Basis der Existenzialphilosophie Martin Heideggers, Karl Jaspers', Jean-Paul Sartres und Albert Camus' hin. Darin scheint mir der Aspekt einer ‚potentiellen Transformierbarkeit' der Situation bedeutsam und zwar nicht als Gesamtheit von Umständen und Rahmen, die das Subjekt bestimmen, sondern vielmehr eine Mitbestimmung provozieren oder motivieren. Kolesch formuliert: „Der Betrachter oder Besucher einer Situation ist daher kein passiv-aufnehmender Rezipient, sondern vielmehr aktiv teilhabender Mit-Schöpfer des jeweiligen (Kunst-)Ereignisses" (Kolesch: Situation, S. 306).

161 Vgl. Bettina Wodianka: Zu Gast im Hör-Spiel-Raum. Überlegungen zur hörenden ‚Teilnahme'. In: Marc Caduff / Stefanie Heine / Michael Steiner (Hrsg.): *Die Kunst der Rezeption*. Bielefeld: Aisthesis 2015, S. 221–234.

zugeordnet sind, sind dynamisiert. Somit steht die Flüchtigkeit des Akustischen mit potenziellen Bewegungspotenzialen von Audio-Zuschauer*innen in Beziehung. Und in einer audio-visuellen Wahrnehmung akustischer Raumsituationen mag darüber hinaus das Potenzial liegen, geradezu leiblich-räumliche (Re-)Volten in einer Bewegung zwischen Hören und Sehen zu vollziehen. Möglich wäre, dass Sehen über den Umweg des Hörens verläuft und Hören via Sehen.

Nicht zuletzt stehen in akustischen omnidirektionalen Raumsituationen theaterkonventionelle Guckkastenanordnungen zur Debatte. Trennungen zwischen Bühnenraum und Auditorium werden einerseits in Klangquellenorientierungen oder Lokalisierungen sowie Einteilungen des Raums vorgenommen, um sogleich überschritten zu werden, nicht zuletzt affektiv und imaginativ. Besonders deutlich sind solche Überschreitungen in Nahwirkungen von Klang: Spieler*innen, die Audio-Zuschauer*innen anschreien, rücken ihnen auf den Leib.

Um sich räumlichen Wirkungen inszenierter Klänge anzunähern, werden raumsituative Ambivalenzen mit den Begriffen Szenerie und Szenario unterteilt, wobei sie genaugenommen auseinander hervorgehen. Szenarien gelten als Steigerung von szenografischen Anordnungen und sind als Atmosphären beschreibbar.

Ein besonders augenfälliges und offenkundiges Beispiel ist die Installation von klingelnden und aufleuchtenden Mobiltelefonen im Bühnenbild der Aufführung *Toneel*. Diese szenografische Anordnung eröffnet Relationen zu Telekommunikationsräumen über Einteilungen von Bühne und Auditorium hinaus.[162] Und: ‚Nicht' über die Szenerie und das Akustische in der Inszenierung *Fucking Åmål* mit Blick auf die assoziative Wirkung eines ‚Friedhofs der Kuscheltiere' und damit über den gleichnamigen Film mit Verweisen auf ein Horrorszenario zu sprechen, fällt schwer.[163] Im Verhältnis zur Szenerie zielt der Begriff Szenario darauf ab, einen Möglichkeitsraum von Klang-Bedeutungen zu benennen.[164] Dabei ist das Akustische in einem heuristischen Transitraum zwischen Hören und Sehen angesiedelt und Audio-Visionen mögen Annahmen und Erwartungen von möglichen Vorgängen und Klängen prägen.

162 Zu diesem Zusammenhang vgl. insb. Wiens: *Intermediale Szenographie.*

163 Simone Maier gelingt das, sie nennt in der zuvor zitierten Rezension nicht den Filmtitel nach dem Drehbuch von Stephen King, sondern setzt auf sprachliche Suggestivkraft und kulturelles Wissen.

164 Szenarien als Kulturpraxis zwischen individueller Utopie und Gesellschaftsvision untersucht Jules Buchholtz und spricht von Mythen der nahen Zukunft, vgl. Jules Buchholtz: *Wem gehört die Zukunft? Wissen und Wahrheit im Szenario.* Berlin: Neofelis 2018 (im Erscheinen).

Zusammenfassend kennzeichnet die Relation Hören und Raum, dass Einteilungen in den Ort der Szene und den des Auditoriums im Akustischen zeitgenössischer Aufführungen sowohl vorgenommen als auch überschritten werden. Nähe- und Distanz-Ordnungen zwischen akustischen Körpern und der eigenen Zuhörposition sind im Akustischen Wirkungen. In diesen Klangwirkungen sind Lokalisierungen von Klangquellen und akustischen Körpern dynamisiert. Dazu tragen Überlagerungen von Klängen und ihre Ausbreitung bei. Ein entstehender Transitraum ergibt sich in einer Szenerie, in der szenografische Anordnungen leiblich-räumlich und subjektiv-imaginativ erfahren werden und zugleich als ‚Sound-Szenario' gelten können. Somit ersetzen ‚Raumsituationen' die Rede von einem akustischen Raum, weil Momente des Innehaltens oder Aufmerkens stets prozessual sind und sich durch Verweise auf ein ‚Vorher – Nachher', ‚Jetzt und Gleich', ‚Hier und Dort', auszeichnen. Dabei spielt die Selbstbewegung als Affektion eine wesentliche Rolle und spiegelt sich in Beschreibungen des Akustischen als Klanglandschaft und Atmosphäre wider.
Neben akustischen Körpern in akustischen Raumsituationen tragen Medientechniken zu Klangwirkungen im Akustischen bei und werden als weitere Analysekategorie erläutert.

Akustische multimediale Konfigurationen: Apparate, Spuren und Interferenzen
Multimediale Konfigurationen des Akustischen umfassen erstens medientechnische Bearbeitungen akustischer Körper in Raumsituationen, zweitens medientechnische Realisierungen von Klang als elektroakustische Klangproduktion und drittens die Wahrnehmung in medialer Verfasstheit. Allgemeine Wirkungen wie ein Stimmengewirr als Polyglossie und eine Sprachverwirrung im Sinne einer Reflexion des Mediums Sprache entstehen sowohl in Mehrfachbesetzungen einer Figur als auch im Umgang mit Apparaten wie Mikrofon, Diktafon und anderen Aufzeichnungstechnologien. Eine elektroakustische Klangproduktion in der Wirkung respektive Beschreibung eines Sound-Szenarios hebt imaginative und affektive Bedeutungen von Klang hervor, wie z. B. bei dem Gedanken an einen Kuscheltier-Friedhof. Wie Berichte über die *9 Evenings* darlegen, kommen elektroakustische Klänge in Einspielungen und Übertragungen, beispielsweise von Geräuschen der Lebenswelt (*Variations VII*), von dekodierten Hirnströmen (*Grass Field*) und in Frequenzunterbrechungen (*Vehicle*), zur Geltung. Strukturbildende Bedeutungen von eingespielter Musik in Aufführungen wie *Kisses Sweeter than Wine* ergänzen methodische Bedeutungen – das sind beispielsweise Steuerungsmechanismen von Apparaturen und Programmen (*Carriage Discreteness*).

Als grundsätzliches Spannungsfeld gilt zudem die Frage, inwiefern multimediale Konfigurationen Audio-Zuschauer*innen leiblich-räumlich ‚überfallen‘[165], die Wahrnehmung durch Konventionen geprägt und in verschiedener Art und Weise vermittelt ist. Darin ist enthalten, dass es keinen außermedialen Zugriff auf die Welt gibt, vielmehr ist Wahrnehmung in sich verändernden historischen medialen Konstellationen verankert.[166] Der Zusammenhang lässt sich mit einem ‚Medienapriorismus‘ einerseits und einem ‚Medienmarginalismus‘ andererseits polarisieren und in einer Dialektik der Medien beschreiben.[167] Um medientechnische Realisierungen des Akustischen mit Apparaten und in Spuren ihrer Produktion nachvollziehbar zu machen sowie Voraussetzungen ihrer audio-visuellen Wahrnehmung offenzulegen, bieten Erläuterungen einer theatralen Medialität eine Grundlage, die im Folgenden zusammengefasst werden.

In Bestimmungen historisch verfasster und u. a. technisch vermittelter Wahrnehmung steht eine grundsätzliche Medialität von Wahrnehmung in einem Verhältnis zu zeitspezifischen Prägungen. In Entwicklungen von Wahrnehmungspraktiken lässt sich von Prozessen des Aushandelns ausgehen. Was heißt dieses Aushandeln also im Kontext des Akustischen und in einer theatralen Medialität? Zunächst ist mit Veränderungen theatraler Medialität zu rechnen, sofern diese als flüchtiger Zusammenfall einer Hervorbringung und Wahrnehmung von Klang gedacht ist. Diese Ausprägung kennzeichnet der Theaterwissenschaftler Philip Auslander als ‚klassische Liveness‘ mit einer „Physical co-presence of performers and audience; temporal simultaneity of production and reception; experience in the moment“[168]. Er untersucht Abstufungen einer Liveness in Theater-, Konzert- und Sportveranstaltungen und zielt darauf ab, eine historische Betrachtungsweise von Liveness zu systematisieren, also das, was Menschen

165 Auf diesen Aspekt weist Sabine Schouten in ihrer Untersuchung der Wahrnehmung von Atmosphäre hin, vgl. dies.: *Sinnliches Spüren. Wahrnehmung und Erzeugung von Atmosphäre im Theater.* Bielefeld: Transcript 2007.

166 Davon gehen Wahrnehmungstheorien und Entwicklungen von Wahrnehmungspraktiken in historischer Dimension aus, beispielsweise Crary: *Techniken des Betrachters.* Vgl. außerdem Sybille Krämer: Was haben ‚Performativität‘ und ‚Medialität‘ miteinander zu tun? Plädoyer für eine in der ‚Aisthetisierung‘ gründende Konzeption des Performativen. Zur Einführung in diesen Band. In: Dies. (Hrsg.): *Performativität und Medialität.* München: Fink 2004, S. 13–32; Arbeitsgruppe Medien: Über das Zusammenspiel von ‚Medialität‘ und ‚Performativität‘. In: Fischer-Lichte / Wulf: *Praktiken des Performativen*, S. 129–186.

167 Vgl. Alice Lagaay / David Lauer: Einleitung. In: Dies. (Hrsg.): *Medientheorien. Eine philosophische Einführung.* Frankfurt am Main: Campus 2004, S. 7–29. Zu einer Dialektik der Medien vgl. insb. David Lauer: Hartmut Winkler – Die Dialektik der Medien. In: Ebd., S. 225–247.

168 Philip Auslander: *Liveness. Performance in a Mediatized Culture.* London: Routledge 1999, S. 61.

zu einem bestimmten historischen Zeitpunkt und in einer bestimmten kulturellen Situation als live wahrnehmen und affektiv als Liveness qualifizieren. Dieser Ansatz verbiete gleichsam eine ontologische und auch normative Zuordnung von Unmittelbarkeit und Präsenz zu einer bestimmten Kunst- oder Unterhaltungsform oder auch medientechnischen Anordnungen.[169] Eine Wesensbestimmung der Medialität von Aufführungen als live im Sinne eines gemeinsam geteilten ‚Hier und Jetzt' von Akteure*innen und Zuschauer*innen gilt auch in der deutschsprachigen Theaterwissenschaft nicht unangefochten.[170]

Bezogen auf das Beispiel aus der Arbeit *mütter.väter.kinder* ist an dem einen Ende einer Skala das Geräusch des Tischtennisballs relevant, der im Raum ausrollt und auch im körperlichen Spiel und Schmettern des Balls zwischen Vater und Sohn zur Geltung kommt. Am anderen Ende der Skala ist das Ballgeräusch in elektroakustischer Einspielung angesiedelt, in verschiedenen Situationen im Verlauf der Aufführung zu hören und mag Wiedererkennungswerte des zuvor gehörten und gesehenen Tischtennisballgeräuschs deutlich machen. Verstärkte Stimmen – wie zuvor im Begriff einer ‚Stimmkörperlichkeit' problematisiert – gelten in der Stimmforschung als Spuren von Sprecher*innen. Die im Bühnengeschehen hervorgebrachten Geräusche des Körpers, der Stimme, des instrumentalen Spiels, der Requisiten ebenso wie Reproduktionstechnologien und medientechnisch vorproduzierte Klänge thematisieren also etwas, das Höreindruck und Klangquelle im Hören und Sehen zu trennen vermag, ohne den Verweis aufeinander zu unterschlagen. Denn das Akustische zeichnet sich dadurch aus, sowohl räumlich-situative, präsenzspezifische und materielle

169 Die Kontroverse verläuft entlang von Peggy Phelans Begründungen von Präsenz aus performance-theoretischer Perspektive, sie erklärt die Medialität einer Aufführung ontologisch in einer Unabhängigkeit von Reproduktionstechnologien, vgl. Peggy Phelan: *Unmarked. The Politics of Performance* [1999]. London: Routledge 2008. Auf Präsenz geht Auslander weniger ein als auf Gegenwärtigkeit und Unmittelbarkeit in einem historisierbaren Verhältnis von Wahrnehmung und Medialität. Vielmehr formuliert er eine affektive Qualifizierung von Liveness: „It may be that we are at a point at which liveness can no longer be defined in terms of either the presence of living human beings before each other or physical and temporal relationships. The emerging definition of liveness may be built primarily around the audience's affective experience. To the extent that websites and other virtual entities respond to us in real time, they *feel* live to us, and this may be the kind of liveness we now value" (Auslander: *Liveness*, S. 62 (Herv. i. Orig.)).

170 Vgl. einführend Doris Kolesch: Liveness. In: *Metzler Lexikon Theatertheorie*, S. 188–190, hier S. 189. Zugespitzt wird die kritische Gegenposition zu einem ontologischen ‚Hier und Jetzt' von Produktion und Rezeption durch André Eiermann: Die Szene des Unkörperlichen. (Trans-)Formationen von Zeit, Raum und Text in *Stifters Dinge* von Heiner Goebbels. In: Tigges / Pewny / Deutsch-Schreiner: *Zwischenspiele*, S. 330–347.

Begrenzungen zu betonen als auch diese gleichsam zu überschreiten.[171] Die Aufmerksamkeit von Zuschauer*innen wird dabei auf physische, stimmliche, räumliche, mechanisch-instrumentale Aspekte des Geschehens gelenkt und ebenso auf medientechnische Besonderheiten der Klangproduktion und Reproduktion. Um den Zusammenhang begrifflich zu kennzeichnen, bietet sich an, von Interferenzen zwischen klassischer Live-Produktion und medientechnischer Reproduktion zu sprechen.[172] Sind Klangquellen nicht zu sehen, werden diese als Instrumente, Objekte, Dinge, kurz: akustische Körper im akustischen Raum gesucht, imaginiert und auf das, was zu sehen ist, bezogen, durchaus auch – wie die Filmanalyse pointiert – als audio-visuelle Illusion.[173] Eben diese Suche oder Imagination von Klangquellen und ein Wissen über Funktionszusammenhänge in Apparaten ist im Rahmen eines indexikalischen Hörens naheliegend.[174] Steht das indexikalische Hören für Annahmen zu Ursachen, ist allerdings fraglich, ob ihre indexikalischen Körper, Objekte und Apparate Wirkungen ‚erklären' oder ob eine solche referenzielle ‚Sicht' vielmehr ein anderes, womöglich analytisch-differenzierendes oder reflexives Hören und Sehen anregt. D. h., wenn das Gehörte sich nicht mehr durch das konkretisieren lässt, was man sieht (und umgekehrt) und eine

171 Dieses Merkmal weisen die bisher erläuterten Beispielszenen in den Arbeiten Nüblings aus. Den Aspekt der Überschreitung verfolgt u. a. auch John Collins in der Analyse ausgewählter Arbeiten von Elevator Repair Service und The Wooster Group. Er bezieht sich auf Trennungsexperimente zwischen Hören und Sehen, in denen Sound-Produktion ‚onstage' und ‚offstage' eine wesentliche Inszenierungsstrategie ist. Vgl. ders.: Performing Sound / Sounding Space. In: Kendrick / Roesner (Hrsg.): *Theatre Noise*, S. 23–32.

172 In intermedialer Perspektive analysiert Jean-Marc Larrue Widerständigkeiten zwischen Live-Produktion und medientechnischer Reproduktion im Theater. Diese verankert er im soziokulturellen Milieu des Theaters und eröffnet Veränderungen im Kontext veränderter Medienkonstellationen: „new audience's expectations and behaviours [developed] that made mediatised sound more natural" (Jean-Marc Larrue: Sound Reproduction Techniques in Theatre: A Case of Mediatic Resistance. In: Kendrick / Roesner (Hrsg.): *Theatre Noise*, S. 14–22, hier S. 21). Vgl. darüber hinaus: Eric Vautrin: Hear and Now: How Technologies Have Changed Sound Practices. In: Ebd., S. 139–148; David Roesner: The Mechanics of Noise: Theatricality and the Automated Instrument in Heiner Goebbels' Theatre and Pat Metheny's Jazz. In: Ebd., S. 149–163. Schröder erläutert das Feld der Audiotechnologie im Theater, vgl. Schröder: Im Hörraum vor der Schaubühne, insb. S. 40–47.

173 Vgl. Chion: *Audio-Vision*.

174 Auf die Diskussion um Ursache und Wirkung in einem indexikalischen Hören komme ich im Verlauf der Studie kontinuierlich zurück. Einen über Ursachenforschung hinausgehenden Ansatz verfolgen in Aufführungen des Musiktheaters Stephanie Schwarz / Rainer Simon: Mit den Augen gehört. Formen der Sichtbar- und Unsichtbarwerdung in aktuellen Musiktheateraufführungen und -installationen. In: Brüstle / Risi / Schwarz (Hrsg.): *Macht, Ohnmacht, Zufall*, S. 197–214. Auf verschiedene weitere Hör-Typologien komme ich in Kap. 2 zurück.

Klangproduktion keinem visuellen Paradigma entspricht, ergibt sich eine dynamische Interaktion *zwischen* Hören und Sehen.
Der Status von Klangquellen lässt sich in der Frage nach ihrem ‚Stellenwert' problematisieren. Erstens geht es dabei um Wirkungen von inszenierten Apparaten (Mobiltelefone, Mikros, Lautsprecher) und um Audiotechnologien. Zudem geht es um die Position von Zuschauer*innen gegenüber inszenierten Klängen und innerhalb einer Situation, quasi als Eigenverortung. Diese Verortung kann als Aktivität aufgewertet werden. Zuschauer*innen versuchen womöglich – als Beobachter zweiter und dritter Ordnung[175] –, Ursachen einer Wirkung auszumachen, und können dabei eine grundsätzliche Medialität des Kunstwerks ebenso reflektieren wie einzelne ästhetische Strategien und nicht zuletzt die eigenen Wahrnehmungsleistungen. Einzelne Sinnesleistungen haben hier kein Monopol, sondern das Verhältnis zueinander wird ausgehandelt, erstens in einer heuristischen Bewegung zwischen Hören und Sehen und zweitens motorisch, indem Zuschauer*innen sich bewegen und ausrichten. Aktivitäten der Verortung können im Akustischen zeitgenössischer Theaterarbeiten als solche Wahrnehmungspraktiken beschrieben werden, die zwischen unterschiedlichen medialen Ebenen vermitteln. Dies ist ein Prozess von *aisthesis*, verstanden als Entwicklung von sinnlichen Fähigkeiten, die auf Medien bezogen sind.

1.5 Zwischenfazit: Arbeit an der Wahrnehmung

Das Forschungsinteresse an dem, wie Klang in Aufführungen zeitgenössischer Theaterarbeiten inszeniert wird, wie Hören und Sehen inszeniert sind und wie Zuschauer*innen mit Wirkungen von Klang umgehen, setzt an Entwicklungen von Wahrnehmungspraktiken an. Diese zeichnet sich – so die These – durch Bewegung aus. Der Ausgangspunkt ist ein phänomenologischer und begründet, ‚im' Akustischen leiblich-räumlich wahrzunehmen. Zuschauen und Zuhören gehen dabei variable Beziehungen ein und Bewegung steht in keinem kausalen Verhältnis zu Wahrnehmung, sondern in einem konstitutiven.
Die Bandbreite dessen, was das Akustische sein kann, rückt akustische Körper, Raumsituationen und Medien ins Zentrum der Aufmerksamkeit. Zudem

175 Der Ansatz der Kybernetik, mit einer Beobachtung zweiter Ordnung das Vermittelte zu hinterfragen, geht von ‚blinden Flecken' des Beobachteten und von Bedingungen des Beobachtens aus. Darin sind unsichtbare Praktiken in der Gemeinschaft der Beobachtenden aufgewertet. Diese soziologische Analyse bietet für Erläuterungen einer Aktivität des Publikums im Theater einen kulturtheoretischen Ansatz. Vgl. Dirk Baecker: *Beobachter unter sich: Eine Kulturtheorie*. Berlin: Suhrkamp 2013.

umfasst das Akustische Geräusche, Lärm, Krach und klangkonstitutive Pausen, die in einem kulturellen und historischen Verständnis von Sound erweitert sind. Ausgewählte Aufführungen, die sich durch das Akustische auszeichnen, stellen gattungstypologische Einteilungen in Schauspiel, Tanz und Musiktheater sowie einhergehende Wahrnehmungskonventionen zur Debatte.

Gilt Inszenierung als Strategie, um die Aufmerksamkeit auf bestimmte thematische und strukturierende Elemente zu lenken, ist die Aufführung ein aktualisierendes Experiment dieser Strategie. Der Modell-Charakter des Akustischen liegt innerhalb dieser ästhetischen Strategien mit Klang als Resultat. Das Akustische als Potenzial verweist in möglichen Wirkungen zugleich auf Bedingungen der Wahrnehmung. Dabei geht eine situative Wahrnehmung von inszenierten Klängen über das Verständnis von Schallwellen hinaus.

Dem Befinden an einem spezifischen Ort der Erfahrung trägt der Begriff des Akustischen Rechnung. Inszenierter Klang wird leiblich-räumlich in sogenannten Raumsituationen erfahren. Klangwirkungen können in Augenblicken, Höreindrücken, Assoziationen, Erinnerungen und Imaginationen über Inszenierungsstrategien hinausschießen. Darin liegt die Möglichkeit, ästhetische Strategien und Wirkungen quasi hörend und sehend zu verhandeln und inszeniertes Hören und Sehen zu hinterfragen, zu beobachten und zu analysieren und Haltungen dazu zu motivieren. Zudem basiert auf diesen Ausgangspunkten die Wahrnehmung des Akustischen als audio-visuelle Wahrnehmung, die einen heuristischen Bewegungsbegriff zwischen Hören und Sehen zum Dreh- und Angelpunkt der Wahrnehmung macht.

Eine heuristische Bewegung zwischen Hören und Sehen bündelt, inwiefern inszenierter Klang noch anders als additiv, komplementär oder kontrapunktisch im Verhältnis zum Visuellen wahrgenommen werden kann. Dabei gilt Bewegung als ein multidisziplinär aufgestellter Suchbegriff, mit dem Wirkungen des Akustischen in einzelnen Aufführungen beschrieben werden.

Methodisch bietet sich dafür eine phänomenologisch begründete und dispositivisch erweiterte Aufführungsanalyse an. Das Akustische lässt sich als Dispositiv verstehen, insofern erstens ein Guckkastendispositiv im und durch das Akustische problematisiert wird und zweitens diskursive, konventionelle und auch institutionelle Bestimmungen des Akustischen im Theater über- und unterdeterminierte Reibungsflächen sind, die Reformulierung nach sich ziehen. Voraussetzungen und Bedingungen der Wahrnehmung werden darin kontinuierlich thematisiert. Die Aufführungen aus der Reihe *9 Evenings: Theatre and Engineering* 1966 in New York wurden als paradigmatisches Beispiel für solche Reibungsflächen erläutert.

Zusammenfassend und auf der Basis der bisher geschilderten Aufführungen sind darin die Untersuchungskategorien Körper, Raum und Medien zentral. Exemplarische Ausprägungen umfassen akustische Körper der Spieler*innen, beispielsweise in Inszenierungen der Stimme, sowie Körper im Umgang mit inszenierten Requisiten, Apparaten und Instrumenten. Schweigende oder applaudierende Zuschauer*innen gehören ebenfalls in die Kategorie akustischer Körper. In der Untersuchungskategorie akustischer Raumsituationen ist die leiblich-räumliche Verfasstheit der Wahrnehmung ein wesentlicher Ausgangspunkt. Die Situationen werden als Szenerien – u. a. in metaphorischen Beschreibungen einer Klanglandschaft – und als Szenarien – beispielsweise als Atmosphären – beschrieben. Darüber hinaus changiert die mediale Verfasstheit der Wahrnehmung mit der Wahrnehmung von Medientechniken und eröffnet ein Experimentierfeld der Wahrnehmung inszenierten Klangs. Erfahrungen des Akustischen lassen sich darin sowohl als Appelle an Zuschauen und Zuhören als auch als Motivation verstehen. Denn eine Bewegung zwischen Hören und Sehen wird als Aufmerksamkeit und Leistung entwickelt, ausgeübt und angewendet und bedeutet eine Arbeit an der Wahrnehmung. In diesem Zusammenhang schlägt Andreas Reckwitz kulturtheoretisch Wahrnehmung als Bewegung vor,[176] wie im folgenden Kapitel ausgeführt wird. Zudem unterstützen multidisziplinäre Perspektiven auf Bewegungskonzepte in der Wahrnehmung die genannte konzeptuelle Annahme einer Bewegung zwischen Hören und Sehen.

176 Vgl. Andreas Reckwitz: Die Gleichförmigkeit und die Bewegtheit des Subjekts: Moderne Subjektivität im Konflikt von bürgerlicher und avantgardistischer Codierung. In: Klein (Hrsg.): *Bewegung*, S. 155–183.

2.
Bewegung zwischen Hören und Sehen: Wahrnehmungskonzeptionen in Performance- und Theatertheorie, Filmanalyse und Philosophie

Lynne Kendrick und David Roesner fassen in *Theatre Noise* einführend zusammen: „theatre performance will always have an acoustic dimension and will always need to creatively engage with the 'noise' inevitably created by its liveness and situatedness"[1]. Damit benennen die Autoren ästhetische Erfahrungsdimensionen von Theaterarbeiten in performancetheoretischer und philosophischer Begründung. Beide Aspekte heben hervor, dass körperliche, räumliche und medientechnische Inszenierungsstrategien von Klang mit der Disposition des wahrnehmenden Subjekts verschränkt sind.

Diese Disposition basiert auf psycho-physischen Grundannahmen und umfasst kulturelle und subjektive Bedingungen der Wahrnehmung.[2] Sie sind in reziproken Beziehungen zwischen Hören und Sehen berücksichtigt. Für die hier vorgeschlagene konzeptuelle Bewegung zwischen Hören und Sehen wird ein breit aufgestelltes Verständnis von Bewegung als heuristische Grundlage gewählt[3] und Bewegungskonzepte aus der Performance- und Theatertheorie, Filmanalyse, Phänomenologie und Kognitionsphilosophie diskutiert. Sowohl physiologische,

1 Kendrick / Roesner: Introduction, S. xxxii.

2 Individuelle Hörerfahrungen lassen sich nicht auf psycho-physiologische Prozesse reduzieren, die von invarianten neurobiologischen Gegebenheiten determiniert sind, so der Ansatz der Sound Studies. Vielmehr spielen hörkulturelle Zusammenhänge, in die Hörer eingebettet sind, eine wesentliche Rolle. Vgl. Kap. 1.1.

3 Eine transdisziplinäre Perspektive auf Bewegung in der Musik liefert Teresa Leonhardmair: *Bewegung in der Musik. Eine transdisziplinäre Perspektive auf ein musikimmanentes Phänomen*. Bielefeld: Transcript 2014.

als auch erkenntnistheoretische, psychologische und kulturelle Aspekte kommen darin – in unterschiedlichen Schwerpunkten – zur Geltung.
Der von Kendrick und Roesner genannte Begriff „liveness" bezieht sich in der englischen Schreibweise auf Wirkungen von Theaterarbeiten, die mit Vorstellungen von Unmittelbarkeit, Gegenwärtigkeit und Flüchtigkeit in einer Wahrnehmungssituation einhergehen. Der englischsprachige Begriff „situatedness" verdeutlicht ein grundsätzliches ‚Involviert-Sein' und eine konstruktive Dimension der Wahrnehmung. Der Zusammenhang steht in Verbindung mit der phänomenologischen Grundkonzeption des Leibs in seiner räumlichen Verfasstheit, wie sie Merleau-Ponty beschreibt. Auf dieser leiblich-räumlichen Wahrnehmung basieren kultur- und theaterwissenschaftliche Profilierungen eines performativen Wahrnehmungsdispositivs, das in dieser Studie um den Suchbegriff der Bewegung ergänzt wird.
Darüber hinaus begründet Andreas Reckwitz Bewegung kulturtheoretisch – ein Ansatz, der zu einer dispositivischen Aufführungsanalyse beiträgt und der den Erläuterungen weiterer Bewegungskonzepte hier vorangestellt werden soll. Reckwitz siedelt Bewegung in einer sogenannten hochmodernen Subjektivität an, dabei bezieht sich ‚hochmodern' auf Entwicklungen seit den 1980er Jahren.[4] Grundsätzlich versteht er Bewegung „als zentrale Anforderung an das moderne Subjekt, an seinen Körper, seinen Geist, seine Aufmerksamkeit, seine Affekte"[5]. Im Zuge dessen schlägt er eine Entwicklung von Subjektformen vor, die er auf den Ebenen kultureller Codes und soziokultureller Praktiken untersucht. In ambivalenten „Subjektcodes" seien unterschiedliche Konzepte von Bewegung enthalten, die zugleich bestimmte Formen der Bewegung hervorbringen.[6] Zum einen beschreibt er ein Subjekt der bürgerlichen Moderne in aktivistischer Gleichförmigkeit, zum anderen ein Subjekt ästhetischer Subkulturen und kennzeichnet Letztgenanntes als ein Subjekt der Bewegtheit. Als Drittes erläutert er eine hochmoderne Subjektivität, die „Sinnelemente aus beiden Entwicklungslinien zu einer fragilen Einheit kombiniert."[7] Die Bewegung eines bürgerlichen Subjekts zeichnet sich nach Reckwitz durch eine grundsätzliche Regulierung aus, sie zielt auf eine Kalkulierbarkeit und Disziplinierung beispielsweise im Lernen, Lesen und Schreiben, bei der Arbeit oder im Militärdienst

4 Vgl. Reckwitz: Die Gleichförmigkeit und die Bewegtheit des Subjekts.
5 Ebd., S. 155.
6 Ebd., S. 156.
7 Ebd., S. 158.

ab.[8] Hingegen gilt eine „erratische" radikale Bewegtheit ästhetischer Subjektformen der Avantgarden als kulturelle Gegenbewegung zu einer „bürgerlichen Normalisierung"; Reckwitz verdeutlicht einen ästhetischen Subjektcode in sogenannten „Trainingsfeldern".[9] Insbesondere in Erfahrungen von Metropolen, in der visuellen Kultur des Films und in Verkehrsformen ist das ästhetische Subjekt „nicht eines, das in erster Linie handelt und das damit Normen, Moral und Zwecken folgt; es ist primär ein Subjekt, das wahrnimmt"[10]. Einem Aktivismus bürgerlicher Subjekte und einem darin enthaltenen Handlungsverständnis setzt Reckwitz „stillgestelltes Handeln" und ein ästhetisches Subjekt entgegen, das „in seinem Konsumismus radikal passivisch" ist.[11] Beide Subjektformen führen zu einer hochmodernen hybriden Subjektbildung, in der Bewegungsformen und -praktiken vor allem in Transformationen des Arbeitslebens und im sozialen Feld des Konsums deutlich werden. Reckwitz nennt exemplarisch ein quasi künstlerisches Verhältnis zur Arbeit, das in ‚Projekten' und kurzfristigen ‚Engagements' des hybriden Subjekts zur Geltung kommt. Des Weiteren sieht er einen Konsum von materiellen Gegenständen und technischen Artefakten sowie den Konsum von immateriellen Objekten (Kulturereignisse, Reisen, Filme, Musik). Hinzu kommt, so Reckwitz, dass das konsumierende Subjekt auch ‚Objekt' potenziellen ‚Konsums' durch andere ist, seine Diagnose hochmoderner Bewegtheit lautet:

> Das Subjekt will nicht nur immer wieder anders genießen, es will besser genießen; es will nicht nur immer wieder ein anderes Selbst sein, es will ein Selbst sein, das an sich arbeitet, in seiner inneren und äußeren Wirkung in zunehmendem Maße befriedigend und attraktiv zu erscheinen – ein Prozess, der offenbar nie an ein Ende kommt.[12]

Nun geht es nicht darum, Reckwitz' Diagnose eines hybriden Subjekts in einer audio-visuellen Wahrnehmung des Akustischen zu begründen, wohl aber darum, mithilfe seiner Diagnose den Blick für Entwicklungen einer audio-visuellen Wahrnehmung des Akustischen zu schärfen. Eine Charakterisierung als ‚aktiv'

8 Paradigmatisch verweist Reckwitz auf Foucaults Analyse soziokultureller Praktiken in Institutionen wie dem Gefängnis (vgl. Foucault: *Überwachen und Strafen*). Ebenso beträfen Regulierungsbemühungen die Aufmerksamkeit eines grundsätzlich produktionsorientierten bürgerlichen Subjekts, beispielsweise auch in schriftlicher Reflexion des eigenen Handelns. Vgl. Reckwitz: Die Gleichförmigkeit und die Bewegtheit des Subjekts, S. 156, 163–169.

9 Vgl. ebd., insb. S. 169–175.

10 Ebd., S. 171.

11 Ebd., S. 175.

12 Ebd., S. 179.

und ‚passiv' läuft hierbei allerdings Gefahr, Transformationen in jeweiligen Wechselwirkungen zwischen Hören und Sehen und eine motorische Dimension in der Wahrnehmung zu unterschlagen. Deshalb arbeitet die Untersuchung mit einem multidisziplinären Bewegungsverständnis, das Aktivitätspotenziale von Zuschauer*innen hervorhebt und Reckwitz' Begründung ergänzt. Situative und leiblich-räumliche Besonderheiten im Hören und Sehen stehen in folgenden ausgewählten Ansätzen im Zentrum.

Die phänomenologische Wahrnehmungsforschung geht u. a. einem lautlichen Umgebungsraum und einer Atmosphäre nach.[13] Beide Ansätze beziehen sich auf eine Wahrnehmung in einem unterschiedlich qualifizierten ‚Zwischen', deren Erfahrungsdimension als leibliche Kommunikation und Spüren bezeichnet wird. Schmitz spricht von ‚Bewegungssuggestionen' des Schalls, Böhme profiliert Atmosphäre als ‚Zwischen' mit intersensoriellen Qualitäten. Dazu lässt sich die Frage zuspitzen, ob das Akustische eher gespürt als in einer Bewegung zwischen Hören und Sehen wahrgenommen wird. Ergänzt ist diese Diskussion um Überlegungen zur Imagination. Nach Melchior Palágyi lassen sich „virtuelle Bewegungen" in einer sogenannten „direkten Phantasie" finden.[14] Palágyis, Schmitz' und Böhmes Ansätze tragen dazu bei, die leiblich-räumliche Wahrnehmung inszenierter Klänge in einer Bewegung zwischen Hören und Sehen zu konturieren.

Über leiblich-räumliche Erfahrungen eines ‚Zwischen' hinaus erläutert der Filmtheoretiker und Komponist Michel Chion Gründe einer audio-visuellen Wahrnehmung mit Bindestrich, der auch ein Trennstrich sein kann. Die von ihm profilierten Wechselwirkungen zwischen Hören und Sehen – in der Terminologie eines Hör-Sehens – entwickelt er ausgehend von Bild und Ton im Kino. Um eine audio-visuelle Wahrnehmung des Akustischen in Aufführungen auszuarbeiten, bietet Chions Theorie wesentliche Ansätze. Erweiterungen für Einflüsse inszenierter Klänge auf das Zuschauen in Theateraufführungen basieren nicht zuletzt darauf, dass medientechnische Produktion und Reproduktion von Klang in zeitgenössischen Theateraufführungen prominent sind.

Bewegungspotenziale in der Wahrnehmung thematisieren auch diejenigen Beiträge zur Philosophie der Verkörperung, die Kognition nicht ausschließlich an Hirnaktivitäten und neuronale Prozesse binden, sondern Kognition als

13 Schmitz: Leibliche Kommunikation im Medium des Schalls, S. 75–88; Böhme: Akustische Atmosphären, S. 38–48.

14 Benjamin Wihstutz erläutert Palágyis Theorie in genauer Textanalyse. Vgl. ders: *Theater der Einbildung*.

‚verkörperte' und ‚eingebettete' Aktivität sowie als ‚enaktiven' oder ‚ausgedehnten' Geist verstehen. Für Fragen nach einer Bewegung zwischen Hören und Sehen besteht die Aussicht, dass die enaktive Perspektive Annahmen performativ verfasster Wahrnehmung zeitgenössischen Theaters bereichert. Insbesondere die sensomotorische Wahrnehmungstheorie des Kognitionsphilosophen Alva Noë bietet einen Ansatz, um ein Bewegungsverständnis auf einer heuristisch-konzeptuellen Ebene und in motorischen Bewegungen zu konkretisieren.
Die Aussage Kendricks und Roesners in *Theatre Noise* lässt sich daher umformulieren und wie folgt auf inszenierte Klänge in Aufführungen beziehen: Das Akustische zeitgenössischer Theaterarbeiten findet im Hier und Jetzt der leiblich-räumlich gebundenen Wahrnehmung statt. Zuschauer*innen und Zuhörer*innen sind *innerhalb* der Wahrnehmung des Akustischen aktiv *am* Akustischen der Situation beteiligt.[15] Diese Aktivität kann als ‚Audio-Zuschauen' medientechnischer, instrumentaler, stimmlicher und weiterer körperlicher Lautproduktion beschrieben werden und zeichnet sich durch eine Bewegung zwischen Hören und Sehen aus. Deshalb wird die Bewegung in der Wahrnehmung des Akustischen zeitgenössischer Theateraufführungen als umfassendes Zusammenspiel von Motorik und Sensorik in einer leiblich-räumlich situierten Wahrnehmung verstanden. Sie ist eben von einer Medialität der Wahrnehmungssituation nicht zu trennen. Darin liegt die Aussicht, zu Antworten auf die Fragen, wie inszenierter Klang, inszeniertes Hören und Sehen und ein Umgang mit Inszenierungsstrategien sich in den ausgewählten Theaterarbeiten beschreiben lassen, beizutragen.

2.1 Atmosphäre spüren, hören, sehen, einbilden: Die leiblich-räumliche Wahrnehmung und Imagination

In Überlegungen zur leiblich-räumlichen Wahrnehmung des Akustischen geht es nicht darum, das Akustische per se ‚als' Stimmung oder Atmosphäre zu begreifen, sondern als räumliche Inszenierung und Wirkung von Klängen.[16]

15 Verschiedene Beiträge in *Theatre Noise* heben dieses Charakteristikum der Wahrnehmung hervor, vgl. Ross Brown: Towards Theatre Noise. In: Kendrick / Roesner (Hrsg.): *Theatre Noise*, S. 1–13; Home-Cook: Aural Acts; Rost: Intrusive Noises.

16 Sabine Schouten untersucht die Wahrnehmung und Erzeugung von Atmosphären als „Sinnliches Spüren". Sie geht auf Klanggestaltungen am Beispiel einzelner Theaterarbeiten ein, vgl. dies.: *Sinnliches Spüren*. Christoph Rodatz versteht „atmosphärische Wahrnehmung" als „Wahrnehmung vor der Wahrnehmung", ihm geht es um Schnittmengen der Wahrnehmung in einem „Zwischen". Das wahrnehmende Subjekt mache Ingressions- und Diskrepanzerfahrungen in einem Handlungsraum, Stimmungsraum und Wahrnehmungsraum. Vgl. ders.: *Der*

Die Annahme, dass Wirkungen inszenierter Klänge affektiv und imaginativ zustande kommen und mit einer Bewegung zwischen Hören und Sehen zusammenhängen, ist darin wesentlich. Deshalb soll diskutiert werden, wie Forschungen zur Wahrnehmung von Atmosphären die Wahrnehmung des Akustischen in einer Bewegung zwischen Hören und Sehen unterstützen.
Atmosphäre wird, in der Konzeption der Philosophen Hermann Schmitz und Gernot Böhme, nicht mit Einzelsinnen wahrgenommen, sondern gespürt, sie gehen von einer synästhetischen Wahrnehmung von Atmosphären aus. Gilt darüber hinaus Schmitz' leibliche Kommunikation im Medium des Schalls wörtlich, lassen sich darin auch Umwege in der Kommunikation der Sinnesleistungen denken. Lücken im Verhältnis von Hören und Sehen mögen offenliegen und imaginativ gefüllt werden.
Die Erforschungen von Atmosphären durch Hermann Schmitz und Gernot Böhme heben den Zusammenhang von ‚Raum und Gefühl' im Spüren hervor.[17] Schmitz argumentiert mit einem offenen Gefühlsbegriff, Gefühlsräume sind bei ihm Atmosphären. Böhme hebt ein subjektives Spüren hervor. Zunächst werden zentrale Begriffe und Bestimmungen in den Theorien beider Philosophen genannt, um in einem zweiten Schritt ihre spezifischen Positionen zum Akustischen zu verfolgen.
Schmitz sucht ein privates Betroffensein in einem leiblich-räumlichen Spüren von Atmosphären zu überwinden. Das Missverständnis, dass „jeder […] nur noch

Schnitt durch den Raum. Atmosphärische Wahrnehmung in und außerhalb von Theaterräumen. Bielefeld: Transcript 2010. Eine musikalische Komposition wird auch als ‚Atmo' benannt. Diese Kurzform bezeichnet diegetische und nicht diegetische Musik. In der Tongestaltung für Film, Hörspiel und Fernsehen bezieht sich der Begriff ‚Atmo' auf funktionale Hintergrundgeräusche, um Räume, Umwelt oder soziale Rahmen eines Geschehens zu verdeutlichen oder zu kontrastieren. Vgl. Kap. 1. Hinsichtlich von Verwertungsrechten sind Atmo-Kompositionen nicht von anderen Kompositionen unterschieden. Die GEMA differenziert Kompositionen in Aufführungen: Sogenannte dramatisch-musikalische Werke werden im Rahmen des ‚Großen Rechts', Einspielungen dagegen im Rahmen des ‚Kleinen Rechts' vergütet.

17 Einen aktuellen Forschungsstand zum Thema Raum und Gefühl gibt Gertrud Lehnert (Hrsg.): *Raum und Gefühl. Der Spatial Turn und die neue Emotionsforschung.* Bielefeld: Transcript 2011. Gefühlsdiskurse in Theatergeschichte und -theorie thematisieren historisch spezifische und heterogene Verständnis- und Bestimmungshorizonte von Gefühl. Für einen Überblick vgl. Doris Kolesch: Gefühl. In: *Metzler Lexikon Theatertheorie*, S. 119–125. Spezifische Stimmungs- und Gefühlsdiskurse sind weder bei Böhme noch bei Schmitz zentral. Stimmungskonzepte in ihren historischen Entwicklungen skizziert David E. Wellbery: Stimmung. In: *Ästhetische Grundbegriffe*, Bd. 5, hrsg. v. Barck / Fontius / Schlenstedt / Steinwachs et al., S. 703–733. Walter Benjamins Aura-Forschung fließt in die Atmosphäre-Konzeption Böhmes ein. Böhme verhandelt eine Aura des Raums, die aus dem Zusammenwirken zwischen ausstrahlenden Objekten und empfindenden Subjekten entstehe. Vgl. Böhme: Akustische Atmosphären, S. 38–48; Schmitz: Leibliche Kommunikation im Medium des Schalls, S. 75–88.

seine eigenen Gefühle haben [darf]"[18], durchziehe seit der Wende des intellektuellen Paradigmas im antiken Griechenland um ca. 400 v. Chr. die abendländische Tradition, so Schmitz im Vorwort des *Jahrbuchs immersiver Medien* 2013. Vielmehr begegneten uns Gefühle nicht nur privat, sondern auch in kollektiver Ergriffenheit als räumliche Atmosphären und in der Ausdehnung des Schalls. Z. B. gerieten wir oft in den Bann eines Gefühls, das von außen kommt, paradigmatisch in dem Gefühl einer feierlichen Ernsthaftigkeit in einer weiten, öden und mächtigen Landschaft.[19] Diese räumlich ausgedehnten Atmosphären und damit in der Umgebung angesiedelten Emotionen beträfen das Ich, drängten sich dem Subjekt auf und überwältigten den spürenden Leib. Schmitz bestimmt Gefühle als „räumlich, aber ortlos ergossene Atmosphären"[20] und unterscheidet zwischen einem leiblich-affektiven Betroffensein und „eigenleiblichen" Regungen wie „Angst, Schmerz, Hunger, Durst, Wollust [...] und Müdigkeit [...], gespürte Bewegung wie beim Atmen, Zittern, Schlucken, Gehen, Tanzen, Greifen, Schwimmen, Richtungen in die Weite [...]"[21]. In seinem fünfbändigen *System der Philosophie* (1964–1980) konzeptualisiert Schmitz Gefühle umfangreich im Kontext von Ästhetik und Phänomenologie.[22] Atmosphären ordnet er als, wie er es nennt, „Halbdingen" einen Objektstatus zu und nennt beispielsweise Wind, Stimme und Schall. Dieser Objektstatus ist ebenso wie Schmitz' Gleichsetzung von Atmosphäre und Gefühl vehement kritisiert worden, u. a. von Gernot Böhme.[23]

Böhme entwickelt eine Wahrnehmungstheorie von Atmosphären, die zwischen der von Schmitz kritisierten „Introjektion der Gefühle"[24] und einer subjektspezifischen Wahrnehmung angesiedelt ist. Ihm gilt atmosphärisches Spüren von Anwesenheit als grundlegendes Phänomen von Wahrnehmung vor jeder

18 Vgl. Hermann Schmitz: Vorwort. In: *Jahrbuch immersiver Medien* (2013): Atmosphären: Gestimmte Räume und sinnliche Wahrnehmung, S. 7–8, hier S. 7.

19 Vgl. ebd.

20 Hermann Schmitz: *Der Leib, der Raum und die Gefühle* [1998]. Bielefeld: Sirius 2007, S. 22.

21 Vgl. Schmitz: Vorwort, S. 7. Als Beispiel einer Ausrichtung in die Weite gilt ihm der Blick.

22 Den Zusammenhang von Leib, Gefühl und Atmosphäre behandelt Schmitz insbesondere im dritten Band, vgl. ders.: *System der Philosophie*, Bd. 3: Der Gefühlsraum. Bonn: Bouvier 1969.

23 Vgl. Gernot Böhme: *Atmosphären. Essays zur neuen Ästhetik*. Frankfurt am Main: Suhrkamp 1995, insb. S. 28–31. Weiterführende Kritik erwähnt Schouten: *Sinnliches Spüren*, S. 32, Fn. 38.

24 Hermann Schmitz: *System der Philosophie*, Bd. 1: Die Gegenwart. Bonn: Bouvier 1964, S. 10.

Subjekt-Objekt-Spaltung: „Wahrnehmung ist qua Spüren eine Erfahrung davon, daß ich selbst da bin und wie ich mich, wo ich bin, befinde“[25]. Deshalb definiert Böhme Atmosphären als „gemeinsame Wirklichkeit des Wahrnehmenden und des Wahrgenommenen“ und zwar mit affektiver Tönung, das Atmosphärische ist bedrohlich, heiter, bedrückend, verlockend.[26] Objekte haben nach Böhme in der Umgebung des Leibs zugleich eine Ausstrahlung und können atmosphärisch erfahren werden. Ihre Qualität charakterisiert er als „Ekstasen der Dinge“.[27] Demnach bezeichnen Atmosphären jenes ‚Zwischen‘ von Qualitäten der Umgebung und den Befindlichkeiten der Menschen.[28] Und damit lasse sich auch die Rolle der Stimmungen und Affekte in der Wahrnehmung generell thematisieren, nicht nur hinsichtlich der Kunst, sondern auch im Erleben der Natur, in einer Theorie des Designs und im Kontext einer allgemeinen Ästhetisierung der Lebenswelt.[29] Atmosphären stehen im Zentrum von Böhmes allgemeiner Wahrnehmungslehre und Theorie der sinnlichen Erkenntnis, in der er Ästhetik als ‚Aisthetik‘ profiliert. Hören und Sehen siedelt Böhme außerhalb des Spürens an, im Spüren gilt eine Einheit der Sinneserfahrung. Wenn sich ausgehend von einem Spüren schrittweise spezifische Sinneswahrnehmungen ausdifferenzierten, würde diese Ausdifferenzierung einen ‚Ichpol‘ von einem Wahrnehmungsobjekt trennen. Sie spaltet nach Böhme ein Zwischenphänomen wie Atmosphäre

25 Böhme: *Aisthetik*, S. 42.

26 Böhme: *Atmosphären*, S. 34.

27 Böhme: Akustische Atmosphären, S. 40.

28 Ebd., S. 39.

29 Affekt und Emotion differenziert beispielsweise der kanadische Philosoph Brian Massumi. Ein Affekt gilt ihm als psychophysisches Ereignis, das eine gewisse Autonomie besitzt und vom Subjekt erst nachträglich ‚soziolinguistisch fixiert‘ wird. Der Affekt ist ein Sonderfall einer Emotion und zeichnet sich durch einen unbestimmbaren Rest, der sich zudem einer Steuerung entzieht, aus. Diese Unbestimmtheit formuliert Massumi als Potenzial künstlerischer Verfahren, das in der Wahrnehmung zur Geltung komme. Vgl. Brian Massumi: *Parables of the Virtual: Movement. Affect. Sensation*. Durham, NC: Duke UP 2003. Der Neurologe Antonio R. Damasio erarbeitet eine Gefühlstheorie, die Gedächtnisleistungen einbezieht. Auf der Basis von neurobiologischen Untersuchungen und Fallbeispielen setzt Damasio Gefühle in einen Zusammenhang mit Verstand, Bewusstsein und Selbst. Ihm zufolge basieren Empfindungen weder allein auf neurophysiologischen Reizen noch auf mentalen Zuständen, die in einem Leib-Seele-Dualismus oder in einer Körper-Geist-Trennung anderer Forschungsansätze gültig sein mögen. Empfindung wird von Damasio als „somatischer Zustand“ beschrieben. Ein emotionales Erfahrungsgedächtnis teilt sich nach Damasio in einem körperlichen Signalsystem mit, in sog. somatischen Markern. Sie schaffen die Voraussetzung dafür, emotionales Empfinden bewusst wahrzunehmen. Vgl. Antonio Damasio: *The Feeling of What Happens. Body and Emotion in the Making of Consciousness*. New York: Harcourt Brace 1999.

in Umgebung und Befindlichkeit auf, diese Aufspaltung soll eben im übergeordneten Spüren überwunden sein.[30]
Aussichtsreich für die Analyse der Wahrnehmung des Akustischen ist zunächst, dass Schmitz eine affektive Wahrnehmung nicht allein subjektiv begründet. In einer ,leiblichen Kommunikation' wird gespürt, was sich in der Gegend des Körpers wahrnehmen lässt. Der sogenannte ,spürbare Leib' ist abgegrenzt von einem Körper-Verständnis in räumlicher und dynamischer Bestimmung.[31] Im Verhältnis zu Wirkungen inszenierter Klänge sind bei Schmitz insbesondere „Bewegungssuggestionen" als Brückenqualität zwischen Leib und Umwelt und eine Flächenlosigkeit des spürbaren Leibs wichtig.[32] Um diese herzuleiten, sind Rückgriffe auf Schmitz' komplexe Terminologie notwendig.
Manifestiert sich für Schmitz Wahrnehmung in ergreifenden Atmosphären am spürbaren Leib, hält er abgrenzend fest, dass der „feste Menschenkörper" grundsätzlich flächig begrenzt und damit in seiner Ausdehnung teilbar sei.[33] Der spürbare Leib sei eben flächenlos und unscharf in seiner Ausdehnung. Diese Merkmale bündelt Schmitz in einer leiblichen Kommunikation, die auf dem Ergebnis einer dialogisch aufgefassten leiblichen Dynamik im sogenannten vitalen Antrieb[34] und zudem auf einer einseitigen Richtung des Leibs von der Enge in die Weite[35] beruhe. Die Rede von einer einseitigen oder gar unumkehrbaren Richtung besagt – zugespitzt ausgedrückt – eine Zentralstellung des Leibs in der Wahrnehmung oder, etwas salopper, ein phänomenologisches Hier und Jetzt der leiblichen Wahrnehmung. In leiblicher Kommunikation unterscheidet

30 Kritik an Böhmes Argumentation formulieren Schouten und Wihstutz. Schouten spricht grundsätzlich von einer intersensoriellen Wahrnehmung auf der Basis der Erkenntnisse des Entwicklungspsychologen Heinz Werner. „So bildet sich aus der stets multimodalen Wahrnehmung der gegenständlichen Umgebung über die intersensoriellen Eigenschaften ihrer Qualitäten der Spürraum der Atmosphäre aus" (Schouten: *Sinnliches Spüren*, S. 89), fasst sie ihr Untersuchungsergebnis zur Sinnlichkeit der atmosphärischen Wahrnehmung zusammen. Auf Wihstutz' Kritik an Böhmes Subjekt-Objekt-Spaltung jenseits eines Spürens komme ich zurück.

31 Spüren bedient sich nach Schmitz nicht der fünf Sinne und den daraus gewonnenen Erfahrungen. Sogenannte ,synästhetische Charaktere' gelten ihm als (zweite) Brückenqualität zwischen Leib und Umwelt, auf die erste, die sog. Bewegungssuggestionen, komme ich sogleich zurück, vgl. Schmitz: Leibliche Kommunikation im Medium des Schalls, S. 77.

32 Ebd., S. 78.

33 Ebd., S. 76

34 Im Schreck sei der vitale Antrieb erstarrt, im Einschlafen der Antrieb erschlafft. Vgl. ebd., S. 77.

35 Ebd., S. 76. Schouten kritisiert in Schmitz' Leibphilosophie die Dualismen Engung/Weitung, Heben/Senken und Spannung/Schwellung. Vgl. Schouten: *Sinnliches Spüren*, S. 32, Fn. 36.

Schmitz eine „antagonistische" und „solidarische" Einleibung von einer „privaten Ausleibung", Letztere basiert nach Schmitz nicht auf der Basis eines vitalen Antriebs, sondern ist privat wie im Dösen oder in einer Hingabe an sinnliche Reize.[36] In erstgenannten Prinzipien, also der antagonistischen und solidarischen Einleibung, sind Bewegungssuggestionen und synästhetische Charaktere als Brückenqualitäten zwischen Umgebung und Leib wirksam. Bezogen auf die visuelle Wahrnehmung eines Gegenstands, wird beispielsweise eine Bewegungssuggestion „in das System der die geführte Eigenbewegung leitenden unumkehrbaren Richtungen (das von mir so genannte motorische Körperschema)" übertragen, diese Art der leiblichen Kommunikation gilt Schmitz als antagonistische Einleibung.[37] Sie ist deshalb antagonistisch, weil sie auf den im vitalen Antrieb konkurrierenden Tendenzen von Engung und Weitung basiert; metaphorisch spricht Schmitz auch von Partnern in einem dialogischen Verhältnis oder gar Ringkampf.[38] Marschmusik wird beispielsweise – um in Schmitz' Begriffen zu bleiben – antagonistisch eingeleibt, denn Bewegungssuggestionen werden am eigenen Leib gespürt. Darüber hinaus verdeutlicht Schmitz Formen solidarischer Einleibung in der albernen Hochstimmung eines Fests oder beim gemeinsamen Musizieren. Schmitz' terminologische Charakterisierungen des „Halbdings"[39] zusammenfassend, sind im Schall Bewegungssuggestionen enthalten, die antagonistisch eingeleibt werden, die Stimme behandelt Schmitz als Sonderfall.[40] Ihm geht es zudem darum, die besondere Unmittelbarkeit und Aufdringlichkeit des Schalls zu erläutern. Er führt sie auf Bewegungssuggestionen und eine doppelte Flächenlosigkeit zurück, nämlich einerseits auf die Flächenlosigkeit des ausgedehnten Leibs im vitalen Antrieb und andererseits der Richtungslosigkeit von Schall im flächenlosen Raum. In Bewegungssuggestionen sei eine zeitliche

36 Vgl. Hermann Schmitz: *Was ist Neue Phänomenologie?* Rostock: Koch 2003, S. 39.

37 Vgl. Schmitz: Leibliche Kommunikation im Medium des Schalls, S. 78–79. Diese Einleibung kann einseitig sein wie im Beispiel des heranfliegenden Steins, aber auch wechselseitig wie beim Blickwechsel, zunächst als Blick der vom Leib ausgeht, der einen aber auch von einer anderen Person treffen kann.

38 Vgl. Schmitz: *Was ist Neue Phänomenologie?*, S. 39.

39 Kernkennzeichen eines Halbdings wie Schall, Wetter, Schmerz ist eine zweigliedrige Kausalität, in der Ursache und Wirkung zusammenfallen. Im Gegensatz dazu weisen Volldinge eine dreigliedrige Kausalität auf: „Ursache, Einwirkung und Effekt, zum Beispiel: [...] Medikament (Ursache), Einspritzung (Einwirkung), Betäubung (Effekt). Gewöhnlich unterscheidet man nur Ursache und Wirkung, verführt durch einen schlampigen Sprachgebrauch, der Einwirkung und Effekt zusammenwirft" (Schmitz: Leibliche Kommunikation im Medium des Schalls, S. 80).

40 Schmitz weist darauf hin, dass die physikalische Kausalität der Stimme eingedenk der beteiligten Organe, Luftströme und elektrischen Aktivität in Hirnarealen alles andere als unmittelbar ist. Ein physikalischer oder neuronaler Erklärungsansatz ergänze seine phänomenologische Perspektive, vgl. ebd., S. 80.

Dimension enthalten, die sich z. B. als Rhythmus durch den Schallstoff entfaltet: „Der monotone Rhythmus, der als integrierende Gestaltqualität eine Folge unauffälliger Geräusche zum Halbding aufrüstet, verleiht dem harmlosen Tropfen des Wasserhahns eine zudringliche Leibverbundenheit [...]"[41]. Diese Zudringlichkeit wird in der zweiten Klasse von Brückenqualitäten, den synästhetischen Charakteren, gesteigert. Schmitz nennt das Grelle, Helle, Schwere, Raue der Farben, der Klänge und der Stille. Eine Lautkombination wie „Pssst" wird angeblich weniger als Code oder kontextuell gehört, sondern als akustisches Halbding gespürt, das mit einer „plötzlich aufscheuchende[n] Kraft und Zudringlichkeit" den Betroffenen isoliere und ihm zugleich etwas Befremdendes entgegensetze.[42] In der von Schmitz ausgeführten Dominanz eines spürbaren Leibs scheinen Hörweisen wie selektives oder differenzierendes Hören irrelevant, vielmehr vervollständigt er das Zudringlichkeitsbild von Geräuschen wie „Pssst" in räumlicher Dimension. Es hänge mit einer Flächenlosigkeit zusammen, die erstens durch die Zentralstellung des absoluten Leibortes im Spannungsverhältnis zu einer Weite im vitalen Antrieb gekennzeichnet ist.[43] Ein zweites Kennzeichen liegt in einer Richtungslosigkeit von Schall im flächenlosen Raum (zusätzlich zu den darin enthaltenen Bewegungssuggestionen):

> [...] in den meisten [flächenlosen Räumen gibt es] auch Richtungen, die aber nicht immer an Stellen der Herkunft gebunden sind: gar nicht beim Wind [...] nur schwach beim Schall, dem man zwar ungefähr anhören kann, woher er kommt, aber nur nebenbei; man kann nämlich in den Schall, z. B. die Musik, ganz eintauchen und sich von ihm tragen lassen, dabei aber die Richtung seiner Herkunft vergessen, während die Richtungen der Bewegungssuggestion des Schalls nicht nur der Musik den Charakter geben, sondern auch den hörenden Leib führen und in dessen Bewegungen – z. B. beim Tanzen – einfließen[.][44]

Schall ist nach Schmitz also zudringlich, weil in der leiblichen Kommunikation mit Schall und anderen Halbdingen eine Flächenkonstruktion wie bei

41 Ebd., S. 81.

42 Ebd., S. 82.

43 Die Unterscheidung zwischen einem per se ‚flächenlosen Leib' im Gegensatz zu dem von Schmitz vorausgesetzten ‚teilbaren' Körper liegt diesem Spannungsverhältnis zugrunde.

44 Ebd., S. 83. Die hier von Schmitz zur Sprache gebrachte Unterscheidung von Musik und Schall ist bemerkenswert, steht aber nicht im Fokus der Untersuchung inszenierter Klänge und ihrer Wirkung, das Akustische bündelt diese Unterscheidung in einem erweiterten Klangbegriff. Auf ein von Schmitz' impliziertes ‚Mitschwingen' im Tanzen komme ich in Kap. 3 zurück.

Volldingen oder eine Konstruktion relativer Orte nicht möglich sei. Offen lässt er in diesem Begründungszusammenhang eine Verortung, Haltung und Positionierung des Leibs in der Wahrnehmung. Ob verschiedene Hörweisen wie Richtungshören oder indexikalisches Hören den Leib gar nicht betreffen und allein mit Abgrenzungen von einem ‚festen Menschenkörper' begründbar sind, ist auch in einer Dominanz oder Zentralstellung eines absoluten Leiborts fraglich, nicht zuletzt unterstützt durch Annahmen zum Zusammenhang von Gleichgewicht und Hören. Deshalb lohnt es sich, Schmitz' Argumentation einer grundsätzlichen Flächenlosigkeit sowohl des Leibs als auch des Halbdings Schall zu rekapitulieren – sie verläuft über die Auseinandersetzung mit dem Blick. Für den Blick erläutert Schmitz zunächst ‚relative Orte' als mögliche Flächenkonstruktionen im Sinne von Netzen paarender Verbindungen und umkehrbarer Verbindungsbahnen, beispielsweise in der Begrenzung mit Blickzielen. Ein Beispiel für die Einteilung des eigentlich flächenlosen Halbdings ‚Himmel' sind Sternbilder. Sie dienen der Orientierung nach dem Modell stabiler Ortsräume, denn ein stabiler Ortsraum ist durch die Möglichkeit von Fixierungen relativer Orte gekennzeichnet. Darin lassen sich Orientierung gebende Lage- und Abstandsbeziehungen von ruhenden Objekten messen und identifizieren. Das ist nach Schmitz in der Flächenlosigkeit des Schalls nicht möglich. Seine Ausführungen der leiblichen Kommunikation im Medium des Schalls münden schließlich in einem Vergleich mit dem Blick und Erläuterungen einer „Blicklosigkeit des Hörens".[45] Was rhetorisch in Schmitz' Darstellung auf eine „große Überlegenheit des Sehens über das Hören"[46] hinausläuft, ist eine Bestimmung des Hörens hinsichtlich dessen, was der Schall nicht ist, nicht hat und das Hören nicht kann: Schall sei – frei von jeder Möglichkeit, einen stabilen ‚Ortsraum' und relative Orte in Netzen paarender Verbindung zu konstruieren – flächenlos. Erstaunlich offen bleiben in seinen Erläuterungen der Einleibung des Halbdings Schall einige Aspekte, die einen kritischen Umgang mit der Zudringlichkeit von Schall ermöglichen könnten. Ein solcher Umgang lässt sich ausgehend von Bewegungssuggestionen denken, beispielsweise in solchen zwischen Hören und Sehen. Wenn Schmitz für die antagonistische Einleibung eine Eigenbewegung charakterisiert, könnte diese auch von Bewegungssuggestionen solcher Objekte im Raum ausgehen, die ein Geräusch antizipieren lassen, Musikinstrumente oder Schusswaffen beispielsweise. Sie gehen in leiblich-räumlicher Erfahrung im Theater oftmals mit der Erwartung einher, dass von ihnen zu

45 Schmitz: *Was ist Neue Phänomenologie?*, S. 84.
46 Ebd.

irgendeinem Zeitpunkt ein Klang ausgehen werde. Dabei stellt sich zudem die Frage, ob es im Hören „eine Waffe motorischer Selbstbehauptung" gibt, wie Schmitz dem Sehen zuschreibt, wenn der fremde Blick einen trifft, „aber wenigstens mit dem eigenen [Blick] zurückgeworfen werden kann".[47] Dazu könnte die phänomenologische Forschung gespürter Atmosphären Hinweise aus der Hörforschung aufnehmen. Beispielsweise gilt der Cocktailparty-Effekt als Vermögen, Umgebungsgeräusche wegzufiltern.[48] Diese Ausprägung auditiver Konzentration würde die von Schmitz erläuterte Zudringlichkeit des Schalls relativieren und ist anschlussfähig an weitere Typisierungen des Hörvermögens.[49] Zudem lässt sich ein Hörtypus denken, der das Sehen zu Hilfe nimmt und dabei die körperliche Position sowie den absoluten Leibort verändert. Diese Dimension ist in einem affektiv begründeten Hinhören ebenso enthalten wie in einem analytischen quasi ‚nach Ursachen forschenden' Zuhören, also einem, das der Richtung, aus der der Klang kommen könnte, in Blicken und Kopfdrehungen nachgeht. Für die Wahrnehmung des Akustischen an einem festgelegten Sitzplatz im Theater wäre ein Bewegungsradius denkbar, der Vorbeugen im Sinne von Hinhören/Hinschauen und Abwenden im Sinne eines Weghörens oder auch eines Rückzug in die Podesterie umfasst.

Schmitz' geradezu exklusiver Schwerpunkt liegt aber auf der leiblich-räumlichen ‚Hier und Jetzt'-Wahrnehmung objektivierter Atmosphären ohne oben erläuterte Aktivitäten. Problematisch erweist sich in dem Ansatz seines Spürens akustischer Halbdinge, dass ein spürender Leib im Verhältnis zu einem in seiner Ausdehnung teilbaren Körper verabsolutiert wird. In dieser Heuristik sind sämtliche (historisch und kulturell geprägte) Entwicklungen im Umgang mit Schall

47 Ebd.

48 Allgemein besagt der Cocktailparty-Effekt, dass Menschen, die mit beiden Ohren hören, Störgeräusche wegfiltern können, um eine bestimmte Schallquelle zu fokussieren, beispielsweise den Gesprächspartner in lauter Umgebung. Vgl. Brown: Towards Theatre Noise. Gewohnheitsbedingtes ‚Überhören' und andere selektive Wahrnehmungsstrategien, die bestimmte Geräusche wegfiltern, sind im Theater auf Wahrnehmungskonventionen bezogen, beispielsweise Schrittgeräusche im Tanz.

49 Katharina Rost, Stephanie Schwarz und Rainer Simon schlagen im Kontext einer „auditory participation" in Theater und Musik folgende Hörtypologie vor: „focused listening", „harking", „spatially diffused hearing", „collective listening", „body listening". Vgl. Katharina Rost / Stephanie Schwarz / Rainer Simon: Tuning In/Out. Auditory Participation in Contemporary Music and Theatre Performances. In: *Performance Research* 16,3 (2011), S. 67–75. Darüber hinaus vgl. Rost: *Sounds that matter*. Auf weitere Hörerhaltungen komme ich zurück, vgl. Kap. 2.3.

ausgeklammert.[50] Diese sind hingegen in gestalteten Raumsituationen des Akustischen bedeutsam. Inszenierter Klang mag zudem im Akustischen einer Aufführung für Überraschungsmomente sorgen, diese sind aber nicht pauschalisierbar.[51] Hingegen stellt sich in Anbetracht des Akustischen die Frage, ob und wie sich Wahrnehmungspraktiken entwickeln, die audio-visuell mit Wirkungen der medientechnischen, räumlichen oder körperlichen Inszenierung von Klängen umgehen. Darin liegt das Potenzial, Inszenierungsstrategien von Klang zu hinterfragen, nicht nur intellektuell, sondern *in* einer leiblich-räumlichen Wahrnehmung. Derlei Wahrnehmungspraktiken könnten in Raumsituationen des Akustischen sowohl körperlich-motorisch als auch leiblich-räumlich zur Geltung kommen, sie verabsolutieren eben nicht Bewegungssuggestionen und eine doppelte Flächenlosigkeit als Überfall. Denkbar ist vielmehr ein ‚Sichbewegen', wie Bernhard Waldenfels formuliert, das auf Bewegungssuggestionen Bezug nimmt und zu einer Eigenverortung beitragen kann.[52] Darin wäre das Vermögen der Einzelsinne im Rückgriff aufeinander, das Halbding Schall zu differenzieren, in einer Bewegung zwischen Hören und Sehen aktiviert.

Schmitz' phänomenologische Objektivierung der Schallumgebung scheint dem wahrnehmenden Leib keine differenzierende oder verortende Aktivität in der Wahrnehmung zuzutrauen. Seine Aussage, dass man ungefähr hören kann, woher der Schall kommt, rückt allerdings neben der beschriebenen leiblich-räumlichen Weitung in antagonistischer Einleibung auch noch einen anderen Aspekt in den Vordergrund. Gerade das von Schmitz erwähnte ungefähre Hören spricht für eine gesteigerte Motivation, Halbdinge zu Volldingen zu machen – um in Schmitz' Bestimmungsmomenten zu bleiben. Ob diese Motivation lediglich der Ausdruck eines pragmatischen oder funktionalen Interesses ist und nach Schmitz eine nützliche und bewährte Hilfskonstruktion, um Kausalität bereits im Latenzzustand abzuschätzen oder in Dienst nehmen zu können, ist fraglich. Denn in Bewegungs*suggestionen* liegt doch auch ein Spielraum leiblicher Kommunikation, ein Potenzial, die Suggestionen kritisch ins Verhältnis zueinander zu bringen oder umzusetzen. Diese Vorgänge sind als eigenleibliche Verortung denkbar und damit eine mögliche Positionierung auf der von

50 Dazu insbesondere Peter Szendy: *Listen. A History of Our Ears*, aus d. Franz. v. Charlotte Mandell. New York: Fordham UP 2008.

51 Schouten formuliert eine vergleichbare Kritik in dem Sinne, dass einerseits Atmosphären im Theater erzeugt werden, d.h. inszeniert sind und nicht auf einem willkürlich das Theater durchziehenden Gefühl beruhen. Zudem zweifelt Schouten daran, dass Gefühle als Atmosphären Zuschauer*innen grundlos überfallen. Vgl. Schouten: *Sinnliches Spüren*, S. 24.

52 Vgl. Waldenfels: Sichbewegen.

Schmitz zur Bestimmung relativer Orte genannten Karte paarender Verbindungen. Ein ungefähres Hören wäre dafür ein Beispiel. ,In' einer Schallumgebung sowie im Umgang ,mit' einer Schallumgebung ist es möglich, dass Bewegungssuggestionen – audio-visuell – ausprobiert werden.

Gernot Böhme legt den Schwerpunkt seiner Untersuchungen akustischer Atmosphären auf Umgebungsqualitäten und die Befindlichkeit des Wahrnehmenden.[53] Atmosphären sind Zwischenphänomene und gelten als quasi objektive Gefühle, die in den Raum ergossen sind. Sie sind subjektiv, „insofern sie nichts sind ohne ein erfahrendes Subjekt"[54]. Erzeugt werden Atmosphären mit dinglichen und technischen Hilfsmitteln – wie in der Kunst des Bühnenbilds. Diese Hilfsmittel erregen in ,Ekstasen der Dinge' Aufmerksamkeit, und zwar mit einem Schwerpunkt darauf, „[Atmosphären] in der eigenen Befindlichkeit zu spüren"[55]. Dieses Spüren erläutert Böhme als ingressive und kontrastive Erfahrung von Atmosphären, „wenn man [...] in sie hineingerät bzw. wenn man das, was einen anmutet, in Kontrast zu der Stimmung, die man mitbringt, empfindet".[56] Die Wahrnehmung von Atmosphären bindet Böhme maßgeblich an „Synästhesien als Charaktere von Atmosphären", er stellt eine Gruppierung in Aussicht, die – so räumt er selbst ein – als Systematik schwierig ist, weil eine Zuordnung nicht trennscharf möglich ist.[57] Zur Sprache kommt ein Spüren allerdings nur in modaler Individuation, wie Böhme an einem seiner paradigmatischen Beispiele in *Aisthetik* verdeutlicht:

> Wenn wir die Wahrnehmung *Ich habe das Gefühl, daß jemand kommt* nicht gewissermaßen von der physikalischen Seite, d. h. von außen betrachten, sondern phänomenologisch, d. h. so, wie man sie erfährt, dann ist sie zunächst und zumeist nicht nach Sinnen ausdifferenziert. *Jemanden kommen hören*, ist vielmehr die unbestimmte Erfahrung

53 Der genannte Beitrag Böhmes unter dem Titel „Akustische Atmosphären" aus dem Jahr 2001, auf den sich folgende Ausführungen stützen, ist in erweiterter Form 2007 publiziert worden. Vgl. Gernot Böhme: Das große Konzert der Welt. In: Seiffarth / Sturm / Offenes Kulturhaus Oberösterreich (Hrsg.): *Sam Auinger & Friends. A Hearing Perspective*, S. 3–15.

54 Böhme: Akustische Atmosphären, S. 40.

55 Ebd.

56 Böhme: *Aisthetik*, S. 87.

57 Ebd. Böhme nennt 1. gesellschaftliche Charaktere wie Gemütlichkeit oder gar eine kleinbürgerliche Atmosphäre, 2. Synästhesien wie Wärme, Helligkeit, Kälte, 3. Stimmungen, in die man hineingeraten kann, z. B. heiter, ernst, heroisch, 4. kommunikative Charaktere als solche, die eine kommunikative Situation charakterisieren, z. B. eine gespannte, ruhige, feindliche, und schließlich 5. Charaktere, die als Bewegungsanmutungen erfahren werden, bedrückende, erhebende, weite und bewegende. Die Einteilung ist unsystematisch, ebenso wie diese Klassifizierung nicht ausreichen mag, so Böhme. Vgl. ebd., S. 89–90.

einer Erregung [...], die in der Weise meiner eigenen leiblichen Anwesenheit [erfahren wird ... D]urch das Spüren, daß da jemand kommt, [ziehe ich mich] quasi auf mich zusammen bzw. zerlege den Raum dadurch, daß jetzt meine Aufmerksamkeit geweckt wird, in Richtungen und Sinnesdimensionen. War da ein Geräusch? Wo kommt es her?[58]

Böhmes zeitliche Vorverlagerung des Spürens vor das Hören wirft einige Fragen auf. Denn changiert nicht die Wahrnehmung eines Geräuschs vielmehr zwischen Klangereignis und Vorstellungen, die sich mit dem Geräusch verbinden – wie mit potenzieller Bedrohlichkeit, Verlockung oder Versprechen, Position des Erregers, Annahmen zur Hervorbringung und damit auch mit imaginativen und bedeutungstragenden Prozessen? Wenn beispielsweise ein Lied in der geschilderten Arbeit *mütter.väter.kinder* wiederholt, in einzelnen Klängen und Sequenzen, in Variationen gesungen, instrumental gespielt, aufgezeichnet und im Verlauf des Geschehens wiedergegeben wird, mögen einerseits – *pars pro toto* – Geburtstagsständchen signalisiert sein. Ob die spezifische Hörerfahrung nicht atmosphärisch ist, bleibt fraglich. Denn auch wenn das Akustische sich in den Beziehungen von Hören und Raum und Hören und Körper oder auch Hören und Medien auf die Wahrnehmung von Klang ‚zusammenzieht', bietet diese akustische Gestaltung des Raums nicht weniger Atmosphäre. Somit kommt den eingespielten Fragmenten des Lieds eine atmosphärische Bedeutung zu, die sich nicht unbedingt in Böhmes oben genannter Klassifikation zwischen Bedrohlichkeit und gesellschaftlichen Charakteren erschließen lässt, maximal in sogenannten Bewegungsanmutungen und in einer affektiven Dimension.[59] An Böhmes Trennung zwischen Spüren und Wahrnehmung mit einzelnen Sinnen lässt sich ein dialektisches Dilemma verdeutlichen. Einerseits sieht er im Hören und Sehen, das einem ‚Etwas' nachgeht, eine Wahrnehmung, die sich auf einen Wahrnehmungsgegenstand qua Ding zusammenzieht. In direktem Anschluss argumentiert Böhme jedoch: „Diesem Ding können dann Eigenschaften zugesprochen werden, die dafür verantwortlich sind, dass es eine gewisse Ausstrahlung hat, also [...] atmosphärisch erfahren werden kann"[60]. Dazu passt sein oft zitiertes Beispiel einer blauen Tasse, die in den Raum ausstrahlt. Böhme erklärt das Dilemma mit kommunikativen und sprachökonomischen Notwendigkeiten und basiert Spüren auf einer allgemeinen Synästhesie. Dabei löst sein Insistieren auf der Vorgängigkeit des Spürens vor modaler Individuation die Dialektik nicht

58 Böhme: *Aisthetik*, S. 41 (Herv. i. Orig.).
59 Vgl. ebd., S. 89–90.
60 Ebd., S. 42.

auf. Vielmehr wird Spüren als Ahnung, Annahme und Vorstellung verständlich, möglicherweise auch dessen, was gehört und gesehen werden kann.[61] Wie begründet Böhme also die Trennung zwischen Spüren und Wahrnehmung mit einzelnen Sinnen in akustischen Atmosphären? Akustische Atmosphären beziehen sich, wie er zu verstehen gibt, auf den „akustischen Charakter des Lebensraums“ und auf eine „Musikalität der Welt“.[62] Er relativiert die Auffassung von Musik als Zeitkunst und erläutert eine Entwicklung der Musik als Raumkunst. Weisen schon die griechischen Bezeichnungen für hoch und tief ebenso wie spitz und schwer auf eine Raumgestaltung durch Musik hin, rückt diese Charakteristik den Laut- und Hörraum gleichsam in den Bereich der Ästhetik der Atmosphären. Denn:

> Die Räume, um die es hier geht, sind nämlich nicht einfach mit dem geometrischen Raum zu identifizieren, allenfalls mit dem topologischen. Zwar gibt es im musikalischen Raum Richtungen, es gibt auch Gestaltartiges, es gibt auch eine Art Außereinander, aber all dieses nicht strikt im Sinne einer Scheidung, sondern vielmehr in Form sich wandelnder, ineinander fließender, hervortretender und verschwindender Gebilde.[63]

Erkennbar sei, dass es sich „bei dem musikalischen Raum genau genommen um den erweiterten leiblichen Raum handelt“[64]. Darin bestehe die emotionale Wirkung von Musik, sie ist als solche „die Modifikation des leiblich gespürten Raums“[65]. Ein Wissen um die Ausweitung des leiblichen Raums führt dabei nicht nur zur Kritik an Entwicklungen einer akustischen Umweltverschmutzung in der Alltagswelt, sondern schärft maßgeblich das akustische Bewusstsein des sogenannten Durchschnittsmenschen, so Böhme.[66] Hören bekomme – trotz genereller Entwicklungen eines Wegfilterns in Bezug auf die Besetzung des öffentlichen Raums mit Musik und zusätzlich zu einer instrumentellen Funktion

61 Formen der Zeitverschiebung als konstitutives Moment gelebter Erfahrung arbeitet Waldenfels auf der Basis von Merleau-Pontys Phänomenologie der Wahrnehmung aus. Gelebte Erfahrung ist nach Waldenfels durch eine gleichzeitige Vorgängigkeit und Nachträglichkeit gekennzeichnet, die sich aber niemals naht- und bruchlos in einem einzigen Augenblick versammelt. Vgl. Bernhard Waldenfels: *Bruchlinien der Erfahrung*. Frankfurt am Main: Suhrkamp 2002.

62 Böhme: Akustische Atmosphären, S. 38–48, insb. S. 41, 43.

63 Ebd., S. 42–43.

64 Ebd., S. 43.

65 Ebd.

66 Vgl. ebd., S. 44.

eines gestalteten Lautraums – eine partizipative Funktion, d.h., „am Leben der Welt teil[zu]nehmen".[67] Dabei geht es ihm um eine Rehabilitierung des Sinnlichen in der Musik. Im Kontext einer allgemeinen Reflexivität der Kunst der Moderne, die das Sehen selbst zum Thema macht, ist diese Reflexivität zwar hinsichtlich der Musik schwieriger, weil sie nach Böhme per se nichts darstellt; allerdings thematisiert sie insbesondere akustische Atmosphären.[68] Böhme spricht von Musik als akustischer Atmosphäre, wenn ein ‚Hören von etwas' überschritten ist: „Das Charakteristische von Stimmen, Tönen, Geräuschen ist, dass sie von ihren Ursprüngen getrennt werden können, sich selbst von ihnen trennen, den Raum füllen und ihn quasi wie Dinge selbst durchwandern"[69]. Die Diskussion, ob eine reflexive Thematisierung des Hörens nicht ‚etwas' ist, mag spitzfindig erscheinen, ist aber im Akustischen des Theaters relevant. Denn in diesem ‚etwas', in Assoziationen, Imaginationen, gar Repräsentationen liegt das Potenzial, Klang, der auf unterschiedliche Weise inszeniert ist, zu reflektieren. Somit ist eine Reflexivität auch darauf verschoben, wie Klang räumlich und atmosphärisch gehört und gesehen werden kann.

Die Frage, wie gehört wird, bedenkt Böhme durchaus, indem er Hören in einem innerlichen Mitvollzug als Resonanzmodell thematisiert. Allerdings leide das Modell nach Böhme „an der verfehlten Topologie eines Innen und Außen"[70]. Seine Schlussfolgerung lautet, dass „man auch all diese Geräusche gar nicht innen [hört], sondern eben draußen"[71]. Die topologische Trennung versucht Böhme mit dem Spüren einer Atmosphäre als Zwischenphänomen zu überwinden. Lässt sich also sein propagiertes Spüren einerseits als Mitschwingen mit einer äußerlichen Entität und andererseits als Ausweitung des leiblichen Raums polarisieren? Die Polarisierung spitzt ein problematisches Verhältnis zwischen Böhmes Erläuterungen der Ekstasen der Dinge und seinem Insistieren auf der Modifikation des Raums durch die eigene Anwesenheit zu. Er setzt den Schwerpunkt: „Was hier in Resonanz gerät und worin sich diese Stimmen, Töne und Geräusche ereignen, ist der leibliche Raum selbst"[72]. Dieses leibliche Raumhören im Sinne eines Hörens dort, wie und wo man sich befindet, sei eine selten reine Erfahrung, die jede Hörerfahrung grundiere: „[…] normalerweise verliert sich das Ich nicht ans Hören und bewahrt sich selbst, indem es die Stimmen, Töne

67 Böhme: Akustische Atmosphären, S. 44.

68 Ebd., S. 45.

69 Ebd., S. 47.

70 Ebd.

71 Ebd., S. 48.

72 Ebd., S. 47–48.

und Geräusche auf ihre Quellen hin distanziert und damit die Erfahrung des Zwischen überspringt".[73] Doch lässt sich Böhmes Topologie eines ‚Zwischen' durchaus hinsichtlich des Hörens und Sehens konkretisieren, ohne dass sich ein Ich an ‚etwas' verliert und auch ohne dass ein Hören in einem funktionalen Zusammenhang von Ursache und Wirkung stehen muss. Gemeint ist eine Bewegung zwischen Hören und Sehen, in der ein zeitliches Nacheinander von Spüren, Hören und Sehen dynamisiert ist, d. h., in der ein zeitliches Nacheinander durch einen aufeinander bezogenen Prozess ersetzt ist. Somit liegen im ‚Zwischen' Auslöser einer Bewegung, die sowohl durch Qualitäten der Umgebung wie auch durch die eigene Befindlichkeit angeregt ist. In dem Denkmodell einer Bewegung zwischen Hören und Sehen käme die Erfahrung des für Böhme für die Atmosphäre charakteristischen ‚Zwischen' zum Ausdruck. Zusammenfassend ist dabei entscheidend, dass eine Bewegung zwischen Hören und Sehen wesentlicher Teil des Spürens ist, aber mit der Pointe, dass das eine dem anderen nicht vorgängig ist. In räumlichen Klangwirkungen respektive akustischen Raumsituationen, die von Atmosphären durchzogen sind, würde das Denkmodell einer Bewegung zwischen Hören und Sehen den phänomenologischen Ansatz des Spürens in einem dynamisch-transformativen Prozess erweitern.

Benjamin Wihstutz fordert, die Einbildungskraft im Rahmen atmosphärischen Spürens zu berücksichtigen. Er kritisiert Böhmes einseitige Konzentration auf Aisthesis und spricht davon, dass Böhme jegliche Bedeutungskonstitution ausklammere. Hingegen, so Wihstutz' Ausgangspunkt, vermittele die Einbildungskraft zwischen Perzeption und Kognition.[74]

Ein Sinneseindruck werde zwangsläufig mit Bedeutungen durch die Einbildungskraft des Zuschauers aufgeladen, beispielsweise in der sinnlichen Wahrnehmung eines Bühnenraums, der mit imaginierten Räumen einhergeht.[75] Diese Aufladung basiere nach Wihstutz auf dem theaterkonstitutiven Verhältnis von Präsenz und Repräsentation ebenso wie auf einem theaterwissenschaftlichen Verständnis von Verkörperung.[76] Der Einbildung kommt zudem eine vermittelnde Funktion zwischen Wirklichkeit und Fiktion zu, auch in Aufführungen, die

73 Ebd., S. 48.

74 Vgl. Benjamin Wihstutz: Heterotopie der Sinne. Überlegungen zur Einbildungskraft des Zuschauers. In: Tigges / Pewny / Deutsch-Schreiner (Hrsg.): *Zwischenspiele*, S. 316–329, hier S. 323.

75 Zum Verhältnis von sinnlich wahrnehmbaren Räumen und imaginierten Räumen vgl. Finter: *Der subjektive Raum*. Auf Finters Studien greift Wihstutz nicht zurück.

76 Vgl. Erika Fischer-Lichte: Verkörperung / Embodiment. Zum Wandel einer alten theaterwissenschaftlichen in eine neue kulturwissenschaftliche Kategorie. In: Dies. / Christian Horn / Matthias Warstat (Hrsg.): *Verkörperung*. Tübingen: Francke 2001, S. 11–27.

das Verhältnis von Imagination und Theaterraum reflexiv inszenieren.[77] Beispielsweise hebt Wihstutz hervor, dass es sich bei der Bildwahrnehmung im Theater nicht allein um eine Verflechtung von Vorstellung und Blick handelt, wie sie Lacan mit zwei ineinander verschränkten Dreiecken veranschaulicht hat, sondern um einen Chiasmus zwischen Theaterbild und synästhetischem Spüren in einer leiblich-räumlichen Erfahrungsdimension.[78] In seiner Studie zur Wahrnehmung und Imagination im Theater, einem *Theater der Einbildung*, greift Wihstutz auf Begründungen einer Verflechtung der Sinne zurück und bezieht neuropsychologische Binding-Theorien in die Erläuterung von Theaterbildern ein.[79] Wihstutz unterscheidet Phantasie und Imagination, Letztgenannte bestimmt er als Brücke zwischen Signifikant und Signifikat auf den Ebenen der Repräsentation und Fiktion. Diese Brückenfunktion beschreibt er als einen Prozess des Angleichens, insbesondere im Hinblick auf Theaterarbeiten, die von dramatischen Texten ausgehen.[80] Zudem trage die abschweifende Phantasie entscheidend zur Entwicklung der Fiktion bei. Ihr komme eine Suchfunktion zu, sie fülle eine Lücke des Nicht-Dargestellten mit passenden subjektiven Bildern aus.[81] Solche Symbolisierungen im Rahmen einer komplementären, ausfüllenden Funktion der Imagination formuliert auch Jean-Paul Sartre aus existenzphilosophischer Perspektive.[82] Sartre spricht im Verständnis einer Kommunikation der Sinne von einer grundsätzlichen „Motivation“ des Wahrnehmenden und bringt in phänomenologischer Herangehensweise die Wirkungsspezifik der Imagination mit einem sogenannten „realisierenden Bewusstsein“ in Verbindung.[83] Sartre weist – zugespitzt formuliert – eine Transferleistung zwischen den Sinnen und dem Bewusstsein aus, wenn er die Wahrnehmung einer

77 Wihstutz: Heterotopie der Sinne, S. 324. Spielarten einer Theater-auf-dem-Theater-Inszenierungsstrategie machen diese Charakteristik deutlich.

78 Vgl. Wihstutz: *Theater der Einbildung*, S. 45.

79 Theaterbilder entstünden nach Wihstutz in einem Verhältnis von Erwartungen, Gefühlen und Vorstellungen, dabei spricht er von einem „Vor-spüren“ und „Vor-stellen“ (ebd., S. 56–60). Seine Konzeption im Kontext einer zeitlichen Syntax führt ihn zu der Zuspitzung, dass Wahrnehmung im Theater nicht allein im „hic et nunc“ stattfinde und Erinnerungen und Erwartungen daran einen entscheidenden Anteil hätten. Auf dieser Basis ermögliche „[e]rst das verkörperte Wissen über Vergangenes und Zukünftiges […] ein Wahrnehmen von Gegenwart“ (ebd., S. 61). Zu dem Verhältnis zwischen einer Vorgängigkeit und einem ‚Hier‘ und ‚Jetzt‘ als permanente Genesis des Ortes, an dem ich mich befinde, vgl. Waldenfels: *Sinnesschwellen*.

80 Vgl. Wihstutz: *Theater der Einbildung*, S. 65.

81 Vgl. ebd.

82 Jean-Paul Sartre: *Das Imaginäre. Phänomenologische Psychologie der Einbildungskraft*. Reinbek: Rowohlt 1971.

83 Ebd., S. 294.

Symphonie oder eines „wolllüstigen Amalgams“ eines Teppichs beschreibt.[84] Zudem spricht er von einem „vorstellenden Bewusstsein“, dem sogenannten „irrealisierenden Bewusstsein“.[85] Darin ist etwas Unerreichbares, Unberührbares und quasi nicht Darstellbares thematisiert. Die Motivation für beide Bewusstseinsqualitäten liegt nach Sartre in Rahmungen der Situation begründet, er nennt beispielsweise in der ästhetischen Wahrnehmung eine Haltung gegenüber Ereignissen oder Objekten. Sie ist eine „ästhetische Einstellung“, in der ein Abstand zum betrachteten Objekt entstehe.[86] Das Objekt gleite ins Nichts, es werde „nicht mehr *wahrgenommen*; es dient als *Analogon* seiner selbst“.[87] In Sartres phänomenologischem Begründungszusammenhang der Imagination und in einer Kommunikation der Sinne stellt sich somit die Frage, ob und wie auch kommunikative Umwege oder Abweichungen denkbar sind. Das könnten Vorstellungen sein, die sich nicht ausschließlich in den Dimensionen ‚spürbarer Theaterbilder‘, in Symbolen bzw. in strukturell-dramaturgischen oder symbolischen Funktionen erfassen lassen. Stille, Töne, Geräusche, Klänge, auch die Wahrnehmung eines inszenierten Atmens oder Klatschens ebenso wie Schreien oder Lachen können solche Umwege oder gar Krisenmomente in der Kommunikation der Sinne zu Gehör bringen oder vor Augen führen. Dabei geht es um Lücken auf zwei Ebenen: Erstens füllt die Imagination Lücken auf der Ebene der Fiktion aus, wie Wihstutz betont. Zweitens geht die Phantasie mit einem irrealisierenden Bewusstsein vor und trifft auf Momente eines Unverfügbaren, die sich nicht ausfüllen lassen und dadurch erst einmal Aufmerksamkeit auf sich ziehen, beispielsweise in dem Eindruck, dass eine gehörte Stimme in einem irritierenden Verhältnis zu einem gesehenen Sprecher steht. Grundsätzlich zeige sich in diesem Unverfügbaren eine pathische Dimension als zentrale Kategorie der menschlichen Existenz, so Lorenz Aggermann.[88] An Beispielen eines spielerischen Umgangs mit dem affektiven, klanglichen und sprachlichen Register des Menschen, beispielsweise in lautlichen Artikulationen und mehrdeutigen Weitungen des Mundes wie Lachen, Schreien, Singen, verdeutlicht Aggermann

84 Vgl. ebd.

85 Vgl. ebd., S. 279–298.

86 Ebd., S. 298.

87 Ebd., S. 299 (Herv. i. Orig.). Diese Einstellung erläutert Sartre am Beispiel von Musikern, die in einem Konzert an ihren Instrumenten zu sehen sind. Die Wahrnehmung der Musiker ändert sich in der ästhetischen Einstellung, insofern die Körper der Musiker, Ort und Datum der Aufführung in den Hintergrund und die Klänge als synthetisches Ganzes, als Symphonie in den Vordergrund rücken, vgl. ebd., S. 297.

88 Vgl. Aggermann: *Der offene Mund*, S. 9.

Pathos als Konzept, um das Geschehen zu beschreiben, das sich durch das ihm eigene Chaos auszeichne, „in welchem sich jeweils mehr beziehungsweise anderes zeigt, als sich beschreiben, darstellen oder bezeichnen lässt“[89]. Ein Umgang mit diesem Unfassbaren – Aggermann diskutiert Leerstellen – kann in vorliegendem Zusammenhang eine Imagination sein, in der die Sinne – in einer Bewegung – aufeinander bezogen sind.[90]

Um eine Bewegung zwischen Hören und Sehen in der Einbildung zu beschreiben, ist die von Wihstutz aufgearbeitete Theorie der Phantasie von Melchior Palágyi produktiv.[91] Palágyi geht von einem körperlichen Verständnis von Phantasie respektive synonym genannter Einbildung aus; er rückt von dem Verständnis ab, dass Einbildung zwischen Sinneswahrnehmung und Verstand oder Psyche vermittle.[92] Palágyi bezieht sich auf die räumliche Wahrnehmung. Dabei seien zwei Typen von Phantasie entscheidend, die „inversive“ und die „direkte“ Phantasie: Die inversive Phantasie zeichne sich durch Abschweifungen aus, „sie macht ‚unseren Geist abwesend‘ und lasse das Bewusstsein ‚zum Fremdling‘ werden“[93], so Palágyi. Komplementär dazu sei die ‚direkte Phantasie‘ eine Einbildung, „die durch die Empfindung der gegenwärtigen Vorgänge angeregt wird und der wir es verdanken, daß sich das Gegenwärtige in seiner räumlichen Ordnung, Lagerung und Gestaltung vor uns zu entrollen vermag“, geradezu als „Organ für das Erfassen des Raumes“.[94] Wihstutz kennzeichnet die direkte Phantasie/Einbildung als ‚virtuelle Bewegung', die laut Palágyi hinweisende Eigenschaften hat.[95] Vielmehr liege jeder Wahrnehmung ein solcher Verweischarakter auf der Basis körperlicher Bewegungen zugrunde. In Palágyis Beispiel, das Kreisrunde eines Glasrands mit

89 Aggermann: *Der offene Mund*, S. 9.

90 Der Bezug zu Wolfgang Isers Erforschung der Imagination als Umgang mit Leerstellen in einem Werk als Appellstruktur liegt nahe. Vgl. Iser: *Das Fiktive und das Imaginäre*.

91 Weil Palágyis 1925 posthum publizierte Theorie in der deutschsprachigen Forschung nach Wihstutz wenig rezipiert wurde und schwer zugänglich ist, legt Wihstutz eine genaue Textanalyse vor, vgl. Wihstutz: *Theater der Einbildung*, S. 95–104. Darauf beziehe ich mich in dem Verständnis von Palágyis Ansatz zu einer Einbildung als Bewegung.

92 Wihstutz ist erstaunt hinsichtlich Palágyis „Betonung der verschiedenen Sinne, die andeutet, dass [...] die Phantasie als ein Vermögen [...] bereits an den einzelnen Sinneswahrnehmungen selbst beteiligt ist“ (ebd., S. 95).

93 Ebd., S. 96. Wihstutz verwundert, dass Palágyi betont, die „inversive Phantasie“ sei nicht allein im visuellen Vorstellungsvermögen wirksam, sondern in allen Sinnen, zwar mit einer Dominanz in Gesichtsphantasien, doch auch in Gehör- und Tastphantasien.

94 Melchior Palágyi: *Theorie der Phantasie* (1925), zit. n. ebd., S. 96. Wihstutz verwendet in seinen Erläuterungen den Begriff der „direkten Einbildung“, weshalb im Folgenden sowohl Palágyis Ausdrucksweise als auch Wihstutz' Begrifflichkeit als ‚direkte Phantasie / Einbildung‘ genannt werden.

95 Palágyi: *Theorie der Phantasie*, zit. n. ebd., S. 96–97.

der Hand zu erfassen, ist demnach nicht primär die Empfindung, also der taktile Reiz, für die Wahrnehmung des Kreisrunds verantwortlich, sondern vielmehr erregt die Empfindung die Einbildung und führt zu einer eingebildeten Bewegung der Hand rund um den Glasrand herum. Auch Berührungen des eigenen Körpers zu lokalisieren, basiert Palágyi auf einer solchen ‚virtuellen Bewegung': „Denn was heißt es, den Ort zu erkennen, an dem unser Leib berührt wird? Es heißt so viel, wie fähig zu sein, in der Einbildung eine hinweisende Bewegung nach jenem Orte zu machen"[96]. Somit gelten Palágyi die hinweisenden Eigenschaften in der Wahrnehmung als Voraussetzung der Wahrnehmung der Umgebung und des eigenen Körpers. Er spricht nicht nur von einer topologischen Verflechtung von ‚Innen' und ‚Außen' wie Merleau-Ponty, sondern hebt Bewegung in der Imagination hervor. Denkbar ist ein imaginatives Spüren, das Bewegung enthält und auch als reflexives Spüren der Umgebung und von sich selbst gelten kann. Zudem sind Hinweise als virtuelle Bewegungen die Grundlage der inversen Phantasie, „da sich der Raum der inversen Phantasie in seinen Eigenschaften nicht vom wirklichen Raum [unterscheidet], weil eben auch der wirkliche Raum nur vermittels der Einbildung oder der eingebildeten Bewegung wahrgenommen werden kann"[97]. Deutlich wird, dass „sich weder mit der direkten Einbildung noch mit der Wahrnehmung ein Ursprung identifizieren lässt" – Wahrnehmungsvermögen und Ausprägungen der Einbildungskraft entwickelten sich gleichzeitig und bedingten sich wechselseitig in einem Kreislauf, so Wihstutz' Schlussfolgerung.[98] Nach Palágyi gebe es im Betrachten eine besonders enge Verbindung zu Bewegungen in der Imagination, weil die visuelle Wahrnehmung auf einem verkörperten Wissen als Tastphantasie basiere. Das veranschaulicht er an dem Beispiel, dass ein blinder Mensch sich eine viereckige Tischplatte ebenso vorstellen kann wie ein sehender sie sehen kann, weil beide auf die „Ausführung von wirklichen und eingebildeten Bewegungen um deren Flächen und Konturen" zurückgreifen.[99] Und dieses Potenzial virtueller Bewegung könnte zugleich Leerstellen, Lücken und ‚Unverfügbarem' in Aufführungen produktiv begegnen.
Jenseits eines von Palágyi formulierten Schwerpunkts auf einer vorgängigen, virtuellen Bewegung als Ursache für eine ausgeführte taktile Bewegung bleibt das Verhältnis zwischen eingebildeten und vollzogenen Bewegungen offen. Denn sowohl die tastende Bewegung als auch die eingebildete Bewegung kommen

96 Palágyi: *Theorie der Phantasie*, zit. n. ebd., S. 97.
97 Palágyi: *Theorie der Phantasie*, zit. n. ebd.
98 Wihstutz: *Theater der Einbildung*, S. 98.
99 Palágyi: *Theorie der Phantasie*, zit. n. ebd., S. 99.

nicht ohneeinander aus. Als Bewegung auf mehreren Ebenen ist diese Offenheit zwischen virtueller und taktiler Bewegung in Relation zu einem Bewusstsein denkbar: zum einen zwischen Sinnesmodalitäten im Rahmen einer Kommunikation der Sinne inklusive Umwegen und Abweichungen, zum anderen in sinnesspezifischer Wahrnehmung, Erfahrung und Wirkung. Palágyis Terminologie zusammenfassend, ist die virtuelle Bewegung im Rahmen der direkten Phantasie/Einbildung eine leiblich-räumliche und eine den Körper motivierende Aktivität. Potenziale inversiver Phantasie überschreiten diese direkte Phantasie/Einbildung. Somit kann die Einbildungskraft nach Palágyi als Vermögen gelten, auf perzeptiv-motorischer, affektiver und reflexiver Ebene zu oszillieren. Diese Oszillation als grundsätzliche Bewegung zu bündeln, unterstützt in dieser Studie das Denkmodell einer Bewegung zwischen Hören und Sehen des Akustischen.

Auch Mareile Gilles' Auseinandersetzung mit einer sogenannten akustischen Einbildungskraft situiert die Wahrnehmung eines akustischen Raums in einem Feld zwischen Präsenz, Repräsentation und eben Einbildung.[100] Es geht ihr um Theaterarbeiten, die nicht allein mit einer verhaltenspraktischen Wahrnehmung in der Ausrichtung auf ein ‚Was' beschrieben werden können. Sie bezieht sich auf den Wahrnehmungspsychologen Erwin Straus, der 1956 das Zusammenspiel der Sinne – wie u. a. Merleau-Ponty – als Kommunikationsprozess beschreibt.[101] Diese kommunikative Einheit ändere nichts daran, dass „verschiedene Eindrücke selber [nicht] verschmelzen [...], sie bleiben in der Vereinigung getrennt, Farbe bleibt Farbe und Härte Härte. Die Vereinigung hebt die Verschiedenheit nicht auf".[102] Straus unterscheidet eine Synthese der Sinneseindrücke von einem Zusammen*treffen*, sowohl der wahrgenommenen als auch der imaginierten Sinneseindrücke, und thematisiert darin das ‚Wie' der Wahrnehmung. Gilles' Beobachtungen akustischer Einbildungskraft sprechen dafür, dass das Gehörte und das Gesehene in der Phantasie zwar zusammenhängen, „dies aber im Bewußtsein geschieht, daß die Zusammensetzung eine Konstruktion ist, in

100 Gilles: *Theater als akustischer Raum*.

101 Vgl. Erwin Straus: *Vom Sinn der Sinne: Ein Beitrag zur Grundlegung der Psychologie* [1935], zit. n. ebd., S. 139. Merleau-Ponty skizziert eine Verflechtung der Sinne als Kommunikation: „Die Sinne kommunizieren untereinander, indem sie sich der Struktur eines Dinges eröffnen. Man sieht die [...] Zerbrechlichkeit des Glases, und bricht es mit einem kristallenen Klang, so ist der Träger auch dieses Tones das sichtbare Glas" (Merleau-Ponty: *Phänomenologie der Wahrnehmung*, S. 268). Inwiefern sich eine Synästhesie von einer Kommunikation der Sinne unterscheidet, ist eine Fragestellung, die ich hier nicht verfolge.

102 Straus: *Vom Sinn der Sinne*, zit. n. Gilles: *Theater als akustischer Raum*, S. 139.

der die Einzelteile nicht verschmelzen«[103]. Relevant ist ihre Argumentation mit einem kommunikativen Prozess der Sinne, in dem eine Bewegung zwischen Hören und Sehen als Transformation und Einfluss aufeinander beschrieben werden kann. Abgrenzungen und ein Aufeinandertreffen von Wahrnehmungseindrücken sind darin enthalten.

Die dargelegten Ansätze leiblich-räumlicher Erfahrungsqualitäten im Verständnis einer Kommunikation der Sinne konturieren Bedeutungen von Bewegung in der Wahrnehmung. Ausgehend von Hermann Schmitz' Konzeption von Bewegungssuggestionen als Brückenqualitäten in der leiblich-räumlichen Erfahrung von Halbdingen wie dem Schall, lassen sich – in Abgrenzung zu Schmitz – als Verortungen und Haltungen *innerhalb* der Schallumgebung sowie *gegenüber* Schallereignissen entwickeln. Gernot Böhmes Erläuterungen atmosphärischer Zwischenphänomene – zwischen Qualitäten der Umgebung und den Befindlichkeiten des Wahrnehmenden – bieten eine Grundlage für die Wahrnehmung des Akustischen ‚zwischen' Hören und Sehen. Dabei geht die Wahrnehmung von Atmosphären in einer Bewegung zwischen Hören und Sehen mit einem – dieser Bewegung eben nicht vorgelagertem – Spüren einher. Zudem bietet das Konzept ‚virtueller Bewegung' in der Imagination – wie Melchior Palágyi ausarbeitet – das Potenzial, körperlich-motorische Empfindungen mit Imaginationsprozessen zu verknüpfen. Diese Ansätze tragen zu einem Bewegungsverständnis bei, das affektive und imaginative ebenso wie analytische und reflexive Prozesse in der audio-visuellen Wahrnehmung des Akustischen umfasst.

Zudem bietet die Annahme einer Bewegung zwischen Hören und Sehen Anschlüsse an ein sogenanntes ‚transsensorielles' Modell der Wahrnehmung, das Michel Chion zur Grundlage seiner Theorie der Audio-Vision macht. Darin systematisiert er Wirkungsspezifika von Ton-und-Bild-Verknüpfungen, die sich für die Wahrnehmung inszenierter Klänge in Theateraufführungen wie folgt erweitern lassen.

2.2 Audio-Vision: Die filmanalytische Konzeption eines Hör-Sehens über Ton und Bild hinaus

Der Filmtheoretiker und Komponist Michel Chion untersucht seit Mitte der 1970er Jahre Wechselwirkungen von Hören und Sehen in Kinofilmen. Er bezweifelt eine symmetrische Beziehung zwischen beiden Wahrnehmungsmodalitäten ebenso wie willkürliche Verknüpfungen und arbeitet heterogene Beziehungen zwischen Hören und Sehen aus. Seine Theorie einer Audio-Vision

103 Gilles: *Theater als akustischer Raum*, S. 139.

basiert Chion erstens auf einem transsensoriellen Modell zwischen Hören und Sehen und zweitens auf psychophysischen Grundlagen der Wahrnehmung. Zudem geht Chion davon aus, dass Klang Bewegung ist. Sein Verständnis von Bild-Ton-Relationen im Film soll vor dem Hintergrund erläutert werden, dass sich Bestimmungen der jeweiligen Medialität des Kinos und einer Theateraufführung unterscheiden.[104]

Sind Stimme, Klänge, Töne, Sprache und Bild in Film und Fernsehen technisch voneinander getrennt, sind sie es nicht in der Wahrnehmung. Vielmehr bringen sie ein Verhältnis hervor, das Chion mit dem Konzept der Audio-Vision erfasst und u. a. als audio-visuelle Täuschungen oder Illusionen charakterisiert.[105] Entscheidend ist darin, dass Hören und Sehen sich in der Wahrnehmung nicht addieren, sondern wechselseitig transformieren: „Man *sieht* nicht das Gleiche, wenn man gleichzeitig hört; man *hört* nicht das Gleiche, wenn man gleichzeitig sieht“[106], so Chion. Darauf basiert die Konzeption eines Hör-Sehens, in deren Rahmen er Wirkungszusammenhänge als sogenannte audio-visiogene Effekte spezifiziert.[107] Es geht ihm maßgeblich um eine sprachliche Präzisierung der Relationen statt um verdinglichende Begriffsverwendungen von Bild und Ton. Er verdeutlicht, dass Gesetze vor allem aufseiten des Bezeichnenden und auf der Ebene von Wahrnehmungsschemata statt auf der Ebene von Codes und verallgemeinerbaren Bedeutungen zu finden sind.[108] Somit liegt in der von Chion profilierten Audio-Vision ein heuristischer Wert für Fragen nach Klangwirkungen

104 Erweiterungen der Ansätze bündelt Chion im Begriff des „Audio-*Di*visuellen“. Darin unterteilt er die Heterogenität eines Bilds in Bewegungen, Spuren, Codes, sprachliche Zeichen ebenso wie eine grundsätzliche Heterogenität des Tons, Kombinationseffekte sind punktuell. Vgl. Michel Chion: Ton und Bild – eine Relation? Hypothesen über das Audio-*Di*visuelle. In: Maren Butte / Sabina Brandt (Hrsg.): *Bild und Stimme*. München: Fink 2011, S. 49–64, hier S. 53.

105 In Übersetzungen ebenso wie in Beiträgen, die von Chions Theorie ausgehen, wird die Schreibweise mit Bindestrich nicht durchgängig verwendet. Für Fragen nach der Wahrnehmung des Akustischen ist insbesondere die Publikation *L'audio-vision. Son et image au cinema* (Paris: Nathan 1990) hilfreich. 1994 liegt diese in englischer Übersetzung durch Claudia Gorbman vor: *Audio-Vision. Sound on Screen*. New York: Columbia UP. 2012 erscheint die deutsche Übersetzung, vgl. ders: *Audio-Vision. Ton und Bild im Kino*, aus d. Franz. v. Alexandra Fuchs / Jörg Udo Lensing. Die Theorie der Audio-Vision ist in Begriffsprägungen als Nachwort unter dem Titel „Das Audio-Logo-Visuelle in einhundert Begriffen (1982–2011)“ hinterlegt. Das Verzeichnis entspricht dem „Glossaire“ auf Chions Internetseite: http://www.michelchion.com (Zugriff am 15.07.2016). Wenn nicht anders gekennzeichnet, zitiere ich aus der deutschsprachigen Übersetzung.

106 Chion: *Audio-Vision*, S. 11 (Herv. i. Orig.).

107 Diese Effekte thematisieren Imagination, Bedeutung, Sinn, Räumlichkeit und Dynamisierung der audio-visuellen Wahrnehmung, die ich sogleich genauer erläutere.

108 Vgl. Chion: Ton und Bild, S. 50.

im Theater. Darin ist weder relevant, einen spezifischen Bild-Begriff für das Theater zu entwerfen noch einen komplexen Bild-Begriff des Films mit einem prozessorientierten Verständnis des Bühnengeschehens zu ersetzen.[109] In Chions Theorie sind Klangereignisse in eine multisensorielle Wahrnehmungssituation eingebettet – er eröffnet: „In der alltäglichen Realität kann man ebenfalls von Audio-Vision sprechen“[110]. Damit gilt es, seine Theorie auf lautlich gestaltete Raumsituationen in Aufführungen zu beziehen und weiterzuentwickeln.[111] Chion definiert Geltungsbereiche der Audio-Vision entlang Spezifika jeweiliger Kunstformen. Jemand, der zu Beginn des 20. Jahrhunderts eine Oper, ein Puppenspiel oder eine Aufführung besuchte, habe „*per definitionem* einer *audio-visuellen* (und sogar *audio-logo-visuellen*) Darbietung bei[gewohnt]“[112]. Selbst die stille Lektüre eines Texts gilt Chion als „audio-logo-visuelle Erfahrung, da wir, während unsere Augen den Formen auf der beschriebenen Seite folgen, zugleich innerlich Klänge *hören* oder imaginieren“[113]. Ein innerliches Hören ist nach Chion abhängig von jeweiliger Sprachkompetenz und individuell begrenzt. Er bestimmt allerdings,

> dass der Begriff ‚audio-visuell‘ nicht viel besagt, wenn er in einer kulturellen und ästhetischen Analyse eines Werks verwendet wird. Es ist ein Begriff technischen Ursprungs, ein technizistischer Fachausdruck. Freilich ist der Begriff nicht zufällig aufgetaucht, und der Technizismus stellt durchaus eine Ideologie dar, deren Studium interessant wäre, vielleicht als Widerspiegelung einer postmodernen Desillusionierung[.][114]

109 Bildprozesse und Musik im Film diskutieren Robin Curtis / Gertrud Koch / Marc Siegel (Hrsg.): *Synchronisierung der Künste*. Paderborn: Fink 2013. Eine ‚Audiovisualität‘ im Theater, die Vito Pinto beispielsweise hinsichtlich von Darstellungsstrategien wie Tableaus (mit dem Vergleich einer Theater-Tableau-Inszenierung und einer filmischen Tableau-Inszenierung) entwickelt, grenzt sich von Bild-Begriffen des Films ab, vgl. Pinto: *Stimmen auf der Spur*, S. 113. Pinto spricht von szenischen Arrangements, vgl. dazu auch Kap. 3.1. Vgl. darüber hinaus Alexander Jackob: *Theater und Bilderfahrung: In den Augen der Zuschauer*. Bielefeld: Aisthesis 2014.

110 Chion: Das Audio-Logo-Visuelle in einhundert Begriffen (1982–2011). I. Audio-Vision und wie sie funktioniert. In: Ders.: *Audio-Vision*, S. 172.

111 Vgl. Chion: Ton und Bild, S. 51. Chions Fokus auf exemplarische audio-visuelle Erfahrungen im Kino verdeutlicht zudem einen szenografischen Ansatz, was heißt, über das Kino als Ort nachzudenken.

112 Ebd., S. 59–60. (Herv. i. Orig.). Die audio-visuelle Wahrnehmung zeichnet sich durch einen Voco- und Verbozentrismus aus wie Chion im Begriff des ‚Audio-Logo-Visuellen‘ betont. Vgl. ebd.

113 Ebd., S. 60 (Herv. i. Orig.).

114 Ebd.

Nimmt man Chion beim Wort, stellt sich zunächst die Frage, ob eine kulturelle und ästhetische Analyse künstlerischer Produktion von dem Einfluss technischer Entwicklungen auf die Wahrnehmung und auf künstlerische Verfahren in Aufführungen oder Texten getrennt werden kann.[115] Mit dem Begriff ‚Technizismus' grenzt Chion zunächst technische und kulturelle Analysen eines Werks klar voneinander ab, wobei er einräumt, dass Weiterentwicklungen digitaler klanglicher und visueller Techniken die Aufgabe noch komplizierter machten.[116] Daher lässt sich die Zuspitzung der Audio-Vision als technizistischer Fachausdruck vor allem als Plädoyer für sprachliche Genauigkeit verstehen.[117] Entgegen einer allgemeinen Gültigkeit einer Audio-Vision erlaubt allerdings die Integration jeweiliger Medientechniken in exemplarischen Inszenierungsstrategien von Klang durchaus Bezugnahmen und Weiterentwicklungen seiner Theorie in zeitgenössischen Aufführungen.
Chions Sprachkritik bezieht sich auch auf die sprachliche Verfasstheit der Wahrnehmung. Beschreibungen der sensoriellen Empfindungen Hören, Sehen, Riechen, Tasten, Schmecken differenziert er insbesondere vor dem Hintergrund wissenschaftlicher Erkenntnisse darüber, dass solche Kategorisierungen historisch und willkürlich seien. Hingegen umfasst sein transsensorieller Ansatz, dass Bild und Ton zahlreiche gemeinsame Punkte beinhalten, „die nicht den mythischen Synästhesien zuzurechnen sind", fälschlicherweise legten die Begriffe Ton und Bild allerdings auch nahe, „dass alles, was auf visuellem Weg kommuniziert wird, visuell und alles, was auf klanglichem Weg kommuniziert wird, klanglich" sei.[118] Er entdeckt in der Rezeption von Stummfilmen:

115 Der Kunsthistoriker Jonathan Crary beispielsweise verneint diese Frage und profiliert Wechselwirkungen zwischen technischen Entwicklungen, künstlerischer Produktion und ihrer Wahrnehmung.

116 Vgl. Chion: Ton und Bild, S. 60.

117 Der Germanist Reinhart Meyer-Kalkus wendet gegen grundsätzliche „Dominanztheoreme" eines Medienaprioris beispielsweise ein, dass sie eine kulturelle und ästhetische Analyse einschränkten. Die Annahme, dass Sinnesvermögen und Medien in hierarchisierter Beziehung zueinander stünden, verkenne gerade intermodale Wahrnehmungsprozesse von Bild und Ton als Zusammenspiel und verhindere eine Untersuchung prinzipieller Differenzen der medial vermittelten Informationen. Vgl. Reinhart Meyer-Kalkus: Akusmatische Extensionen im sonoren Kino. Überlegungen zu Michel Chions Theorie der Audiovision. In: Butte / Brandt (Hrsg.): *Bild und Stimme*, S. 67–98, hier S. 69–70. Von intermodaler Wahrnehmung spricht Chion nicht explizit.

118 Chion: Ton und Bild, S. 54. Wenn Chion von mythischen Synästhesien spricht, lässt sich auch an nicht mythische Synästhesien denken. Solche kommen zugunsten transsensorieller Wahrnehmung allerdings in dem Beitrag Chions nicht zur Sprache. Auf die Wahrnehmung eines Synästhetikers geht Chion in einem anderen Artikel ein, vgl. ders.: Audition und Ergo-Audition. In: Daniels / Naumann (Hrsg.): *See this Sound. Audiovisuology 2*, S. 236–250.

> In der Stille der Projektion tauchten rhythmische, kinetische Wahrnehmungen auf, die zuweilen jenen extrem ähnelten, die die Musik verschaffen kann. Als transsensorisch sind also jene Wahrnehmungen zu bezeichnen, die zu keinem einzelnen Sinn gehören, sondern die sich des Kanals des einen oder anderen Sinnes bedienen können, ohne dass ihr Inhalt und ihre Wirkung in die Beschränkungen dieses Sinnes eingeschlossen wären; beispielsweise alles, was den Rhythmus betrifft, aber auch eine gewisse Anzahl räumlicher Wahrnehmungen, ebenso wie die Dimension des Worts.[119]

Die kinetische Wahrnehmung ist nach Chion in der Wahrnehmung tiefer, kräftiger Klänge relevant, nicht erst in der Rockmusik mit elektronischer Verstärkung, sondern auch in sinfonischer Musik, die durch Perkussions- und Blasinstrumente erzeugt wird.[120] Rhythmische und kinetische Wahrnehmung gelten (mindestens) als bi-sensorisch. Da ist die Wahrnehmung, die über den Ohrkanal als tiefer Ton kommt, und da ist darüber hinaus eine nicht auditive, rhythmische Empfindung, die sich auf diffuse Weise über die Knochen, Körperwände und die Membranen um die inneren Organe vermittelt.[121] Beide Empfindungen verlaufen gleichzeitig und haben die gleiche Ursache: Erschütterungen der Luft. Es sind jedoch verschiedene Empfindungen. Wir unterscheiden sie nicht, so Chion, weil wir hinsichtlich des Klangs, der Stimme und der Musik „oftmals ideologisch von der Idee einer Nichtunterschiedenheit, einer regressiven Rückkehr zu einer hypothetischen Verschmelzung von Ursache und Wirkung geprägt [sind]".[122] Chion begründet solche ignorierte Verschiedenartigkeit unterschiedlicher Empfindungen damit, dass „man hartnäckig daran festhält, ein- und denselben Begriff" auf gleichzeitige Empfindungen und auf die gleiche Ursache zurückzuführen.[123]

119 Chion: Ton und Bild, S. 54.

120 Ebd., S. 61.

121 Ebd. Zur philosophischen Tradition um den Körper als Medium vgl. Harrasser: Synthese als Vermittlung; Brandstetter: ‚Listening', sowie Kap 1.2.

122 Chion: Ton und Bild, S. 61

123 Ebd. Diese Sprachkritik Chions lässt sich mit Ansätzen aus Verkörperungstheorien hinsichtlich von Sprache verbinden. Fingerhut / Hufendiek / Wild nennen beispielsweise den pragmatischen Ansatz des Philosophen John Dewey. Mit dem Begriff des Reflexbogens benennt Dewey den Zusammenhang, dass ein Reiz als Ursache nicht ohne Weiteres von einer Reaktion als Wirkung unterschieden werden kann. Reize und Reaktionen haben nicht per se Bedeutung für einen Organismus, sondern vielmehr innerhalb eines Prozesses der sensomotorischen Koordination, die in der Sprache hinterlegt ist. Vgl. Fingerhut / Hufendiek / Wild: Einleitung, S. 40–41.

Die Lehre vom klingenden Objekt und von Hörerfahrungen in audiovisuellen[124] Medien steht im Zentrum der Analysen Chions. Als Klangforscher, Komponist und Dozent betreibt er Untersuchungen im Rahmen einer *acoulogie* und schließt an Pierre Schaeffers Forschungen an.[125] Chion unterscheidet in *Guide des objets sonores. Pierre Schaeffer et la recherche musicale* (1983) drei aktive Hörhaltungen in Schaeffers Prägung: kausales, semantisches und reduziertes Hören. Kausales Hören lässt sich als Klangquellenorientierung verstehen, die vom Kontext mitbestimmt wird. Der Ton ist allerdings kein zuverlässiger Indikator dafür, den Gegenstand zu bestimmen, auf den er zurückgeführt wird. Paradigmatisch gilt, dass eine Stimme nicht erkennen lässt, wie der Sprecher aussieht, und ambivalente ‚Stimmkörperbilder' und Imaginationen hervorruft. Hören ist ‚semantisch', wenn es in bestimmten Kontexten um kodierte Tonsignale wie in der gesprochenen Sprache geht. Reduziertes Hören bezeichnet den Vorgang, von Klangquellen und Dekodierungen zu abstrahieren, insofern darin fühlbare Qualitäten wie Tonhöhe und Rhythmus ebenso wie Körnigkeit, Material, Form, Masse und Volumen in den Vordergrund rücken.[126] Chions Ansatz zielt darauf ab, zur Förderung eines bewussten Zuhörens und darin wirksamer Selektion und Unterscheidung von Klängen beizutragen. Dieser Unterscheidungskompetenz stünden allgemein natürliche Faktoren bei Menschen entgegen, z. B. fehlende Entsprechungen von Augenlidern für die Ohren

124 In dieser Schreibweise bezeichnet der Sammelbegriff ‚audiovisuell' Bild- und Ton-Medien allgemein. Dazu gehören auch Kunstformen, die als Medienkunst zusammengefasst sind und Inszenierungsstrategien in medienreflexiver Perspektive entwickeln. Inwiefern Theater also ein audiovisuelles Medium ist, das quasi audio-visuell wahrgenommen wird, stellt sich somit nicht als Frage, die mit Ja oder Nein beantwortet werden kann, sondern als eine Frage nach Differenzierungen und exemplarischen Präzisierungen.

125 Der Komponist und Autor Pierre Schaeffer fordert Musikpraktiken, die abendländische Traditionen von Musik und Instrumenten überschreiten. Diese Praktiken begründet er in einem erweiterten Verständnis von Klang als ‚musique concrète'. Schaeffer initiierte den sogenannten *Service de la Recherche* bei der französischen Radio- und Fernsehanstalt ORTF. Chion assistierte ihm ab 1970 und war als Mitglied der Groupe de Recherche Musicales verantwortlich für Radioprogramm und Publikationen der Gruppe bis 1976. Vgl. auch Michel Chion: *Die Kunst fixierter Klänge – oder die Musique Concrètement*. Berlin: Merve 2010.

126 Die Bezeichnung ‚reduziert' geht bei Schaeffer von dem phänomenologischen Begriff der Reduktion Edmund Husserls aus. Vgl. Michel Chion: Das Audio-Logo-Visuelle in einhundert Begriffen (1982–2011). VII. Hören im Kino: Die drei Hörerhaltungen nach Schaeffer. In: Ders.: *Audio-Vision*, S. 201–204. Die Filmwissenschaftlerin Claudia Gorbman betitelt in der englischen Übersetzung Chions Erläuterungen zu Überschneidungen und Differenzierungen der drei Hörhaltungen mit „Active and Passive Perception", vgl. Chion: *Audio-Vision. Sound on Screen*, S. 33–34. Die deutsche Übersetzung verwendet die Begriffe Hören/Zuhören und Sehen/Zuschauen als Übersetzung für die französischen Begriffe „ouïr/entendre" und „voir/regarder", vgl. Chion: *Audio-Vision*, S. 37.

sowie eine Omnidirektionalität des Hörens und zudem die physikalische, richtungsoffene und heterogene Beschaffenheit von Klang.

Der einzelne Klang, so verdeutlicht Chion in seinem Buch *Le Son* (1998), zeichnet sich durch verschiedene geräuschhafte Komponenten aus. Sie umfassen die jeweilige körperlich-räumliche und medienspezifische Hervorbringung ebenso wie die räumlich-zeitliche Montage[127] und szenografische Anordnung. In der grundsätzlichen Richtungsvielfalt des Tons durch Überlagerungen im Raum hat der Ton keine Begrenzung und keinen Rahmen. Chions Ansatz, Multidimensionalität und Omnidirektionalität des Tons im Kino zu differenzieren, gipfelt in seiner Kritik an dem Konzept einer Tonspur. Vielmehr sei im Film die Montage heterogener Klangereignisse entscheidend. Sprache, Geräusche, Musik, verschiedene Töne und Klänge mögen zwar im Film an Sinn, Form und Effekten mitwirken, bildeten aber keine homogene Gesamtentität.[128] Zudem überschritten Töne Klangquellen und Körper, die die Töne hervorbringen, als Ursachen.[129] Der den Tönen eigene Informationsgehalt und emotionale Wert und damit auch ein jeweils intentional Gemeintes seien entgrenzt.[130] Ton respektive Klang zeichnet sich also durch eine umfassende konstitutive Transgressivität aus.

Diese lässt sich mit Chions grundsätzlichem Verständnis von Klang in bisensorischer Wahrnehmung in Beziehung setzen.[131] Sie thematisiert auch eine Eigenwahrnehmung und Überlagerungen räumlicher und zeitlicher Wahrnehmung. Zu der Ausgangsposition ‚Klang ist Bewegung' tragen Komponenten bei, die sowohl enge Beziehungen zwischen Wahrnehmung und Imagination als auch Wahrnehmung und physikalische Gesetzmäßigkeiten umfassen.[132] Chion hält fest: „Das Hören eines Klangs setzt – im Gegensatz zum bloßen Sehen – sofort Bewegung voraus"[133]. In der Aussage, dass Klang nur in den seltensten Fällen Stillstand suggeriert, sind zwei Aspekte enthalten: Es geht um die

127 Insbesondere unterscheidet Chion die gespeicherten Töne im Film in vertikaler, d. h. nahezu gleichzeitiger, sowie in horizontaler Montage, d. h. hinsichtlich einer Vektorisierung des Bildverlaufs.

128 Vgl. Chion: Ton und Bild, S. 52.

129 Meyer-Kalkus polemisiert gegen solche zeitgenössischen performancetheoretischen Ansätze, die gesprochene Sprache zum Körpergeräusch depotenzieren. Stimmen seien hingegen Aufmerksamkeitsfänger und nicht ein Geräusch unter anderen, vgl. Meyer-Kalkus: Akusmatische Extensionen, S. 76.

130 Vgl. Chion: Ton und Bild, S. 52.

131 Ebd., S. 61.

132 Vgl. Wolfgang Auhagen: Theorien zur Bewegung in Musik. In: Riethmüller / Brüstle (Hrsg.): *Klang und Bewegung*, S. 61–72.

133 Chion: *Audio-Vision*, S. 20.

Wahrnehmung einer Dynamik, beispielsweise von Bewegungen innerhalb eines Filmbilds oder im Bildverlauf insgesamt, die Chion als Effekte einer Temporalisierung beschreibt. Zudem geht es um die Dynamik der Wahrnehmung selbst. Letztgenannten Aspekt erläutert er in Unterscheidungen der Geschwindigkeit der Wahrnehmung, beispielsweise eines langsameren Sehens im Verhältnis zum Hören.

Zudem eröffnet Chions Zentralstellung von Bewegung noch eine andere Überlegung zur Wahrnehmungsaktivität, nämlich ein in dieser Studie vorgeschlagenes zeitlich-räumliches Bewegungs- und Positionierungspotenzial von Audio-Zuschauer*innen. Positionierung gilt darin als Prozess und nicht als fixierte Hörposition. Sie ist mit der phänomenologischen Ausgangsbasis leiblich-räumlicher Wahrnehmung verbunden. Die erläuterten und differenzierten Bewegungsverständnisse leiblicher Kommunikation (Schmitz), atmosphärischen Spürens (Böhme) und Imagination (Palágyi) tragen zu einer Positionierung von Audio-Zuschauer*innen wie folgt bei: Schmitz schlägt in leiblicher Kommunikation mit einer Atmosphäre ‚Bewegungssuggestionen' vor, die in Prozessen ‚antagonistischer Einleibung' auch eine Verortung innerhalb einer Schallumgebung und gegenüber Inszenierungsstrategien eröffnen können. Qualitäten der Umgebung und Befindlichkeiten der Wahrnehmenden profiliert Böhme als leiblich-räumliche Erfahrung eines ‚Zwischen'-Phänomens. Statt exklusiv synästhetisch gespürt zu werden, ist diese Erfahrung in einem Bewegungsverständnis erweitert, das ein ‚Sichbewegen' einschließt und in einer Bewegung zwischen Hören und Sehen zur Geltung kommen kann. Die Imagination, die Palágyi mit hinweisenden Eigenschaften in der Wahrnehmung verknüpft – von Wihstutz als ‚virtuelle Bewegungen' charakterisiert –, unterstützt ein Bewegungsbegriff, der von körperlich-motorischen Entwicklungen ausgeht und auf diese bezogen ist.[134] Eine Verbindung dieser Ansätze mit Chions transsensoriellem Wahrnehmungsverständnis auf der Grundlage eines klangkonstitutiven Verhältnisses von Klang und Bewegung ist somit gegeben.

134 Stephanie Schroedter spricht davon, dass sich die Aufmerksamkeit des Rezipienten ausgehend vom Hören bewegt. Nach Schroedter ereignet sich auf der Ebene der Wahrnehmung ein Bewegungsaustausch, „um schließlich – auf der Ebene der Emotion und Imagination, der letztlich künstlerische Bewegungen entspringen – neue Bewegungen entstehen zu lassen, die mehr bzw. wieder etwas ganz anderes sind als die auditiven oder visuellen Ereignisse für sich genommen." (Stephanie Schroedter: Denkbewegungen über Bewegungskünste – erste Gedankenimpulse. In: Dies. (Hrsg.): *Bewegungen zwischen Hören und Sehen*, S. 9–27, hier S. 9.) Daran schließt das vorgeschlagene Bewegungsverständnis zwischen Hören und Sehen an, ergänzt und konkretisiert um einen reflexiven Bewegungsbegriff des ‚Sichbewegens', auch in einer sensomotorischen Wahrnehmung, vgl. dazu Kap. 2.3.

Eines der beiden Wirkungsprinzipien in der Transformation des Sehens durch das Hören ist im Kino eine Tonprojektion innerhalb eines Bildraums. Der omnidirektionale Ton wird in einem psycho-physiologischen Prozess begrenzt und verortet. Solche spezifisch räumliche Anziehung des Tons quasi in den Bildraum hinein gilt Chion als „aimantation spatiale", übersetzt als „Magnetisierung".[135] Vor jeder technisch-räumlichen Abstraktion audio-visueller Illusion gelte im Kino allgemein, dass Schauspieler ‚Zuschauer' von der Leinwand aus ansprechen. Der Ton wird ‚vektorisiert'. Jedoch sehen wir im Bild, was wir nach Chion eigentlich ‚hör-sehen'. Somit überbrücken Audio-Zuschauer*innen die Richtungsvielfalt des Tons, indem dieser in Beziehung zu dem gesetzt wird, wo seine Quelle (menschliches Wesen, Tier, Maschine, Objekt) in einem bestimmten Punkt des Raums angenommen wird. Hinsichtlich der Stimme nennt Chion diesen Prozess Des-Akousmatisierung.[136]

Das zweite Wirkungsprinzip im Hör-Sehen begründet Chion als ‚Synchrèse', eine Wortschöpfung aus den Begriffen Synchronizität und Synthese. Sie bezeichnet ebenfalls ein psycho-physiologisches Phänomen, und zwar ein nahezu simultanes Zusammentreffen eines punktuellen Tonereignisses mit einem punktuellen visuellen Ereignis. Die Wirkung scheinbarer Zusammengehörigkeit ist darin entscheidend. In der Kinofilmrezeption zeichnet sich eine von Chion benannte ‚audio-logo-visuelle' Beziehung gerade nicht im Hinblick auf eine Komplementarität oder Wiederherstellung einer imaginären natürlichen Ganzheit aus, sondern als eine temporal bedingte Beziehung und als gleichzeitiges Auftreten optischer und akustischer Botschaften. In dem Aufsatz „Ton und Bild – eine Relation?" aus dem Jahr 2011 aktualisiert Chion die Synchrèse hinsichtlich einer Teilung heterogener Eigenschaften von Bild und Ton als audio-*di*visuelle Beziehungen.[137]

Chions Erläuterungen psycho-physiologischer Grundlagen der Wahrnehmung präzisieren wahrnehmungstheoretische Konzeptionen, die auch für die Wahrnehmung von inszenierten Klängen und Wirkungen in Aufführungen relevant sind. In dem audio-visiogenen Effekt einer Ton-Bild-Projektion beispielsweise fügt der Ton dem Bild eine Reihe von Gefühlen und Bedeutungen hinzu. Diese

135 Die umfassende Tonprojektion differenziert Chion erstens in eine Integration ins Bild, zweitens in eine Lenkung in die Peripherie des Bildes und drittens – beispielsweise durch Off-Kommentare – in eine Lenkung an imaginäre Orte. Dabei kann der Ort der Bilder, die materielle Leinwand, durchaus auch leer sein. Vgl. Chion: *Le son au cinema* [1985], zit. n. ders: Ton und Bild, S. 52.

136 Vgl. Chion: *Audio-Vision*, S. 61–65.

137 Chion: Ton und Bild, S. 51.

Wirkungsspezifik benennt Chion ausgehend vom Hören als „valeur ajoutée“[138] und definiert einen „sensorielle[n], informative[n], semantische[n], narrative[n], strukturelle[n] oder expressive[n] Wert“, im Deutschen als „Mehrwert“ übersetzt. So kommt es nach Chion zu Bereicherungen des Bilds in Zuordnungen von Bedeutung,[139] Atmosphäre und Inhalt, mithin zu dem Eindruck einer Redundanz von Bild und Ton oder Sinnverdopplung.[140] In Theaterinszenierungen lässt sich die „valeur ajoutée“ in Wirkungen bestimmter Klänge nachvollziehen, sie integrieren bisweilen Praktiken aus Hörspielen[141] oder Verfahren eines ‚Foley Artist‘[142].

Ergänzend fasst Chion ein sogenanntes Wiedergegebenes sowie materialisierende Klanghinweise in der Kategorie der „valeur ajoutée“ zusammen. Sie vermitteln Gefühle von Energie, Schnelligkeit, Volumen, Temperatur, denn auf der Basis der heterogenen Charakteristika von Ton und Bild kommt nach Chion etwas anderes als Ton und Bild zum Ausdruck. Dieses andere ist nicht

138 Vgl. Chion: *Audio-Vision*, S. 137–148. Lensing weist darauf hin, dass Mehrwert im Deutschen eher kapitalistisch oder fiskalisch interpretiert wird, weshalb er an der französischsprachigen Benennung festhält. Auch die Übersetzung „hinzugefügter Wert“ hält Lensing nicht für ideal, erinnert der Ausdruck doch allzu stark an Jean-Philippe Rameaus Bezeichnung einer dem Dreiklang hinzugefügten großen Sexte (sixte ajoutée). Vgl. Chion: *Audio-Vision*, S. 173. Ich schließe mich der Begriffsverwendung ‚valeur ajoutée‘ an.

139 In der von Lensing herausgegebenen Übersetzung *Audio-Vision* sind die audio-visiogenen Effekte als „Effekte der Sinne [*sic!*], der Atmosphäre und des Zusammenhangs“ (ebd., S. 174) aufgeführt, Lensing benennt Sinne im Plural, nicht Bedeutung im Singular. Davon unterscheidet sich die Aussage in Chions Beitrag „Ton und Bild“, in dem „Effekte des Sinns, der Atmosphäre, des Inhalts“ genannt werden. „Effekte der Sinne“ und „Effekte des Sinns“ eröffnen zwei verschiedene Bedeutungsspektren, im französischen Original ist die Rede von „effets *de* sens, d'atmosphère, de contenu“ – meine Hervorhebung –, also im Singular und zielt auf Bedeutung statt auf Wahrnehmungsmodalitäten im Plural. Auch die englische Übersetzung von Gorbman führt „effects of meaning, atmosphere, and content“ auf. Vgl. zudem Glossaire / Glossary: 100 concepts pour penser et decrire le cinèma sonore. http://www.michelchion.com/glossaire/michel-chion-glossaire.pdf (Zugriff am 15.07.2016).

140 Vgl. Chion: *Audio-Vision*, S. 17.

141 Pinto schlägt in heuristischer Konstruktion vor, dass „Theater zum ‚Live-Hörspiel‘ wird“ und schränkt den Vorschlag ein, weil in „totaltheatralen Spektakeln“ von Katie Mitchell beispielsweise eine große Distanzierung zum eigentlich radiophonen Klangereignis Hörspiel entstehe. (Vito Pinto: Paul Plamper: Artaud erinnert sich an Hitler und an das Romanische Café. Sonderfall II: Wenn Theater zum ‚Live-Hörspiel‘ wird. In: Ders.: *Stimmen auf der Spur*, S. 133–142, hier S. 134–135.)

142 Die deutschsprachige Bezeichnung ‚Geräuschemacher‘ entspricht der englischsprachigen Benennung in Filmproduktionen nach dem Sound-Gestalter Jack Foley (1891–1967). Beispielsweise kennzeichnet Stefan Kaminski, der ‚Geräusche machen‘ als Bühnenvorgang inszeniert, seine Theaterarbeiten am Deutschen Theater Berlin oder Schauspiel Frankfurt mit dem Zusatz „on air“. Es ließen sich zahlreiche weitere Beispiele aus der aktuellen Theaterpraxis erläutern, deren Darstellung hier den Rahmen sprengen würde.

als Objekt lokalisierbar, Chion siedelt es „zwischen Code und Simulakrum" an und bezeichnet es als „le rendu", übersetzt als „das Wiedergegebene".[143] Es ist „nicht subjektiv in dem Sinne, dass dieses Etwas gemäß den persönlichen Phantasien eines jeden oder gemäß den kulturellen Bedingtheiten hervorgebracht würde"[144]. Ebenso ist nicht die Reproduktion eines Tons entsprechend einer Ursache oder einer realen Situation zentral. Vielmehr geht es um eine Wahrnehmung nicht spezifisch klanglicher Empfindungen. Sie geben wieder, übersetzen, drücken aus, was „mit dieser Ursache oder dem in der Szene geschilderten Umstand assoziiert [ist]"[145]. Beispiele für ‚das Wiedergegebene' in Kinofilmen sind sirrende Geräusche von Schwertern in Martial-Arts-Filmen, die Schnelligkeit oder Gewandtheit vermitteln, ebenso Geräusche fallender Körper und Töne, die einen Eindruck von Materie oder Immaterialität, Fragilität, Fülle, Baufälligkeit oder Luxus suggerieren.

Darüber hinaus sind audio-visiogene Effekte auch „szenographische Effekte, die die Konstruktion eines imaginären Raumes betreffen"[146]. Sie umfassen im Film Geräusche und Stimmen, deren Quellen innerhalb eines Bilds sichtbar sind, ebenso wie Differenzierungen des „Acousmêtre" – Stimmen und Geräusche, deren nicht sichtbare Quelle unterschiedliche Beziehungen zum sichtbaren Geschehen eröffnen und inhaltliche und strukturelle Funktionen erfüllen.[147] Diese Funktionen werden im Rahmen einer Diegese oder außerhalb derselben beschrieben. Helga Finter untersucht akusmatische Stimmen im Theater in der Frage nach dem entstehenden Wahrnehmungsraum und schlägt einen „(leere[n]) Raum zwischen Hören und Sehen" vor.[148] Leer bezieht sich bei Finter auf ein Repräsentationsparadigma in der Krise. Hören und Sehen driften darin auseinander und bringen einen sogenannten ‚intermediären' Raum hervor, in dem neue Formen einer Audio-Vision entstehen.

Schließlich bündelt Chion Wirkungen, die das Zeitliche und die Konstruktion einer Phrasierung von Bild und Ton im Film betreffen. Seine Differenzierung

143 Die von Lensing herausgegebene Übersetzung benutzt den Begriff „Wiedergabe" (Chion: *Audio-Vision*, S. 174). Meyer-Kalkus schlägt in Abgrenzung zur deutschsprachigen Filmtheorie, die Chions Konzept mit einem „Wortungetüm wie das ‚Wiedergegebene' als das ‚Aufgetragene'" erfasse, den Begriff „Zugewinn" vor. (Meyer-Kalkus: Akusmatische Extensionen, S. 78, Fn. 46.) Andere deutschsprachige Übersetzungen halten an dem komplexen Begriff ‚das Wiedergegebene' fest, vgl. Chion: Ton und Bild, S. 62, dem schließe ich mich an.

144 Chion: Ton und Bild, S. 55.

145 Ebd.

146 Ebd., S. 62.

147 Chion: *Audio-Vision*, S. xxii–xxiii.

148 Vgl. Finter: Der (leere) Raum zwischen Hören und Sehen.

temporaler Aspekte einerseits in Synchronisierungspunkte zwischen Bild und Ton und andererseits in zeitliche Fluchtlinien des audio-visuellen Geschehens fällt in Theaterarbeiten, in denen Klang im Bühnengeschehen hervorgebracht wird, anders auf. Das Akustische wird hier in Überlagerungen raum-zeitlicher Dynamiken in Raumsituationen wahrnehmbar. Dabei lassen sich für den Film geltende Verzeitlichungen der Bildwahrnehmung durch Stimmen, Klänge, Töne[149] auch auf zeitliche Strukturierungen eines Bühnengeschehens übertragen. Temporalisierende Wirkungen des Akustischen werden in rhythmischen Strukturierungen und Betonungen des Verlaufs, beispielsweise in Lichtwechseln, Bewegungsdynamiken der Akteur*innen zwischen Slow Motion und Schnelligkeit oder Stillstellungen in Tableaus, deutlich.

Zudem steht eine Temporalisierung durch das Akustische in Aufführungen noch auf anderer Ebene im Zusammenhang mit der Grundkonstellation *Klang ist Bewegung*. Den Einfluss von visuellen Informationen auf die auditive Wahrnehmung bezeichnet Chion als sogenannte ‚Visu-Audition', die Wahrnehmungspsychologie beschreibt selbiges Phänomen mit dem ‚McGurk-Effekt'.[150] Chions Theorie kommt ohne die Konzeption synästhetischer Wahrnehmung aus; er bündelt audiovisiogene Effekte auch als audio-visuelle Illusionen. Entgegen synästhetischer Wirkungsprinzipien lässt sich dabei vielmehr vermuten, dass eine zeitliche, möglicherweise rhythmische Strukturierung transsensorieller Wahrnehmung – im Paradigma einer Bewegung – einen Zusammenfall *und* eine Trennung von Hören und Sehen ermöglicht, und zwar in zwei Richtungen: Reproduzierter Gesang in einer medientechnischen Anordnung wird vielleicht eher gesehen als gehört oder verstärkter Gesang scheint losgelöst von demjenigen, der singt. Dieses doppelte Potenzial des Akustischen in Aufführungen

149 Eine Untersuchung von Asymmetrien, von denen auch Chion grundsätzlich ausgeht, liefert Wolfgang Ernst: The Temporal Gap. On Asymmetries with the So-called "Audiovisual" Regime (in Sensory Perception and in Technical Media). In: Fingerhut / Flach / Söffner (Hrsg.): *Habitus in Habitat III: Synaesthesia and Kinaesthetics*, S. 225–240.

150 In dem Versuch der Kognitionspsychologen Harry McGurk und John MacDonald wurden gesprochene Silben in Bild und Ton aufgezeichnet und durch andere Silben in der Tonspur ersetzt. Sehen in der Versuchsanordnung Probanden das Gesicht einer Frau, die in einer Filmaufnahme die Silbe [ga] artikuliert, wird die Lippenbewegung in der Tonaufnahme mit dem Klang der Silbe [ba] begleitet. Zuhörer geben den Eindruck [da] wieder. Hören Probanden nur die Tonaufnahme ohne visuelle Information oder sehen sie nur das Gesicht der Sprecherin, ohne zu hören, berichten sie die Wahrnehmung der Silben korrekt als [ba] oder [ga]. Diese audio-visuelle Täuschung gilt als Beweis für die Integration von visuellen Informationen in die Sprachwahrnehmung, vgl. Harry McGurk / John MacDonald: Hearing Lips and Seeing Voices. In: *Nature* 264 (1976), S. 746–748, hier S. 746.

wird als Konvergenz *und* Divergenz zwischen Hören und Sehen zusammengefasst[151] und bündelt heterogene Beziehungen zwischen auditiven und visuellen Inszenierungselementen in Aufführungen.
Anders als Chions Bewegungsbegriff, der ein transformatives Hören und Sehen in Temporalisierungen und Lokalisierungen beschreibt, fokussiert Alva Noë insbesondere den Zusammenhang von Motorik und Wahrnehmung. Er profiliert eine sensomotorische Wahrnehmung in kognitiver Dimension, deren Grundzüge im folgenden Kapitel vorgestellt werden.

2.3 Wahrnehmung in Aktion: Die sensomotorische Begründung der Wahrnehmung

Die körperliche Intelligenz eines wie ein Schmetterling durch den Boxring tänzelnden Muhammad Ali wird in der Philosophie der Verkörperung auf Prozesse der Kognition erweitert.[152] Zunächst lassen sich die Aktivitäten Alis als eingeübte und im richtigen Moment verfügbare Bewegungsmuster beschreiben. Sie sind weder rein automatische, mechanisch ablaufende Bewegungen des Körpers noch vollständig bewusst gesteuert, intelligent ist gerade ihr Zusammenspiel.[153] Intelligenz bezeichnet demnach nicht nur ein Denken, Leistungen des Bewusstseins oder des Geistes, sondern beschreibt ein körperliches Wissen, d. h. ein Wissen des Körpers in geschickten Bewegungen und eingeübten Tätigkeiten. Der Körper ist dabei in eine strukturierte und an ihn angepasste Umwelt eingebettet und entwickelt Handlungen im Umgang mit derselben, sogenannte „embodied actions“. Sie werden – im Rückgriff auf Phänomenologie und Pragmatismus – in verschiedenen Ansätzen der Philosophie der Verkörperung untersucht und sind im englischsprachigen Forschungsfeld in dem „4-E-Modell“ zusammengefasst: „embodiment“, „embeddedness“, „enactivism“ und „extended mind“.[154]
Was hat also die Virtuosität von Muhammad Ali mit der audio-visuellen Wahrnehmung inszenierter Klänge in Aufführungen zu tun? Über Fähigkeiten eines in der Umwelt agierenden, laufenden, tänzelnden, sprechenden Menschen hinaus besteht die „kognitive Pointe der Philosophie der Verkörperung“, so Joerg Fingerhut, Rebekka Hufendiek und Markus Wild, „in der Idee, dass auch höhere

151 Vgl. Kap. 3–5.

152 Fähigkeiten des Boxers Ali, der durch sein Tänzeln dem Gegner so geschickt ausweicht, dass er kaum noch Kopfdeckung benötigt, nennen Fingerhut / Hufendiek / Wild einleitend zu Grundlagentexten der Philosophie der Verkörperung. Vgl. dies.: Einleitung, S. 14.

153 Vgl. ebd., S. 14–15.

154 Einen guten Überblick bietet ebd., S. 19–43.

kognitive Fähigkeiten im Verhalten, Wahrnehmen und Denken durch verkörperte Fertigkeiten und durch die Umwelt entweder unterstützt oder gar konstituiert werden".[155] Das Konzept ,embodiment' – in der deutschsprachigen Forschung als Verkörperung übersetzt – verweist maßgeblich auf die von Anbeginn interaktive Natur der körpervermittelten Erfahrungs- und Wahrnehmungsprozesse.[156] Für die Untersuchung der Wahrnehmung des Akustischen spielt das Konzept somit ebenfalls eine Rolle.

Vertreter des enaktivistischen Ansatzes fokussieren Praktiken einer Verkörperung, die auf sensomotorische Fertigkeiten des Körpers zurückgeführt werden, ebenso wie auf ihre Einübung und Ausbildung unter verschiedenen Umweltbedingungen. Ein ,weiter Enaktivismus' beschreibt Formen der Kognition auf der Grundlage aller basalen Lebensprozesse. Dieser wurde von Francisco Varela, Evan Thompson und Eleanor Rosch in der Publikation *The Embodied Mind* (1991) formuliert. Im Anschluss u. a. an Merleau-Ponty wird Verkörperung in einem Doppelsinn diskutiert. Zum einen ist der gelebte Leib maßgeblich, diesen charakterisieren Erfahrung, Empfindung und Emotion. Zum anderen ist der lebende Körper im Sinne einer umfassenden biologischen Theorie des Organismus in seiner Umwelt entscheidend. Ein wertender Umgang mit der Umwelt ist in einem Selbstbezug relevant. Davon ausgehend wird das Verständnis der Selbsterhaltung eines Organismus, der sich eine bedeutungsvolle Umwelt schafft, im Anschluss an das Autopoiesis-Konzept von Francisco Varela und Humberto Maturana weiterentwickelt. Zusammengefasst sind diese Ansätze in den Begriffen der ,strukturellen Kopplung' von Welt und Organismus ebenso wie im Begriff der ,Aktivität'. Davon geht auch Susan Hurley aus und kritisiert in detaillierter Auseinandersetzung mit neurowissenschaftlichen Studien traditionelle Vorstellungen des Geistes. Wahrnehmung und Handlung als getrennte Vermögen zu betrachten, die nur mittels höherer kognitiver Prozesse interagieren können, erfasst sie in einem ,Sandwichmodell'. Stattdessen werden, so arbeitet sie aus,

155 Fingerhut / Hufendiek / Wild: Einleitung, S. 16.

156 Ausgehend von dem leiblichen In-der-Welt-Sein des Menschen als Bedingung der Möglichkeit jeglicher kultureller Bedeutungsproduktion spricht Thomas J. Csordas von „Embodiment", vgl. ders.: *Embodiment and Experience. The Existential Ground of Culture and Self.* Cambridge: Columbia UP 1994. Das Konzept der Verkörperung ergänze nach der Theaterwissenschaftlerin Erika Fischer-Lichte Paradigmen wie ,Kultur als Text' oder ,Kultur als Repräsentation', vgl. dies.: Verkörperung/Embodiment, S. 20. Hinsichtlich der visuellen Wahrnehmung wird die Konzeption von ,Bildakten' in Bild- und Kulturwissenschaften zunehmend profiliert, vgl. den Ansatz der Kolleg-Forschergruppe „Bildakt und Verkörperung". http://www.bildakt-verkoerperung.de (Zugriff am 15.07.2016). Darüber hinaus vgl. André L. Blum / John M. Krois / Hans-Jörg Rheinberger (Hrsg.): *Verkörperungen.* Berlin: Akademie 2012.

'Gehalte' und Bedeutungen von bewussten und wahrgenommenen Zuständen ebenso wie ihre 'Träger' in einer Rückkopplungsschleife als Interaktion zwischen Umwelt, Körper und Gehirn realisiert (Feedbackmodell).[157] Demnach werden kognitive Prozesse und Zustände nicht im Rahmen eines Computermodells des Geistes oder in einer Repräsentation beschrieben, sondern in Prozessen der Adaption und Interaktion mit der Umwelt. Darin entstehen wiederkehrende sowie transformierte Muster durch Autopoiesis und erzeugen Bedeutung, „die sich – um ein ganz konkretes Beispiel zu nennen – als bewusste visuelle Wahrnehmung einer bestimmten Farbe äußern kann", gleichwohl ist die Musterbildung nicht abgeschlossen, denn jede weitere Interaktion beeinflusst „durch die Art des Feedbacks die Strukturen, die unseren Wahrnehmungen zugrunde liegen".[158]

Bewusste Wahrnehmungserfahrungen stehen im Zentrum der engeren Variante des Enaktivismus. Alva Noë und J. Kevin O'Regan gehen einem Sehen und visuellen Bewusstsein in der Kopplung mit sensomotorischen Fertigkeiten (*skills*) nach.[159] An der Ausübung dieser Fertigkeiten ansetzend (*enactive approach*), vertreten Noë und O'Regan die These, dass Menschen um Veränderungen der visuellen Erfahrungen durch Bewegung und körperliche Aktivitäten wissen. Sie erlernen dieses Wissen in der Interaktion mit der Umwelt, und darauf beruhen Wahrnehmungsinhalte, denn der körperlich agierende Mensch bringt Bedeutungen in Erfahrungen erst hervor. Dieses Ineinandergreifen von Wahrnehmung, Bewegung und Bewusstsein arbeitet Noë als aktive Wahrnehmung aus und profiliert ein sensomotorisches Verständnis der Wahrnehmung in leiblich-räumlicher Dimension.[160] Im Hinblick auf die Fragestellung, inwiefern sein Verständnis von Aktivität respektive seine sensomotorische Begründung der Wahrnehmung das hier vorgeschlagene Verständnis einer Bewegung zwischen Hören und Sehen in der Wahrnehmung inszenierter Klänge unterstützt, werden zunächst zentrale Positionen seiner Theorie vorgestellt.

157 Vgl. Susan Hurley: Wahrnehmen und Handeln. Alternative Sichtweisen [2001]. In: Fingerhut / Hufendiek / Wild (Hrsg.): *Philosophie der Verkörperung*, S. 379–412.

158 Ebd., S. 87.

159 J. Kevin O'Regan / Alva Noë: A Sensorimotor Account of Vision and Visual Consciousness. In: *Behavioral and Brain Sciences* 24 (2001), S. 939–973, gekürzt und übersetzt von Joerg Fingerhut unter dem Titel „Ein sensomotorischer Ansatz des Sehens und des visuellen Bewusstseins". In: Fingerhut / Hufendiek / Wild (Hrsg.): *Philosophie der Verkörperung*, S. 328–378.

160 Vgl. Noë: *Action in Perception*; ders.: *Out of Our Heads. Why You Are Not Your Brain, and Other Lessons from the Biology of Consciousness.* New York: Hill & Wang 2009; ders.: *Varieties of Presence.* Cambridge, MA: Harvard UP 2012, darin bezeichnet Noë den Ansatz auch als „actionism" (ebd., S. 23).

In der 2004 publizierten Studie *Action in Perception* erläutert Noë ein sensomotorisches Verständnis der Wahrnehmung entlang empirischer Forschungsergebnisse.[161] Er zielt darauf ab, zu einer interdisziplinären Philosophie des Geistes beizutragen, indem er kognitionswissenschaftliche Studien aus phänomenologischer Perspektive untersucht. Dabei beschäftigt sich Noë vor allem mit visuellen Erfahrungen. Wahrnehmung ist nach Noë eine Reihe von Aktivitäten und Handlungen, die auf die Umwelt ausgerichtet sind. Er beschreibt Erfahrungen als sensomotorische Koordination. Diese Koordination wird ausprobiert und führt zu einer allmählichen Entwicklung von Fertigkeiten, vergleichbar mit einem Blinden, der sich tastend einen Raum erschließt. „Perceptual experience acquires content thanks to our possession of bodily skills. *What we perceive* is determined by *what we do* (or what we know how to do); it is determined by what we are *ready* to do. [...] we *enact* our perceptual experience; we act it out", so fasst Noë seine Position zusammen.[162] Körperliche Fertigkeiten umfassen Augenbewegungen bis zu Körperdrehungen, Hinwendungen oder Abwendungen im Rahmen eines impliziten praktischen, weniger begrifflichen Wissens. Noë bezeichnet dieses Wissen als „sensorimotor knowledge"[163], in dem ein grundsätzliches Vermögen körperlicher Aktivität ebenso enthalten ist wie ein Verstehen von Empfindungen und Sinnesreizungen. Wir mögen beispielsweise eine Seite einer Orange *sehen* und andere Seiten desselben Objekts nicht – unser sensomotorisches Wissen ermöglicht uns, die Orange dreidimensional und als rundes Objekt wahrzunehmen.[164] Auf Strukturen in der Beziehung zwischen körperlichen

161 Noës Untersuchungen stehen im Kontext eines Paradigmenwechsels der Analyse von Perzeption, der die Neurowissenschaften und andere Disziplinen betrifft. Eine fragmentarische Verarbeitung von Sinnesreizen ist zumindest für das visuelle System in den primären sensomotorischen Feldern des Gehirns sehr gut belegt. Diskursive Logiken werden für die Entwicklung von Wissensstrukturen beschrieben: „[...] In der neurowissenschaftlichen Diskussion gilt das erkenntnisleitende Interesse deshalb nicht mehr der Frage, wie das Gehirn außenweltlich vorgegebene Objekte ‚erkennt'; die Aufmerksamkeit gilt vielmehr dem grundlegenderen Problem, wie das Gehirn überhaupt erst kategoriale Strukturen aufbaut, die die Generierung von Wahrnehmungsobjekten ermöglichen" (Gisela Fehrmann: Die diskursive Logik kategorieller Wissensstrukturen. In: Ludwig Jäger / Erika Linz (Hrsg.): *Medialität und Mentalität. Theoretische und empirische Studien zum Verhältnis von Sprache, Subjektivität und Kognition*. München: Fink 2004, S. 69–98). Zunehmend werden kulturelle Prägungen von Wissensstrukturen verfolgt, u. a. in der Fachzeitschrift *Culture and Brain*. Bindungstheorien gehen dynamischen Verknüpfungen unterschiedlich aktivierter Bereiche nach. Sie werden als Synchronisierungen und Synthetisierungen diskutiert.

162 Noë: *Action in Perception*, S. 1 (Herv. i. Orig.).

163 Ebd., S. 2.

164 Auf diesen Aspekt weist auch Palágyi in seiner Imaginationstheorie mit dem Beispiel des Kreisrunds eines Glases hin, vgl. Kap. 1.1.

Bewegungen und dadurch generierten Sinnesreizungen gehen Noë und O'Regan mit dem Begriff „sensomotorische Kontingenz" ein.[165] Die Relationen sind von unterschiedlichen Regeln bestimmt, die steuern, wie Veränderungen in Sinnesreizungen (im Sehen, Hören, Tasten) durch Bewegung ausgelöst werden und somit ‚in' Bewegung entstehen. Auditive sensomotorische Kontingenzen haben eine andere Struktur als visuelle, die auditive Kontingenz wird beispielsweise durch Blinzeln nicht beeinflusst, hingegen verändern „Kopfdrehungen [...] im Allgemeinen die zeitweilige Ungleichzeitigkeit der Informationsverarbeitung von linkem und rechtem Ohr. Eine Bewegung auf die Klangquelle hin beeinflusst die Wellenlänge, aber nicht die Frequenz des sensorischen Inputs", so Noës und O'Regans Erläuterungen.[166]

Noës sensomotorisch begründete Wahrnehmungstheorie gilt als radikal, denn sie polarisiert mit der These, dass Netzhautreizungen nur dann eine bewusste Wahrnehmung eines dreidimensionalen Gegenstands hervorbringen, wenn wir dreidimensionale Handlungsmöglichkeiten gelernt haben, d.h. Möglichkeiten, uns um den Gegenstand herumzubewegen und darin Veränderungen der Perspektive erfahren. Damit stellt Noë zur Debatte, ob kognitive Fähigkeiten wesentlich an die Handlungsfähigkeit und Bewegungsfertigkeiten einer Person geknüpft sind; sein Ansatz wurde mit dem Vorwurf eines sensomotorischen Chauvinismus kritisiert.[167]

Gegen eine Bewegungsabhängigkeit spreche, so das Argument Fingerhuts, Hufendieks und Wilds, dass Noës bewusste visuelle Wahrnehmungen auch Halluzinationen und Träume einschließen. Letztere setzten keine körperliche Interaktion mit der Umwelt voraus. Die Autoren nehmen an, dass wir sensomotorische Fertigkeiten nicht jedes Mal ausüben müssen, sondern eine Interaktion in der Ausbildung derselben ausreiche und sogar eine neuronale Realisierung des sensomotorischen Wissens genüge, um vergleichbare Erfahrungen auszulösen.[168] Allerdings wendet sich Noë in der Ausarbeitung seiner sensomotorischen Wahrnehmungstheorie 2004 explizit gegen die Annahme neuronaler Realisierung, und

165 O'Regan / Noë: Ein sensomotorischer Ansatz des Sehens und des visuellen Bewusstseins, S. 333–334.

166 Ebd.

167 Vgl. exemplarisch Albert Newen: *Philosophie des Geistes. Eine Einführung.* München: Beck 2013, S. 56. Newen kritisiert die Gültigkeit von Noës Theorie für sensomotorisch beeinträchtigte Körper (Blindheit, Paralyse u. v. m.) und hinterfragt eine Abhängigkeit von Bewegungsfertigkeiten.

168 Dabei verweisen sie allgemein auf neuere Texte des sensomotorischen Enaktivismus, vgl. Fingerhut / Hufendiek / Wild: Einleitung, S. 88.

zwar insbesondere im Sinne einer erklärenden Umkehrbarkeit zwischen Eigenschaften neuronaler Substrate und resultierender Erfahrungen. Er hält aber fest: „If there were no relation, however abstract, beyond brute correlation, the dependence of experience on a neural substrate would remain a mystery“[169]. Auf diese Aussage Noës bezugnehmend, charakterisieren Fingerhut, Hufendiek und Wild ein Aktivitätsverständnis als ‚Bewegungssensitivität':

> Zugleich betont er [der sensomotorische Enaktivismus, J. N.] aber weiterhin, dass die Wahrnehmung aktiv ist, ohne auf einer körperlichen Aktivität in jedem Vorkommnis bestehen zu müssen. Wahrnehmung ist demnach bewegungssensitiv (d. h., wenn relevante Veränderungen durch Bewegung vorliegen, konstituieren diese die Erfahrung mit), ohne bewegungsabhängig zu sein.[170]

Noës grundsätzliche Überzeugung „perception is […] a kind of thoughtful activity“ bündelt das Zusammenspiel eines Bewegungsvermögens mit einem Bewusstsein, Verstehen, Denken und Wissen um diese Bewegung.[171] Am Beispiel der Wahrnehmung eines Blinden mit Blindenstock erläutert Noë, dass bloße Empfindung („mere feeling“) im Rahmen des enaktiven Verständnisses für eine Wahrnehmungserfahrung, d. h. eine Erfahrung, die Inhalte der Welt erschließt („perceptual experience“), nicht ausreichend sei.[172] Vielmehr verändere sich eine Empfindung („sensory stimulation“) in Bewegung und interagiere mit dem Bewusstsein. Am Fuß des Blindenstocks gebe es keine Empfindung, aber mit dem Fuß des Stocks sei der Blinde im Kontakt mit der Umwelt. Auch Empfindungen der Hand, die den Stock hält, seien nicht alleiniger Bestandteil einer stockbasierten Erfahrung der Umwelt. Die Bewegung und Handhabung des Stocks oder auch eine vorausgegangene Erfahrung dieser Bewegung, z. B. im Abtasten des Raums oder des Untergrunds, interagierten mit dem Wahrnehmungsbewusstsein und erarbeiteten sich in dieser Interaktion Konzepte, beispielsweise einer Räumlichkeit.[173] Räumlichkeit, so betont Noë, sei nicht als absolute Entität repräsentierbar, sondern nur im Zusammenhang

169 Noë: *Action in Perception*, S. 247.

170 Fingerhut / Hufendiek / Wild: Einleitung, S. 89.

171 Vgl. Noë: *Action in Perception*, S. viii.

172 Ebd., S. 3–7.

173 Diesen Zusammenhang sieht Noë vor allem in der wahrnehmungspsychologischen Forschung von J. J. Gibson bestätigt. Dessen ökologische Wahrnehmungstheorie wurde einleitend genannt, ich erläutere sein Konzept der „affordances“ in Wirkungen inszenierter Klänge am Beispiel der Aufführung *Velma Superstar*, vgl. Kap. 4.2.

mit Bewegungen und Empfindungen des Körpers; dieser Zusammenhang bedinge ein sensomotorisches ebenso wie ein konzeptuelles Verständnis über konkrete einzelne Bewegungsoptionen hinaus, beispielsweise ein Wissen um Dreidimensionalität. Somit sei das auf dieser Interaktion beruhende sensomotorische Wissen ein praxisbasiertes Wissen, genauer: ein Wissen um Praktiken, Bewegungen, Handlungen, die einer Veränderung zugrunde lägen. Erst das Vermögen sensomotorischer Fertigkeiten bringe das sensomotorische Wissen hervor oder aktiviere es; dieses Zusammenspiel ergebe eine Wahrnehmungserfahrung.[174] Folglich hält Noë die an ihn herangetragene Kritik einer Überbewertung der Aktivität (in sensomotorischer Begründung der Wahrnehmung) für ein Missverständnis. Er bezweifelt grundsätzlich eine passive, unbewegliche, träge Wahrnehmung.[175] Anhand empirischer Studien zur Entwicklung von Wahrnehmungsprothesen für querschnittsgelähmte bzw. blinde Menschen und deren Umgang mit Prothesen führt Noë aus, dass für die Wahrnehmung relevante Bewegungen des Kopfes bzw. der Augen und andere motorische Prozesse im Körper mithilfe von Techniken und Training möglich und kompensierbar seien. Wahrnehmungserfahrungen können nicht auf eine ganz bestimmte Art von Körpern beschränkt werden, so lässt sich Noës Replik auf Vorwürfe des sensomotorischen Chauvinismus zusammenfassen.[176] Vielmehr ist von einer (schwachen) multiplen Realisierbarkeit kognitiver Zustände und Prozesse in der Wahrnehmung der unterschiedlichen Lebewesen auszugehen, und diese Prozesse werden auf Basis der körperlichen Beschaffenheit und sensomotorischen Fertigkeiten der jeweiligen Lebewesen ausgeprägt. Noë betont:

> I have said that only a creature with a body like ours can have experiences like ours. But now we ask: Must a creature have a body *exactly* like ours to have experience enough like ours to be thought of as *perceptual*, say, or as visual? That would be an undesirable consequence, ruling out even a very weak multiple realizability of sensory systems [...].[177]

Die körperliche Aktivität gilt also als umfangreiche Ausgangsbasis für Entwicklungen eines sensomotorischen Wissens, in dem Strukturen in der Beziehung

174 Vgl. Noë: *Action in Perception*, S. 17, 114. Kritiker leiten daraus ab, dass Noës bewusste Objektwahrnehmung nicht mehr ist als die Beherrschung eines impliziten sensomotorischen Wissens, vgl. Newen: *Philosophie des Geistes*, S. 57.

175 Susan Hurleys Modell des Zusammenhangs zwischen Handlung und Wahrnehmung wurde oben genannt, auf sie beruft sich auch Noë.

176 Vgl. auch Fingerhut / Hufendiek / Wild: Einleitung, S. 81.

177 Noë: *Action in Perception*, S. 26.

zwischen körperlichen Bewegungen und dadurch generierten auditiven, taktilen, visuellen und anderen Sinnesreizungen unterscheidbar sein mögen. Zusammenfassen lässt sich deshalb, dass eine sensomotorische Interaktion mit der Umwelt und ein Zusammenspiel mehrerer Sinnesmodalitäten Wahrnehmung dynamisch formen. Das sensomotorische Wissen wird einhergehend verändert und neue Strukturen können darin entstehen – wie Noë an zahlreichen Beispielen erläutert.

Insbesondere arbeitet er die visuelle Wahrnehmung aus. Sehen nimmt nach Noë einen grundsätzlichen Einfluss auf nicht visuelle Sinneserfahrungen, in diesem Zusammenhang siedelt Noë auch Empfindungen von Phantomschmerzen an.[178] Die visuelle Wahrnehmung eines Bauchredners kennzeichnet er als ‚robusten Effekt', darin würden Zuschauer und Zuhörer annehmen, die Worte werden aus dem Bauch heraus gesprochen statt im Kehlkopf artikuliert. Auch die Wahrnehmung des Tons im Kino führt Noë auf eine visuelle Dominanz zurück – seine Annahme erinnert an Chions Wirkungsprinzip einer Tonprojektion beispielsweise in Zuordnungen von Stimmen zu bestimmten Sprechern. Dabei diskutiert Noë Einflüsse der Sinnesmodalitäten aufeinander in zwei Bereichen. Es geht um Fragen zu einem jeweiligen spezifischen Charakter einzelner Sinneserfahrungen ebenso wie um Fragen nach der neuronalen Basis qualitativer Wahrnehmungserfahrungen. Nach Noë können Letztere nicht allein aus der intrinsischen Natur von Hirnvorgängen erklärt werden, weil es an Hirnvorgängen nichts gibt, was beispielsweise besonders visuell wäre.[179] Durchaus im Einklang mit seinen Ausführungen zu Entwicklungen von neuen Strukturen sensomotorischen Wissens gelten Noë die Untersuchungen von Mriganka Sur als paradigmatischer Beleg für eine grundsätzliche Beziehung zwischen Hirnarealen und Sinneskopplungen. Sur hat in einem hirnchirurgischen Eingriff an neugeborenen Frettchen deren Augen mit dem Teil des Gehirns verknüpft, in dem die Hörrinde verortet ist (*Lobus temporalis*). Die Tiere konnten mit der Hörrinde sehen entgegen der Erwartung, mit den Augen zu hören. Eine Beziehung zwischen der Hörrinde und der auditiven Wahrnehmung sowie zwischen der Sehrinde und der visuellen Wahrnehmung ist deshalb nach Noë kein ausreichendes Erklärungsmuster einer Wahrnehmungserfahrung: „die Beschaffenheit

178 Vgl. Alva Noë: *Du bist nicht dein Gehirn. Eine radikale Philosophie des Bewusstseins.* München: Piper 2010, S. 91. Die Beobachtungen, dass der Körper Körperteile wahrnimmt, die nicht mehr vorhanden sind, stehen in einer Tradition, die der Neurologe Paul Schilder 1923 in *Das Körperschema* erstmals publiziert.

179 Noë: *Action in Perception*, S. 72. Eine vergleichbare Position impliziert auch Chion in einem transsensoriellen Modell der Wahrnehmung.

unserer bewussten Erfahrung wird nicht von der dazugehörigen neuronalen Aktivität bestimmt und kontrolliert", so seine Schlussfolgerung.[180]

Vor dem Hintergrund von Noës sensomotorischer Theorie der Wahrnehmung lässt sich zuspitzen, dass sich Wahrnehmungserfahrungen durch Bewegung auszeichnen, anders formuliert: Eine Wahrnehmungserfahrung verändert sich in der Bewegung des Wahrnehmenden und durch sie. Die Motilität der Augen und andere motorische Fertigkeiten des Körpers sind mit einem Wahrnehmungsbewusstsein gekoppelt. Dabei bildet sich ein sensomotorisches Wissen aus, das bewusste Wahrnehmungen und Wahrnehmungsinhalte ermöglicht. So wie der Blindenstock in ein aktives Wechselspiel zwischen Umwelt und Körper integriert ist, sind alle körperlichen Aktivitäten in leiblich-räumliche Erfahrung integriert. Dieses Wechselspiel in phänomenologischer Begründung gilt ebenfalls für die Eigenwahrnehmung. Noë charakterisiert dabei in der Theorie eines Wahrnehmungsbewusstseins in *Du bist nicht Dein Gehirn*:

> Die ‚Meinigkeit' der Hand besteht darin, wie sie aktiv, dynamisch und visuell mit meinem Leben verknüpft ist. Genau das sagt auch der französische Philosoph Maurice Merleau-Ponty. Unser Leben findet in einem Umfeld statt. Dieses Umfeld – der Boden, die Wände, die Geräusche, das Äußere – ist der Hintergrund für all unsere Aktivitäten [...]. Laut Merleau-Ponty sehen wir den Körper deshalb als den unseren, weil er Hintergrundbedingung für all unsere Handlungen ist. [...]. Um es mit Merleau-Pontys Worten auszudrücken: ‚Der Leib ist das Vehikel des Zur-Welt-Seins, und einen Leib haben heißt für den Lebenden, sich einem bestimmten Milieu zuzugesellen, sich mit einem bestimmten Vorhaben zu identifizieren und darin beständig sich zu engagieren'.[181]

In Noës Betonung dieser Verknüpfungen wird das Verständnis von Leiblichkeit als Zwischenbereich deutlich.[182] Wenn der Mensch „mittelbar *durch* seinen Leib und unmittelbar *als* Leib" agiert, wie Martin Asiáin prägnant

180 Ebd., S. 73.

181 Noë: *Du bist nicht dein Gehirn*, S. 94–95. Die Übersetzerin Christiane Wagler zitiert aus der deutschen Übersetzung Merleau-Pontys von Rudolf Boehm, vgl. Merleau-Ponty: *Phänomenologie der Wahrnehmung*, S. 106.

182 Bernhard Waldenfels entwickelt auf dieser Grundlage das Verständnis eines Handelns, das sich mit einer sensomotorischen Begründung in Verbindung bringen lässt. Dieses Handeln bringt einen eigenen Logos hervor. Beispielsweise entstehen im Schweigen Handlungsszenarien als offene Felder, auch Lächeln verdeutlicht eine Überschreitung eines funktionalistischen Handlungsmodells. Vgl. Bernhard Waldenfels: Der Logos der praktischen Welt. In: Hiroshi Kojima (Hrsg.): *Phänomenologie der Praxis im Dialog zwischen Japan und dem Westen*. Würzburg: Königshausen & Neumann 1989, S. 12–29.

zusammenfasst, entsteht Leiblichkeit im Umgang mit der Umwelt, auf die gleichsam gestaltend Einfluss genommen wird.[183] Dieser Umgang setzt also in leiblich-räumlicher Erfahrung – wie Noë deutlich macht – an Bewegungspraktiken an.[184] Ein Bewegungsverständnis auf einer rein körperlich-motorischen Ebene ist darin überschritten, denn Noë geht es um die umfassendere sensomotorische Aktion in der Wahrnehmung auf der Basis eines sensomotorischen Wissens. Die von ihm formulierten dynamischen Prozesse zwischen Empfindung („sensory stimulation") und Bewusstsein bieten zugleich eine Begründung von sich entwickelnden Wahrnehmungspraktiken. Sie entstehen im Umgang mit beispielsweise dem Akustischen in Aufführungen durch leiblich-räumlich eingebettete Audio-Zuschauer*innen. Darin bündelt der Bewegungsbegriff auf mehreren Ebenen Aktivitäten, die für die Wahrnehmung konstitutiv sind und die abschließend zusammengefasst werden.

2.4 Zwischenfazit: Die Wahrnehmung des Akustischen in Bewegung

Das Akustische in Theateraufführungen kommt in einer heuristischen Bewegung zwischen Hören und Sehen eines ‚hochmodernen' Subjekts, das kontinuierlich an der Wahrnehmung arbeitet, zur Geltung. Historische und kulturelle Bedingungen und Voraussetzungen der Wahrnehmung sind in diesem Subjektverständnis berücksichtigt. Zudem lässt sich Bewegung mit einem phänomenologisch begründeten Wahrnehmungsverständnis in leiblich-räumlicher Profilierung erhärten. In diesem ist Bewegung in der Wahrnehmung für die Wahrnehmung konstitutiv.

Schmitz' Begriffskonzept ‚Bewegungssuggestionen' unterstützt eine Bewegung zwischen Hören und Sehen. Denn Bewegungssuggestionen können zu Positionierungen auch innerhalb eines auditiv gestalteten Gefühlsraums beitragen, so die hier vorgeschlagene Weiterentwicklung von Schmitz' leiblicher Kommunikation. Mögliche affektive und körperliche Positionierungen im Sinne einer Verortung überbrücken Schmitz' kategorische Abgrenzung

183 Martin Asiáin: *Sinn als Ausdruck des Lebendigen*. Würzburg: Königshausen & Neumann 2006, S. 10 (Herv. i. Orig.). Vgl. darüber hinaus Darja Springstübe: *Über Wahrnehmung und Ausdruck in der Philosophie Maurice Merleau-Pontys*. Berlin: Logos 2013.

184 Uwe Wirth fokussiert Bewegungspraktiken, die unter topologischen, kulturellen und textuellen Aspekten ebenso wie in epistemischer Funktion einen Zwischenraum konstituieren, vgl. ders.: *Zwischenräumliche Bewegungspraktiken*. In diesem Bezugsrahmen widmet sich Claudia Schmölders beispielsweise dem sozialen Zwischenspiel des Lächelns, vgl. dies.: Lächeln im Zwischenraum. Zur Miene des Übergangs. In: Wirth: *Bewegen im Zwischenraum*, S. 379–400.

zwischen Leibphilosophie und Körperverständnis. Beispielsweise gehen Audio-Zuschauer*innen in einem ungefähren Richtungshören mit dem Akustischen lokalisierend um, identifizieren mögliche Klangquellen, wenden sich diesen zu oder von ihnen ab. Solche motorischen Bewegungen können die von Schmitz postulierte unumkehrbare Richtung antagonistischer Einleibung von Schall in ihrer Zudringlichkeit relativieren, insbesondere in Raumsituationen des Theaters. Denn die Zudringlichkeit im Akustischen von Aufführungen ist selten grundlos, sondern ein gestalteter Prozess mit ungewissem Ausgang. Indem derjenige, der die Atmosphäre wahrnimmt, sich am Ort des Befindens bewegt, wäre das von Schmitz vorgeschlagene motorische Körperschema als „System der die geführten Eigenbewegungen leitenden Richtungen"[185] erweitert.

Böhmes Verständnis von Atmosphären als ‚Zwischenphänomene' bietet eine Grundlage dafür, eine Bewegung zwischen Hören und Sehen auch im Spüren von Atmosphäre auszumachen. Dabei lassen sich Verweisbeziehungen, die im Akustischen und in akustischer Atmosphäre zwischen dem Auditiven und Visuellen enthalten sind, verfolgen. Einen Umgang mit dem Akustischen als Zwischenbewegung zu verstehen, trägt dazu bei, nicht das zu beschreiben, was ist, sondern wie Atmosphäre als akustische Raumgestaltung in zeitgenössischen Theaterarbeiten zustande kommt.

Imaginative Prozesse sind in der atmosphärischen Wahrnehmung ebenfalls relevant. Palágyis Konzept einer direkten Phantasie als Wahrnehmungsorgan der räumlichen Verhältnisse der Lebens- und Erscheinungswelt enthält körperlich-hinweisende Bewegungen und verdeutlicht, dass diese jeder Wahrnehmung zugrunde liegen. Somit bringt er in der ‚direkten Phantasie' einen Zusammenhang zwischen Bewegung, Einbildung und Wahrnehmung auf einen Begriff, der Wechselwirkungen zwischen Hören und Sehen umfasst.

Chions langjährige Untersuchungen einer Audio-Vision systematisieren transformative Beziehungen zwischen Hören und Sehen als Wirkungsprinzipien und Effekte. Er sieht diese u. a. in psycho-physiologischen Prozessen begründet, siedelt Wirkungen in einem Zusammenhang von Motorik und Wahrnehmung an und untersucht sie sowohl in zeitlicher als auch in räumlicher Dimension.

Noës Profilierung der sensomotorischen Wahrnehmungstheorie ist produktiv für die Wahrnehmung des Akustischen in der Bewegung zwischen Hören und Sehen, weil er Wahrnehmungserfahrungen als Zusammenspiel von Fertigkeiten (*sensorimotor skills*) und des Wissens um Bewegungen des Körpers (*sensorimotor knowledge*) verdeutlicht. Der enaktive Leib interagiert hörend und sehend mit

185 Vgl. Schmitz: Leibliche Kommunikation im Medium des Schalls, S. 78–79.

der Umwelt und kommt als ‚sich bewegender Körper' zur Geltung. Somit bildet seine Ausprägung sensomotorisch verstandener Wahrnehmung eine weitere Grundlage für das Verständnis einer Bewegung zwischen Hören und Sehen und erlaubt zudem, von konkreten körperlichen Bewegungen im Plural zu sprechen.

Diese Bewegungsverständnisse sind im Bindestrich der audio-visuellen Wahrnehmung des Akustischen zeitgenössischer Theaterarbeiten enthalten. Sie liefern die Grundlage, um Wirkungen inszenierter Klänge in drei ausgewählten Theaterarbeiten des Schweizer Performancekollektivs Velma zu analysieren.

3.
Hören und Sehen austarieren: Rhythmus in *Rondo*

Zu Beginn der Aufführung *Rondo* treten drei Akteure aus dem Bühnenhintergrund hervor, stellen sich frontal zum Publikum auf und blicken in den dunklen Publikumsraum.[1] Still stehen die Spieler Stéphane Vecchione, Christian Garcia und Christophe Jaquet in einer Reihe am vorderen Bühnenrand und die Frage, wer wen anschaut, drängt sich auf. Gelb leuchtende Leinwände an beiden Bühnenseiten sind die maßgeblichen Lichtquellen. Darauf werden der Titel des Stücks und der Name der Gruppe Velma projiziert. Das gedimmte Licht und die Farbigkeit der Projektionen erinnern an Ausleuchtungen klassischer Kammerkonzerte. Drei Notenpulte sind in einer graduell heller werdenden und zunehmend blau gefilterten Beleuchtung der Bühnenfläche erkennbar; hinzu kommen Monitorboxen, die in einem Halbkreis angeordnet sind. Diese sichtbaren Requisiten einer Konzertpraxis lassen Musik erwarten. Zugleich gerät die Erwartung durch die stillstehenden und ins Publikum schauenden Spieler ins Stocken. Außerdem beklatscht das Publikum den Auftritt der Akteure wie in einer konventionellen Begrüßung einer Popband oder eines Orchesters, so dass eine Mitarbeit von Claqueur*innen im Publikum vermutet wird.[2] Sind also auch klatschende Audio-Zuschauer*innen inszenierte und damit akustische Körper? Dabei deutet sich ein übergreifendes erstes Spannungsfeld des Akustischen in

1 Velma: *Rondo* (UA: 02.09.2002, Théâtre de l'Usine / Festival de la Bâtie, Genf). Ich habe die Aufführungen am 27. und 28.04.2005 im HAU 2, Berlin, besucht.

2 In der DVD Dokumentation der Aufführung sind sogar Pfiffe aus dem Publikum zu hören. Mit dem Wissen darum, dass die Gruppe Velma auch als Band auftritt, stellt sich die Frage, welches informierte Fan- oder Fachpersonal an der Aufführung teilnimmt. Vgl. DVD-Dokumentation der Uraufführung vom 2. September 2002, Théâtre de l'Usine / Festival de la Bâtie, Genf.

Rondo an: Aufführungspraktiken eines Konzerts und einer Theateraufführung changieren und problematisieren Wahrnehmungskonventionen. Dieses erste Spannungsfeld geht mit einem zweiten einher. Hören und Sehen ist darin thematisiert und Gegenstand dieser einleitenden Beobachtungen und Höreindrücke ebenso wie ihrer anschließenden Analyse. Hören in Beziehung zum Zuschauen wird dabei insbesondere in rhythmischen Besonderheiten der Aufführung relevant, beispielsweise in einem Rundlauf der Performer, in Tableaus und in Variationen eines Popsongs.
Christian Garcia beginnt, auf einer Gitarre eine Melodie im 4/4-Takt in wechselnden Tonarten zu spielen. Mit einem Shaker-Ei begleitet Stephane Vecchione perkussiv die Töne und Christophe Jaquet singt ein englischsprachiges Lied. Es besteht aus zwei Strophen und Refrain in einem sehr eingängigen Verhältnis von betonten und unbetonten Silben. Alliterationen sind darin auffällig. An diese Lieddarbietung schließt eine erneute ‚Schweigeminute' mit Blick ins Publikum an. Zwei Spielerinnen – Arantxa Martinez und Lola Rubio – treten auf und nun singt die Formation im Quintett das gleiche Lied. Dieser eine rhythmisch unkomplizierte Popsong wird in Wiederholungen und Variationen im weiteren Verlauf der Aufführung präsentiert, u. a. werden instrumentale Versionen gespielt und einzelne Verszeilen in unterschiedlichster Lautstärke gesungen, geschrien, gesprochen sowie medientechnisch bearbeitet wiedergegeben, zudem mit Halleffekten und in der Bild- und Tonanordnung einer Karaoke-Installation. Der Popsong scheint den Verlauf der Aufführung zu strukturieren. Darin ist das Verhältnis von Kontinuität und Diskontinuität als Muster sowie als Entgrenzung desselben zentral und wird als Auseinandersetzung mit Rhythmus im Aufführungsgeschehen und in der Wahrnehmung zusammengefasst.[3] Im Rhythmus des Popsongs ist zudem ein musikalisches Verständnis des titelgebenden Rondos erweitert und kommt im Finale der Aufführung wie folgt zur Geltung: Begleitet vom Applaus der Audio-Zuschauer*innen treten die Spieler*innen wieder und wieder auf. Sie singen den Refrain – wie in einer Dauerschleife von Zugaben. Die Audio-Zuschauer*innen beklatschen die wiederholten Auftritte, ihr Beifall ebbt schließlich ab, was zugleich das Ende der Aufführung bedeutet.

3 Der Philosoph Christan Grüny und der Musikwissenschaftler Matteo Nanni schlagen eine Theorie des Rhythmus in der Begriffstrias Rhythmus-Balance-Metrum vor. Sie fordern „eine Theorie des Konkreten, in dem sich das Verhältnis von Maß und Bewegung, von Kontinuität und Diskontinuität je spezifisch ausbalanciert" (Christan Grüny / Matteo Nanni: Einleitung. In: Dies. (Hrsg.): *Rhythmus – Balance – Metrum. Formen raumzeitlicher Organisation in den Künsten*. Bielefeld: Transcript 2014, S. 7–14, hier S. 13). Auf andere Verständnishorizonte von Rhythmus komme ich im Verlauf der Aufführungsanalyse zurück.

Insgesamt ruft das Akustische in *Rondo* mittels Musik, Tanz und Medientechniken ständige Verschiebungen der Aufmerksamkeit hervor, erstens auf Klang und zweitens auf das Verhältnis zwischen Hören und Sehen in den Rahmen Konzert und Tanz. In *Rondo* arbeiten die Musiker und Performer mit den Tänzerinnen Sarah Duc[4] und Arantxa Martinez zusammen. Ist die Lautlichkeit von Schrittbewegungen in Aufführungen zumeist durch Konventionen ‚weggefiltert' und wird überhört, verdeutlichen die Schritte der Akteure*innen im Rundlauf dieselben als auditive und visuelle Vorgänge. Beispielsweise kommt in einem gleichmäßigen Heben (Arsis) und Senken (Thesis) der an Schrittfolgen beteiligten Körperteile ein Urbild des Rhythmus paradigmatisch zur Darstellung und zu Gehör.[5] Allerdings entgrenzen akustische Körper im Rundlauf auch dieses bestimmte Muster und münden in einem anderen Wahrnehmungseindruck: Ein diffuser ‚Bewegungsrausch' entsteht, der als Karussellwirkung benennbar ist – Hören und Sehen scheinen in Raumsituationen zu ‚verschwimmen'. In dieser auditiven und visuellen Rauschwirkung mögen Audio-Zuschauer*innen einen Balanceakt zwischen Hören und Sehen ausüben. Vielleicht nehmen sie eine Differenzierung der Ebenen vor, um rhythmische Strukturierungen des Geschehens und ihre Entgrenzungen zu erfassen. Die Strukturierungen stehen im Kontext eines erweiterten Rondo-Verständnisses, das zunächst erläutert werden soll.

Historische Begründungszusammenhänge der musikalischen Rondo-Form liegen in Tanz, Musik und Dichtung und implizieren darüber hinaus wissenschaftliche und experimentelle Reihungsformen. Ein Rondo gilt allgemein als Liedtypus, der einen Rundtanz bei öffentlichen Festen begleitete. Aus dem 13. Jahrhundert sind Texte überliefert, die beschreiben, dass Frauen eine Kette oder Kreis bilden und dabei ein *cançon* oder *rondet de carole* singen, während sie tanzen.[6] In Dichtung und Musik bezieht sich ein Rondo auf Entwicklungen rhythmischer Einheiten wie lange und kurze, betonte und unbetonte Silben und Reimschemata. Erst seit Mitte des 17. Jahrhunderts umfasst der Rondo-Begriff

4 In den besuchten Aufführungen am 27. und 28.04.2005 im HAU 2 tanzt Lola Rubio.

5 Leibniz' Konzept ‚kleiner Wahrnehmungen' wurde im Präludium als klanganthropologische Perspektive auf die Wahrnehmung inszenierter Klänge bezogen. Metaphorisch gesprochen folgt daraus für die Beschreibung von konventionellen Kollisionen in der Wahrnehmung und Klassifizierung des Geschehens: Wenn in *Rondo* einzelne geräuschvolle Schritte gemäß der Terminologie Leibniz' ‚Wassertröpfchen' sind, was ist dann das Getöse – Konzert oder Tanz? Ein neuer Name für die Aufführungsform, geschweige denn ein Gattungsbegriff für die Inszenierung von Klang scheint weniger aussagekräftig als die Grenzbeschreitung zwischen den Aufführungsformen.

6 Vgl. Elisabeth Aubrey: Das einstimmige Rondeau des Mittelalters. In: *MGG. Sachteil 8*, 1998, Sp. 537–540, hier Sp. 537.

auch Instrumentalmusikkompositionen, u. a. in besonderer Prägung der *Comédie-ballets*, *Courantes*, *Allemandes*, und *Sarabandes* durch Jean-Baptiste Lully.[7] Komponisten bedeutender Cembalomusik, sogenannte Clavecinisten, steigerten im 17. und 18. Jahrhundert die Bedeutung des Rondos. Es entwickelte sich in Europa nach 1750 zu einer wichtigen musikalischen *forme fixe*.[8] Spuren dieser historischen Formen sind in der Popsongstruktur der Aufführung von Velma enthalten. Nach dem Auftritt der drei Darsteller beginnt Jaquet, englischsprachige Liedzeilen in wiederholter Tonfolge zu singen. Durch den ausgeprägten französischen Akzent scheint die eingängige Melodie die semantische Reihung der folgenden Textzeilen zu übertönen und Bedeutungen der Worte zu überdecken:

> Respect all around,
> Access to a blank,
> Remain up ‘til late,
> Contact all your fears,
> Curfew is for real,
> Advance for your ears,
> Action my sister,
> Sudden for your age,
> Sunny me at six,
> Crossing a breakthrough,
> Sickness let it go,
> Solid but not mad,
> Satan a new man,
> Stupid gallery,
> Show academy,
> Rainbow a success.

Der Refrain mit den Worten „Seven back in place, salty told you so“ wird in unterschiedlicher Besetzung wiederholt. Mögen die insgesamt 16 gesungenen Verszeilen eine Dopplung der *forme fixe* des mittelalterlichen sog. Rondeaus

7 Lullys bemerkenswerte Karriere am Hofe Ludwigs XIV. begann als italienischer Konversationspartner. Er avancierte zum Komponisten und Choreografen und war ab 1680 als *conseiller secrétaire du roi* beschäftigt, so skizziert Herbert Schneider Lullys Einfluss auf die Ausprägung der französischen Oper und des Balletts. Vgl. Herbert Schneider: Lully. In: *MGG. Personenteil 11*, 2004, Sp. 578–605.

8 Vgl. Ulrich Leisinger: Das instrumentale Rondo. In: *MGG. Sachteil 8*, 1998, Sp. 549–556.

darstellen und im Höreindruck des flüchtigen Verlaufs die Reime „fears – ears", „gallery – academy" hervorgehoben sein, ist ein Reimschema, wie es das Rondo als Liedtypus und in der Dichtung kennzeichnet, nicht erkennbar. Der Bezug zu einem musikalischen Verständnis eines instrumentalen Rondos als standardisierte Reihungsform mit wiederkehrendem Hauptteil (Refrain) und einem oder mehreren Zwischenteilen (Couplet, Reprise) bleibt strukturell offen.[9] Diese Offenheit lässt sich als Popsong bündeln. Über Wiederholungen und Variationen des Lieds hinaus entsteht in der Szenenreihung auch die Frage, inwiefern ein Rondo in Formen von Wissenspraktiken gültig ist.[10] Ein *homo aestheticus* als mögliches Thema und als Untersuchungsgegenstand der Aufführung rückt in die Nähe von humanwissenschaftlichen Erforschungen der Wahrnehmung in Fallsammlungen, Reihen und Tableaus. In der Aufführung sind wissenschaftliche Methoden und Erkenntnisse freilich in einen ergebnisoffenen Verlauf verlagert.[11] In Variationen der Liedpräsentation ebenso wie in Lichtwechseln im Verlauf entsteht eine Dynamik zwischen Bewegung und Stillstand wie in einem ‚Stop-and-go'. Die Frage, ob ein ‚Stop-and-go' der Bühnenvorgänge auch in der Wahrnehmung wirksam ist und ob das dann als innehaltendes und reflektierendes Audio-Zuschauen beschrieben werden kann, stellt sich in der Analyse. Somit liegt in rhythmischen Strukturierungen des Akustischen – wie sie in der Arbeit *Rondo* als Popsong und in einem Rundlauf der Bühnenakteure in Erscheinung treten – ein Potenzial für Selbstexperimente in der Wahrnehmung. Auch das Performancetrio formuliert, dass die Aufführung als Rorschach-Test fungieren mag, die jedem Individuum etwas über die eigene Geschichte, Architektur von Gefühlen und derzeitigen Stimmungen offenbare.[12] Das Denkmodell

9 Vgl. ebd., Sp. 549.

10 Viktoria Tkaczyk geht in der Erforschung der Geschichte des Akustischen von einer doppelten Eigenschaft aus: Das Akustische ist Untersuchungsgegenstand und Generator von Wissen, vgl. Tkaczyk: Listening in Circles.

11 Vergleichend und mit Bezug zur dramatischen Literatur zieht Caroline Pross in ihrer Analyse von Arthur Schnitzlers *Reigen* Schlüsse zu Übereinstimmungen und Relativierungen wissenschaftlichen Wissens der *scientia sexualis* der 1880er Jahre, an der Schnitzler als Arzt bis 1893 teilhatte. Vgl. Caroline Pross: Das Gesetz der Reihe. Zum Verhältnis von Literatur, Wissen und Anthropologie in Schnitzlers ‚Reigen'. In: *Hofmannsthal Jahrbuch zur europäischen Moderne* 10 (2002), S. 245–266.

12 Die Beschreibung der Produktion auf der Internetseite des Performance-Kollektivs verzeichnet: „The show acts in fact as a kind of Rorschach test, revealing to every individual his/her history, architecture of feelings, and present moods." (Velma: *Rondo*. http://www.velma.ch/framentre.html (Zugriff am 15.07.2016).) Der von Hermann Rorschach 1921 vorgestellte Test gilt als historischer und umstrittener Untersuchungsansatz der Wahrnehmung in der Psychologie. In diesem Formdeuteverfahren wurden Rückschlüsse auf wesentliche Komponenten der

einer Bewegung zwischen Hören und Sehen schließt an potenzielle Eigenwahrnehmungen an und bündelt sie in einer reflexiven Bewegung.[13] Hören und Sehen inszenierter Schrittmuster auszutarieren, heißt dann zugleich, sowohl Strukturierungsleistungen im ‚Augen- und Ohrenblick' als auch Entgrenzungen dieser Leistungen – zudem in überschrittenen Wahrnehmungskonventionen – nachzugehen: Audio-Zuschauer*innen balancieren auf dem Spiel stehende rhythmische Muster der Inszenierung und ihrer konventionellen Rahmen aus.[14]

Das Verhältnis von Hören und Sehen wird in einem bewegungsorientierten Verständnis als zirkuläre Aktivität und als ‚transformiertes Hören oder Sehen' verstanden. Wichtig sind dabei vier – heuristisch unterscheidbare – Ebenen: erstens Zuhören im Sinne einer auditiven Konzentration, zweitens Imagination und eine Visualisierung von Klängen, drittens eine analytische Wahrnehmung der Lautproduktion hinsichtlich der Hervorbringung und Lokalisierung von Quellen und viertens eine reflexive Haltung von Audio-Zuschauer*innen innerhalb von Klangwirkungen, die die zuvor genannten Ebenen in sich vereint. Diese Haltung kann auch motorisch ausagiert werden und gilt – im Sinne eines Balanceakts – als Ermittlung der eigenen Position und Verortung in der Situation.

Die Diskussion eines Austarierens von auditiven und visuellen Elementen des Geschehens ist wie folgt eingeteilt. Wie Körper akustisch in Szene gesetzt sind, wird im ersten Unterkapitel im Rahmen einer Choreografie der Wahrnehmung erörtert. Darin sind zuvor vorgeschlagene Unterteilungen akustischer Körper wirksam.[15] Im zweiten Unterkapitel wird eine Bewegung zwischen Hören und Sehen in Raumsituationen diskutiert. Körperbewegungen der Akteur*innen im Rundlauf führen dazu, dass Hören und Sehen zwischen einer Karussellwirkung und einer Stop-and-go-Wirkung changieren. *Dass* Audio-Zuschauer*innen sich ausrichten, ist ein Prozess im Sinne eines Balanceakts. Dieser ist auch

Persönlichkeitsstruktur und Wahrnehmungsdynamik von Probanden gezogen. Zehn Tafeln mit symmetrischen Klecksbildern werden in einer festgelegten Reihenfolge einer Versuchsperson vorgelegt. Eine Auswertung schlägt Rorschach in den Bereichen Erfassungsmodus, Lokalisation, Determination, Inhaltsaspekte und Originalität vor. Nach formalen Auswertungen und Quantifizierungen in einem ‚Psychogramm' werden inhaltliche Merkmale der Probanden-Deutungen tiefenpsychologisch interpretiert. Dabei erhebt die „Auswertungsmethodik […] den Anspruch, sowohl spezifische Erfassungs- und Erlebnistypen (Intelligenz, Fantasie, Affektivität und Intuition) als auch spezifische Talente zu erfassen" (*Dorschs Psychologisches Wörterbuch*, hrsg. v. Hartmut O. Häcker / Kurt-H. Stapf. Bern: Hogrefe 2009, S. 866).

13 Waldenfels' phänomenologische Ausgangsposition in einem Sichbewegen liefert für die Hypothese eine wesentliche Grundlage und ist ergänzt um weitere Bewegungskonzeptionen in der Wahrnehmung, vgl. Waldenfels: Sichbewegen, sowie Kap. 2.

14 Balance schließt an das Rhythmusverständnis von Grüny und Nanni an.

15 Vgl. Kapitel 1.4.

in einer multimedialen Konfiguration einer Karaoke-Installation herausgefordert. Die Inszenierung von Gesang mit Medientechniken enthält das Potenzial, dass Audio-Zuschauer*innen ein Making-of ausloten und zwar eines, das sich nicht nur auf das Karaoke und Inszenierung von Gesang beziehen lässt, sondern auch auf die Wahrnehmung. Dabei, so die Annahme, probieren Audio-Zuschauer*innen in einem Balanceakt, eine Choreografie und ein Making-of der Wahrnehmung zu unterscheiden, wie die folgenden Szenen verdeutlichen.

3.1 Choreografie der Wahrnehmung: Auftretende, atmende und klatschende Körper hören und sehen

Die Akteur*innen in *Rondo* treten singend auf, sie spielen Gitarre, sie nutzen Stühle und andere Objekte als Perkussionsinstrumente, Körper sind per se Klangkörper *und* sie sind als Klangkörper inszeniert. Zudem wird die Aufmerksamkeit auf gattungsübergreifende Aufführungspraktiken gelenkt, in diesen reibt sich die Wahrnehmung an Konventionen von Musik/Konzert, Tanz/Performance, Installation und Hörspiel. Zusätzlich sind Reibungen zwischen Mustern und Abweichungen von denselben in diesem Unterkapitel als Choreografie der Wahrnehmung zusammengefasst.

Monitorboxen, Mikrofon und Akustikgitarre sind im Bühnenbild in ihrem möglichen Klangkörperstatus zur Schau gestellt, sie suggerieren allein im Anblick ein akustisches Geschehen und kommen Audio-Zuschauer*innen auch zu Ohren. Zudem entsteht ein akustisches Inszenierungsspektrum in einer gymnastischen Sequenz.[16] Die Spieler*innen vollziehen Bewegungen, die beispielsweise in synchron gesetzten Schritten und Sprüngen einen Rhythmus profilieren. Außerdem treten Sänger als ‚Stimmkörper' auf, wenngleich dieser Status medientechnisch und theoretisch verhandelbar ist.[17] Sie präsentieren nicht nur Lied und Refrain in Variationen, sie blicken das Publikum auch stillschweigend an. Somit ist wechselseitiges Anschauen – trotz theaterkonstitutiver Selbstverständlichkeit und in Reibungen mit anderen Aufführungsformen – Thema und theatraler Vorgang.

16 Der Sequenz-Begriff negiert hier weder eine szenische Flüchtigkeit noch prozessorientierte Wahrnehmung und usurpiert diese auch nicht mit einem Verständnis aus medientechnischen Kontexten, beispielsweise in Begriffen wie ‚gespeicherte Signale' oder ‚Daten'. Vielmehr wird der Sequenz-Begriff verwendet, um den Verlauf der ausgewählten Szene in seiner Kontingenz zu betonen.

17 Irritationen im Verhältnis von Stimme und Körper stehen ausgehend von Medientechniken in Kap. 3.3. zur Debatte. Auf weitere Inszenierungen der Stimme und Positionen der Stimmforschung gehe ich insbesondere in Kap. 4 ein.

Darüber hinaus machen auch Audio-Zuschauer*innen auf sich als akustische Körper aufmerksam, zum Beispiel im Applaus. In diesen Beispielszenen wird ein ‚Sichbewegen' diskutiert, das auch in weniger offensichtlichen und leiseren Formen der Beteiligung, beispielsweise in veränderten Sitzpositionen, kritischen Fokussierungen oder Überprüfungen der eigenen Eindrücke und Anteile an einer Überwältigungsästhetik, zur Geltung kommen mag.

Der inszenierte Blick

Lang wirken die wenigen Minuten der wechselseitigen Betrachtung in dem einleitend geschilderten Auftritt von Garcia, Jaquet und Vecchione. Kostüme in mausgrauen Farben und Erdtönen rufen folgende Assoziationen hervor: Ein musikalisches Spiel wird voraussichtlich ein Kammerkonzert sein, das Sujet könnte auch ein Vorspiel in einer Musikhochschule sein, vielleicht steht auch eine Vorband das erste Mal auf der Bühne.[18] Dieser erste Auftritt ist an Aufführungskonventionen einer Konzertpraxis angelehnt, in denen Virtuosen ihres Fachs sich zu Beginn einer Aufführung präsentieren, zunächst noch begleitet vom Applaus im Auditorium. Das Schweigen der Akteur*innen ist in der szenischen Anordnung mit Mikros und Monitorboxen aufsehenerregend und hebt zudem hervor, dass auch die Performer*innen das Publikum betrachten. Ihr Blick wirkt sogar aufdringlich und thematisiert nicht nur Konventionen, sondern ruft in diesem inszenierten Schweigen Erwartungen an das Geschehen – zunächst an ein Konzert – hervor.

Die Inszenierung des Blicks umfasst u. a. der theatertheoretische Terminus des Tableaus.[19] In theoretischer und historischer Perspektive gelten Prägnanz und Zäsur-Funktionen in einem szenischen Verlauf und die gattungsübergreifende Relevanz eines Tableau vivant als entscheidende Kennzeichen.[20] Bezeichnet ein

18 Der Zuspitzung halber sind mögliche taktlose Vorstellungen von Kammerkonzert, Vorspiel und Vorband genannt.

19 Das Forschungsfeld des Blicks gewinnt in Diskussionen um sogenannte Blickakte in der Bildtheorie zunehmende Relevanz, ist aber bildtheoretisch in dieser Untersuchung nicht zentral. Zum Blick im Theater vgl. Haß: *Das Drama des Sehens*. ‚Blickbewegungen' in populären Tänzen im Film untersucht Franziska Buhre: Im Schauen Tanzen. In: Marcus S. Kleiner / Thomas Wilke (Hrsg.): *Performativität und Medialität populärer Kulturen: Theorien, Ästhetiken, Praktiken*. Wiesbaden: Springer 2013, S. 357–371.

20 Zum Thema gattungsübergreifender Relevanz lebender Bilder weist Anno Mungen auf mediale Grenzverschiebungen zwischen Bild, Ton, Theater und Film hin und zwar in zeitlicher und räumlicher Dimension: „Das Vergehen von Zeit sowie das Maß und die Qualität der Bewegung bzw. der Bewegungslosigkeit werden im Tableau hinsichtlich einer neuen Ordnung zusammengeführt. Im Tableau fallen Zeit und Bewegung räumlich zusammen." (Anno Mungen: *BilderMusik. Panoramen, Tableaux vivants und Lichtbilder als multimediale*

lebendes Bild ausgehend von Denis Diderots Konzeption eine Darstellungspraxis in Stillstellung und moralischer Eindringlichkeit, ist diese vor allem in Theater und Malerei angesiedelt.[21] Darüber hinaus verdeutlicht Bettina Brandl-Risi, dass die Darstellungspraxis der Lebenden Bilder historisch nur vordergründig als rein optische Angelegenheit gelten konnte: „So waren die Lebenden Bilder des 19. Jahrhunderts nicht nur angereichert um ubiquitäre musikalische Untermalung und Text-Rezitation, besonders die Tableaux vivants als Darstellungsmodus in theatralen Szenen waren selten gänzlich stumm".[22] Allerdings sind in dieser Konzeption die Rollen zwischen Darstellungsmitteln klar verteilt, ein Bild formiert sich für Zuschauer*innen. Spieler*innen werden betrachtet. Hingegen kommt in *Rondo* der Blick der Spieler*innen ins Auditorium besonders zur Geltung und scheint weniger Bild, sondern Vorgang, in dem insbesondere Erwartungen von sich bewegenden oder sprechenden Akteur*innen in Augenblicken still zu stehen scheinen.[23] Möglicherweise bemerken dabei die von den Spieler*innen angeschauten Zuschauer*innen den Appell, etwas zu tun, beispielsweise zuzuschauen oder Stille wahrzunehmen. Somit thematisiert das Tableau ein wechselseitiges Audio-Zuschauen und steigert zugleich die Erwartung von Klang und Bewegung. Darüber hinaus kommt eine in Tableaus charakteristische Wahrnehmung von Kontinuität und Unterbrechung zur Geltung. Das Trio löst abrupt die Reihe auf und singt das Lied und Refrain in vier Wiederholungen.

Darstellungsformen in Theater- und Musikaufführungen vom 19. bis zum 20. Jahrhundert. Remscheid: Gardez! 2006, S. 101.) Zur Paradoxie des lebenden Bildes als Pose vgl. Bettina Brandl-Risi: Das Leben des Bildes und die Dauer der Pose. Überlegungen zum Paradox des Tableau vivant. In: Dies. / Gabriele Brandstetter / Stefanie Diekmann (Hrsg.): *Hold it! Zur Pose zwischen Bild und Performance.* Berlin: Theater der Zeit 2012, S. 52–67.

21 Vgl. Günther Heeg: Bilder-Theater: Zur Intermedialität der Schwesterkünste Theater und Malerei bei Diderot. In: Christopher Balme / Markus Moninger (Hrsg.): *Crossing Media. Theater – Film – Fotografie – Neue Medien.* München: Epodium 2004, S. 75–98; Bettina Brandl-Risi: *BilderSzenen. Tableaux vivants zwischen bildender Kunst, Theater und Literatur im 19. Jahrhundert.* Freiburg i. Br.: Rombach 2013; Heeg / Mungen (Hrsg.): *Stillstand und Bewegung.*

22 Bettina Brandl-Risi: Tableau vivant. In: *Metzler Lexikon Theatertheorie*, S. 325–327, hier S. 326.

23 Im Rahmen von Komplikationen von Erwartungen gilt als paradigmatisches Beispiel der Theaterskandal ausgehend von Einar Schleefs Inszenierung *Mütter* (UA: 23.02.1986, Schauspiel Frankfurt). Schilderten einige Zuschauer Fixierungen der Schauspieler als prägnant und eindringlich, wirkten sie auf andere aufdringlich und wie eine „Zumutung und eine Folter", so hebt der Rezensent Benjamin Henrichs hervor und bezieht sich auf den Blick der Spieler in das hell erleuchtete Auditorium. (Benjamin Henrichs: Stöhn heul kreisch blök krächz jaul stotter murmel. In: *Die Zeit*, 28.02.1986.) Vgl. auch Dreysse: *Szene vor dem Palast*; Birgit Jooss: Die Erstarrung des Körpers zum Tableau. Lebende Bilder in Performances. In: Christian Janecke (Hrsg.): *Performance und Bild – Performance als Bild.* Berlin: Philo 2004, S. 272–303.

In der anschließenden Stille treten die Tänzerinnen Martinez und Rubio aus dem dunklen Bühnenhintergrund hervor, ihre Schrittgeräusche sind deutlich zu hören. Beide stellen sich nebeneinander am vorderen Bühnenrand auf und scheinen das Publikum erneut im Anblick zu fixieren. Die schweigende Betrachtung in einer erheiterten Atmosphäre könnte allerdings kippen, denn der wechselseitige Anschauungsprozess ist nunmehr in der Frage, wer hier wen anschaut oder anschweigt, zugespitzt und birgt potenzielle Rollenwechsel. Dieses so selbstverständliche Spannungsfeld ist nicht durch entweder Theater oder Tanz oder Konzert gerahmt, sondern betont – quasi schweigend – Rahmenwechsel. Zudem ist der schweigende Blick der Spieler*innen ein Kennzeichen akustischer Körperlichkeit. Im weiteren Verlauf kommen Gesang und Instrumentalspiel hinzu. Dabei geraten – zuvor noch klatschende – Zuschauer*innen in eine Situation, in der sie Konventionen der Wahrnehmung ausloten können: ‚Tanz zuzuhören' und einem ‚Konzert zuzuschauen' reiben sich aneinander. Diese Reibung wird insbesondere in rhythmischen Bewegungen der Bühnenakteur*innen und – möglicherweise in erratischen Bewegungen von Audio-Zuschauer*innen – relevant und am Beispiel folgender Szenen erläutert.

Die Bewegungen der Bühnenakteur*innen

Bühnenakteur*innen in Bewegung machen sich durch Geräusche, die sie mit Händen und Füßen, Stimme und im Umgang mit Requisiten, Kostümen und Instrumenten hervorbringen, in *Rondo* bemerkbar.[24] Die Szene eines rhythmischen Bewegungsablaufs bringt eine ‚akustische Choreografie' zur Geltung,[25] gefolgt von der Inszenierung eines atmenden Körpers als einem akustischen Körper, der im Atmen zu hören und zu sehen ist.

24 Ergänzend zu den in Kapitel 1.4. genannten Aspekten einer Klangkörperlichkeit im Theater entstehen analytische Ansätze auch im Tanz in Bezug auf Sprechen und Stimme, vgl. exemplarisch Freya Vass-Rhee: Auditory Turn: William Forsythe's Vocal Choreography. In: *Dance Chronicle* 33,3 (2010), S. 388–413.

25 Als paradigmatisches Beispiel rhythmischer akustischer Körper gilt tanzgeschichtlich Nijinskys Choreografie in der Uraufführung von Strawinskys Komposition *Le Sacre du Printemps* (1913). Vgl. auch Stephanie Jordan: *Stravinsky Dances: Re-visions across a Century.* Alton: Dance Books 2007. Strukturbildende Kreisläufe in Arbeiten wie *Frühlingsopfer* von She She Pop (UA: 10.04.2014, HAU Berlin) nehmen auf tanzhistorische und rituelle Muster Bezug. Auch Xavier Le Roys *Le Sacre du Printemps* (UA: 27.06.2007, Festival Les Intranquilles, Les Subsistances, Lyon, Frankreich) fokussiert akustische Körperbewegungen, allerdings weit weniger geräuschvoll mit dem Bewegungsrepertoires eines Dirigenten. Stampfende Klangkörper, Perkussionsinstrumente und Alltagsgegenstände zur Hervorbringung von Rhythmus kommen auch in solchen Spektakeln zur Geltung, die Gruppen wie *Stomp* zum grundsätzlichen Inhalt ihrer Arbeiten machen.

Im Rahmen des erstens Drittels der Aufführung stehen die Bühnenakteur*innen erneut nahe der ersten Zuschauerreihe, sie singen und klatschen mit animierender Wirkung. Das Publikum klatscht auch. Dabei vollziehen die fünf Spieler*innen Ausfallschritte zur Seite, woran komplexere Schritt- und Sprungfolgen anschließen. Streckungen der Arme und des ganzen Körpers in die Höhe, abrupte Ebenenwechsel, Drehungen und erneute Sprünge nach rechts, links und oben sind wiederholt zu sehen. Wieder und wieder die Refrainzeilen singend, führen die Performer*innen ein Bewegungsrepertoire durch, in dem ein Rhythmus der simultan und synchron gesetzten Schritte oder Sprünge wahrnehmbar wird. Die Abfolge wirkt wie gemeinschaftliche Gymnastik, der Gesang wird lauter und darauf reagiert das Publikum mit Applaus. Weitere Wiederholungen des Bewegungsmusters ohne Gesang folgen. Und ab der dritten Repetition der Bewegungsabfolge, die sich noch bis zu einer sechsten schnelleren steigern wird, ist deutlich sichtbar und hörbar, dass einer der Darsteller das gesteigerte Tempo nicht mithält. In die Zwischenräume der strukturierten Schritt- und Sprungfolge seiner Mitspieler*innen trampelt der Solist und schert aus der Reihe respektive dem Bewegungsmuster. Asynchron im Verhältnis zu den übrigen Tänzer*innen streckt Jaquet seine Arme in verschiedene Richtungen, er geht in die Knie, lässt sich auf den Boden plumpsen und versucht eine Drehung. Seine zeitlich versetzten Bewegungen sind offensichtlich und entwickeln präzise ‚offbeat'-Geräusche. Die unterschiedlichen Tempi der Schritte und Sprünge der Bühnenakteure*innen überlagern sich, sie verlaufen nunmehr polyrhythmisch. Beenden die Mitspieler*innen mit einem Sprung in die Höhe ihre Bewegungsabfolge, schauen sie – im Halbkreis in der hinteren Bühnenfläche angeordnet – Jaquet dabei zu, wie er die einzelnen Positionen ‚nachholt'. Erneut – und ergänzend zu Tableaus – ist ein Audio-Zuschauen inszeniert, und zwar innerhalb des Bühnengeschehens quasi ‚aufführungsreflexiv'. Schließlich applaudiert das Publikum auch Jaquets Darbietung. Diese Bewegungsabfolge lässt sich insgesamt als ‚akustische Choreografie' zusammenfassen und auch als Slapstick – um den Bezug zu einem Filmgenre mit theaterhistorischen Ursprüngen auszuweisen – charakterisieren. Zwei ineinandergreifende Bedeutungen von Choreografie werden dabei deutlich, die eine betrifft die rhythmisch inszenierte Gymnastik, die andere die audio-visuelle Wahrnehmung in einer Reibung zwischen Wahrnehmungskonventionen. Letztgenannte beziehen sich darauf, Tanz oder Gymnastik zuzuhören und Rhythmus zuzuschauen. Die Bewegungsabfolge gilt als akustische Choreografie, insofern der eine Rhythmus von einem anderen, nämlich den ‚offbeat'-Bewegungen Jaquets, unterbrochen wird. ‚Offbeat' gilt als Gegensatz zu einem europäischen Takt-Verständnis und das rhythmische Verhältnis in dieser akustischen Choreografie lässt sich als ‚Muster – Abweichung – neues

Muster' bündeln.[26] Darin ist Zuhören und Zuschauen als Spannungsfeld zentral und birgt eine Eigenbewegung von Audio-Zuschauer*innen, beispielsweise in Imaginationen, wenn Jaquet Körperbewegungen nur andeutet oder diese ganz unterlässt und Sprünge in seiner sechsten Wiederholung kaum mehr zu hören sind. Seine Körperbewegungen sind trotzdem akustisch,[27] auch wenn sie – vergleichbar mit schweigenden Körper – nicht zu hören sind und die folgende Wirkung verdeutlichen: Klang wird imaginiert. Verschiebt sich die Aufmerksamkeit auch auf potenzielle Geräusche der Bewegungen Jaquets, lässt sich diese Verschiebung in einer Bewegung zwischen Hören und Sehen denken. Diese ist in Vorstellungen von Klang ebenso enthalten wie in analytischen und reflexiven Haltungen zum Geschehen. Denn Fragen tauchen auf, wie Verschiebungen überhaupt zustande kommen. Ein weiteres Beispiel akustischer Körperlichkeit ist auch die Inszenierung eines atmenden Körpers, der im Atmen zu hören und zu sehen ist.

Audio-Zuschauer*innen sehen und – so will es die Erinnerung – hören im Anschluss an die sportiven Bewegungen Jaquets einen keuchenden, prustenden, schnaufenden und atmenden Körper.[28] Jaquets Rampenposition und sein Blick ins Publikum suggeriert eine Ansprache und gestisch signalisiert er den Audio-Zuschauer*innen mit erhobenem Zeigefinger, ihn zu Wort und zu Atem kommen zu lassen. Über eine stimmliche Artikulation hinaus, die als gemurmeltes „attendez s'il vous plaît" sowie „regardez un peu plus" verstanden werden kann, ist der Körper Jaquets als akustischer in Szene gesetzt. Räumlich gilt der sich lautlich artikulierende Körper in der Hörforschung als erster

26 Genau genommen könnten die Schritte teilweise auch als ‚backbeat' gelten. Zu Beat im Gegensatz zum europäischen Takt vgl. Peter Wicke / Wieland Ziegenrücker / Kai-Erik Ziegenrücker (Hrsg.): *Handbuch der populären Musik: Geschichte, Stile, Praxis, Industrie.* Erw. Neuausg. Mainz: Schott 2007, S. 69–70. Zu Unterteilungen von rhythmisch spezifizierten metrischen Eigenheiten vgl. Peter Giger: *Die Kunst des Rhythmus.* Mainz: Schott 2000.

27 Diese dialektische Konzeption ist im Akustischen als Modell und Möglichkeit erläutert, vgl. Kap. 1.2.

28 In Inszenierungen der Stimme findet die thematische Auseinandersetzung mit atmenden Körpern vermehrt statt, vgl. Schrödl: *Vokale Intensitäten*, S. 64–69; Pinto: *Stimmen auf der Spur*, S. 46. Darüber hinaus werden atmende Körper auch in zeitgenössischen Tanztheaterarbeiten in Szene gesetzt, beispielsweise in der Beziehung zwischen Tänzern und Musikern mit Blasinstrumenten, vgl. exemplarisch Anne Teresa De Keersmaekers Choreografien *'En atendant'* (UA: 09.07.2010, Festival d'Avignon) und *Cesena* (UA: 16.11.2011, Festival d'Avignon). Theoretische Ansätze dieser Inszenierungsvariante von Klang sind rar, vgl. Anne Teresa de Keersmaeker / Bojana Cvejić: *'En Atendant' and ‚Cesena': A Choreographer's Score.* New Haven: Yale UP 2013.

Resonanzkörper innerhalb eines Umgebungsraums.[29] Zudem benennt Jaquet die Medialität der Situation in der Aufforderung zum Zuschauen[30] – sie liegt als Inszenierung offen, bewirkt Blickbewegungen und beinhaltet auch, die Aufmerksamkeit auf Atemgeräusche zu verschieben. Ob darin eine Ausrichtung auf das, was Jaquet beispielsweise murmelt, die Zuhörqualitäten steigert, ist eine vorstellbare Wirkung, sie geht mit körperlichen Hinwendungen, Ausrichtungen, Lachen oder Klatschen im Publikum einher. Ausgehend von Reckwitz' Bestimmung des hochmodernen Subjekts in Bewegung stellt sich zudem die Frage, ob sich das wahrnehmende Subjekt dabei ‚besser' unterhalten, inszenieren oder choreografieren lässt.[31]

Zusammenfassend kommt der akustische Körper in der akustischen Choreografie respektive Gymnastik ebenso wie als atmender Körper prägnant zur Geltung. Statt zu entscheiden, welchen Anteil Hören und Sehen jeweils an der Wahrnehmung der akustischen Körper haben, bietet ein heuristisches Bewegungsverständnis in der Wahrnehmung die Grundlage dafür, Aufmerksamkeitsverschiebungen dynamisch zu erfassen. Die Verschiebungen sind erstens in der wechselseitigen Betrachtung von schweigenden Performern*innen und Audio-Zuschauer*innen, zweitens in einer akustischen Choreografie und drittens durch einen prustenden Körper herausgefordert und lassen sich als Bewegung zwischen Hören und Sehen reformulieren. Reibungen auf der Ebene von Wahrnehmungskonventionen zwischen Tanz, Theater, Gymnastik und Slapstick legen dabei das Denkmodell einer Choreografie der Wahrnehmung nahe. Es betrifft auch Audio-Zuschauer*innen als akustische Körper, denn in der Inszenierung überlagern sich Applauskonventionen.

Die inszenierten Audio-Zuschauer*innen

Applaudierende Audio-Zuschauer*innen sind in der geschilderten akustischen Choreografie aufgefallen: Während die Spieler*innen den Refrain des Popsongs singen und begleitend zu ihren Ausfallschritten ihre Arme heben und klatschen, klatscht das Publikum auch. Auch in Applaus-Situationen beim ersten Auftritt der Performer*innen und zum Abschluss der Aufführung in einer Dauerschleife

29 Zu der Konzeption des Körpers als erstem Resonanzraum im Umgebungsraum vgl. Jean-Luc Nancy: *Zum Gehör*, aus d. Franz. v. Esther von der Osten. Berlin: Diaphanes 2010.

30 Wenn eine Ausrichtung auf Jaquets gemurmelte Benennung der theatralen Situation mit der Bitte, noch ein wenig länger zuzuschauen, wirksam ist, lässt sich ein Anschluss an Chions Erläuterungen einer *audio-divisuellen* Wahrnehmung innerhalb eines sogenannten voco- und verbozentristischen Charakters der Wahrnehmung über Film hinaus herstellen. Vgl. Kap. 2.2.

31 Zu Reckwitz' Konzeption eines hochmodernen Subjekts vgl. Einführung in Kap. 2.

von beklatschten Zugaben sind die Applaus-Inszenierungen auffällig. Die Analyse dieser Szenen verfolgt, inwiefern Audio-Zuschauer*innen als akustische Körper in einer Reibung zwischen Konventionen choreografiert sind.

Ob beispielsweise Claqueur*innen am Klatschen des Publikums zeitgleich zum ersten Auftritt der drei Akteure beteiligt sind – als Teil der Inszenierungsstrategie –, ist weniger ausschlaggebend als die animierende Wirkung dieses ersten Beifalls. Sie ist – wie oben erläutert – auch im begleitenden Klatschen während der Slapstick-Choreografie Jaquets auffällig. Dazu bietet die Applausforschung ausgehend vom Musikhören und in breit aufgestellter Zuhörforschung Erklärungsmodelle. Die Ansätze stehen im Kontext von Wahrnehmungskonventionen sowie in dem grundsätzlichen Zusammenhang von Klang und Bewegung.[32] Sie können insgesamt als Verweise darauf, ‚Wahrnehmung wahrzunehmen' gedeutet werden, um Inszenierungsanteile herauszustellen. Zunächst werden ausgewählte Ansätze zu animierenden Wirkungen von Applaus hinsichtlich von Dynamiken zwischen Hören und Sehen erläutert.

Wenn in Szenen mitklatschenden Publikums von einer animierenden Wirkung die Rede ist, kann man die Wirkung mit einem phänomenologischen Erklärungsansatz in Beziehung bringen. Vilém Flusser profiliert ein Mitschwingen als Geste des Musikhörens. Er geht von einer inneren Spannung in einer bestimmten Körperstellung aus. In dieser konzentriere der Zuhörer die ankommenden Schallwellen „ins Innere seines Körpers. Das bedeutet, beim Musikhören wird der Körper Musik und die Musik wird Körper"[33]. Nach Flusser kann dabei Aktion nicht mehr von Passion unterschieden werden. Die Körperstellung des Schallwellenempfangs lockere sich im Mitschwingen und verneine sich angeblich, wenn sie sich beim Zuhörer als Bewegung äußert. Prinzipiell gilt sein Ansatz als Übertragung, Ansteckung oder psycho-physische Interaktion und ist

32 Die Grundkonstellation von Klang und Bewegung in der Erforschung einer Bewegung *in* Musik und Bewegung *durch* Musik ist ein komplexes Thema der Musikästhetik, für eine Zusammenfassung vgl. Wolfgang Auhagen: Theorien zur Bewegung in Musik. Analysen von Biorhythmen als physiologische Vorgänge in Korrelation mit wesentlichen Merkmalen der Musik sind u. a. zu finden in Gerold Baier / Sven Sahle (Hrsg.): *Rhythmus. Tanz im Körper und Gehirn*. Reinbek: Rowohlt 2001. Resonanz-Figurationen zwischen Anregungs- und Eigendynamik in Wahrnehmungstheorie und Ästhetik, künstlerischer Praxis und naturwissenschaftlicher Evidenzproduktion versammelt u. a. in kulturhistorischer Perspektive Lichau / Tkaczyk / Wolf (Hrsg.): *Resonanz. Potentiale einer akustischen Figur*.

33 Vilém Flusser: *Gesten. Versuch einer Phänomenologie*. Frankfurt am Main: Fischer 1997, S. 154–155.

laut Bettina Brandl-Risi auch im Applaus des Theaters enthalten.[34] Allerdings problematisiert Brandl-Risi zu Recht Flussers ‚unbewegte' Vorstellung des Zuhörens, sie unterscheidet stattdessen Prozesse temporärer Synchronisierung.[35] Mit dem Verständnis eines applaudierenden Zuschauers als virtuoser Figur erweitert sie Flussers Erklärung eines Mitschwingens. Sie spricht von einer „performativen doppelten Geste des Virtuosen"[36], die sich auch auf die akustischen Körper der Audio-Zuschauer*innen anwenden lässt. Wird Virtuosität als exzessive Überschreitung von Standards verstanden, siedelt Brandl-Risi ‚virtuosen Applaus' in einem ambivalenten Feld von Geste und Leistung an. Es geht „um eine Aushandlung einer Anerkennung, eine Würdigung einer Leistung, die [...] sowohl gestisch produziert als auch gestisch beglaubigt wird"[37]. Dieser Zusammenhang ist insbesondere in der oben beschriebenen akustischen Choreografie in *Rondo* wirksam, wenn Audio-Zuschauer*innen Jaquets virtuose Leistung rhythmischer ‚nachgeholter' Bewegungen, die gleichsam das rhythmische Bewegungsmuster seiner Mitspieler*innen erweitern, im Applaus anerkennen. Dabei entsteht nach Brandl-Risi auch ein Virtuosenstatus von Zuschauern und Zuhörern und zwar auf der Grundlage, dass eine „virtuose Performance eine spezifische Rezeptionsfähigkeit des Publikums ausbildet [....] Zuschauer werden ihrerseits zu Virtuosen der Wahrnehmung erzogen"[38]. In der von Brandl-Risi vorgeschlagenen doppelten Performativität von Performer und Publikum können allerdings beide virtuosen Parteien etwas vortäuschen:

> Virtuosität stellt insofern ein Experimentierfeld für die performative Erprobung und Reflexion von Leistungsfähigkeit in kulturellen und gesellschaftlichen Kontexten dar, als hier die *Arbeit* des Zuschauers als Partizipation in einen ähnlichen Prozess der Steigerung und Differenzierung involviert wird wie die Performance. Auch der Rezipientenleistung haftet allerdings der prekäre Status des Virtuosen zwischen akklamierter Exzellenz und Scharlatanerie auf der anderen Seite an.[39]

34 Vgl. Bettina Brandl-Risi: Applaus: Die Gesten des Virtuosen. In: Erika Fischer-Lichte / Christoph Wulf (Hrsg.): *Gesten. Inszenierung, Aufführung und Praxis.* Paderborn: Fink 2010, S. 266–280, hier S. 267.

35 Vgl. Bettina Brandl-Risi: Getting Together and Falling Apart. Applauding Audiences. In: *Performance Research* 3,16 (2011), S. 12–18.

36 Vgl. Brandl-Risi: Applaus: Die Gesten des Virtuosen, S. 267.

37 Ebd., S. 266.

38 Ebd., S. 267–268.

39 Ebd., S. 268 (Herv. i. Orig.).

Eine solche Täuschung wird am Ende der Vorstellung in *Rondo* in einem wiederholten Schlussapplaus deutlich. Die Performer*innen suggerieren innerhalb von Konzertkonventionen eine Zugabe, sie treten an den vorderen Bühnenrand und wiederholen den Refrain des Popsongs. Das immer wieder von Neuem einsetzende Klatschen ruft abermalige ‚Refrain'-Auftritte hervor. Darin liegt ein Experimentierfeld virtuosen Beifalls und der Beifall könnte ein Reinfall sein, weil Audio-Zuschauer*innen auf Konventionen eines Schlussapplauses zurückgreifen. Möglicherweise täuschen sie sich darin, eine Aufführung klatschend zu beenden. In Bezug auf eine doppelte Virtuosität von Performer*innen und Publikum geht es also weniger um eine Rollenverteilung zwischen Scharlatanen und Virtuosen, sondern darum, Wahrnehmungskonventionen als Experimentierfeld auszuloten.

Gerade die Wahrnehmung akustischer Körper kann – im Rückgriff auf Brandl-Risis Verständnis einer Wahrnehmungsleistung als Arbeit – auch darauf bezogen werden, dass Zuhörer in Veränderungen des Konzerts als Tanz- oder Theateraufführung als Zuschauer angesprochen werden. Peter Szendy beschreibt diesen reziproken Zusammenhang in historischen Entwicklungen bürgerlicher Konzerte im späten 18. Jahrhundert und erläutert ein „Listening (to Listening): The Making of the Modern Ear".[40] Entwicklungen des stillen Zuhörens konkurrierten mit einer vervielfältigten Aufmerksamkeit, zu der erstens Besonderheiten der Aufführung wie der Spielort beitrugen und an der zweitens andere Besucher und eine veränderte Aufmerksamkeit gegenüber Gesprächspartnern und Meinungsträgern, die über andere Aufführungen zu berichten wussten, teil hatten. Diese Hörerfahrung von miteinander konkurrierenden internalisierten Stimmen in einem sich ökonomisch entwickelnden Feld der Aufführungspraxis nennt Szendy „polémologie" und führt eine veränderte Disposition des Zuhörers dahingehend aus, dass Zuschauen ein wesentlicher Bestandteil des Zuhörens geworden ist:

> The public concert [...] has been in effect a kind of mirror of listeners. It is not just a place to hear works. It is also a theater where the members of the public observe each other. And themselves. It is a space where we come to look at those who listen.[41]

Veränderungen des Zuhörens in der Dimension eines Zuschauens sind zudem in Aufführungspraktiken von Virtuosen begründet. Beschreibungen von Niccolò Paganinis auffälliger Körperkunst im Umgang mit der Geige liefern illustre

40 Vgl. Szendy: *Listen.*

41 Ebd., S. 113–114.

Beispiele. In „Gesten eines virtuosen Risikos", so Brandl-Risi, wird ein Publikum als *audience* und *spectators* adressiert.[42] Angelehnt an Szendy sieht sie in ihrer Untersuchung von Aufführungen von Instrumentalmusikstücken Gesten des Virtuosen *auf* dem Podium und *davor*, u. a. im Applaus des Publikums und von Claqueuren. Es erfolge eine:

> Differenzierung und Verstärkung [...] der Geste des Performers über Vergrößerung und Ausdehnung im Raum und in der Intensität [...], die [Geste, J. N.] des Publikums eher über eine Ausdehnung in der Zeit, die damit auch als Bewegung und akustisch den Raum besetzt[.][43]

Brandl-Risi spricht die spezifische motorische Bewegung applaudierender Zuhörer*innen im Konzert an. Ihre Leistung als Bewegung erläutert sie mithilfe des Topos ‚Bewegen und Bewegtwerden'.[44] In der Aufführung *Rondo* lässt sich diese Bewegung von Audio-Zuschauer*innen übergeordnet als reflexive Bewegung charakterisieren und zwar als ‚Sichbewegen' im Sinne von Waldenfels' Hervorhebung einer Aufmerksamkeit auf Eigenbewegungen. Darin sind ebenfalls mögliche Prägungen der Wahrnehmungssituation enthalten, z. B. in einer Überlagerung von Konventionen. Dass Applaus ebenso affektiv erfolgt, ist von einer reflexiven Bewegung nicht abgekoppelt. Zudem ist darin eine Ambivalenz zwischen Affirmation und Kritik genauso aufrechterhalten wie analytische Fragen danach, wie akustische Körper und die Wahrnehmung inszeniert und in einer Reibung an Konventionen choreografiert sind. Diese Bewegungsdimensionen sind als affektive, analytische und reflexive Dimension einer Bewegung zwischen Hören und Sehen im Applaus sowie in allgemeineren Haltungsveränderungen respektive Ausrichtungen auf das Geschehen zusammengefasst.

Reibungen zwischen Wahrnehmungskonventionen sind zugleich die Grundlage dafür, eine Choreografie der Wahrnehmung im Akustischen der Arbeit *Rondo* anzunehmen, wobei ein Choreografieverständnis in der Analyse zwei heuristisch getrennte Bereiche betrifft, die leiblich-räumlich, also wirkungsspezifisch zusammengehören, nämlich Tanz und Konzert respektive Bewegung und Klang. Die Aufführung ist eine Choreografie zwischen Konzert und Tanzperformance, die unter einem breiten Theaterbegriff subsumiert wird. Intermediäre Rahmen

42 Brandl-Risi: Applaus: Die Gesten des Virtuosen, S. 269 (Herv. i. Orig.).

43 Ebd., S. 273.

44 Sie führt die Doppelbewegung als Handlung aus, vgl. Bettina Brandl-Risi: Genuss und Kritik. Partizipieren im Theaterpublikum. In: Dietmar Kammerer (Hrsg.): *Vom Publicum. Das Öffentliche in der Kunst.* Bielefeld: Transcript 2012, S. 73–90, hier S. 76.

wie beispielsweise Kammer- und Popmusik-Konzert, Tanz- und Bewegungsformen aus einem Gymnastikstudio, ein rituell anmutender Kreislauf und eine Karaoke-Installation können unterteilt werden. Etymologische Bezüge des Begriffs Choreografie bieten erste Annäherungen, um Reibungen in der Wahrnehmung zwischen Tanz und Konzert zu erläutern.

Die alte Rechtschreibung ‚Choreographie' verweist auf die Zusammensetzung aus dem griechischen Verb *graphein* (γράφω) und dem Substantiv *chorós* (χορός). Dabei bezeichnet erste Tätigkeit ritzen, einritzen, aufzeichnen, (ein)schreiben oder auch darstellen; *chorós* umfasst einen Ort und Platz eines Tanzes ebenso wie einen Reigen als Chortanz.[45] Letzterer Bedeutungszusammenhang wurzelt in kultischen Feierlichkeiten wie z. B. der Dionysosfeier um den Altar. War der Tanz mit Gesang verbunden, benennt *chorós* den Chorgesang und diejenigen, die in einer geschlossenen Kreisform singen.[46] Auf die audio-visuelle Wahrnehmung der Arbeit *Rondo* bezogen, lässt sich auf dieser Grundlage eine Choreografie der Wahrnehmung wie folgt beschreiben: Rhythmische Strukturierungen des Geschehens – beispielsweise in Schrittmustern und Popsong – schreiben sich – metaphorisch gesprochen – in die Wahrnehmung ein. Gleichsam ist – um in diesem Bild zu bleiben – das Blatt der Wahrnehmung schon beschrieben, u. a. mit Wahrnehmungskonventionen, die ausgehend von bestimmten Instrumenten und Elementen der Szenerie Musik und ein Konzert erwarten lassen. Hören und Sehen sind in *Rondo* mit hybriden Darstellungspraktiken, Medien und ihrer Theatralisierung konfrontiert. Gerald Siegmund erläutert ein Choreografieverständnis als grundsätzliche Reibung, das die Annahme einer Choreografie der Wahrnehmung unterstützt:

> Choreographieren heißt, ein bestimmtes Verhältnis des Körpers zu einer abstrakten, [...] Struktur zu inszenieren. Die choreographische Funktion tritt dann zu Tage, wenn diese Partitur nicht mimetisch nachgeahmt wird (eine Handlung wird verkörpert oder ein Musikstück wird vertanzt), sondern wenn sich die Körper der Darsteller mit der Struktur konfrontieren. In dieser Hinsicht ist Choreographie nicht allein auf das Genre oder die Gattung Tanz beschränkt. [...] Choreographieren heißt, den

45 *Langenscheidts Grosswörterbuch Griechisch-Deutsch unter Berücksichtigung der Etymologie*. Berlin: Langenscheidt 1981. *chorós* steht auch im Zusammenhang mit *gher* (χορτός) und bezeichnet etwas, das etwas fasst und in sich schließt, z. B. in einer Kreisform.

46 Die griechische Bezeichnung *hypokritès* (Antworter) für denjenigen, der im Chorgesang dem Chor gegenüberstand, gilt in historischer Genealogie als Dialogpartner respektive Schauspieler.

> Körper mit dem ihm Heterogenen und Unverfügbaren zu konfrontieren, um ihn in dieser Auseinandersetzung als Voraussetzung jeden gesellschaftlichen Handelns zu subjektivieren.[47]

Auf Reibungen zwischen lautlichen Bewegungen der Darsteller*innenkörper im Verhältnis zu Rhythmusstrukturen und Wahrnehmungskonventionen lässt sich dieses Choreografieverständnis beziehen und bündelt Antworten auf die Frage, wie inszenierte Klänge in der Aufführung *Rondo* zwischen Konzert und Tanz audio-visuell wahrgenommen werden können: In einer Bewegung zwischen Hören und Sehen sind mögliche motorisch-affektive, -analytische und -reflexive Bewegungen von Audio-Zuschauer*innen zusammengefasst.
Darüber hinaus wurde bereits ein Stellenwert akustischer Körper im Raum genannt, der auf Einteilungen des Geschehens in Bühnenraum und Auditorium verweist. Dazu wird eine Bewegung zwischen Hören und Sehen hinsichtlich von Klangwirkungen in Raumsituationen diskutiert.

3.2 Raumsituationen: Kammerkonzertsaal, Disko und Gymnastikstudio im Kreislauf hören und sehen

Die Wahrnehmung akustischer Raumsituationen in *Rondo* erregt zum Schluss der Aufführung besondere Aufmerksamkeit. Spieler*innen bewegen sich in einem Kreislauf und in rhythmischer Lichtregie innerhalb der Szenen „Rounds" und „More Rounds".[48] Die zu hörenden und zu sehenden Schritte bewirken eine Bewegung in der Wahrnehmung, die sowohl in einer Karussel- als auch in einer Stop-and-go-Wirkung zugespitzt werden kann. Der Rhythmus der Körperbewegungen der Spieler*innen und die Lichtregie legen die szenografische Beschreibung nahe, dass der akustische Raum zwischen Kammerkonzertsaal, Konzertarena und Disko wechselt. Diese Assoziationen gehen von dem Spielort der Aufführung in einer Black Box aus, also einem Theaterraum, der sowohl an Bühnenraumreformideen der historischen Avantgarde als auch an

47 Gerald Siegmund: Affekte ohne Zuordnung – Zonen des Unbestimmbaren: Zu den Choreographien von Antonia Baehr. In: Patrick Primavesi / Martina Gross / Katja Leber (Hrsg.): *Lücken sehen … Beiträge zu Theater, Literatur und Performance*. Heidelberg: Winter 2010, S. 303–318, hier S. 317. Vgl. auch ders.: Choreographie und Gesetz. Zur Notwendigkeit des Widerstands. In: Nicole Haitzinger / Karin Fenböck (Hrsg.): *Denkfiguren. Performatives zwischen Bewegen, Schreiben und Erfinden*. München: Epodium 2010, S. 118–129.

48 Die Szenentitel-Einteilung ist auf der DVD-Dokumentation verzeichnet, in der Aufführung ist diese Struktur nicht verbalsprachlich ausgewiesen.

experimentelle Spielorte der Neo-Avantgarde in den 1960er Jahren anschließt.[49] Decke, Seitenwände und Bühnenprospekt als schwarze Rückwand sind offen einsehbar, als Bildfläche oder Leinwand wird der Bühnenprospekt nicht benutzt. Rechts und links der Bühne hängt jeweils ein schwarzer Soffittenschal und die Hängung ermöglicht einen Auftritt der Performer aus Seitengassen, allerdings ist eine Rahmenfunktion nicht erkennbar, eine Portalbrücke und -türme gibt es nicht.

Zu Beginn der Szenen ist lauter Jubel zu hören und nicht vergleichbar mit dem, was eventuelle Claqueur*innen oder Audio-Zuschauer*innen im bisherigen Verlauf der Aufführung zum Besten gegeben haben. Dieser elektroakustische Applaus klingt nach einer Massenveranstaltung. Das Geräusch wird im Verlauf der Szenen leiser, verstummt aber nicht, sondern mündet vielmehr in ein indifferentes Rauschen. Garcia steht auf der rechten Bühnenseite und spielt die Melodie des zuvor gesungenen Lieds nun in deutlich schnellerem Tempo auf der Gitarre. Vecchione sitzt neben ihm, benutzt ein Shaker-Ei als Perkussionsinstrument und tritt den Takt mit seinem Fuß. In graduell heller werdender Beleuchtung sind die Tänzerinnen Rubio und Martinez zu sehen. Sie laufen in schnellen Schritten in einer Kreisform, die nahezu die gesamte Bühnenfläche ausfüllt, und heben und senken den Fuß in einer stakkatoartigen Bewegung. Allerdings geht der Rhythmus ihrer Schritte nicht allein in einer Strukturierungsfunktion des Geschehens auf, sondern eine die Audio-Zuschauer*innen umfassende Charakteristik des akustisches Raums bestimmt audio-visuelle Zuordnungen: Der Bühnenraum, der eben noch wie ein Kammerkonzertsaal anmutete, lässt sich nicht mehr vom Auditorium trennen. In diesem scheint eine Innen- und Außenorganisation im Rhythmus der Schritte zu ‚verschwimmen'. Der Rundlauf, in den sich nun auch Jaquet einreiht, hat eine Wirkung, in der Hören und Sehen dynamisiert erscheinen. Dieser Karussellwirkung liegt, so der Erklärungsansatz der Neurophysiologie, ein sogenannter Bewegungsnacheffekt zugrunde, er wird auch als „Wasserfallillusion" benannt.[50] Horace B. Barlow und

49 Vgl. exemplarisch Christina Schmidt: Theater zwischen Raum und Bild. Von Appia zu Schleef. In: Kati Röttger (Hrsg.): *Welt-Bild-Theater. Bildästhetik im Bühnenraum*. Tübingen: Narr 2012, S. 167–177.

50 Vgl. Jean Lorenceau: Die rätselhafte Wasserfalltäuschung. In: *Gehirn und Geist* 2 (2004), 34–36. Einen vergleichbaren Effekt vom Hören eines kontinuierlichen Tons, Klangs oder Geräuschs abzuleiten, ist wesentlich komplexer und multifaktorieller. Allerdings sind Ermüdungseffekte im Hören als gewohnheitsbedingtes Weg-Hören bekannt und werden in der Hörforschung als ‚Cocktail-Party-Effekt' benannt. In vorausgehenden Erläuterungen wurde dieses ‚Wegfiltern' aufgrund von Konventionen beschrieben. Auch in der choreografischen Arbeit mit dem sprechenden Titel *Sideways Rain* von Guilherme Botelho / Cie. Alias (UA: 03.09.2010,

Rupert M. Hill führen Bewegungsnacheffekte auf eine in einer Kontinuität von Reizen stattfindende Ermüdung bewegungssensitiver Neuronen zurück.[51] Die Wahrnehmungspsychologie spricht dabei von einer geometrisch-optischen Täuschung im Sinne einer Vermengung figuraler Teilgrößen und differenziert Scheinbewegungen in verschiedenen Ausprägungen, zum Beispiel als ein bewegtes Nachbild, das sich auch auf ruhende Bilder auswirkt.[52] Dieser Zusammenhang ist in den Szenen der rhythmischen Schrittbewegungen in *Rondo* eine geradezu perpetuierte Dynamik zwischen Hören und Sehen. Sie kommt auch in der Lichtregie zur Geltung und prägt die akustischen Raumsituationen wie folgt: Die Schritte der Spieler*innen sind in wechselnden Tempi und veränderter Intensität, beispielsweise im Trippeln oder Trampeln, kontinuierlich zu hören, einhergehend zum elektroakustischen Jubel. Dabei leuchtet zunächst eine Reihe von Bodenstrahlern den gesamten Saal grell aus. Abrupt wechselt die Ausleuchtung und nunmehr werden in gedimmtem Licht kleine, rechts und links der Bühnenfläche hängende Leinwände auffällig. Auf sie werden Metronome projiziert, deren Pendelbewegungen als klackendes Geräusch ebenfalls hörbar sind. Dieses Klick und Klack der Pendel ist eine elektroakustische Einspielung, die sich synchron zu den auf den Leinwänden sichtbaren Pendelbewegungen im Tempo verändert. Kurzzeitig erlöschen die Bilder der Metronome und dunkle Bildflächen sind auf den kleinen Leinwänden zu sehen. Die Großaufnahme eines Metronoms auf einer in der Mitte hängenden Leinwand rückt in den Vordergrund. Und dann folgt ein immer schneller werdender Wechsel der Projektionen rechts, links und mittig. Bodenstrahler leuchten wieder und wieder grell auf. Auffällig sind die ‚Stimmungswechsel' in der Lichtregie, weil mit ihnen unterschiedliche Assoziationen einhergehen. Eine dunkle Ausleuchtung mit gelben Farbakzenten ruft Gedanken an einen Kammerkonzertsaal hervor, einer

Theater Forum Meyrin, La Bâtie / Festival de Genève, Genf) ist das Prinzip bewegter Nachbilder besonders deutlich. 15 Tänzer*innen überqueren in kontinuierlichen unterschiedlichen Fortbewegungsarten die Bühnenfläche – rollend, im Sitzen-sich-schiebend, sie drehen sich wie Kreisel um ihre eigene Achse, laufen mit gebeugtem Oberkörper, geneigtem Kopf, angewinkeltem Arm, stolpern und rennen schließlich aufrecht in unterschiedlicher Geschwindigkeit. Dass Zuschauer*innen in den Anblick eines „hypnotischen Strom[s]" hineingeraten, wie Nadine Burri schreibt, ist Ausdruck der ‚Wasserfall-Illusion'. Vgl. Nadine Burri: Endlos ist nur der Anfang. In: *Kulturkritik*, 26.08.2011. http://www.kulturkritik.ch/2011/guilherme-botelho-alias-sideways-rain/ (Zugriff am 15.07.2016).

51 Vgl. Horace B. Barlow / Rupert M. Hill: Evidence for a Physiological Explanation of the Waterfall Phenomenon and Figural After-effects. In: *Nature* 200 (1963), S. 1434–1445.

52 Vgl. Edwin Rausch: Probleme der Metrik (Geometrisch-optische Täuschungen). In: Wolfgang Metzger / Heiner Erke (Hrsg.): *Allgemeine Psychologie. Der Aufbau des Erkennens*, 1. Halbband: Wahrnehmung und Bewußtsein. Göttingen: Hogrefe 1966, S. 776–865, hier S. 797.

grelle Ausleuchtung, die auch das Auditorium erhellt, erinnert an eine Konzertarena mit Bühnenspektakeln. Schnelle und abrupt wechselnde Ausleuchtungen des Raums in vielen Farben legen zugleich Gedanken an eine Disko nahe. Die Wechsel verweigern geradezu Orientierungseinheiten in einzelnen Höreindrücken oder Augenblicken. Vielmehr halten sie – zeitgleich mit den zu hörenden und zu sehenden Schritten in einer Kreisbewegung – die Aufmerksamkeit von Audio-Zuschauer*innen geradezu in Gang und zwar in einer Karussellwirkung, die – zugespitzt ausgedrückt – in der Lichtregie als Stroboskopwirkung beschreibbar ist. Diese Dynamik ist eine zwischenräumliche Situation, in welcher der Wechsel zwischen ‚Jetzt' und ‚Gleich' mit einem uneindeutigen ‚Hier' und ‚Dort' sowie verschwommenem Innen und Außen korrespondiert. Die – scheinbar paradoxe – Situation regt einerseits den Versuch an, Kammerkonzertsaal, Konzertarena und Disko zu unterscheiden und ein Bewegungsmuster der Performer*innen in Tempo oder Lautstärke der Auftritte zu differenzieren. Andererseits werden Unterteilungen sogleich wieder überschritten. Der Widerspruch verweist auf zwei Wirkungskategorien, die im Rundlauf zur Geltung kommen. Sie lassen sich als Überschuss und Entzug bezeichnen und können zugespitzt als Überwältigungsästhetik in gleichzeitiger Unverfügbarkeitsästhetik verstanden werden.[53] In einem Überschuss sind Bezüge zwischen Hören und Sehen torpediert, exemplarisch als Karussellwirkung zusammengefasst, die Aufmerksamkeit ist dabei dynamisiert. In einer Stop-and-go-Wirkung besteht der Versuch, in der akustischen Raumsituation innezuhalten und hörend und sehend Zuordnungen zu inszenierten Schrittfolgen und Lichtstimmungen zu finden – ein müßiges Unterfangen in der audio-visuellen Prozessualisierung akustischer Räumlichkeit.[54] Die Wirkungen gehen von Inszenierungsstrategien aus, die ihrerseits mit vielschichtigen Bedingungen und Voraussetzungen veränderter Wahrnehmung umgehen, und das tun auch Audio-Zuschauer*innen. Dabei stellt sich die Frage, inwiefern in der Rhythmuswahrnehmung die auditive und visuelle Gestaltungsebene getrennt werden können, nicht zuletzt um Wechselwirkungen aufeinander auszumachen. Eine Antwort bietet eine Bewegung

53 Beide Begriffe sind heuristische und verzichten auf psychologische Erklärungsansätze.

54 Über die zuvor genannten Auseinandersetzungen mit Rhythmus innerhalb künstlerischer Gestaltungen hinaus schlägt Christopher Hasty eine radikal verzeitlichte Rhythmuskonzeption und Form dauerhafter Aufmerksamkeit vor, und zwar mit der Möglichkeit, „zeitliche Erfahrung jeglicher Art auf neue Weise zu denken, sei sie auditiv oder visuell, ‚ästhetisch' im eigentlichen Sinne oder nicht" (Christopher Hasty: Rhythmusexperimente – Halt und Bewegung. In: Grüny / Nanni (Hrsg.): *Rhythmus, Balance, Metrum. Formen raumzeitlicher Organisation in den Künsten*, S. 155–207, hier S. 155).

zwischen Hören und Sehen als Eigenwahrnehmung und als möglicherweise analytisches Hören und Sehen. Dabei verfallen Audio-Zuschauer*innen nicht notwendigerweise in ein „vorzivilisatorisches Stadium der Wahrnehmung", wie es Hans Ulrich Gumbrecht beschreibt, in dem körpergebundene Vorstellungen einer Rhythmuswahrnehmung als Ansteckung zum Ausdruck kommen.[55] Das Modell der Ansteckung in der Rhythmuswahrnehmung hieße, in *Rondo* der Wasserfallillusion eine überwältigende Wirkung zuzugestehen oder diese gar für dominant zu halten. Hingegen böte eine Bewegung zwischen Hören und Sehen die Möglichkeit, in einer Stop-and-go-Wirkung innezuhalten und sowohl Inszenierungsstrategie und die eigene Position (neu) zu bestimmen, erstens *zu* der rhythmischen Gestaltung der akustischen Raumsituation, sowie zweitens *in* dieser Raumsituation. Darin liegt das Potenzial, eine affektive, analytische und reflexive Position zu erproben.[56] Diese Probe ist im Begriff der Positionierung nominalisiert und lässt sich am Beispiel der Aufführung *Rondo* als kontinuierlicher Balanceakt von Audio-Zuschauer*innen verstehen. Paradoxien in diesem Balanceakt werden im weiteren Verlauf der Aufführung deutlich. Das Auditorium leuchtet hell auf, einhergehend mit immer kürzeren und scheinbar auch lauter werdenden Ausschnitten zugespielten Jubels. Zudem sind Geräusche zu hören, die wie verzerrte E-Gitarren-Sounds klingen. Die Ausleuchtung wechselt in gesteigertem Tempo bis zu einem Moment, in dem Martinez aus dem Rundlauf ausbricht. Sie tritt auf der Stelle. Nach vielen weiteren Runden von Rubio und Garcia greift Jaquet zum Mikrofon und stimmt den Popsong erneut

55 Hans Ulrich Gumbrecht: Rhythmus und Sinn. In: Ders. / Karl Ludwig Pfeiffer (Hrsg.): *Materialität der Kommunikation*. Frankfurt am Main: Suhrkamp 1988, S. 714–729. Den Zusammenhang von Rhythmus in der Produktion von „körpernahen Vorstellungen" und in der Funktion eines „Zurückgespielt-Werdens" in ein vorzivilisatorisches Stadium der Wahrnehmung (Gumbrecht) ebenso wie eine Ablösung des Rhythmus von Musik und Körper in zeitgenössischen Tanzproduktionen diskutiert Gerald Siegmund: Schrittmuster. Rhythmus im modernen Tanz. In: Primavesi / Mahrenholz (Hrsg.): *Geteilte Zeit*, S. 242–253.

56 Finter konzeptualisiert eine ‚analytische Theatralität' im Rahmen eines Theaterverständnisses, in dem das Theater als Re-Präsentation problematisch geworden ist. Grundsätzlich geht sie von einer Dopplung des Theaters aus – mit Szenen vor unserem Auge und Szenen, die imaginativ entstehen. Vgl. Finter: Audiovision: Zur Dioptrik von Text, Bühne und Zuschauer. Inwiefern die Inszenierung selbst im Sinne der von Finter beschriebenen „analytischen Theatralität" ein kritisches Rhythmus-Verständnis vorlegt und sich Audio-Zuschauer*innen allein deshalb differenzierend positionieren können, ist ein Wirkungszusammenhang, den auch Grüny / Nanni und Primavesi / Mahrenholz diskutieren, Letztgenannte mit einem relationalen Verständnis von Rhythmus als „Ausdruck und Bedingung von Veränderung, als eine Wechselwirkung zwischen Milieus und Zuständen, auf deren Verschiedenheit es ankommt" (Patrick Primavesi / Simone Mahrenholz: Einleitung. In: Dies. (Hrsg.): *Geteilte Zeit*, S. 9–33, hier S. 14). Vgl. außerdem Grüny / Nanni: Einleitung, S. 11.

an. Er schreit den Text mehr, statt zu singen, und verlässt abrupt die Bühne. Ihm folgt nach weiteren Schrittfolgen auch Vecchione mit dem Perkussionsinstrument. Und als Martinez und Garcia abtreten, ist Rubio als letzte Läuferin im Lichtwechsel auf der Bühne zu sehen und zu hören. Nun erscheinen Lichtwechsel und Schrittgeräusche erstaunlich gleichmäßig und ermöglichen erstens, zu hörende und zu sehende Elemente des Geschehens zu unterscheiden, und zweitens, sich zu fragen, wie die zuvor geschilderte Karussellwirkung überhaupt zustande kommen konnte. Audio-Zuschauer*innen befinden sich in einem heuristischen ‚Wahrnehmungsstudio' mit affektiven, analytischen und reflexiven Potenzialen.

In diesen Anforderungen an die Wahrnehmung positioniert sich das Publikum und applaudiert. Die Bühne bleibt in reduziertem Gelbfilter dunkel beleuchtet und die Akteure*innen kommen erneut auf die Bühne. Entgegen konventioneller Applausauftritte verbeugen sie sich nicht. Hingegen singen sie wie in einer Zugabe zur zuvor gehörten und gesehenen Aufführung den Refrain „Seven back in place ...", verlassen die Bühne, treten unter anhaltendem Applaus wieder auf und singen erneut den Refrain. Diese Auftritte und Abgänge folgen in ungezählten Wiederholungen und stetig nimmt die klatschende Partizipation des mittlerweile stehenden Publikums ab. Inwiefern das Spannungsfeld zwischen einem konventionellen Beenden einer Aufführung und Aufschieben dieses Endes lösbar ist, loten Audio-Zuschauer*innen geradezu handgreiflich aus.

Zu einem Balanceakt von Audio-Zuschauer*innen tragen auch medientechnische Konfigurationen des Akustischen bei. Diese werden am Beispiel einer Inszenierung von Gesangsstimmen in *Rondo* diskutiert und gehen von der Frage aus, inwiefern sich Spuren medientechnisch inszenierter Sänger*innen in einer Karaoke-Installation überlagern.

3.3 Making-of-Wahrnehmung: Karaoke als multimediale Konfiguration des Akustischen hören und sehen

Die multimediale Konfiguration inszenierter Klänge in *Rondo* wird am Beispiel einer Karaoke-Installation deutlich, die die Wahrnehmung zwischen Hören und Sehen in besonderem Maße beansprucht. Sie umfasst das Bewegtbildmedium Video, die Instrumentalversion des Popsongs, eine Projektion des zu singenden Texts und erwarteten Livegesang. Die Spieler*innen stehen im gering ausgeleuchteten rechten Bereich der Bühnenfläche. Ein Mikrofon als verstärkende Apparatur für einen sich in Gesangskünsten darstellenden Akteur ist nicht zu sehen. Stattdessen hängt im Zentrum der Szenerie eine Leinwand für eine Videoprojektion. Diese Bildsetzung wertet Diedrich Diederichsen im Rahmen einer

Diskussion über zentrumslose Popmusik in einer Theatermetaphorik auf. In Karaoke-Installationen dient die Videoprojektion als Bühne:

> Die Idee, dass, wenn es ein Zentrum der Popmusik gäbe, in diesem dauernd ein öffentliches Rezeptionstheater stattfände, wird hier [in der Karaoke-Installation, J.N.] direkt nachgebaut. [...] wichtiger als eine bestimmte Bildspur [ist] generell die Angewiesenheit der Vervollständigungskunst Popmusik auf überhaupt eine Bildspur [...], eben auch ein individuell schweifender Blick, eine Spielfilmszene kommt dafür in Frage[.][57]

Inwiefern das gesungene Lied Pop oder einem anderen Musikstil zuzuordnen ist, soll hier nicht Thema sein. Lässt sich aber – überspitzt gefragt – aus den Äußerungen schlussfolgern, dass Karaoke in *Rondo* ein ‚öffentliches Rezeptionstheater' thematisiert? Durchaus drängt sich der Gedanke an eine Theater-auf-dem-Theater-Situation auf und die Installation ist zugleich Inszenierung und Aufführung zwischen Konzert, Choreografie und Unterhaltungsangebot im Rahmen (medien-)reflexiver Anordnungen. In Diederichsens Hervorhebung der Bildspur kommt inszenierter Klang vor allem als Visualisierung zur Geltung. Inwiefern sich diese in der Karaoke-Installation für einen schweifenden Blick eignet oder gar mit banalen Inhalten kokettiert, steht hier nicht zur Diskussion. Zu sehen sind auf der in der Bühnenmitte platzierten Leinwand Aufnahmen eines Mannes und einer Frau, die lächelnd durch einen Park spazieren, sowie von Singvögeln, die in einer Vogeltränke baden, und Bilder einer Bootsfahrt im Sonnenschein.
Gesang im Verhältnis zur Projektion kommt hingegen bei Diederichsen erstaunlich kurz. Denn gerade im Karaoke scheint ein wesentlicher Unterhaltungswert in Virtuosität und Dilettantismus unterschiedlicher Livegesangsqualitäten zu liegen, synchron und asynchron zu Bild und Ton mit eingeblendetem Text.[58] Deshalb ist in *Rondo* die Erwartung an Livegesang gesteigert. Auffällig ist, dass die instrumentale Einspielung des Lieds wie eine rauschende, geradezu scheppernde Tonspur einer Filmaufnahme klingt. *Dass* die Medientechnik der Filmprojektion im Rauschen und Scheppern überhaupt zu hören ist, fällt auf und legt Gedanken daran nahe, dass allein die Projektion schon einen eigenen Soundtrack hat und auch das Scheppern der Medientechnik inszeniert ist, d.h. elektroakustisch eingespielt wird.

57 Diedrich Diederichsen: Dubbing is a must. Synchronie in der zentrumslosen Popmusik. In: Curtis / Koch / Siegel (Hrsg.): *Synchronisierung der Künste*, S. 175–184, hier S. 181.

58 Heather Warren-Crow erläutert in der Interaktion mit Medientechniken eine grundsätzliche „dyssynchrony", vgl. Heather Warren-Crow: Sounding Off: Performance, Dyssynchrony and Participatory Media. In: *Performance Research* 3,16 (2011), S. 123–126.

Gesangsstimmen weichen in dieser Szene erheblich voneinander ab. Anders als in vorherigen Szenen wird weder chorisch noch in anderen musikalischen Abstimmungen gesungen. Vielmehr sind asynchrone Abweichungen von projizierten und farblich aufleuchtenden Textzeilen auffällig. Gesang zur Wiederholung des Refrains setzt scheinbar versehentlich gemeinsam ein und schnell wieder aus, wenn keine Untertitel in der Bildspur eingeblendet werden. Das bisher präsentierte geschlossene Liedformat bricht auf in Versuche der Stimmen, dem eingeblendeten Songtext zu folgen. ‚Angesungene' und ‚angestimmte' Textzeilen scheinen den Untertiteln einerseits vorauszueilen ebenso wie die Darbietung sich andererseits durch zu späte Einsätze auszeichnet. Der Gesang gelingt nicht als gesungenes Lied, sondern als Gesangsversuche, Abbrüche, Pausen, Summen und Verstummen. Sie rufen Tuscheln und Lachen im Publikum hervor, der Sitznachbar beugt sich vor und zeigt auf die Performer*innen am Bühnenrand. Die Darsteller*innen stehen in dem dunkel ausgeleuchteten Bühnenraum hinten rechts, Mikroports und Mikrofone sind ebenso wenig erkennbar wie sprechende oder singende Körper. Zweifelhaft ist, ob die Bühnenakteur*innen von ihrer Seitenposition die eingeblendeten Zeilen überhaupt sehen können, und dementsprechend, ob ein klassischer Livegesang auf die aufleuchtenden Liedzeilen ausgerichtet ist. Allzu systematisch erklingt der Gesang an falscher Stelle und passgenau nach dem Zeitpunkt des auf der Leinwand aufleuchtenden Liedtexts. Ist die Annahme des leibhaftigen Gesangs der Bühnenakteur*innen also eine Einbildung oder audio-visuelle Täuschung aufgrund von Erwartungen an Konzert oder Theater oder auf der Basis allgemeinen Wissens über das Unterhaltungsformat Karaoke? Die Irritation, dass Zweifel an einem Livegesang entstehen, obwohl die Akteur*innen alle gestischen Verweise auf Livegesang erfüllen, besteht. Fragen nach der spezifischen Art und Weise der Karaoke-Inszenierung in *Rondo* werden dadurch gestellt. Anders formuliert, wie ist eine medientechnische Anordnung so offen gehalten, dass Audio-Zuschauer*innen motiviert sind, erstens die Inszenierung der Stimmen und zweitens die Wahrnehmung derselben überhaupt zu hinterfragen?

Die zu hörenden Stimmen scheinen eine medientechnisch vorproduzierte Aufnahme zu sein. Sie werden möglicherweise eingespielt – zusätzlich zur instrumentalen Spur des Lieds und zusätzlich zur scheppernden Filmprojektion. Wenn im Karaoke das Risiko zwischen Virtuosität und Scheitern von Gesang im Verhältnis zu einem wie auch immer gearteten Ideal von Gesang und Erinnerung von Liedern als Unterhaltungsfaktor gilt, wäre dieses Charakteristikum in einer Einspielung von Stimmen in *Rondo* lakonisch torpediert. Die Überlegung ist risikofreudig, weil die Behauptung der Wahrnehmung einer exklusiven Medientechnik – ohne Livegesang – unbestätigt bleibt. Somit ist die Irritation ein audio-visuelles Wahrnehmungsexperiment. In der Unklarheit und damit im Risiko einer völligen Einbildung eines Augenblicks und Höreindrucks sind erstaunlicherweise Unterschiede im Stimmansatz zu hören – die eine Stimme klingt nach Brustbeinansatz, die andere hört sich vielmehr nach einem Kehlkopf- oder sogar Stirnansatz an. Ungeachtet eigener Hörkompetenzen und Einbildungen irritiert die Binnendifferenzierbarkeit dieser Stimm- und Gesangsqualitäten. Sie lassen sich in einer Ununterscheidbarkeit von klassisch live hervorgebrachtem und medientechnisch vorproduziertem und asynchron eingespieltem Gesang bündeln. Für die Frage, ob die Stimmen aufgezeichnete sind oder nicht, geben gleichwohl weder Hören noch Sehen eine überzeugende Letztbegründung.

In der geschilderten irritierenden Wirkung scheint die medientechnische Konfiguration Ablenkungs- oder Umlenkungsmanöver für Hören und Sehen zu enthalten. Das ist zugleich das Moment, in dem eine Imagination oder ein analytisch suchender Blick nach einer ursächlichen Quelle des Singens aktiv wird. In der kaum auszumachenden Bestimmung graduell unterscheidbarer Liveness liegt der Appell, dem Auditiven in Relation zum Visuellen nachzugehen. In einem Fokus auf Lippenbewegungen und in einer gesteigerten Aufmerksamkeit auf Stimmqualitäten ermitteln Audio-Zuschauer*innen potenziell eine medientechnische Trennung zwischen anwesenden Performern in der Rolle von Sängern und einer medientechnischen Reproduktion von Stimmen. Das ist einerseits ein analytischer Prozess und kann andererseits auch eine Imagination sein, die Hören und Sehen probehalber verknüpft oder auch trennt. Darin lässt sich das Zwischenergebnis des Experiments festhalten: Wenn elektroakustisch bearbeitete oder zuvor aufgezeichnete und eingespielte Stimmen als Tonaufnahmen in der Karaoke-Installation vermutet werden, suchen Auge und Ohr für diese Annahmen Bestätigungen oder Beweise. Peter Szendy formuliert diesen Zusammenhang als grundsätzliche Ambivalenz von Musik und Stimme im Verhältnis zu einer Klangquelle: „a blind capture of music that does not respond to or account for anything; and on the other, the ghostly echo of the name and speech of the author, of 'his master's voice'"[59]. Eine analytische Bewegung zwischen Hören und Sehen verfolgt somit Spuren von Sängern ebenso wie Beweise für die Inszenierung des Gesangs. Und wenn Lippenbewegungen der Performer*innen beispielsweise diese Beweise nicht liefern, plausibilisieren fehlende Klangquellenindizien den Höreindruck elektroakustisch realisierter Stimmen und die Annahme eines aufgezeichneten und asynchron eingespielten Gesangs. Die analytische Bewegung zwischen Hören und Sehen kann auch motorisch sein.

59 Vgl. Szendy: *Listen*, S. 85. Vgl. auch Helga Finter: Der Körper und seine vokalen Doubles. In: Dies.: *Die soufflierte Stimme*, S. 241–260.

Der Sitznachbar beugt sich vor, der eigene Blick verfolgt nahezu angestrengt, ob Lippenbewegungen der Performer zu erkennen sind und die Wirkung bestätigen oder widerlegen. Die Karaoke-Installation als multimediale Konfiguration ergänzt somit reflexive Theater-auf-dem-Theater-Praktiken und Audio-Zuschauer*innen können graduelle Unterschiede in der Inszenierung zwischen ‚live' und ‚medientechnisch reproduziert' in Blickbewegungen und Ausrichtungen austarieren. Und in diesem Balanceakt mag auch eine affektive Dimension enthalten sein, als Neugier, Lust auf oder Ablehnung von einer medientechnischen Inszenierung von Gesang.[60] Somit legt die Karaoke-Installation in *Rondo* sowohl Inszenierungsstrategien als auch Aneignungsoptionen der Audio-Zuschauer*innen im Kontext einer medialen Erfahrungswelt offen. Der Wahrnehmungsakt aufgezeichneter Stimmen – wenn es denn in *Rondo* solche sind – ist sowohl von eigendynamischer Imagination als auch von einem Wissen um (medientechnische) Inszenierungen geprägt. Darin geht es auch um inszeniertes Hören und Sehen – quasi als Making-of einer audio-visuellen Wahrnehmung.[61] Diese Zuspitzung steht im Kontext medialer Wirklichkeitserfahrung und wird deshalb abschließend diskutiert.

Dabei sind zwei Aspekte wichtig, auf die Annemarie Matzke im Verhältnis von Populärer Kultur und Medialität hinweist. Sie verdeutlicht, dass Medienerfahrungen keine Sekundärerfahrungen sind, sondern Wirklichkeitserfahrungen des Einzelnen, in denen die Bewertungskriterien ‚real' und ‚medial vermittelt', ‚authentisch' und ‚inszeniert' an Bedeutung verlieren.[62] Matzke hebt am Beispiel von Arbeiten der Performancegruppe She She Pop hervor, dass der Akt der „Auseinandersetzung mit Formen und Texten der Populären Kultur […] innerhalb von medialen Strukturen und in einer wiedererkennbaren Form der Populären Kultur" stattfindet:

60 Zu Liveness-Differenzierungen Phillip Auslanders vgl. Kapitel 1.4. Er hält für Medientechniken fest: „they feel live" (Auslander: *Liveness*, S. 62).

61 Begründungszusammenhänge des Making-ofs in Film und Literatur sind als Paratexte gekennzeichnet. Zu Grundlagen eines Making-ofs in verschiedenen Ausprägungen vgl. Wieland Schwanebeck: Klassisches Making-of. In: *Making-of. Ein Lexikon*, 01.07.2013. http://making-of-lexikon.de/#text=klassisches-making-of (Zugriff am 15.07.2016). Die Kennzeichnung der Karaoke-Installation als Making-of-Wahrnehmung ist eine heuristische.

62 Vgl. Annemarie M. Matzke: ‚Das Theater wird Pop nicht finden' – Medialität und Popkultur am Beispiel des Performance-Kollektivs She She Pop. In: Kleiner / Wilke (Hrsg.): *Performativität und Medialität populärer Kulturen*, S. 373–389, hier S. 385. David Roesner findet vergleichbare Aspekte in der gegenseitigen Beeinflussung von ‚realen' und ‚virtuellen' Arten, Musik zu machen, z. B. in der Auseinandersetzung mit Videospielen wie *Guitar Hero*, vgl. ders.: Der *Guitar Hero* zwischen Musizieren und Performen. In: Schroedter (Hrsg.): *Bewegungen zwischen Hören und Sehen*, S. 591–607.

> Ein solches Verfahren geht nicht im reinen Konsumieren und Reproduzieren populärer Formate auf, sondern versucht, eine eigene Position innerhalb der Populären Kultur zu erobern, die weder die medialen Einschreibungen, die Teil der Identität sind, ablehnt, noch völlig in ihnen aufgeht. Es wird nicht versucht, in einen Dialog über die Populäre Kultur zu treten, sondern die Wirklichkeit der Populären Kultur soll in deren eigener Sprache zum Sprechen gebracht werden. In der Wiederholung, die immer auch eine Affirmation der Formate mit einschließt, wird versucht, eine kritische Position zu finden.[63]

Dieser Versuch, innerhalb einer medial geprägten Erfahrungswelt ebenso wie gegenüber dieser Erfahrungswelt eine Position zu finden, gilt dann auch in der ästhetischen Wahrnehmung, denn – so Matzkes Schlussfolgerung – die Vorgänge vollziehen Produzenten, Akteure, Zuschauer und Zuhörer gemeinsam. Am Beispiel der Karaoke-Installation gilt also das Wahrnehmungsexperiment, eine eigene Position gegenüber medientechnisch inszenierten Stimmen und innerhalb eines Making-of der Wahrnehmung finden. Die Medienreflexivität in der Szene ist eine Aufforderung zu einer Aneignungspraxis, die so offen ist wie das Angebot selbst. Beweise darüber, wie die Karaoke-Szene nun ‚gemacht' ist, ob jemand live singt oder nicht, fehlen absichtlich. Das ist in einer Bewegung zwischen Hören und Sehen der Versuch, die medientechnische und nicht medientechnische Inszenierung, hier von Gesang, auszuloten – und das ist zugleich ein Balanceakt der Audio-Zuschauer*innen, um sich zu Inszenierungselementen von Unterhaltungsangeboten und inszenierter Wahrnehmung zu positionieren. Lösen medientechnische Inszenierungen von Klang eine konzeptuelle Bewegung zwischen Hören und Sehen aus, liegt darin die Motivation für konkrete motorisch-affektive, analytische und reflexive Bewegungen von Audio-Zuschauer*innen. Der Prozess ist eine analytische Bewegung, insofern in Ausrichtungen und Fokussierungen ‚Autor*innen', Sprecher*innen, Sänger*innen, gar amplifizierende Medienapparaturen[64] gesucht werden. Ein Wissen um mögliche Klangquellen wird quasi ausagiert und impliziert auch, Inszenierungsstrategien der Stimme wiederzuerkennen. Matzke beschreibt diesen Prozess in der Erarbeitung von Aufführungen der Gruppe She She Pop als „wieder holen"[65] und zurückgreifen auf mediale Erfahrungen, Szendy siedelt diesen Prozess im

63 Matzke: ‚Das Theater wird Pop nicht finden', S. 386–387.

64 Darüber hinaus gilt das Konzept einer ‚medienhistorischen Klangkörperlichkeit' grundsätzlich in den Kulturwissenschaften, vgl. Sigrid Weigel / Friedrich Kittler / Thomas Macho (Hrsg.): *Zwischen Rauschen und Offenbarung: Zur Kultur- und Mediengeschichte der Stimme.* Berlin: Akademie 2008.

65 Matzke: ‚Das Theater wird Pop nicht finden', S. 385.

Hören als „blind capture“ und „ghostly echo“[66] an. Darin umfasst eine Positionierung von Audio-Zuschauer*innen auch affektive Bewegungen zwischen Hören und Sehen und geht mit einer Reflexion über das eigene Tun und über Prägungen in der Wahrnehmung potenziell einher. Letztere wird als reflexive Bewegung verstanden.
Die Karaoke-Szene lässt sich zugleich als experimentelles Making-of der audio-visuellen Wahrnehmung verstehen, denn sie bietet in der akustischen Konfiguration aus Klängen der Projektionsapparatur sowie der medientechnisch realisierten Stimmen das Potenzial, dass Audio-Zuschauer*innen eine Positionierung *gegenüber* den Elementen der Inszenierung eines Unterhaltungsformats und *innerhalb* ihrer Wirkungen ausloten. Dieser Balanceakt verläuft in Suchbewegungen, die sich auf medientechnische Indizien, akustische Körper und Beweise ausrichten. Sie scheinen allgemein stärker in Wissenskonfigurationen des Visuellen verhaftet zu sein als in der Zeugenschaft des Auditiven. Audiovisuelle Wahrnehmungspraktiken sind dabei in einem differenzierenden Vermögen beansprucht. Gleichwohl können diese Differenzierungen auch scheitern und die Wahrnehmung als audio-visuelle Illusion oder Imagination – beispielsweise von Binnenqualitäten der Stimmen – beweisen.

3.4 Zwischenfazit: Bewegung als Balanceakt

Das Akustische in der Aufführung *Rondo* zeichnet sich durch rhythmische Variationen aus. Zugrunde liegt ein Verständnis von Rhythmus, das sich auf die raumzeitliche Organisation der Körper und auf medientechnische Konstellationen im Aufführungsverlauf bezieht. Irritationen zwischen dem, was die Aufführung zu hören und zu sehen anbietet, überschreiten eine Inszenierungsstrategie, Aufführungsform und Wahrnehmungskonvention. Vielmehr bergen die Irritationen zwei Wirkungskategorien, die als scheinbares Paradox von Überschuss und Entzug gebündelt und als ‚Überwältigungsästhetik‘ und ‚Unverfügbarkeitsästhetik‘ benannt werden können. Sie betreffen inszenierte Körper, Stimmen und Besonderheiten ihrer medientechnischen Bearbeitung in Raumsituationen und damit die Wahrnehmung der Vorgänge als Making-of oder Choreografie.
Die Aufführung impliziert ein Rondo – oder gar einen Zirkelschluss – auf wahrnehmungsästhetischer Ebene. Ausgewählte Beispielszenen als Tanz, Konzert, eine Karaoke-Installation und Tableaus sowie musikalische Bestimmungen eines Rondos sind um Wissensfigurationen erweitert. Somit präsentiert die

66 Vgl. Szendy: *Listen*, S. 85.

Aufführung *Rondo* eine Wahrnehmungsstudie, die Reibungen zwischen Konventionen beinhaltet. Diese beinhalten weitere intermediäre Rahmungen. Deshalb lässt sich die grundsätzliche Frage, wie das Akustische und Rhythmische der Aufführung *Rondo* wahrgenommen werden kann respektive wie die audio-visuelle Wahrnehmung beschreibbar und qualifizierbar ist, mit Aufmerksamkeitsverschiebungen beantworten, die hier als vielschichtige Bewegungen zwischen Hören und Sehen und als Balanceakt reformuliert werden.
Die Frage also, was Audio-Zuschauer*innen in der rhythmischen Konfiguration zwischen Tanz, Konzert und Installation tun, lässt sich damit beantworten, dass sie sich bewegen. Affektiv folgen Audio-Zuschauer*innen Inszenierungsstrategien in persönlichen Dispositionen. Zu diesen tragen Wahrnehmungskonventionen eines Konzerts oder ein Wissen um andere Unterhaltungsformate bei. Ein offener Spielraum zwischen Affirmation und Kritik bündelt auch motorische Bewegungen in Hinwendungen, Abwendungen oder Applaus. Analytisch ist eine Bewegung zwischen Hören und Sehen, weil Audio-Zuschauer*innen mit Inszenierungsstrategien entlang der Fragen ‚Wie ist Klang inszeniert?' und ‚Wo kommt der Klang her?' umgehen. Darin ist eine Suche nach belastbaren Klangquellen relevant. Diese analytische Bewegung kann als Zuhören, Hinhören, Zuschauen und Fokussieren beschrieben werden. Reflexiv kann eine Bewegung zwischen Hören und Sehen sein, insofern Audio-Zuschauer*innen ihre Aufmerksamkeit darauf ausrichten, Wahrnehmung wahrzunehmen, und ihre Eindrücke hinterfragen. Die Analysen unterstreichen somit folgendes Ergebnis: Die Bewegung zwischen Hören und Sehen ist ein Balanceakt, um Kontinuitäten und Diskontinuitäten in der raumzeitlichen Organisation von akustischen Körpern im akustischen Raum und in medientechnischen Inszenierungen zu begegnen und mit diesen hörend und sehend umzugehen. Ein Fluchtpunkt kann eine Verortung in der Situation sein, die affektive, analytische und reflexive Positionierungen bedeutet und die motorisch stattfindet. Sie trägt ebenso wie konventionelle und populärkulturelle Anteile zu einer Verortung bei.

4.
Hören und Sehen als ‚Zuschauer*innen des Akustischen' testen: Stimme in *Velma Superstar*

Inszenierungen der Stimme stellen in der Aufführung *Velma Superstar* die Wahrnehmung eines Spektakels um Superstars auf die Probe.[1] Daran sind die Performer Christian Garcia, Christophe Jaquet, Stéphane Vecchione, die Tänzerin Arantxa Martinez, ein Kammermusikensemble und ein Chor beteiligt. Dieser wird bei Gastspielen vor Ort gesucht. Die Aufführung beginnt mit Variationen von Auftritten, die sich über ein Viertel der circa 70-minütigen Aufführung erstrecken; sie endet in einem elektroakustischen Feedback ohne Performer. Wer oder was als Superstar in der Aufführung mit dem scheinbar unmissverständlichen Titel gilt, ist das Thema der Auseinandersetzung mit einer medienkulturell geprägten Figur. An Antworten haben Audio-Zuschauer*innen einen wesentlichen Anteil, indem sie mit Wahrnehmungskonventionen von Konzert und Theater experimentieren können.[2]

Wie Stimme zwischen Klang und ausbleibendem Klang inszeniert ist sowie als problematischer ‚Stimmkörper' in einer Ausbreitung im Raum und in medientechnischer Bearbeitung wahrgenommen werden kann, sind Analysefragen an das Akustische der Aufführung. Aufsehenerregend ist die Wechselwirkung

1 Velma: *Velma Superstar* (UA: 14.10.2005, Théâtre Métropole, Lausanne). Ich habe die Aufführungen am 3. und 4. Mai 2007 im HAU 1, Berlin, besucht, der Analyse liegt ebenso eine Video-Dokumentation der Aufführung vom 15.10.2005 im Théâtre Métropole, Lausanne, zugrunde.

2 Velma formuliert: „So *Velma Superstar* is not a 'show on …' No analysis of the star system, no one-sided statement on entertainment or show business here. Above all *Velma Superstar* is an experiment, a test including spectacular" (Velma: Velma Superstar. http://www.velma.ch/framentre.html (Zugriff am 15.07.2016)).

zwischen Hören und Sehen, denn sie rückt in den Mittelpunkt, was Audio-Zuschauer*innen tun. Ihre Aktivität gilt in *Velma Superstar* als experimentelle Bewegung zwischen Hören und Sehen. Sie zeichnet sich, so die These, durch Umwege in der audio-visuellen Wahrnehmung aus: Gehört wird das Akustische über den Umweg des Zuschauens – ebenso kann dem Akustischen über den Umweg des Zuhörens zugeschaut werden. Dabei werden qualitative Besonderheiten von Zuschauen und Zuhören in einer reflexiven Dimension der audiovisuellen Wahrnehmung vermutet, d. h. Audio-Zuschauer*innen sind in affektiven, analytischen und reflexiven Suchbewegungen aktiv. Die Analyse verfolgt somit, wie das Spannungsverhältnis zwischen Hören und Sehen ästhetisch aufrechterhalten wird, und setzt an Auftrittsvariationen mit einem geradezu wortwörtlich gemeinten ‚Tonfall'[3] an. Auf die ersten Auftritte reagiert das Publikum entsprechend einer Konzertkonvention: Audio-Zuschauer*innen bewegen sich und klatschen.[4]
Circa 20 Spieler*innen positionieren sich auf einem Podest in der Mitte der Bühne. Zudem nehmen Musiker*innen eines möglichen Kammerorchesters mit Cello und Geigen die in einem Halbrund gestaffelten Plätze an der rechten Bühnenseite ein, und Audio-Zuschauer*innen applaudieren. Während drei Geiger*innen und ein Cellist ihre Instrumente stimmen, putzt ein Geiger seinen Bogen. Auch der Auftritt des Schauspielers in der möglichen Rolle eines Konzertmeisters erhält Applaus. Er trifft in der Bühnenmitte auf den Perkussionisten, der auf einem Xylophon den Kammerton a anschlägt. Als ein weiterer Schauspieler auftritt, dessen Kostüm und zentrale Position im Bühnenraum die Figur eines Dirigenten nahelegen, ist die Publikumsbeteiligung erneut zu hören: Er bleibt am Notenpult stehen, verbeugt sich, tritt an die Bühnenrampe, verbeugt sich nochmals und verweist mit ausladender Armbewegung auf die rechte Bühnenseite. Farbiges Licht flackert in einem Spot auf den Spieler in der Konzertmeisterposition auf. Das Publikum klatscht schon wieder oder immer noch und der angebliche Dirigent geht ab. Ausgehend von visuellen Charakteristika dieser Auftritte, liegen die Rollen Konzertmeister, Dirigent und Chor nahe. Schwarzweiße Kostüme entsprechen nicht nur, aber auch einer klassischen Konzertausstattung. Requisiten wie Notenpulte und Instrumente, Bühnenpositionen

3 Der Begriff dient dazu, den in diesen Szenen abwesenden Klang und die gleichzeitige Erwartung von Klängen zu betonen.

4 Den Bezug zur historischen Genese eines modernen Konzertpublikums nach Szendy und den Bezug zur Rolle von Claqueuren nach Brandl-Risi habe ich in Kap. 3 erläutert. Die Ausgangsbasis, im klassischen Konzert stillschweigend zuzuhören, verändert sich. Vgl. Tröndle: *Das Konzert*, insb. S. 21–44.

der Spieler*innen und ihre gestischen Handlungen lassen ein Konzert erwarten. In diesen ‚Aspekten' einer Konzertpraxis wird ein Zuhören thematisiert und die Erwartung, dass Musik und Gesang zu hören sein werden, wird im Applaus des Publikums laut. Erneut stimmen Geigerinnen und Cellist ihre Instrumente, während ein weiterer Spieler des Ensembles nun nicht mehr den schief gehaltenen Bogen, sondern seine Nase putzt. Der Kammerton wird zum zweiten Mal angeschlagen, ein Pizzicato im Spiel der Streicher setzt einen auditiven Akzent. Zum zweiten Mal tritt auch die Dirigentenfigur auf – nun mit weißen Schuhen, schwarzem Anzug und weißem Hemd. Er wiederholt das beschriebene Bewegungsrepertoire und ergänzt es um weitere Gesten. Sie sind umso auffälliger, weil Spieler*innen auf dem Chorpodest diese Bewegungen ebenfalls durchführen: Sie schieben Brillen auf Position, schnippen Fussel vom Jackett, streichen Haare zur Seite und kratzen sich am Kopf, allesamt Gebärden, die konventionell in einem Konzert vermieden werden. Dann tritt Arantxa Martinez auf. Ihre Erscheinung in roter Abendrobe könnte kaum divenverdächtiger sein. Sie wirft Kusshände originellerweise in Richtung Seitenbühne und erneutes Klatschen des Publikums ist zu hören. Mit schnellem Schritt tritt sie in gespannter Körperhaltung in die Mitte der Bühne. Ihr bodenlanges Kleid rafft sie mit beiden Händen, der Rock raschelt, alle Spieler*innen wenden sich ihr zu. Ein dreimaliger Händedruck zwischen ihr und dem ‚Dirigenten' eignet sich dazu, ihre Primadonna-Rolle zu bestätigen. Daraufhin tritt sie an die Rampe und verneigt sich mit einem tiefen Knicks vor dem applaudierenden Publikum. Eine zweite Verbeugung gemeinsam mit dem ‚Dirigenten' folgt, diesmal mit ausgebreiteten Armen, als würden sich beide für den Applaus einer Darbietung bedanken, die freilich noch aussteht. Derweil schlagen Musiker des Kammermusikensembles gemäß der unter Orchestermusikern üblichen Anerkennungspraxis mit ihren Bögen lautlos auf die Notenpulte. Mehrere Spots sind auf die einzelnen Gruppierungen der Akteur*innen ausgerichtet – sie erhellen und fixieren einen Augenblick.[5] Als der Schauspieler in der assoziierten Dirigenten-Rolle zum dritten Mal auftritt und das zuvor durchgespielte Repertoire an Bewegungen wiederholt, ebbt der Applaus im Auditorium ab. Erst sein achter Auftritt motiviert das Publikum, wieder zu klatschen, er suggeriert nun in einem mit Nieten bestückten weißen Catsuit eine schillernde Star-Figur. Wie in einer Nachahmung massenmedial verbreiteter Elvis-Darstellungen nimmt er eine entsprechende Pose ein,

5 Die Aufstellung erinnert an die Tableau-Situationen in der Arbeit *Rondo*. In *Velma* ist vor allem der Eindruck von Rollenfächern zentral, die nicht nur ‚still'-gestellt, sondern geradezu ‚ausgestellt' erscheinen.

mit ausgestellten Beinen, nach links eingeknickter Hüfte und nach oben rechts gestrecktem Arm.

Die Auftritte schillern geradezu in den Aufführungsformen Konzert und Theater, insofern vor allem der Wechsel zwischen Rollensuggestionen[6] die akustische Situation auszeichnet. Darin fällt Klang zunächst in seiner Abwesenheit auf und verhindert in dieser ‚Ex-negativo'-Situation eben nicht, ein Konzert zu erwarten. D. h., auch wenn ein Konzertmeister seine Geige *nicht* spielt oder die Stimme einer möglichen Solistin eben *nicht* zu hören ist, wird eine akustische Situation aufgerufen. Die Spannung, ob Audio-Zuschauer*innen im weiteren Verlauf überhaupt ein Konzert hören und sehen werden, besteht. Gelten Pausen als Konstituenten eines musikalischen Verlaufs,[7] ist das Spannungsfeld Klang und die Abwesenheit von Klang[8] in der Aufführung *Velma Superstar* inszeniert und bedeutsam. Deshalb bezieht die Analyse inszenierter Stimmen die ausbleibende Stimme ein und problematisiert darüber hinaus Annahmen eines ‚Stimmkörpers'. Zudem gibt die schweigende und auffällig motorische Beteiligung des Publikums Hinweise auf die Aktivität in einer Bewegung zwischen Hören und Sehen – Applaus kommt in Anlehnungen an Wahrnehmungskonventionen zur Geltung.

Einhergehend zieht die gesamte Auftrittsarie, um die Vorgänge metaphorisch zusammenzufassen, Aufmerksamkeit auf gestische Handlungen wie Verbeugungen und andere körperlich ausagierte Begrüßungsformeln. Sie erinnern daran, dass Solist*innen und Musiker*innen im Konzert hinausgehen und wieder auftreten, um dem Publikum Zeit zum Applaudieren zu geben. Beglaubigt Klatschen – im Theater – das Ende einer Aufführung, ist diese Konvention in *Velma Superstar* an den Beginn der Aufführung verschoben. In traditionellen Konzertaufführungen wird schon der Auftritt eines Dirigenten – möglicherweise

6 Musikalische und nicht musikalische Rollenfächer, beispielsweise von der Dirigenten-Figur zur unbestimmten Star-Figur, sind zu sehen und zu hören. Diese Suggestionen führe ich in heuristischer Zuspitzung begrifflich als ‚Musik-Darsteller' zusammen und erläutere diesen in Kap. 5.

7 Vgl. zu diesem Forschungsfeld einführend Martin Zenck: Dal niente. Vom Verlöschen der Musik. Zum Paradigmenwechsel vom Klang zur Stille in der Musik des neunzehnten und zwanzigsten Jahrhunderts. In: *MusikTexte. Zeitschrift für Neue Musik* 55 (1994), S. 15–21.

8 Zu zeitgenössischem Musiktheater vgl. Elzenheimer. *Pausen, Schweigen, Stille.* Zu Cages Œuvre vgl. exemplarisch Hans-Friedrich Bormann: *Verschwiegene Stille: John Cages performative Ästhetik.* München: Fink 2005. Thematisch vergleicht Kim Seth-Cohen die Ästhetik des Nicht-Sprechens in Samuel Becketts *Text for Nothing* (1952) und John Cages *Lecture on Nothing* (1949), vgl. Kim Seth-Cohen: I Have Something to Say, But I Am Not Saying It. In: *TACET. Experimental Music Journal* 1 (2011), o. P.

in gesteigerter Erwartung – konventionell beklatscht. Diese Aussicht und Erwartung auf ein Konzert besteht in den Auftritten der Spieler*innen in *Velma Superstar* und wird zugleich in Wiederholungen und Variationen ihrer Auftritte aufgeschoben. Diese Besonderheit betrifft auch Hören und Sehen, denn das, was die Aufführung zu sehen anbietet, stimmt nicht mit dem überein, was die Vorgänge zu hören geben. Annahmen zu einem Verhältnis von Hören und Sehen, die auf Aufführungsformen zwischen Tanz/Theater und Konzert basieren, sind im Akustischen der Aufführung *Velma Superstar* aufgespalten. Das Spannungsverhältnis ist zudem zeitversetzt aufgefächert: Nach der dritten Auftrittsvariation setzt das musikalische Spiel des Kammerorchesters ein. Die Musiker streichen einen Halteton[9] und Chormitglieder beginnen, Töne auf den Silben „ba" oder „da" zu singen. Zunehmend ergänzen Geigerinnen und Cellist weitere Töne, während einer der Akteure in der Streicherformation seinen Bogen putzt. Neben Wahrnehmungsoptionen der Aufführungsformen Konzert und Theater entstehen in folgenden Szenen auch solche, die sich auf medientechnische Installationen und Präsentationen wie Playback-Gesang und Lippensynchronisation beziehen.[10]

Die am Beispiel der Auftritte hergeleiteten Analyseaspekte umfassen problematische akustische Körper. Sie stehen hier als ‚Stimmkörper' und ‚Kippfiguren' zur Diskussion. Letztere zeichnen sich durch labile Rollenzuordnungen aus, die mit Überlagerungen von Aufführungsformen und Wahrnehmungskonventionen zusammenhängen. In ‚Kippfiguren' driften Kennzeichnungen der Akteur*innen als Musiker*innen und als musikalische Figuren auseinander. Bezüge zwischen Hören und Sehen entstehen, die auf Imaginationen beruhen. Um sich solchen Bezügen (Konvergenzen) einerseits und fehlenden Übereinstimmungen andererseits (Divergenzen) analytisch anzunähern, kann eine Forschungsperspektive hinzugezogen werden, die Hören und Sehen in Trennungsexperimenten untersucht. Zu solchen Experimenten gehören medientechnische Bearbeitungen der Stimme, Spielarten akusmatischer Stimmen

9 Bezeichnet der Halteton einen Ton, der eine Melodie begleitet, wird dafür auch der französische Begriff ‚Bordun' verwendet. Bordun-Töne werden Blasinstrumenten wie Pfeifen oder einer Drehleier zugeordnet sowie zudem auf ein Orgelregister und Glockentöne bezogen. Im Deutschen gilt der Begriff ‚Orgelpunkt' als Synonym, im Kontext der Pop-Musik ist der englischsprachige Begriff ‚Drone' im Gebrauch. Vgl. Rudolf M. Brandl: Bordun. In: *MGG. Sachteil 2*, 1995, Sp. 69–75.

10 Playback-Darstellungen im Rahmen eines sogenannten ‚lip-sync'-Gesangs sind im Internet vielfältig zu finden. Darüber hinaus vgl. zu Lippensynchronisation Clemens Risi: The Diva's Fans: Opera and Bodily Participation. In: *Performance Research* 16,3 (2011), S. 49–54.

sowie Übertragungen filmischer Darstellungsstrategien auf szenische Prozesse.[11] Close-ups, Slow Motion, Tableaus sind allesamt Begriffe, die in den deutschen Sprachgebrauch aufgenommen sind und als akustische Groß- oder Nahaufnahmen in der Stimmforschung verhandelt werden. Die Auftritte in *Velma Superstar* stellen allerdings sowohl Bezüge zwischen auditiven und visuellen Elementen als auch Trennungsexperimente im Hören und Sehen zur Debatte. Mit allgemeiner beschreibbaren Irritationen und paradoxalen Wirkungen gehen Audio-Zuschauer*innen aktiv um, und zwar in einer heuristischen Bewegung im ‚Zwischen'. Hören und Sehen können dabei sowohl konvergieren als auch divergieren.[12] Das Spannungsfeld umfasst die Wahrnehmung von akustischen Körpern im musikalischen Spiel sowie ästhetische Funktionen von Musik und Klang im szenischen Spiel. Zugleich ist Klang stimmlich auch dann inszeniert, wenn die Kippfigur ‚Primadonna' schweigt.[13] Dabei ließe sich ein Theater um Superstars zusammenfassend als Konzertperformance bezeichnen und dynamische Umwege in der Wahrnehmung werden in variantenreichen Beziehungen zwischen Zuhören und Zuschauen vermutet. Inszenierte Klänge werden audio-visuell möglicherweise in (Re-)Volten wahrgenommen, zugespitzter formuliert: Hören könnte eine Metapher des Sehens sein und Sehen eine Metapher des Hörens.[14] Dafür ist das Modell einer Bewegung zwischen Hören und Sehen

11 Vgl. dazu die langjährige Forschung von Helga Finter, exemplarisch Finter: Der (leere) Raum zwischen Hören und Sehen. Stimmen, deren Sprecher oder Sänger nicht zu sehen sind, eröffnen als akusmatische Stimmen eine Bandbreite, die John Collins beispielsweise als „onstage/ offstage sound" erläutert, vgl. Collins: Performing Sound / Sounding Space. Die sog. Akusmetrie hat Michel Chion in der Ton-Theorie des Films untersucht, vgl. ders.: *La voix au cinéma*. Paris: Cahiers du Cinéma / Edition de l'Etoile 1982.

12 Zugunsten einer Komplexität der vielfältigen Verbindungen, die zwischen Hören und Sehen bestehen, halte ich an den Begrifflichkeiten Konvergenz und Divergenz fest. Ein Zusammenfall, in dem Hören und Sehen als komplementär oder kontrastiv qualifiziert sind, ist also in einer Konvergenz angesiedelt. Ebenso driften in den gesehenen Auftritten Hören und Sehen auseinander, und heben hervor, dass das, was zu *hören* ist, nicht zu dem passt, was zu sehen ist. In *Velma Superstar* irritiert die ausbleibende Stimme der Primadonna die eigenen Konzert- oder Musiktheatererwartungen. Im Zuge eines Auseinanderdriftens von Hören und Sehen gilt dieser Ansatz auch vice versa: Das, was zu *sehen* ist, irritiert das, was zu hören ist.

13 Anders formuliert: Wenn es hier um die theaterkonstitutive Ambivalenz von Hören und Sehen in einem Zeigen geht, stellt sich die Frage, was gezeigt wird und was als ‚Nicht-Gezeigtes' – quasi im (Ver-)Schweigen – inszeniert ist. Dabei gilt der Analyseansatz, dass das Akustische der Aufführung *Velma Superstar* Hören und Sehen nicht nur grundsätzlich und per se thematisiert, sondern auch inszeniert. Der Analysefokus der Wahrnehmung des Akustischen verfolgt somit, wie Audio-Zuschauer*innen mit inszenierter Wahrnehmung umgehen.

14 Diese geradezu ‚metametaphorische' heuristische Formulierung basiert auf dem zugrunde liegenden Konzept einer Kommunikation der Sinne. Vgl. Kap. 2.1.

für die Wahrnehmung des Akustischen in *Velma Superstar* produktiv, weil es das Potenzial enthält, Umwege in der audio-visuellen Wahrnehmung des Akustischen zu beschreiben. Die titelgebenden ‚Zuschauer*innen des Akustischen', so die These, experimentieren mit Inszenierungen der Stimme und testen sowohl Bezüge als auch Trennungen von Hören und Sehen.
Das Akustische in *Velma Superstar* kennzeichnet einleitend, dass zu Beginn der Aufführung Auftritte potenzieller Stars noch beklatscht werden ebenso wie die Verwandlung dieser Figuren im Rahmen einer Star-Typologie.[15] In dieser Wirkung verschieben sich Annahmen von (musikalischen) *persona*-Modellen, die Primadonna ist beispielsweise eine audio-visuelle Kippfigur.[16] Auch die von Helga Finter hervorgehobene Ausgangsbasis, dass „[d]as vom Gehörten hervorgerufene Imaginäre [...] gerade das Band zum Gesehenen [webt und determiniert]"[17], ist für die Beziehung vom Gesehenen zum Gehörten (oder auch nicht Gehörten) relevant. Ihre Analyse verdeutlicht, dass Audio-Zuschauer*innen Umwege in der Wahrnehmung quasi imaginativ verfolgen können. In Imaginationen liegt zudem ein motivierendes Potenzial – Palágyi spricht von hinweisenden Bewegungen.[18] Darin werden Experimente einer Selbstwahrnehmung – durchaus auch im Sinne einer Reflektion von Imaginationen und Wahrnehmungskonventionen – wirksam.

15 Star-Typologien erläutert Stephen Lowry: Star. In: Hans-Otto Hügel (Hrsg.): *Handbuch Populäre Kultur: Begriffe, Theorien und Diskussionen*. Stuttgart / Weimar: Metzler 2003, S. 441–445.

16 Einführend in das Forschungsfeld aus theaterwissenschaftlicher Perspektive vgl. Philip Auslander: Musical Personae. In: *The Drama Review* 50,1 (2006), S. 100–119; ders.: Performance Analysis and Popular Music. A Manifesto. In: *Contemporary Theatre Review* 14,1 (2004), S. 1–13.

17 Finter problematisiert Stimmkörperbilder in der Analyse von gehörten, aufgezeichneten Stimmen. Darin erläutert sie grundsätzlich: „Als *Zwischen von Körper und Sprache* (Guy Rosolato) hat die menschliche Stimme in der Tat im Theater die Funktion, zwischen den auf der Bühne visuell präsenten Gegenständen und Körpern zu vermitteln. Sie kann sie in ihrer Präsenz bestätigen oder aber ihre Wahrnehmung subvertieren, sowohl in einer analytischen und kritischen als auch einer konventionellen, eher spektakulären Theatralität." (Helga Finter: Stimmkörperbilder: Ursprungsmythen der Stimme und ihrer Dramatisierungen auf der Bühne. In: Kolesch / Schrödl (Hrsg.): *Kunst-Stimmen*, S. 131–141, hier S. 133–134.) Darüber hinaus kennzeichnet die Stimme im Theater eine Intervokalität, die Finter wie folgt präzisiert: „Die Stimme ist *intermediär*, sie ist kein Medium, sie ist kein Instrument, sie ist nicht einfach ein Organ. Hingegen ist sie ein Übergangsobjekt" (dies.: Intervokalität auf der Bühne. Gestohlene Stimme(n), gestohlene(r) Körper. In: Bayerdörfer (Hrsg.): *Stimmen, Klänge, Töne*, S. 39–49, hier S. 43.

18 Vgl. Kap. 2.

4.1 ‚Stimmkörper': Lautmalerei im Hörspiel-Making-of und Lautmaterial von ‚wandernden' Sprecher*innen hören und sehen

Die audio-visuelle Wahrnehmung akustischer Körper ist in der Aufführung *Velma Superstar* erstens durch intermediäre Rahmen, zweitens durch Annahmen von Figuren sowie drittens durch grundsätzliche Ambivalenzen zwischen Körper und Stimme geprägt. Die Rahmen umfassen ein klassisches Konzert, ein Popkonzert, eine Performance zwischen Theater, Tanz und Installation und es kommt noch eine Darstellungsart hinzu: Wie in einem Hörspiel sind Stimme und andere Körpergeräusche als Lautmalerei inszeniert. Sie suggerieren Laute von Tieren, Maschinen und Kirchenglocken. Ambivalente ‚Stimmkörper' kommen zudem als Lautmaterial[19] in einer Ausbreitung von Sprechern im Raum zur Geltung und heben eine Ortlosigkeit der Stimme hervor.[20]

Der Performer, dem zuvor noch die Rolle des Konzertmeisters zugeordnet wurde, agiert als vielseitiger Geräuschemacher. Er schüttelt sein mikrofoniertes Jackett; die Geräusche erinnern an ein Flügelschlagen. Das erste stimmliche Geräusch von Martinez nach ihren Primadonna-Auftritten ist ein Krächzen. Des Weiteren eröffnen die Spieler*innen im Blöken und Bellen, Rasseln und Scheppern ein Panorama an möglichen Figuren. Martinez gackert, bewegt ihre eingeknickten Arme nach vorne und hinten und geht in die Knie. Dabei lässt es sich schwer vermeiden, die Geräusche und Bewegungen der Tänzerin *nicht* als Darstellung eines gackernden Huhns zu interpretieren. Einer der Spieler vollzieht Körperbewegungen, die an Robotermotorik erinnern; er prustet und seine Stimme schnarrt. Weitere Spieler*innen stampfen mit den Füßen, hecheln, röcheln und Assoziationen an Autos und Wind oder (Un)Wetter entstehen. Glucksen, Gackern und Gejaule gehen über in Laute, die gesungenen Alarmsirenen ähneln. Töne, die an quietschende Türen erinnern, werden stimmlich hervorgebracht, und der Performer, dem zuvor die Rolle des Dirigenten zugeordnet wurde, gibt Laute von sich, die sich wie das zugespitzteste Klischee von rituellen (Voodoo-)Gesängen und Glockengeläut anhören. Mehrmals singt er auf die Silbe „Dong" einen Ton.

19 Die begriffliche Klammer Lautmaterial umfasst verschiedene Bedeutungsdimensionen von Klang. Klanganthropologische Vorschläge sprechen zunächst von einer allgemeinen Material-, Sinnes- und Leibspezifik des Auditiven, vgl. Papenburg / Schulze: Fünf Begriffe des Klangs. Zum Materialbegriff in der Musik vgl. *Material. positionen. Texte zur aktuellen Musik* 32 (1997). Insbesondere zum Text als Klangmaterial in radiophonen Kunstformen vgl. Anna Souksengphet-Dachlauer: *Text als Klangmaterial. Heiner Müllers Texte in Heiner Goebbels Hörstücken*. Bielefeld: Transcript 2015.

20 Zur Charakterisierung eines akustischen Raums in Raumsituationen, Szenerien und Szenarien vgl. Kap. 1.4.

In der Neigung zur narrativen Qualifizierung des gehörten und gesehenen Geschehens als Hörspiel und zugleich in einer unmittelbar aktivierten Zuordnung von symbolischer Bedeutung, sind Ambivalenzen zwischen Körper und Stimme sowie wechselnde Annahmen von Figuren umso dynamischer. Darin gilt erstens das grundsätzliche Spannungsfeld einer Repräsentation und Präsentation – sichtbare Körper der Hervorbringung von Klang sind von einem Zeichenpotenzial der Klänge nicht zu trennen. Dieser Zusammenhang wird deskriptiv und heuristisch als Lautmalerei und als Making-of eines Hörspiels mit Kippfiguren zusammengefasst. Daran hat das einleitend genannte Imaginäre ausgehend von der Stimme in Bezug zum Gesehenen einen wesentlichen Anteil. Audio-Zuschauer*innen suchen potenziell auditive und visuelle Unterstützungen für Figurenannahmen, quasi Begründungssuggestionen und Anzeichen, gar Beweise für dieselben in gesteigerter Aufmerksamkeit. Figurenannahmen, die zwischen Primadonna und Huhn, Zeremonienmeister und Dirigent, Erster Geige und Roboter kippen respektive changieren, sind solche Imaginationen. Auf der Basis von Palágyis Imaginationstheorie fungiert die sogenannte direkte Phantasie/Einbildung geradezu als Wahrnehmungsorgan der räumlichen Verhältnisse der Lebens- und Erscheinungswelt. In einer auch in der Einbildung wirksamen Bewegung zwischen Hören und Sehen können sich Audio-Zuschauer*innen in dieser Erscheinungswelt verorten. Eine Selbstwahrnehmung mit der Aussicht darauf, die eigenen Imaginationsleistungen zu reflektieren, ist eine weitere potenzielle Aktivität. Sie mag zu ‚kleinen Wahrnehmungen' der gesehenen und gehörten Körperbewegungen, die zu der Lautmalerei beitragen, führen. Auch eine intellektuell-analytische Bewegung lässt sich denken. Sie mag verfolgen, wer ein Geräusch wie hervorbringt und was mir als Zuschauerin – wie in der stimmlosen Auftrittsarie von Martinez – vorenthalten wird. Nicht zuletzt mag die Bewegung zwischen Hören und Sehen affektiv sein, wenn Audio-Zuschauer*innen ihre Aufmerksamkeit auf einzelne unterhaltsame Elemente eines Horror-Hörspiels oder Huhn-Slapsticks ausrichten. Dabei werden eigene unscheinbare motorische Bewegungen wie Kopfdrehungen, Änderungen von Blickrichtungen im Sinne eines differenzierten Hinschauens oder Aufhorchens bemerkbar.[21]

Eine konzeptuelle Bewegung zwischen Hören und Sehen ist auch auf grundsätzliche Ambivalenzen in der Beziehung von Stimme und Körper anwendbar.

21 Zu einer differenzierten Hörtypologie vgl. Rost: *Sounds that matter.*

Helga Finter versteht die Stimme als Zwischenphänomen,[22] darauf basiert in dieser Studie die Rede von ambivalenten ‚Stimmkörpern'. In der Wahrnehmung der lautmalerischen Artikulation in *Velma Superstar* sind somit zwei Wirkungsspezifika enthalten: Grundsätzlich wird die Stimme auf sichtbare Körper und mögliche Figuren ‚projiziert' (Chion). Mit Bezug zu dem Auftritt der stimmlosen Primadonna, gefolgt vom Krächzen einer Tänzerin, entsteht eine – möglicherweise erheiternde – Kippfigur-Assoziation, die zwischen Primadonna und Huhn wechselt. Zudem gilt der ambivalente Stimmkörper als Inszenierungs- und Wahrnehmungsspielraum, in dem Aufmerksamkeitsverschiebungen zwischen Zuhören und Zuschauen dynamisch bleiben. Diese Verschiebungen prägen Imaginationen und Projektionen und nicht zuletzt Zuordnungen eines Geräuschs zu einem bestimmten Körper und dessen Bewegungen. Die Aufmerksamkeit kann sich auf die Visualität des Sprechens und Nicht-Sprechens beziehen und enthält Reibungen an Konventionen. Darin tritt beispielsweise das Bewegungsrepertoire einer Operndiva im Kontrast zur Stimmlosigkeit umso deutlicher hervor. Audio-Zuschauer*innen ermitteln potenzielle Bezüge zwischen Hören und Sehen und überbrücken in Imaginationen und Assoziationen zugleich Ambivalenzen zwischen Stimme und Körper. Dieses Experiment lässt sich in einer Bewegung zwischen Hören und Sehen beschreiben, die auch Umwege enthalten kann. Dabei setzt ein Umweg in der Wahrnehmung an Akzenten im Auditiven oder Visuellen an, um entweder über das Auditive oder Visuelle mehr oder Anderes oder gar Verbindliches zu erfahren. Somit geht eine audio-visuelle Wahrnehmung auf Umwegen einem sich entziehenden Klang wie der Stimme sowie einer unbestimmbaren Klangquelle nach. Imaginationsleistungen in jeweiligen Bedingungen der Wahrnehmungssituation lassen sich in einer Umwegkommunikation der Sinne bestenfalls reflektieren und zwar in einer Eigenwahrnehmung, die fragt, worauf die Imaginationen überhaupt basieren. Umwegen in der Wahrnehmung sind also eine Selbstreferentialität und Gegenwendigkeit zu eigen, die exemplarisch im ‚Hören als Zuhören' einerseits und andererseits im ‚Hören, um zu Sehen' zusammengefasst werden können.

Im Begriff des ‚Zuhörens' geht darüber hinaus George Home-Cook auf eine motorisch verstandene Aufmerksamkeit ein. „Listening" versteht er als

22 Vgl. Finter: Stimmkörperbilder, S. 133.Abgrenzend zu Finters Begriff des ‚Zwischen', bezeichnet Petra Maria Meyer die Stimme als Scharnier, um die Anbindung an Körper und Sprache deutlich zu machen statt einen davon unabhängigen Zwischenraum zu suggerieren, vgl. Petra Maria Meyer: *Die Stimme und ihre Schrift: Die Graphophonie der akustischen Kunst.* Wien: Passagen 1993, S. 92.

Aufmerksamkeitsmodus, es geht ihm um „aural acts", so auch der Titelbeginn seines Beitrags.[23] Home-Cook fragt, wie wir im Theater hören, und geht von einer Begegnung aus („aural-as-encountered"[24]). Dabei bezieht er sich auf Noës sensomotorische Wahrnehmungstheorie und auf Gibsons wahrnehmungspsychologischen Ansatz in ökologischer Profilierung. Nach Gibson macht die Umwelt Angebote (*affordances*), die ‚angewendet' werden.[25] Und eben diese Anwendung von Angeboten zeichnet das Zuhören im Theater aus und ist motorisch. Home-Cook definiert: „listening-in-the-theatre is a specialist mode of attention that involves an embodied, enactive and exertive engagement with our environment and its 'affordances'".[26] Es geht ihm um ein Hinhören im Sinne einer Ausdehnung des Körpers, er argumentiert mit einem taktilen Verständnis von Wahrnehmung und hebt geradezu Anstrengungen des Zuhörens im Begriff eines „stretching" hervor.[27] Weitere Kennzeichen eines ‚Zuhörens im Theater' sind Hörpositionen im Sinne von Platzierungen im Raum. Sie hängen mit einer grundsätzlichen Klangquellenorientierung zusammen. Allerdings, so räumt er ein, ist diese Orientierung problematisch, da Klang per se in Bewegung ist.[28] Home-Cook folgert, dass ‚Zuhören im Theater' als Akt gilt, der die Aufmerksamkeit reflexiv auf die eigene Aufmerksamkeit richtet.[29] Daran schließt das in dieser Analyse vorgeschlagene Bewegungsverständnis zwischen Hören und Sehen an. *Weil* Audio-Zuschauer*innen im Theater Vorgängen der Hervorbringung von Klang zuschauen und um eine grundsätzliche Inszenierung dieser Hervorbringung wissen, können sie ihre Aufmerksamkeit auch auf das

23 Vgl. Home-Cook: Aural Acts, S. 99.

24 Ebd., S. 98.

25 Gibson: The Theory of Affordances. Erläuterungen zu seinem Konzept folgen in Kap. 4.2.

26 Home-Cook: Aural Acts, S. 97 (Herv. i. Orig.).

27 Ein „stretching" dient Home-Cook als Beispiel für Noës Aussage, dass wir Wahrnehmung ausagieren. Die Etymologie der englischsprachigen Begriffe „perception", „attention" und „listening" bestätigt nach Home-Cook einen Handlungs- oder Aktivitätscharakter von Wahrnehmung, Aufmerksamkeit und Zuhören: „As its etymological root attests: The word 'perceive' is of Anglo-French origin and stems from a combination of the Latin *per* (thoroughly) and *capere* (meaning to grasp or take) –, to perceive is 'to grasp'; to move out, touch and make contact with the world" (ebd., S. 99), und „attending a given phenomenon, phenomenal event or environment we are called to *stretch ourselves*. The word 'attention' derives from the Latin compound *adtendere*, meaning, 'to stretch' […]" (ebd., S. 102).

28 Vgl. ebd., S. 107. Auf diesen Aspekt habe ich in Erläuterungen der Analysekategorie Raum hingewiesen (Kap. 1.4) und komme in der Analyse ‚wandernder' Stimmkörper auf die ortlose Charakteristik von Stimm- und Klang-Inszenierungen zurück.

29 Ebd., S. 102.

ausrichten, was sie innerhalb dieser Prozesse selber tun.[30] Dabei mögen sie Figuren imaginieren und diese Imaginationen enthalten motorische Ausrichtungen und Haltungsveränderungen. Eine Ausrichtung der eigenen Aufmerksamkeit umfasst in reflexiver Dimension auch potenzielle Reflektionen von Erwartungen, Imaginationen, Befinden, Erfahrungen, Wissen und Konventionen. Zudem suchen Audio-Zuschauer*innen – analytisch – mögliche Beweise für Figurenannahmen und Hinweise auf die jeweilige Klangproduktion, auf Quellen und Inszenierungsstrategien in analytischer Orientierung. Somit bedeutet eine Bewegung zwischen Hören und Sehen nichts weniger als einen Umgang mit auditiven und visuellen Angeboten der Aufführung, nicht zuletzt in einer Anwendung sensomotorischen Wissens. Dies ist in einer leiblich-räumlichen Bewegung zwischen Hören und Sehen – bisweilen auf Umwegen und in Imaginationen – zusammengefasst. Die Bewegung gilt einerseits als Ermittlung von Bezügen zwischen Stimme, Körper und Sprache und andererseits als Trennung zwischen dem, was die Inszenierung zu hören und zu sehen anbietet.

Im Beispielspektrum der inszenierten Stimme ist auch die gesprochene Sprache in *Velma Superstar* von Belang. Die Aufführung präsentiert in einer Stimmenvielfalt, wie das sprachliche und potenzielle System sinnvoller Einheiten als Lautmaterial ‚wandernder' Sprecher*innen inszeniert ist. Sprecher*innen breiten sich im Raum aus; die Stimmen mäandern in dem Raum, in dem sich Audio-Zuschauer*innen befinden.

An der Rampe trägt Martinez sprachlich – nun im schwarzen Hosenanzug – etwas vor; was genau, entzieht sich der Kenntnis derjenigen, die kein Französisch und Spanisch verstehen. Ein Spot leuchtet ihre Rampenposition im Kontrast zu einem dunklen Bühnenraum aus. Lediglich der Perkussionist Jaquet ist auf der rechten Bühnenseite zu sehen. Er spielt auf einer E-Gitarre einen Riff als sich ständig wiederholende, prägnante und melodisch wenig variantenreiche Phrase.[31] Martinez spricht im Takt dieser Phrase unvollständige Sätze darüber aus, wie die Landschaft aussieht, wie heiß es ist, wie sehr es regnet und was es zu essen gibt. Semantisch bleibt völlig unklar, warum das überhaupt zur Sprache

30 Im Kontext einer Wahrnehmungspolitik erfasst Lehmann die aktive Beziehung zwischen Akteur*innen und Zuschauer*innen in einem Mitspielen. Er bezieht die Analysekategorie ‚Entscheidung' in Wahrnehmungsprozesse ein, vgl. Lehmann: *Postdramatisches Theater*; ders.: Vom Zuschauer.

31 ‚Riff' ist begrifflich aus dem Französischen und Englischen ins Deutsche importiert und gilt als Verkürzung von „refrain", vor allem im Verwendungsbereich der Rock-, Pop- und Jazz-Musik. Darin ist auch das musikalische Verständnis von Phrasierungen im Rhythmus enthalten.

kommt. Hingegen werden einzelne Wortverwendungen oder -verbindungen in unterschiedlichen Sprachen wie Akkorde auf der E-Gitarre wiederholt. Jaquet tritt ebenfalls an die Rampe und beginnt, inhaltlich unverständliche Sätze und Wortfetzen zu äußern. Mittlerweile sind im Hintergrund mehrere Tanzpaare zu sehen und auch sie stimmen in die sprachliche Kaskade ein. Die unterschiedlichen Sprachen – Französisch, Englisch, Deutsch, Italienisch, Spanisch – bringen einen selbstreflexiven Verweis auf Stimme und Sprache zur Geltung.[32] Vor einen informativen Gehalt der Sprache und des Sprechens drängen sich die Körper der Sprecher*innen, und zwar nicht nur im übertragenen Sinn, sondern auch in der Bühnenanordnung. Die sprechenden Tanzpaare treten ‚vor' die Einzelsprecher*innen und nehmen Positionen am vorderen Bühnenrand ein und die Polyglossie zieht angesichts von ca. 25 Personen Aufmerksamkeit auf sich. Daraufhin setzen sie sich im Raum in Bewegung, sie scheinen dem Klang ihrer Stimmen in Schrittbewegungen nachzugehen. Zunehmend sprechen sie stakkato und strukturieren somit sowohl im Sprechen als auch in ihren Schritten raumzeitlich das Geschehen. Einzelne Stimmen lassen sich einzelnen Sprecher*innen eben nicht zuordnen und der flüchtige Klang der Stimme in einem ‚Noch nicht' oder ‚Nicht mehr' ist überführt in polyrhythmische Körperbewegungen. Der Klang ist ortlos und in Verbindung mit den Bewegungen der Akteur*innen zugleich raumkonstitutiv. Denn die Polyglossie generiert sichtbar und hörbar den Raum, durchaus im Sinne einer Geräuschkulisse, Klanglandschaft und Soundfläche.[33] Diese Wirkung beinhaltet nach Helga Finter eine grundsätzliche Theatralität der Stimme:

> Die Ortlosigkeit der Stimme, das Verhältnis zur Absenz – von physisch präsentem Körper oder Text –, [...] wird von nun an ein wesentlicher Bestandteil ihrer Theatralität sein. Hier wird deutlich, dass die Produktion von Kunst-Stimmen immer schon eng mit einer, wenn auch bis dahin impliziten Dramatisierung des Ursprungs der Stimme verbunden war. Denn ihre Theatralität zeichnet einen Raum, dessen antagonistische

32 Die Theaterwissenschaftlerin und Dramaturgin Theresia Birkenhauer spricht theaterkonstitutiv von einem In-Szene-Setzen von Sprache und Sprechern. Darin sind Gegenüberstellungen eines Theaters der Worte versus ein Theater der Körper sowie ein textorientiertes Repräsentationsparadigma versus performative Präsenz wirksam. Charakteristika nicht dramatischer Theaterformen ordnet Birkenhauer in diesem Spielraum die ästhetische Funktion zu, die Sprache selbstreflexiv zum Thema zu machen. Vgl. Theresia Birkenhauer: *Schauplatz der Sprache – das Theater als Ort der Literatur*. Berlin: Vorwerk 2005.

33 Zu den heuristischen Begriffen einer Soundfläche und Klanglandschaft vgl. Kap. 1.4, auf den Begriff der Geräuschkulisse komme ich in Kap. 4.2 u. 5 zurück.

Pole das Bild eines physischen Körpers und das Bild eines Textkörpers besetzen. Die Stimme selbst ist a-topisch, doch wir nehmen sie als ein räumliches Klangbild wahr, das bei jeder Emission ihren Raum und ihre virtuellen Ursprünge zeichnet[.][34]

Und darin wird auch der von Finter problematisierte Zwischenstatus der Stimme deutlich, also das Problem, eine Stimme einem bestimmten Körper zuzuordnen. Die Stimme ist raumkonstitutiv zwischen Körper und Sprache situiert, ortlos und in der beschriebenen Szene als Polyglossie pluralisiert. Wie in einer audio-visuellen Illusion und in dem ausgeprägten Wunsch, Körper und Klang in eine Übereinstimmung zu bringen sowie ein Erklärungsmuster von Ursache und Wirkung anzuwenden, ist die Vielstimmigkeit wandernder Sprecher im Raum sichtbar und hörbar.[35] Annahmen zu bestimmten Körpern als Klangquellen sind ‚zerstreut'. Indem Audio-Zuschauer*innen auf vervielfältigte Stimmen sowie auf rhythmisch strukturierte Besonderheiten des Sprechens und Bewegungsqualitäten der Akteur*innen im Raum achten, tun sie das audiovisuell. Sie beziehen das Gehörte auf das Gesehene und entdecken mögliche Lücken in solchen Bezugnahmen, hier zwischen Stimme und Sprecher*innen. Zugleich agieren Audio-Zuschauer*innen Bezugnahmen motorisch aus, indem sie mit Blickbewegungen die kontinuierliche Fortbewegung der Sprecher*innen beispielsweise verfolgen und sich auf die Stimmen in ortloser Dimension ausrichten. Die Ausrichtung lässt sich in einem grundsätzlichen Bewegungsverständnis bündeln, sie wird in dieser Studie ‚zwischen' Hören und Sehen angesiedelt. Audio-Zuschauen ist somit auch ein Vorgang, der Übereinstimmungen sucht und mögliche Lücken über den Umweg des Zuhörens und Zuschauens überbrückt. Übereinstimmungen und Vorgänge des Überbrückens gelten auf heuristischer Ebene als Konvergenzen. Doch diese Vorgänge bergen zugleich das Potenzial, Lücken in Konvergenzen zu bemerken und diese Lücken als Divergenzen, beispielsweise zwischen gehörten Stimmen und gesehenen Sprecher*innen, zu identifizieren.

34 Finter: Stimmkörperbilder, S. 132. Vgl. zudem auch Doris Koleschs Problematisierung des Atopischen der Stimme: „Wenn ich nun die Stimme […] als atopisch bezeichne, als ein Phänomen, das sich systematischer Definition und Klassifikation widersetzt und sich der eindeutigen Verortung entzieht, ist die Paradoxie meines eigenen Sprechens und Schreibens zu betonen" (dies.: Die Spur der Stimme. Überlegungen zu einer performativen Ästhetik. In: Epping-Jäger / Linz (Hrsg.): *Medien / Stimmen*, S. 267–281, hier S. 275).

35 Zu Erweiterungen von Michel Chions Ausgangspunkt, dass sich Hören und Sehen im Film nach bestimmten Regeln ins Verhältnis setzen lassen und dabei grundsätzlich getrennt sind, vgl. Kap. 2.2.

Finter arbeitet die Wahrnehmung ambivalenter Stimmkörper zudem im Kontext grundsätzlich veränderter Bedingungen der Wahrnehmung aus. In dem bereits 1994 erschienenen Aufsatz „Audiovision: Zur Dioptrik von Text, Bühne und Zuschauer" beschreibt sie das Verhältnis von Hören und Sehen als eines, das sich durch Spaltungen zwischen Hören und Sehen auszeichnet. Dioptrik wörtlich zu verstehen, impliziert ein Aufbrechen von Bezugnahmen, die sie als Automatismen benennt. Eine Spaltung lasse laut Finter Körper, Stimme, Sprache in anderem Licht erscheinen und ist zum einen auf ein dezentriertes Subjekt zurückzuführen und zum anderen auf (heute schon weiterhin veränderte) Perzeptionsbedingungen:

> Während es beim Text und im postmodernen Theater um eine Dioptrik geht, die die mentale Bühne des Zuschauers freisetzt, haben wir es bei den neuen Perzeptionsbedingungen mit einer Dioptrik zu tun, die die Automatismen der Koordinierung von Hören und Sehen, den Wunsch nach der Identität benutzt als Dioptrik der Verwahrscheinlichung von visueller und akustischer Perzeption[.][36]

Mit dem Begriff der Dioptrik weist Finter auch ein verallgemeinerbares Umlenkungsprinzip in der Wahrnehmung aus, das mit Wirkungsprinzipien einer Linse vergleichbar ist. Darin liegt zudem das Potenzial, Dioptrik nicht nur als Spaltung zu verstehen, sondern – im Verständnis eines Umlenkungsprinzips – auch als Umwegkommunikation der Sinne. Somit können Konvergenzen und Divergenzen, d.h. variable Beziehungen zwischen dem Gehörten und Gesehenen audio-visuell praktiziert werden. Zudem lassen sich veränderte Perzeptionsbedingungen auch mit einem Wissen um Inszenierungsstrategien der Stimme erweitern. Inszenierungen der Stimme ließen sich insofern in jeweiligen Bedingungen ihrer Wahrnehmung audio-visuell erfassen. Eine Bewegung zwischen Hören und Sehen kann also ‚gegenwendig' sein, insofern ‚Zuschauer*innen des Akustischen' die Ausbreitung und Überlagerung pluralisierter Klänge verfolgen.

Zusammenfassen lässt sich, dass akustische Körper in *Velma Superstar* mit Körpergeräuschen in einer Hörspielrahmung als Lautmalerei sowie als Lautmaterial wandernder Sprecher*innen inszeniert sind. Darin richtet sich eine Bewegung zwischen Hören und Sehen auf Ambivalenzen zwischen Körper und Stimme aus. Konventionelle Zuordnungen aus Theater, Konzert und Hörspiel sind darin enthalten und gleichwohl labil. Vielmehr lösen Zuordnungen einen

36 Ebd., S. 185.

Wechsel zwischen konventionellen Rahmen aus und überführen ‚Stimmkörper'-Annahmen, z. B. hinsichtlich von Figuren, in neue Kontexte. Rollenfächer kippen und heben imaginative Prozesse in einer Bewegung zwischen Hören und Sehen hervor.

Das Potenzial, dass Audio-Zuschauer*innen die eigene Wahrnehmung und Imagination, ausgehend von der Inszenierung der Stimme und im Kontext von Wahrnehmungskonventionen, hinterfragen, besteht ebenfalls. Auf dieser Grundlage kann eine Bewegung zwischen Hören und Sehen reflexiv sein. Zudem richten sich Audio-Zuschauer*innen-Körper bisweilen in analytischer und affektiver Motivation ‚zerstreut' und motorisch auf akustische Körper aus, wenden sich ihnen zu, schauen einzelnen hinterher oder hören ihnen nach. Motorische Bewegungen können in dem Fluchtpunkt zusammengefasst werden, sich innerhalb des Akustischen und gegenüber Inszenierungsstrategien der Stimme zu positionieren und in der gestalteten Umgebung zu verorten. Dabei werden mögliche Umwege im Zuhören über das Zuschauen imaginativ besetzt. Diese Umwege sind auch in der audio-visuellen Wahrnehmung einer Stimmenvielfalt in räumlicher Dimension und gewisser Atopie der Stimme relevant. Konvergenzen und Divergenzen sind dann Bezugnahmen *und* Spaltungen respektive Zerstreuungen im Hören und Sehen. Sie werden analytisch, affektiv und reflexiv in einer Bewegung zwischen Hören und Sehen ausagiert. Zugespitzt auf die Wirkung akustischer Körper in einer ‚Klanglandschaft', sind Verortungen und Positionierungen von Audio-Zuschauer*innen in einem Transitraumszenario angesiedelt und werden am Beispiel einer Feedback-Installation erläutert.

4.2 Transitraum-Szenario: Stimme im Feedback hören und sehen

Ein Sänger ist nicht zu sehen und eine stimmliche Lautproduktion wird in der Bühnentiefe vermutet. Eine Laut-leise-Dramaturgie, die Lichtregie mit viel Nebel und Verfolgerspots sowie langsame Bewegungen der Spieler*innen ziehen zusätzlich Verschiebungen der Aufmerksamkeit nach sich. In der Szenerie scheinen einzelne auditive und visuelle Angebote schwer bestimmbar. Dazu tragen intermediäre Rahmen der Wahrnehmung bei – zuvor erläuterte Konventionen eines klassischen Konzerts und des Making-of eines Hörspiels sind ergänzt um die eines Rockkonzerts. Die Aufführung mündet in eine exemplarische Installation mit Monitorboxen und einer E-Gitarre, ein Rückkopplungsgeräusch ist zu hören und das Publikum klatscht.

Wie eine Klanglandschaft medientechnisch und räumlich inszeniert und wahrnehmbar ist, lässt sich am Beispiel des Feedbacks am Schluss der Aufführung *Velma Superstar* zeigen. Sie kommt ohne Sänger und Instrumentalisten aus. Allerdings integriert die Genese dieses Feedbacks vorherigen Gesang und Instrumentalspiel und beeinflusst Hören und Sehen. Deshalb liegt der Analysefokus auf dem Entstehungsprozess des Feedbacks und erläutert einen Transitraum der Wahrnehmung. Überlegungen basieren auf der Annahme, dass die Raumkonstitution durch Klang[37] mit einer eigenen[38] Bewegung[39] zwischen Hören und Sehen zusammenhängt, diesen Zusammenhang bündelt der Begriff ‚Transitraum'.

Die Szene zeichnet sich durch die Wirkung einer ‚ortlosen', flächigen und ‚verräumlichten' Stimme und weiterer Klänge aus. Auffällig ist ein geradezu ‚röhrendes' Dauergeräusch. Fraglich ist, ob es sich bei dem Dauerton um eine elektroakustisch bearbeitete Stimme oder um einen anderen medientechnisch generierten Klang handelt. Zum Ausdruck kommt dabei, dass ein Wissen um heterogene Klangquellen und -produktion eine Aufklärung über die Wirkung des akustischen Raums zumindest verspricht. Ausgangspunkt ist, dass dieses Wissen in einer Aufmerksamkeit auf das, was zu sehen und zu hören ist, sensomotorisch angewendet wird. Das Verb ‚anwenden' verweist zugleich auf die wahrnehmungsökologische Begründung der Wahrnehmung, wie sie Gibson vornimmt.[40]

37 Raumkonstitutive Wirkungen des Akustischen wurden zuvor im Begriff der Geräuschkulisse benannt und als Klanglandschaft beschrieben. ‚Geräuschkulisse' scheint als analytischer Begriff problematisch, denn er geht mit Fragen nach einer ‚dienenden' Funktion der Raumgestaltung einher. Fraglich ist, ob eine Geräuschkulisse etwas anderes illustriert als die Geräusche.

38 Heiner Goebbels spricht von einer „Privatisierung eines öffentlichen Raumes", vgl. ders.: Der Raum als Einladung – Der Zuschauer als Ort der Kunst. In: Angela Lammert / Michael Diers / Robert Kudielka / Gert Mattenklott (Hrsg.): *Topos Raum – die Aktualität des Raumes in den Künsten der Gegenwart*. Nürnberg: Verlag für Moderne Kunst 2005, S. 255–272. Eine ‚Privatisierung' im Sinne einer Befindlichkeit, die von Schmitz in seiner phänomenologischen Konzeption eines Gefühlsraums thematisiert wird, steht in den Ausführungen Goebbels' nicht im Zentrum, sondern eine grundsätzliche Mitgestaltung der Zuschauenden.

39 Eine Verbindung mit sozial- und kulturwissenschaftlichen Raumkonzepten besteht in der Einsicht, dass ‚Raum' ohne ‚Bewegung' nicht denkbar ist. Einführungen in den Zusammenhang von Raum und Bewegung bieten Wirth: Zwischenräumliche Bewegungspraktiken; Thomas Alkemeyer / Kristina Brümmer / Rea Kodalle / Thomas Pille (Hrsg.): *Ordnung in Bewegung. Choreographien des Sozialen. Körper in Sport, Tanz, Arbeit und Bildung*. Bielefeld: Transcript 2009; Klepacki / Liebau (Hrsg.): *Tanzwelten*; Wolfgang Hallet / Birgit Neumann: Raum und Bewegung in der Literatur: Zur Einführung. In: Dies. (Hrsg.): *Raum und Bewegung in der Literatur: Die Literaturwissenschaften und der Spatial Turn*. Bielefeld: Transcript 2009, S. 11–32. Zu Wahrnehmungsmodalitäten vgl. Hartmut Böhme: Raum – Bewegung – Grenzzustände der Sinne. In: Lechtermann / Wagner / Wenzel (Hrsg.): *Möglichkeitsräume*, S. 53–72.

40 Gibson: The Theory of Affordances.

Annahmen zu einer experimentellen und motorischen Bewegungskonzeption in einem möglichen Transitraum gehen von folgenden Eindrücken der Szene aus[41]: Zu den in hoher Tonlage gesungenen und gesprochenen Silben und Vokalen der wandernden Sprecher*innen kommt der gedämpfte Klang einer E-Gitarre hinzu. Verfolgerspots erhellen sporadisch den insgesamt dunkel ausgeleuchteten Raum. Darin sind Spieler*innen in einer unspezifischen Bewegungsformation erkennbar. Sie gehen in abrupt gesetzten Schritten von der Rampe in den hinteren Teil der Bühnenfläche. In der Mitte der Bühnentiefe wird ein Vorhang hochgezogen, die Szenerie sieht aus wie folgt: Die Bühnenfläche ist dicht vernebelt, Gegenlicht blendet die Audio-Zuschauer*innen. Das punktuelle Aufleuchten der Scheinwerfer und schnelle Lichtwechsel in Weiß-, Blau-, Gelb- und Rot-Filtern erinnern an Beleuchtungen eines Rockkonzerts. Zuvor dumpf klingende Geräusche einer E-Gitarre sind nunmehr laut zu hören und ergänzen Sprechgesang und Schlagzeugspiel. Allerdings sind weder Schlagzeuger, Sänger noch E-Gitarrist zu sehen. Vielmehr ist zunächst eine geradezu raumfüllende Installation dominant, die aus dem Schnürboden herabhängt. Objekte, die wie Schlagzeugbecken aussehen, hängen im Bühnenturm; sie bilden einen überdimensionierten Schriftzug, nämlich den Namen der Performance-Gruppe, und begrenzen die Bühnentiefe. Die cymbalähnlichen Objekte schillern in den Lichtkegeln, nehmen in ihrer Anordnung die gesamte Bühnenbreite ein und ragen in die Höhe. Zudem füllt eine Silben singende Chor-, Tänzer*innen- oder eine als Konzertpublikum inszenierte Formation von Akteur*innen in ihrer Ausbreitung die gesamte Bühnenfläche aus.

Die Stimme Jaquets dröhnt, als ob seine Stimmlage im Mischpult tiefer geregelt wurde. Seine Worte sind unverständlich, sie klingen wie rituell artikulierte Vokale und erinnern stark an Laute aus der Hörspielszene und Suggestionen eines Zeremonienmeisters. Dabei ist weder im Gesang noch im instrumentalen Spiel eine Melodie oder eine Songstruktur erkennbar. Der Sprechgesang Jaquets macht vielmehr den Eindruck eines Haltetons und erscheint geradezu flächig[42]; Rhythmus, Klangfarbe, Tonumfang oder Variationen der Stimme sind kaum zu

41 Ich folge unsystematischen Beschreibungsansätzen auf der Basis eines Aufführungsprotokolls vom 12. Mai 2007, um Bewegung zwischen Hören und Sehen zum Ausdruck zu bringen.

42 Zu Landschaft und Geräusch vgl. Patrick Primavesi: Geräusch, Apparat, Landschaft: Die Stimme auf der Bühne als theatraler Prozess. In: *Forum Modernes Theater* 14,2 (1999), S. 144–172. Zum problematischen Soundscape-Begriff in Anlehnung an den Topos ‚Theater als Landschaft' vgl. Kap. 1. Alternativ zu ‚Geräuschkulisse' bietet sich auch der explizit metaphorische Begriff ‚Soundfläche' an. Darin ist die Ausbreitung des Klanglichen hervorgehoben und spezifiziert den allgemeineren Begriff der Sonosphäre. Zur Erweiterung des Begriffs Sonosphäre vgl. LaBelle: *Acoustic Territories*.

hören.[43] Die Stimme klingt wie ihr eigener Nachhall und rückt in die Nähe von ‚Drones' der Popmusik.[44] Sprachliche Ansätze, diese Wahrnehmung zu präzisieren, ringen dabei um einen Anhaltspunkt, das, was zu hören ist, zu verorten. Das Bestreben, den Sänger visuell zu identifizieren und damit einen vordergründigen Beleg für eine Übereinstimmung zwischen Körper und Stimme zu erlangen, ist zunächst ‚verstellt'. Die Menschenmenge steht mit erhobenen Armen in klatschenden Bewegungen im Vordergrund, sie verstellen die Sicht, fächern Blickachsen auf, leiten Blicke um und stehen eben der visuellen Bestätigung eines Sängers im Weg. Zugespitzt formuliert: Die Wahrnehmung des Sängers zeichnet sich zunächst durch einen Entzug im Visuellen aus. Darauf basieren Zweifel an einer gehörten Stimme.

Zugleich drängt sich die Interpretation auf, die Rückenansicht der Akteur*innen als Popkonzertpublikum zu deuten. Die Spieler*innen vollziehen Handlungen, die solch ein Publikum tut, allerdings tonlos: Sehr langsam bewegen sie ihre erhobenen Arme aufeinander zu. Ihr Bewegungsrepertoire umfasst unterschiedliche Arten einer klatschenden Affirmation und Konzert und Tanz changieren. Die Bewegungen gehen über in ein rhythmisch-kollektives Klatschen, das weniger als gemeinschaftliches Geräusch, sondern vielmehr als synchrone Bewegung auffällig ist. Schließlich ist ihr Klatschen in Zeitlupe zu sehen. Diese inszenierte kollektive Anteilnahme in Anlehnung an Konventionen eines (Pop-Rock-)Konzerts suggeriert einen weiteren Wahrnehmungsrahmen, nämlich Tanz. Das Konzertpublikum ist vor allem choreografiert, wobei ein Jubel durchaus auch zu hören ist: Mal lauter, mal leiser wird Applaus elektroakustisch eingespielt.

Der Wunsch, Hören und Sehen eines Akteurs mit Mikrofon mit dessen Stimme in ein sich bestätigendes Verhältnis bringen zu können, wurde zuvor als vordergründiger Beleg für die Annahme eines Sängers bezeichnet. Vordergründig deshalb, weil ein Hören ohne Kenntnis der Ursache oder Quelle keine zufriedenstellende Erklärung für die Figurenannahme eines Schlagersängers oder Rockkonzertsängers und auch keine Erklärung für die in dieser Szene ‚verräumlicht' wirkende Stimme zu bieten scheint. Dabei entsteht die Wirkung einer

43 John Cage hat in seinen Unterscheidungen von Sound und Silence das Merkmal Dauer dem „ambient noise" zugeschrieben und als Kategorie von Silence qualifiziert, vgl. John Cage: *Silence: Lectures and Writings*. Middletown, CT: Wesleyan UP 1986, S. 80. Auf ‚Ambient'-Musik als musikalischen Stil und künstlerisches Merkmal komme ich in Kap. 5 zurück.

44 Ergänzend zu Haltetönen, Bordun-Klängen und einem ‚Orgelpunkt' gelten elektroakustische Spielarten dieses tonalen Fundaments auch als Drones. Vgl. dazu Robert Engelbrecht: Das Brummen eines Kontinents: Drones und Minimalismus. In: *Testcard* 14 (2005): Discover America, S. 90–95, hier S. 90.

‚Verräumlichung' des Klangs durch medientechnisch bearbeiteten Gesang und instrumentales Spiel (Konzert). Bewegungen der übrigen Bühnenakteur*innen und die Lichtgestaltung mit Nebel und Verfolgerspots ergänzen diese Wirkung. In der Szene ist die Beziehung zwischen gehörter Stimme und imaginiertem Stimmkörper durch die Medientechnik potenziert. Damit steht auch Helga Finters ‚Dioptrik'-Diagnose im Zusammenhang und profiliert Trennungen zwischen Sprecher und Stimme und daraus resultierende Trennungen von Hören und Sehen.[45] Auch Chions Pointe audio-visueller Täuschungen lässt sich auf die Wahrnehmung einer verräumlichten Stimme beziehen. Diese Täuschung basiert zunächst auf einer akusmatischen Situation und ist dadurch gekennzeichnet, dass visuelle Bestätigungen des Höreindrucks zunächst ausbleiben. Zugleich hält der Klang zwischen Medientechnik und Stimme in gesteigerter, aufdringlicher Lautstärke, Hall-Effekt und Rauschen das Spannungsverhältnis zwischen Hören und Sehen aufrecht. Potenziell ist die Trennung deshalb, weil zunächst davon ausgegangen wird, *dass* jemand tatsächlich singt, also gewohnheitsmäßig ein Körper als Quelle des Klangs einer Stimme gilt, allerdings gibt es darüber keine Gewissheit, Hören und Sehen driften auseinander. Dieses Auseinanderdriften von Hören und Sehen scheint jedoch insbesondere in einer räumlichen Wirkung der inszenierten Stimme ‚zusammengehalten' zu werden, nämlich seitens Audio-Zuschauer*innen, die sich innerhalb des akustischen Raums verorten. Und diese Verortung verläuft in einer Bewegung zwischen Hören und Sehen, nämlich auf Umwegen respektive im Rückgriff aufeinander. Somit gilt eine audio-visuelle Wahrnehmung in einer gegenwendigen Bewegung als dynamischer Umgang mit einer flächigen Klangwirkung. Audio-Zuschauer*innen richten ihre Aufmerksamkeit auf das Gehörte und Gesehene in unterschiedlichen Akzenten aus.

Über die Stimme in medientechnischer Bearbeitung hinaus steigern Musik und Lichtregie die Anforderung, dem Geschehen in seiner Komplexität zu folgen. In der Laut-leise-Dramaturgie des Gesangs, im instrumentalen Spiel und durch eingespielten Applaus rücken unterschiedliche Vorgänge im Bühnengeschehen jeweils in den Vorder- oder Hintergrund. Während das Schlagzeug nur noch leise hörbar ist, fällt das Spiel des Streichquartetts am Bühnenrand auf. Das Quartett ist mit Verfolgerspots ebenso wechselhaft beleuchtet wie Bewegungen des choreografierten Konzertpublikums. Höreindrücke sind in verschiedene

45 Ihre Überlegungen sind aktualisiert in dem bereits genannten Aufsatz aus dem Jahr 2011: Finter: Der (leere) Raum zwischen Hören und Sehen.

Facetten aufgespalten und wirken zugleich omnidirektional auf Auge und Ohr ein – als Überbeanspruchung sind die Eindrücke fast so effektvoll wie in einem Rockkonzert. Der Wunsch oder die Herausforderung, die Eindrücke zu verorten, an bestimmte Klangquellen oder spezifische Stimmkörper zu binden und zueinander in Bezug zu setzen, ist in eine andere Besonderheit der Wahrnehmung überführt, die zuvor als Umwegkommunikation und Zerstreuung benannt wurde. Sie lässt sich im Begriff eines Transitraums zwischen Hören und Sehen bündeln.[46] Dabei sind in der Wirkung einer Soundfläche zwei Spannungsfelder auf unterschiedlichen Ebenen vereint, eine kontinuierliche Akzentverschiebung im Hören und Sehen und eine Überlagerung von Wahrnehmungskonventionen. Darin nehmen Audio-Zuschauer*innen eine permanente Interpretation isolierbarer Klangerscheinungen vor und suchen, Stimme, Medientechnik und E-Gitarre zu unterscheiden. In einem Umweg des Hörens über das Sehen werden dazu beispielsweise Sänger, Instrumentalspiel und andere Konstituenten des Geschehens herangezogen. Zugleich sind diese Unterscheidungen im Akustischen torpediert, denn dank heterogener Variablen, die sich im akustischen Raum überlagern, also auch Lichtwechsel und Laut-leise-Dramaturgie, funktioniert eine Isolierung von ‚Stimmkörpern' und Bewegungssequenzen nicht immer. Unterscheidungen sind in Höreindrücken und in Anbetracht der dynamischen Szenerie unverfügbar. Zugleich liegt darin auch eine produktive Reibung zwischen Wahrnehmungskonventionen. Die Rede von einer Irritation oder ruhelosen Verschiebung von Aufmerksamkeit hebt grundsätzlich hervor, dass Audio-Zuschauer*innen mit Überlagerungen verschiedener Elemente im akustischen Raum und mit der grundsätzlichen Klangausbreitung umgehen. Sie richten sich darin aus, hören hin, suchen in Blickbewegungen Klangquellen oder imaginieren dieselben. Dabei besteht das offene Angebot an ‚Zuschauer*innen des Akustischen', dem, was zu sehen und zu hören oder auch nicht zu sehen und zu hören ist, Bedeutung als Konzert und/oder anderes Spektakel beizumessen. In der Inszenierung *Velma Superstar* ist dieses Angebot wie folgt beschreibbar:

46 Auf die Wirkungsspezifik bin ich am Beispiel einer Szene aus *mütter.väter.kinder* eingegangen mit dem Ergebnis, dass akustische Körper im akustischen Raum ein spezifisches Verhältnis von Hören und Sehen zugunsten einer Dynamik torpedieren können, beispielsweise in der Freude an einer Lärmproduktion, vgl. Kap. 1.1. In der Analyse der Wahrnehmung des Akustischen in der Arbeit *Rondo* erläutere ich einen Bewegungsrausch, der zugleich mit einem ‚Stop-and-go' zwischen Hören und Sehen einhergeht. Auf den Rausch komme ich insbesondere in Kap. 5 als Überschusswirkung zurück.

Das inszenierte und choreografierte Konzertpublikum verlässt ebenso wie das Streichquartett die Bühne. Sänger am Mikrofon, E-Gitarrist und Schlagzeuger am Drum-Set sind deutlich sichtbar. Jaquet springt rechts und links des Mikrofons und röhrt vor allem lang gezogene Vokale. Garcia spielt die E-Gitarre, und gesungene und gespielte Töne überlagern sich. Zudem ist der körperliche Kraftakt des Schlagzeugers Vecchione ob des Nebels und des blendenden Lichts kaum zu sehen, sein Solo ist allerdings sehr wohl zu hören. Schließlich verlassen auch die Musiker ihre Instrumente und verschwinden im Nebel. Weiterhin durchleuchten Lichtkegel die Szenerie ebenso wie das Auditorium. Innerhalb des sich ausbreitenden Wasserdunsts drängen sich Gedanken an Wolkenformationen, Bewegungsrichtungen und fast schon architektonisch anmutende Strukturierungen des Raums auf.[47] Das geradezu ‚nomadische' Licht scheint einen Transitraum der Wahrnehmung symbolisch zu erhellen, und der zuvor gehörte paradigmatische Halteton wird nun erkennbar: Vor einem Lautsprecher steht die E-Gitarre und ein Rückkopplungsgeräusch hallt lange und laut nach. Die Szene kommt ohne Performer*innen aus. Wenn nun Licht, Nebel und Feedback-Geräusche als die einzigen sich bewegenden Elemente des Geschehens auffallen, stellt sich die Frage, was Audio-Zuschauer*innen daraus machen. Sie bewegen sich quasi in Transit, hören und schauen, schätzen Distanz und Nähe ein und wenden ihr Inszenierungswissen zu Klang in einer offenen Disposition an. Beispielsweise lassen sich Höreindrücke und Besonderheiten der Szenerie als ein mögliches Konzert- oder Theater-Szenario oder als eine Installation qualifizieren.

Um die Wahrnehmung des akustischen Raums in einem Transitraum zu erläutern, ist Gibsons Ausarbeitung einer Interaktion mit der Umwelt hilfreich.[48] Seinen wahrnehmungspsychologischen Ansatz in ökologischer Ausrichtung begründet er damit, eine sogenannte Angebotslage (*affordance*) anzuwenden,[49]

47 Mareile Gilles bündelt Eigenschaften des Raums wie Mobilität und Variabilität mit Rückgriffen auf Deleuze / Guattaris Forschung (*Mille Plateaux*) in einem ‚espace strié' (gekerbter Raum), der durch Strukturen und Organisation gekennzeichnet ist. Dieser ist abgegrenzt vom ‚espace lisse' (glatter Raum), der nicht von einer messbaren Ausdehnung, sondern von Bewegungsrichtungen bestimmt ist. Vgl. Gilles: *Theater als akustischer Raum*, S. 156–158. Gilles' heuristische Trennung ist insofern von Bedeutung, da Bewegung in einem Bedingungsverhältnis zum organisierten Raum steht.

48 Gibsons Umgang mit der Umwelt ist mit Ansätzen aus der Philosophie der Verkörperung verknüpft. Alva Noë nimmt in seiner Ausarbeitung einer sensomotorischen Wahrnehmungstheorie explizit Bezug auf Gibson, vgl. Noë: *Action in Perception*, insb. S. 103–105.

49 Vgl. Gibson: The Theory of Affordances. Eine Entwicklung von Wahrnehmungspraktiken, die Gibson u. a. beschreibt, grenzt sich von einer essentialistischen und ontologischen Perspektive auf die Umwelt ab. Wenn es Eigenschaften beispielsweise der akustischen Umwelt gibt, die

und fokussiert wahrnehmbare Eigenschaften und Qualitäten der Umwelt im Kontext einer „environmental psychology".[50] Dabei betont Gibson hochgradig komplexe und eben maßgeblich durch die Struktur der Umwelt bereitgestellte Invarianten und Bedingungen der Wahrnehmung.[51] Er profiliert in dem 1973 vorgetragenen Konzept der „affordances" Angebote, zu denen sich Lebewesen in einem motorisch aktiven Umgang verhalten.[52] Die Angebotslage der Umwelt umfasst eine spezifische Kombination von Eigenschaften ihrer Substanz („properties of its substance") und ihre Anlage („layout") im Verhältnis zu einem Lebewesen.[53] Beschaffenheiten der Umweltmaterie wie Festigkeit, Ebenheit, Flächigkeit und Ausdehnung beispielsweise bieten eine Basis, auf der Menschen wie auch Tiere z. B. stehen und gehen können.[54] Lebewesen nehmen nicht allein Reize oder Netzhautbilder wahr, sondern Anlässe einer Aktivität:

die auditive Wahrnehmung bestimmen, heißt das beileibe nicht, dass die Wahrnehmung ausschließlich entlang dieser Eigenschaften verläuft. Gibsons Schwerpunkt liegt auf einer Bewegung in der Wahrnehmung, zuspitzbar als Eigenbewegung, und weniger auf der Wahrnehmung von Bewegungen in der Umwelt, wobei diese Trennung nur heuristisch sein kann.

50 Diese Forschungsrichtung fragt nach dem Erwerb von reichhaltigem Wissen über die Welt, das weit über alles hinausgeht, was in den Sinnen gegeben ist. Sie ist – im Rahmen des sogenannten „poverty of stimulus"-Problems – in allen Theorieperspektiven der Wahrnehmungspsychologie relevant. Gibson wird insbesondere der ‚Ecological Psychology' zugeordnet, die sich von Verhaltenspsychologie wie Kognitionspsychologie absetzt. Vgl. William M. Mace: James J. Gibson's Strategy for Perceiving: Ask Not What's Inside Your Head, but What Your Head's Inside of. In: Shaw / Bransford (Hrsg.): *Perceiving, Acting, and Knowing*, S. 43–65. Der Anthropologe Tim Ingold diskutiert Gibsons Ansatz in ders.: *Being Alive: Essays on Movement, Knowledge and Description*. London: Routledge 2011.

51 Damit positioniert er sich gegen den Ansatz der Gestaltpsychologie, die Leistungen des Wahrnehmungssystems auf der Basis der Annahme zu erklären, das Wahrnehmungssystem müsse in seiner biologischen Ausstattung mit einer reichen Struktur von Bedeutungskonzepten ausgestattet sein. Vgl. Rainer Mausfeld: Wahrnehmungspsychologie: Geschichte und Ansätze. In: *Handbuch der Allgemeinen Psychologie – Kognition*, hrsg. v. Joachim Funke / Peter A. Frensch. Göttingen: Hogrefe 2006, S. 97–107, hier S. 102–104.

52 Vgl. Gibson: The Theory of Affordances. Sein erweiterter Ansatz ist publiziert in ders.: *The Ecological Approach to Visual Perception*. Hillsdale, NJ: Erlbaum 1979. Vgl. ders.: *Wahrnehmung und Umwelt: Der ökologische Ansatz in der visuellen Wahrnehmung*, aus d. Engl. v. Gerhard Lücke / Ivo Kohler. München: Urban & Schwarzenberg 1982. Gibson beschäftigt sich mit visueller Wahrnehmung, seine Ausführungen beziehen sich nicht auf die Wahrnehmung von Theater, Musik oder anderen Künsten.

53 Vgl. Gibson: The Theory of Affordances, S. 67.

54 In Gibsons Worten: „Now just as surfaces are stand-on-able and sit-on-able so also are they bump-into-able or get-underneath-able, or climb-on-able, or fall-off-able. Different layouts afford different kinds of behavior and different sorts of encounters, some beneficial and some harmful […]" (ebd., S. 68).

> Moreover the objects of the environment afford activities like manipulation and tool using. The substances of the environment, some of them afford eating and drinking. The events of the environment afford being frozen, as in a blizzard, or burned, as in a forest fire. The other animals of the environment afford, above all, a rich and complex set of interactions, sexual, predatory, nurturing, fighting, play, cooperating, and communicating.[55]

Bedeutung erlangen Qualitäten der Umwelt maßgeblich in der Beziehung zum wahrnehmenden Körper.[56] Gibsons Konzeption schließt zudem Umgangs- und Aneignungsformen mit der Umwelt ein, die sich eigendynamisch in den Körper einschreiben. Denn sie kommen Lebewesen in ihrem körperlichen Handlungs- oder Bewegungssystem entgegen. So fasst er in einer erweiterten Definition zusammen:

> The definition of an affordance can now be elaborated by saying that it is a combination of physical properties of the environment that is uniquely suited to a given animal – to his nutritive system or his action system or his locomotor system.[57]

Welche Angebote macht also die Inszenierung der Stimme und der E-Gitarrenklänge in der Hinführung auf das medientechnische Geräusch des Feedbacks? Zunächst ist die Hörerfahrung eine akusmatische und zeichnet sich durch Lautstärke und Indifferenz aus, die Szenerie in Licht- und Tonregie benebelt auch die Audio-Zuschauer*innen. Ein Spektakel um Stars in der Erwartung, dass mehr passiert als ein Dauerton in Nebelschwaden, ist am Schluss der Aufführung sonor gebündelt. Darin setzen sich Audio-Zuschauer*innen – nicht ganz zweckfrei – in Bewegung, die Lautstärke bedrängt, die Indifferenz irritiert. Damit geht eine Bandbreite von möglichen Haltungen und Interaktionen einher. Inwiefern beispielsweise auch kontemplative Wirkungen oder gemeinschaftsstabilisierende Interaktionen wie Applaus und viele mehr die von Gibson

55 Gibson: The Theory of Affordances, S. 68.

56 Rainer Mausfelds Kritik setzt daran an: „[… Gibsons] Konzept von ‚*affordance*‘ knüpft an Intuitionen an, die zuvor von v. Uexküll, Köhler (‚*requiredness*‘), Koffka (‚*demand character*‘), Brunswik (‚*intentionales Objekt*‘) und Merleau-Ponty formuliert worden waren. […] Indem Gibson ‚affordances‘ mit ‚meaning‘ identifiziert und so Bedeutung ‚externalisiert‘, trivialisiert er eine Kernaufgabe der Wahrnehmungspsychologie […]“ (Mausfeld: Wahrnehmungspsychologie, S. 104). Ich verstehe Gibsons Vorschlag von „affordances“ als Anlass und Möglichkeit einer Interaktion, die Bedeutungskonstituenten wie Ansprüche, Absichten oder Intentionen überschreiten kann.

57 Gibson: The Theory of Affordances, S. 79.

genannten Interaktionen ergänzen (müssen), wird in Diskussionen um einen Handlungsbegriff in der ästhetischen Erfahrung relevant. Darin ist ein Transitraum der audio-visuellen Wahrnehmung zugleich eine Aktivität, mit der Gegenstände oder Personen lokalisiert[58] werden oder – so die Stimme des Anthropologen Christoph Wulf: „Über das Hören ‚verorten' wir uns im Raum, sichern wir den aufrechten Gang und das Gleichgewicht"[59]. Zuspitzen lässt sich, dass die Feedback-Installation in *Velma Superstar* viel Lärm um die Eigenbewegung von Audio-Zuschauer*innen macht. Nahe liegt, dass Audio-Zuschauer*innen u. a. in von Noë betonten sensomotorischen Bewegungen einen Umgang mit der Soundfläche einüben, ausprobieren und versuchen. Das ist ein Experiment in einem Transitraum als Bewegungsraum, wobei offen bleibt, inwiefern die Erfahrung des akustischen Raums als Umwelt auch ‚vordergründige' Ergebnisse im Sinne audio-visueller Illusionen hervorbringt.

Somit sind in dem Transitraumszenario in der Schlusssequenz von *Velma Superstar* räumliche Wirkungen der medientechnischen Installation ebenso wie Eigenbewegungen in der audio-visuellen Wahrnehmung enthalten. Ist die Aufmerksamkeit der Audio-Zuschauer*innen darauf verschoben, was sie hören oder sehen oder eben nicht hören oder sehen können, besteht ihre Aktivität darin, *wie* sie das Gehörte und Gesehene in ein Verhältnis und wie sie sich selbst dazu ins Verhältnis setzen. Das sind audio-visuelle Positionierungen innerhalb des akustischen Raums und gegenüber Konstituenten desselben. Schließlich kommt in der Aufführung diese Positionierung als Applaus der Audio-Zuschauer*innen zur Geltung. Sie beklatschen das elektroakustische Feedbackgeräusch, theater- und konzertkonventionelle Applausauftritte der Performer bleiben aus.

Zusammenfassend lässt sich daher festhalten: Die ‚verräumlichte' Stimme und Medientechnik – im Begriff einer Soundfläche und eines Feedbacks gebündelt – begründen, wie Stimme in wechselnder Lautstärke und in medientechnischer Bearbeitung auf Bewegungen der Spieler*innen im Raum sowie auf Lichtstimmungen in Nebelschwaden ‚projiziert' wird, um es mit Chion auszudrücken. Darin nähern sich Audio-Zuschauer*innen auf Umwegen erstens Lokalisierungen von Klang im Raum und zweitens einer Eigenverortung an. Dieser dynamische Umgang ist einer, der sich als Bewegung zwischen Hören und Sehen und

58 Vgl. Helga de la Motte-Haber: *Musik und Bildende Kunst. Von der Tonmalerei zur Klangskulptur*. Laaber: Laaber 1990, S. 44.

59 Christoph Wulf: Das mimetische Ohr. In: Gunter Gebauer (Hrsg.): *Anthropologie*. Leipzig: Reclam 1998, S. 225–233, hier S. 228.

in motorischen Bewegungen als Interaktion mit Angeboten vollzieht. Insbesondere Eigenbewegungen lassen sich als reflexive Bewegung verstehen, um in einer Überwältigungsästhetik mit Lärm und Licht eine Position inmitten derselben zu finden. Die Interaktion ist auch affektiv, beispielsweise in einer Lust an einem Rockkonzertspektakel oder auch Flucht aus einer Bedrängnis. Auf Umwegen des Hörens über das Zuschauen ist die Interaktion imaginativ und analytisch, insofern Konvergenzen und Divergenzen zwischen Hören und Sehen praktiziert und potenziell hinterfragt werden. Motorische Ausrichtungen, Fokussierungen, Abwendungen sind in eine Dialektik von Drinnen und Draußen eingebunden, in der der Applaus der Audio-Zuschauer*innen auch ein Feedback ist. Der Begriff des Transitraums eröffnet somit einen experimentellen Bewegungsspielraum. In diesem erzeugt ein Wechsel zwischen intermediären Rahmen eine Reibung zwischen Wahrnehmungskonventionen des Konzerts, Theaters, Tanzes, Hörspiels und der Installation. Wie eine Rückkopplung auf unterschiedlichen Ebenen mag sich die Feedback-Inszenierung auf das Zusammenspiel von Konzert und Theater ausrichten oder auf die eigene Bewegung zwischen Hören und Sehen als Interaktion mit dem Bühnengeschehen beziehen.
Die medientechnische Inszenierung einer weiteren Stimme generiert in einer Playback-Inszenierung ebenfalls eine Bewegung zwischen Hören und Sehen, potenziell mit dem Ziel, der Stimme zwischen Medientechnik und Livegesang auf die Spur zu kommen.

4.3 Spur der Stimme: Schlagersänger im Playback hören und sehen

Christian Garcia geht durch den Bühnenraum und singt ein Lied. In der Hand hält er ein schnurloses Mikrofon und blickt das Publikum an. Seine Stimme ist dabei kaum zu hören, vielmehr bewegt er seine Lippen und artikuliert etwas, das unverständlich bleibt. Weder Worte noch Melodie sind im Gesang auszumachen und die Funktion eines Mikrofons im Sinne einer Verstärkung des Gesangs scheint wirkungslos. Geht die zu hörende Stimme wirklich von dem Körper des zu sehenden Sängers aus? Garcia blickt ins Auditorium, nickt und lächelt. Ambivalenzen einer Stimmkörperlichkeit sind in dieser Szene medienästhetisch hervorgehoben. Wurde zuvor die räumliche Wirkung der elektroakustischen Bearbeitung der Stimme in Überlagerungen mit E-Gitarren-Klängen als Soundfläche, die dann in einem Feedback mündeten, erläutert, kommt eine medientechnische Inszenierung des Singens hier in einem Playback zur Geltung.
Auf Garcia ist ein Verfolgerspot gerichtet, der seine nun folgenden Schritte durch die Gruppe der Mitspieler*innen auf dem Chorpodest erhellt. Gedanken an einen säuselnden Schlagersänger entstehen, der Kontakt mit seiner Fangemeinde

demonstriert. Sie schauen zu ihm auf, lächeln ihn ebenfalls an, nicken ihm zu. Diese gestische Interaktion zieht mehr Aufmerksamkeit auf sich als seine Gesangsqualitäten, denn sie sind kaum zu hören. Wenn Garcia vor allem so aussieht, als ob er singt, und dabei eine oder seine Stimme zu hören ist, rücken auch Medientechniken in den Vordergrund. Weder Hören noch Sehen geben zuverlässige Informationen darüber, ob Garcia singt oder nicht. Anders formuliert: Die Fragen nach dem, wie Stimme inszeniert ist und wie diese Inszenierung wiederum die audio-visuelle Wahrnehmung thematisiert, werden gestellt.

Nicht zuletzt in Anbetracht des Mikrofons als verstärkendem Apparat fällt die Stimme im Flüstern, Säuseln, Nuscheln auf.[60] Zugleich ist das Verhältnis von Stimme, Körper und Hören problematisiert und in einer Widersprüchlichkeit zugespitzt: Einerseits liegt in der Annahme eines Playbacks eine medientechnische Trennung von Stimme und Körper nahe und ist zugespitzt im Fake.[61] Diese Trennung ist andererseits infrage gestellt, weil Stimme und Körper aufeinander bezogen werden und potenziell konvergieren respektive ein ‚klassischer Livegesang' im Mischpult möglicherweise nur leise geregelt sein könnte. Das aktiviert Audio-Zuschauer*innen, Indizien für Kongruenzen zwischen einer medientechnischen Bearbeitung der Stimme und einem potenziellen klassischen Livegesang zu finden. Der Playback-Stimme zuzuhören, heißt dabei, den Höreindruck im Audio-Zuschauen zu überprüfen. Somit fasst eine Reihe von Fragen das entstehende Analysespektrum zusammen: Inwiefern kann die Stimme einem Sänger zugeordnet werden, wenn ein Darsteller über die Bühne flaniert, seine Lippen bewegt und (s)eine Sprech- und Gesangsstimme kaum zu hören ist? Ist diese Zuordnung eine audio-visuelle Täuschung oder die Stimme eine Spur des Körpers? Wie positionieren sich Audio-Zuschauer*innen, differenzieren sie Hörerfahrung und Inszenierung? Die Inszenierungsstrategie des Playbacks beansprucht – so die These –, dass sich die audio-visuelle Wahrnehmung

60 In der theaterwissenschaftlichen Stimmforschung wird der Begriff der ‚akustischen Großaufnahme' auf mikrofonierte Atemgeräusche, flüsternde Stimmen oder „monströs" wirkende Stimmen bezogen. Vgl. Pinto: *Stimmen auf der Spur*, S. 52–60; Jenny Schrödl: Schreiarien und Flüsterorgien. Stimmen als Oberflächenphänomene im Theater René Polleschs. In: Annette Stahmer (Hrsg.): *Parole # 1: The Body of the Voice / Stimmkörper*. Berlin: Salon 2009, S. 89–91; Schrödl: *Vokale Intensitäten*, S. 85–89. Der Begriff ‚akustisch' bezieht sich bei beiden Autoren auf die rein auditive Wahrnehmung von Stimmen in Theaterarbeiten.

61 Als paradigmatisches Beispiel eines Fakes gilt das Skandal-Duo Milli Vanilli, das zu eingespielter Studiomusik ihre Lippen synchronisierte. In der kulturwissenschaftlichen Forschung wird Fake als Konzept dahingehend differenziert, dass Fakes im Rahmen mimetischer Nachahmung auf ihren gefälschten Charakter hinweisen. Vgl. Anne-Kathrin Reulecke (Hrsg.): *Fälschungen. Zu Autorschaft und Beweis in Wissenschaften und Künsten*. Frankfurt am Main: Suhrkamp 2006.

auf Umwegen des Hörens über das Sehen und vice versa ‚beweist', also Gewissheiten über das ‚wie' der Inszenierung und Wahrnehmung liefert. Das Experiment besteht daraus, erstens audio-visuell die Stimme eines Sängers anzunehmen und zu imaginieren, zweitens die Annahme wieder zu verwerfen und drittens medientechnische Inszenierungsstrategien der Stimme in einer Bewegung zwischen Hören und Sehen zu differenzieren. Diese Bewegung vollziehen ‚Zuschauer*innen des Akustischen'.

Die Szene des Playbacks ist der Hörspielszene nachgeordnet und geht aus dieser hervor.[62] In die Zisch-, Sirr- und Pfeiflaute der Spieler*innen, die oben als Tierimitationen, Wetter- und Maschinengeräusche beschrieben sind, mischen sich diffuse Töne. Eine Stimme ist zu hören, die zwischen Sprechen und Singen liegt. Die Lautstärke des Sprechgesangs ist so stark reduziert, dass weder Sing- noch Sprechstimme Anhaltspunkte zu Text oder Melodie geben. Dabei wirkt der Klang der Stimme wie (fern)gesteuert und vom Tonpult aus leise geregelt. Ein Spot erhellt Garcias Position in einer insgesamt hellen Bühnenausleuchtung. Mit einem Mikrofon in der Hand betritt Garcia das mittig stehende Bühnenpodest, seine Schritte durch die eng stehende Gruppe des Chors werden von einem mobilen Scheinwerfer mit Blau-Filter verfolgt. Die weiblichen Chormitglieder lächeln ihn an und machen ihm wenig Platz, Gedanken an ein ‚Bad in der Menge' drängen sich auf. Garcia blickt allerdings nicht seine Mitspieler*innen an, sondern schaut kontinuierlich ins Auditorium und erinnert an einen Schmonzetten singenden Schlagersänger im Fernsehen. Er schüttelt den Kopf und bewegt – was verneinend? – den erhobenen Zeigefinger. Musik erklingt aus den diversen Lautsprechern, sie erscheint von der Stimme geradezu losgelöst und der körperliche Akt des Singens ist zweifelhaft. Nicht die leisesten Modulationen in der Klangfarbe oder natürliche Schwankungen, z. B. in der Lautstärke der Stimme, sind vernehmbar. Eine Aspiration im Livegesang mit Mikro mag in der Tonmischung weggefiltert sein. Dabei suggeriert der Gesang doch eine Kongruenz mit Garcias Lippenbewegungen und legt nahe, dass der grundsätzliche audio-visuelle Trick funktioniert, das Hören der Stimme mit Lippenbewegungen zu verbinden. Ob allerdings das, was als flüchtige Stimme zu hören ist, mit einem Gesang des sichtbaren Körpers zusammenfällt, wie es in Theater und Performance als Live-Geschehen Gültigkeit beansprucht, ist unklar.[63]

62 Vgl. Kap. 4.1.

63 Zur Auseinandersetzung mit Liveness und Stimme vgl. Kolesch / Pinto / Schrödl (Hrsg.): *Stimm-Welten*; Vgl. ergänzend Doris Kolesch: Natürlich künstlich. Über die Stimme im Medienzeitalter. In: Dies. / Jenny Schrödl (Hrsg.): *Kunst-Stimmen*. Berlin: Theater der Zeit 2004, S. 19–38.

Die Schlagersängerfigur ist – wie die Beschreibung zu zeigen versucht – auf verschiedene Art und Weise inszeniert. Der Darsteller singt ins Mikrofon, so sehen es die Zuschauer, doch, ob er spricht, flüstert oder tonlos seine Lippen bewegt, ist im Zuschauen nicht erkennbar. Auch dem Flüstern zuzuhören, lässt nicht erkennen, ob der Darsteller singt oder nicht singt. Vielmehr ist eine Wahrnehmung angesprochen, die Zuhören und Zuschauen in zwiespältigen und vielfachen Verweisen aufeinander herausfordert. Im Rahmen der Argumentation mit einer medientechnischen Inszenierung der Stimme wäre wichtig zu ‚wissen', ob es sich um eine Lippensynchronisation zu eingespielter Stimme handelt oder nicht. Vielmehr rückt analytisch aber ein Wissen um die grundsätzliche Möglichkeit der Inszenierung der Stimme mit Mikrofon, Lautsprecher, Sänger und medientechnisch bearbeiteten Klängen in den Vordergrund. Dieses Wissen trägt zu Wirkungen der inszenierten Stimme im Playback bei – zugespitzt in Zweifeln an der Sängerdarsteller-Figur[64] – und legt Gedanken an eine Schlagersänger-Figur in Fernsehauftritten nahe. In der Verunsicherung, den Klang der Stimme mit dem zu sehenden Körper nicht in Deckung bringen zu können, sind Audio-Zuschauer*innen somit mit den eigenen Wahrnehmungsleistungen konfrontiert. Sie entwickeln möglicherweise Wahrnehmungspraktiken, die medienkulturell geprägt sind und ein Wissen um medientechnische Realisierungsmöglichkeiten der Stimme integrieren. Sie tun das in einer Bewegung zwischen Hören und Sehen, die einerseits eine Aufspaltung zwischen Gehörtem und Gesehenem überbrückt und zugleich Zweifel an einem Zusammenhang aufkommen lässt und andererseits eine Illustration des Gehörten durch das Gesehene in einen dynamischen Prozess verlagert. Damit konvergiert und divergiert eine solche Bewegung. Konvergenzen beinhalten Interpretationen einer Schlagersänger-Figur, womit Gesang als diegetische Musik systematisiert werden kann.[65] Allerdings

64 Zu dem Begriff des Sängerdarstellers vgl. Julia Liebscher: Schauspieler – Sängerdarsteller. Zur unterschiedlichen Aufführungssituation im Sprech- und Musiktheater, dargestellt am Beispiel der paralinguistischen Zeichen. In: Bayerdörfer (Hrsg.): *Musiktheater als Herausforderung*, S. 55–70. Für Inszenierungsstrategien in *Velma Superstar*, die sich weder Sprech- noch Musiktheater in Liebschers Einteilung zuordnen lassen, bietet sich in heuristischer Zuspitzung alternativ zur Figuren-Kennzeichnung als Schlagersänger der in Kap. 5 ausgearbeitete Begriff des Musik-Darstellers an.

65 Chion verwendet für die Kombination zwischen Bild und Ton im Film den Begriff des ‚visualisierten Klangs': „What can we call the opposite of acousmatic sound? Schaeffer proposed 'direct', but since this word lends itself to so much ambiguity, we shall coin the term visualized sound – i. e., accompanied by the sight of its source or cause" (Chion: *Audio-Vision. Sound on Screen*, S. 72). Zu Chions Differenzierungen vgl. Kap. 2.2. Weil Garcia in der Szene mit einem Mikrofon ausgestattet seine Lippen bewegt *und* ein oder auch sein Gesang als Medientechnik zu hören ist, greift Chions Bestimmung im Aufführungskontext.

beschreibt die Interpretation einer Schlagerkonzert-Praxis nicht hinreichend die Wirkung des gerade zweifelhaften Gesangs, womit eben Stimme und Medientechnik als Inszenierungspotenzial audio-visuell verhandelbar werden. Bezugnahmen zwischen Gehörtem und Gesehenem liegen offen und können divergieren. Infolgedessen ist eine experimentelle Wahrnehmung von Körper, Stimme und Medientechnik relevant, die sowohl eine reflexive Aufmerksamkeit auf das eigene Hörvermögen wie auch Differenzierungen des Gesehenen und Gehörten hervorbringt. Dies prägt das Experiment von Konvergenzen und Divergenzen, und zwar in einem scheinbar paradoxen Verhältnis. Darin positionieren sich Audio-Zuschauer*innen mit ihrem medialen Wissen. Ein Wissen-Wollen, wie Zweifel am leibhaftigen Gesang des Darstellers überhaupt zustande kommen, ist darin analytisch enthalten und geht Anzeichen wie z. B. Schwankungen der Lautstärke oder Aspirationsgeräuschen audio-visuell nach – nicht zuletzt, um herauszufinden, ob der sichtbare Darsteller tatsächlich singt. Andererseits suchen Audio-Zuschauer*innen Bestätigungen für den Höreindruck einer exklusiven medientechnischen Inszenierung der Stimme, möglicherweise im Rauschen der Medientechnik oder hinsichtlich einer Lautsprecherhängung, um die Stimme irgendwo zu lokalisieren.

Um die affektive, analytische und reflexive Bewegungsdimension in der Wahrnehmung der Stimme zu erläutern, bietet sich ein Verständnis der „Stimme als Spur des Körpers“ an, wie es Sybille Krämer für das Sprechen medientheoretisch profiliert.[66] Wird die Stimme als Spur des Körpers begriffen, muss nach Erika Linz und Gisela Fehrmann die Frage nach dem Original und der Quelle im Sinne einer faktischen Gegebenheit nicht unbedingt gestellt werden. Die Autorinnen erläutern:

> Eben diese Bestimmungsmomente der Spur als Verweis auf ein nicht einholbar Vergangenes wie als Prozessierungsergebnis von Lektüren weisen sie eher als Verfahren denn als Phänomen aus. Diese inhärente Operativität scheint den Spurbegriff in besonderer Weise dafür zu prädestinieren, gegen repräsentationale Bedeutungs- und Wahrnehmungsmodelle eingesetzt zu werden.[67]

66 Krämer: Das Medium zwischen Zeichen und Spur, S. 155. Krämers Spur-Konzept bezieht medientheoretische und semiotische Fragen ein. Darüber hinaus vgl. Cornelia Epping-Jäger: Stimme. Die Spur der Bewegung. In: Dies. / Gisela Fehrmann / Erika Linz (Hrsg.): *Spuren Lektüren*, S. 133–152.

67 Vgl. Erika Linz / Gisela Fehrmann: Die Spur der Spur. Zur Transkriptivität von Wahrnehmung und Gedächtnis. In: ebd., S. 89–104, hier S. 89.

Schwankungen der Lautstärke, Aspirationsgeräusche oder die Körnung der Stimme mögen eine Spur sein, um einen bestimmten Körper einer Stimme zuzuordnen. Allerdings kann diese Zuordnung nur ein Aufspüren sein, und sie zieht weitere Spuren nach sich. Linz' und Fehrmanns medientheoretische Begründung der Spur macht deutlich, dass diese erst im Prozess der Wahrnehmung ans Ziel führt.[68] Eine symbolisierte, repräsentierte Klangquelle kann fraglich sein oder gar ein Trugschluss. Das Denkmodell der Spur gibt – wie auch Sybille Krämer darlegt – weniger Zeichen, sondern Anzeichen. Krämers Spur-Modell knüpft an Performativitätskonzepte an, die Grenzen semiotischer Zuordnungen ausloten, Zeichen werden unterlaufen oder überschritten: „Indem Medien aisthetisieren, wird das Semiotische nicht nur konstituiert und befördert, sondern zugleich auch überschritten und unterminiert. Die Materialität, Körperlichkeit und Ereignishaftigkeit des Medialen birgt einen Überschuß gegenüber jeder semiotischen Ordnung, die in ihr zur Geltung kommt."[69] Krämers Feststellung problematisiert die als natürlich geltenden Verbindungen von Stimme und Person, Geschlecht und Körper und wirft die Frage nach einer Quelle der Stimme erneut auf.[70] In ihrer Bestimmung liegt zudem der Hinweis, dass die medientechnische Inszenierung der Stimme in der Wahrnehmung einen Überschuss und Entzug birgt. Überschusswirkungen können sich auf Eindrücke eines Stimmkörpers im Livegesang, mikrofoniertem Schreien oder Atmen beziehen. Überschüsse sind auch in Wirkungen eines Noise-Konzerts und potenzieller Überwältigungsästhetik enthalten. Auch Entzugsmomente wie der Zweifel an leibhaftigem Gesang, Irritationen im Verhältnis von Körper, Stimme und Medientechnik und Spielarten akusmatischer Situationen entstehen in medientechnischen Inszenierungen der Stimme. Für beide Wirkungsdimensionen bietet das Modell einer Bewegung zwischen Hören und Sehen die Möglichkeit,

68 Interessant ist, dass Linz und Fehrmann eine Produktivität des Spur-Begriffs auch in den Neurowissenschaften sehen, „die mit der Abkehr vom Informationsverarbeitungsparadigma nach dynamischen Konzeptualisierungen von Wahrnehmung und Gedächtnis suchen" (ebd., S. 89).

69 Krämer: Das Medium zwischen Zeichen und Spur, S. 157.

70 Auf Krämers medientheoretische Reflexion der Performativität der Stimme bezieht sich Pinto in seiner Erforschung von stimmlichen Spuren. Er diskutiert, inwiefern die „Stimme als Spur des Körpers" oder der „Körper als Spur der Stimme" in den Vordergrund zeitgenössischer Theaterinszenierungen rückt, und stellt die These auf, dass „der visuell wahrnehmbare Körper im Verhältnis zur akustischen Präsenz der Stimme weniger unsere Wahrnehmung steuert, als es in der Regel für üblich erachtet wird", der Körper werde vielmehr als visuelle Spur der Stimme, quasi als Botenstoff, inszeniert (Pinto: Stimmen auf der Spur, S. 89). Der Gewinn des medientheoretischen Spur-Konzepts liegt m. E. darin, eine gegenwendige Prozessualität zwischen Hören und Sehen hervorzuheben.

jeweiligen Spuren nachzugehen. Dies ist ein Prozess der Positionierung in der Bewegung zwischen Hören und Sehen, der zugleich von Wahrnehmungskonventionen beeinflusst ist und in dem eben konventionelle Zuordnungen zu konstitutiver klassischer Liveness, Playback-Singen und zu Einspielungen aufgezeichneter Stimmen in einer Theateraufführung fraglich werden. Rahmenwechsel zwischen Kammerkonzert, Rockkonzert, Hörspiel und Imitationen eines Schlagersänger-TV-Auftritts lassen sich audio-visuell verfolgen.

Zusammenfassend suggeriert Garcia in der Playback-Szene die Zuordnung der Stimme zu ihm als Sänger, doch entscheidend ist die Irritation, ob *seine* Stimme gehört und gesehen wird.[71] Das paradoxe Verhältnis der Stimme in grundsätzlichen Ambivalenzen zu einem Körper[72] ist als Inszenierungspotenzial wirksam und zwar in den Wirkungskategorien von Überschuss und Entzug. Mikrofon oder andere Medientechniken werden nicht primär in der Funktion von optimierter Hörbarkeit eingesetzt, sondern machen die Wahrnehmung zwischen Hören und Sehen zum Thema und zwar auf Umwegen, die zu Konvergenzen und Divergenzen beitragen. In den entstehenden, teils zwiespältigen Beziehungen zwischen Hören und Sehen gilt die Stimme als Zwischenphänomen und zugleich als Spur des Körpers. Zentral ist dabei, dass die audio-visuelle Wahrnehmung in einer Bewegung zwischen Hören und Sehen auch Umwege des Hörens über das Sehen und vice versa einschließt. Beispielsweise wird die inszenierte Stimme im Playback über den Umweg des Sehens gehört, indem der Blick Lippenbewegungen (synchron zum Höreindruck) und Mikrofon fokussiert. In diesen Umwegen liegen Konvergenzen und Divergenzen zwischen Hören und Sehen. Sie umfassen solche Momente, in denen der Höreindruck und die Annahmen eines Stimmkörpers wie im fiktiven Schlagersängerauftritt plausibel erscheinen. Gleichsam liegt in der Inszenierungsstrategie des Playbacks eine Divergenz zwischen Hören und Sehen. Hier ist es gerade die trotz Mikrofon und potenzieller

71 Auf weitere Stimmen in Playback-Verfahren geht Pinto in Cross-Gender-Synchronisationen ein, vgl. ders.: Stimmen auf der Spur, S. 61–66, 121–132. Schrödl fokussiert elektronisch verzerrte und verdoppelte Stimmen als Strategie einer Ausstellung stimmlicher Materialität, vgl. dies.: Vokale Intensitäten, S. 89–93. Der Einsatz von Mikrofonen und Lautsprechern bringt nach Schrödl eine Verräumlichung der Stimme mit sich, „die sich auf die Möglichkeit der Verortung der Stimmen zu einem bestimmten Körper bzw. Sprechenden negativ auswirkt" (Schrödl: Vokale Intensitäten, S. 87), d. h. in einer Verunsicherung darüber, wer spricht.

72 Doris Kolesch findet ein ‚unerhörtes' Beispiel dafür, die Charakteristik der Stimme, Index und Spur eines Körpers zu sein, zu unterlaufen. Die Stimmen des Countertenors Derek Lee Ragin und der Koloratursopranistin Ewa Małas-Godlewska wurden zur Produktion der Kastraten-Stimme von *Farinelli* in dem gleichnamigen Film von Gérard Corbiau (1994) synthetisiert. Vgl. Kolesch: *Natürlich künstlich*, S. 37.

medientechnischer Verstärkung kaum hörbare Stimme, die eine Uneindeutigkeit von Körper, Stimme und medientechnischer Reproduktion zuspitzt und Zweifel an einer ‚Stimmkörperlichkeit' und Konvergenz zwischen Hören und Sehen hervorbringt. Somit kann der fortwährende Prozess audio-visueller Konvergenz und Divergenz als gegenwendige Bewegung[73] zwischen Hören und Sehen formuliert werden. Dabei experimentieren Audio-Zuschauer*innen reflexiv mit mitgebrachten Konventionen sowie mit den von ihnen vorgenommenen Konvergenzen und Divergenzen, beispielsweise in der Playback-Inszenierung der Stimme.

4.4 Zwischenfazit: Bewegung als Experiment

In Aufführungsformen zwischen Konzert und Theater sind in der Arbeit *Velma Superstar* Verweise auf Installationen und auf die intermediären Rahmen eines klassischen Konzerts, Rockkonzerts, auf Tanz, Hörspiel und Fernsehshow enthalten. Diese kommen in Inszenierungsstrategien der Stimme in Form von Lautmalerei, Lautmaterial, Feedback und Playback zur Geltung. Wahrnehmungskonventionen werden dabei angewendet, mögen scheitern und gehen mit einer Weiterentwicklung von Wahrnehmungspraktiken einher. Sie werden in einer experimentellen Bewegung zwischen Hören und Sehen gebündelt.

Mit dem Fokus auf Inszenierungen der Stimme treten Darsteller*innen in *Velma Superstar* als Kippfiguren auf. Dafür ist eine Operndiva, die nicht singt, paradigmatisch. Ihr Erscheinungsbild in Wahrnehmungskonventionen von Konzert und Theater geht mit Erwartungen von Gesang einher, doch eben dieser Erwartung ‚widerspricht' ihr Schweigen. Ihr Anblick ermöglicht zunächst, eine Stimme zu imaginieren. Zugleich stellen Imaginationen Reibungen in der Wahrnehmung dar, die auch am Beispiel eines Hörspiel-Making-ofs in einer Lautmalerei herausgearbeitet wurden. Somit sind Inszenierungen der Stimme in einem Spannungsfeld zwischen Symbol und Körper, Repräsentation und Präsentation bedeutsam und lenken die Aufmerksamkeit des Publikums auf die eigene Aktivität in konventionellen Prägungen.

In der analysierten Szene wandernder ‚Stimmkörper' ist ein grundsätzlicher Zwischenstatus der Stimme wirksam. Wandernde Sprecher*innen thematisieren die Ausbreitung der Stimme im Raum, Stimmen füllen geradezu als Lautmaterial den Raum aus, einzelne Stimmen sind ortlos und lösen sich von Sprecher*innen respektive einem spezifischen ‚Stimmkörper'. Die

73 Die etymologisch begründbare Nähe von Umweg respektive Weg (Althochdeutsch ‚wec') und Bewegung ist in diesem Zusammenhang aufschlussreich.

audio-visuelle Wahrnehmung im Verständnis einer Bewegung zwischen Hören und Sehen kommt der Ausbreitung entgegen und ermöglicht eine Positionierung von Audio-Zuschauer*innen im Verhältnis zu akustischen Körpern im akustischen Raum.

Insbesondere in den finalen Szenen der Aufführung überlagern sich Richtungen, aus denen eine Stimme kommen könnte. Die Klang-Inszenierung wirkt wie eine Soundfläche, in der Höreindrücke auf musikalisches Spiel und einen Sänger ‚projiziert' werden. Dabei wurde ein Transitraum der audio-visuellen Wahrnehmung herausgearbeitet, in dem gebündelt ist, dass die räumliche Wirkung der inszenierten Stimme mit einer Eigenbewegung in der Wahrnehmung zu tun hat. Eine hörende und sehende Ausrichtung in der Wahrnehmung bedeutet eine Verortung im Geschehen und begegnet beispielsweise einer Bedrängnis durch Lautstärke. Diese Verortung ist nach Gibsons Theorie ein aktiver Umgang mit dem Hörraum und innerhalb dessen als Lautumgebung und Angebot. Der Umgang beinhaltet motorische Bewegungen, Hinwendungen, Abwendungen und Zuwendungen. Blickbewegungen wie Hinterherschauen beschreiben exemplarische Haltungsveränderungen innerhalb des akustischen Raums und gegenüber einzelnen Konstituenten inszenierter Stimmen. Insofern gilt der Transitraum der audio-visuellen Wahrnehmung als grundsätzlicher Bewegungsraum von Audio-Zuschauer*innen. Sie positionieren sich experimentell, indem sie auf Umwegen mit einer Omnidirektionalität des inszenierten Klangs umgehen können, ohne dass sie den Sitzplatz verlassen müssen und die Augen, in metaphorischer Zuspitzung, Pirouetten drehen. Zudem umfasst eine Positionierung, das Geschehen als Noise-Konzert und/oder andere spektakuläre Aufführung zu qualifizieren.

Die Herausforderung einer Positionierung gilt außerdem in der Wahrnehmung eines Sängers im Playback. Die Inszenierung der Stimme zeichnet sich durch den Anblick eines potenziellen Stimmkörpers mit Mikrofon und durch die Hörerfahrung einer extrem reduzierten Stimme gleichermaßen aus. Darin ist die Imagination eines Schlagersängers als Konvergenz zwischen dem Gehörten und Gesehenen genauso gültig wie Unterscheidungen von Stimme, Körper, Medientechnik – Letztere gebündelt in Divergenzen von Hören und Sehen. Sowohl eine Trennung von Stimme und Sänger als auch ein potenzieller Zusammenfall respektive eine Überlagerung zwischen der Live-Stimme und der medientechnisch bearbeiteten (oder gar eingespielten) Stimme sind in der Wahrnehmung wirksam. Dabei wenden Audio-Zuschauer*innen ein Wissen um die Möglichkeit einer medientechnischen Realisierung der Stimme an. Anzeichen und Beweise für Livegesang und Medientechnik werden audio-visuell gesucht und halten geradezu die Ereignishaftigkeit der medientechnisch inszenierten Stimme in der Erfahrungssituation aufrecht. Konvergenzen und Divergenzen in der audio-visuellen Wahrnehmung sind kein Widerspruch, sondern heben Umwege in der Wahrnehmung, Wechselwirkungen und gegenseitige Einflüsse der Sinnesleistungen aufeinander hervor. Zuhörer*innen haben es insofern mit Aspekten des Akustischen zu tun, als sie Stimmkörperbildern entgegenblicken und dabei ihre eigene Imagination reflektieren mögen. Darauf basiert, dass über den Umweg des Sehens gehört werden und über den Umweg des Hörens gesehen werden kann. Auf Mikrofon, Lippenbewegungen, Gestik, Mimik wie auf erwartete Aspirationsgeräusche und Variationen der Lautstärke richtet sich die Aufmerksamkeit in kontinuierlichen Verschiebungen aus. Solche Umwege in der audio-visuellen Wahrnehmung sind außerdem relevant, um der Stimme zwischen Körperlichkeit und medientechnischer Realisierung auf die Spur zu kommen. Das medientheoretische Konzept der Spur verdeutlicht Ambivalenzen der Stimme zwischen Symbol und Index, die audio-visuell verfolgt werden können. Darin erweist sich das Verständnis der ‚Stimme als Spur des Körpers' nicht nur als Frage nach den Beziehungen von Stimme, Körper und Medientechnik, sondern – auch im Zusammenhang mit konventionellen und anderen Prägungen der Wahrnehmung – auch als eine Frage nach der Disposition respektive Beweglichkeit von Audio-Zuschauer*innen.

Nicht zuletzt kommt die Beweglichkeit von Audio-Zuschauer*innen in Eigenbewegungen zur Geltung, die von akustischen Körpern in medientechnischen Inszenierungsvarianten und überwältigenden Raumsituationen ausgehen. Ein Wissen-Wollen, wie die Stimme inszeniert ist, woher der Klang kommt und welche Rolle darin Körper – auch die der Audio-Zuschauer*innen – und Raum und Medien spielen, bündelt eine affektive und analytische Bewegung zwischen Hören und Sehen. Mögliche Klangerscheinungen werden darin isoliert und Überlagerungen zwischen Stimme und Medientechnik unterschieden. Reflexiv ist die Bewegung zwischen Hören und Sehen, weil Bezugnahmen zwischen dem Gehörten und Gesehenen in Prozessen einer Positionierung ausprobiert werden. Die reflexive Bewegung zwischen Hören und Sehen widmet sich auch den eigenen Visualisierungen und Imaginationen von Klang und trägt dadurch zu Prozessen bei, die mit Inszenierungen des Hörens und Sehens experimentell umgehen.

Die Rede von ‚Zuschauer*innen des Akustischen' umfasst somit erstens die zwiespältigen Beziehungen zwischen Stimme, Körper, Medientechnik und

Audio-Zuschauer*innen. Damit geht es zweitens um eine Wahrnehmung des Akustischen, die grundsätzliche Wechselwirkungen zwischen Hören und Sehen auf Umwegen des Hörens (über das Sehen oder vice versa) verfolgt.[74] Das ist ein audio-visueller Umgang mit dem, was die Aufführung anbietet, sowie mit Wahrnehmungskonventionen. Drittens bringt die Formulierung ‚Zuschauer*innen des Akustischen' ein dispositionelles Verhältnis der Audio-Zuschauer*innen zu Klang-Inszenierungen zum Ausdruck. Darin kommt eine Bewegung zwischen Hören und Sehen im Kontext einer Entwicklung von Wahrnehmungspraktiken zur Geltung. Diese Bewegung lotet Wahrnehmungskonventionen aus, Kippfiguren werden wahrgenommen und raumkonstitutive Wirkungen des Akustischen in ein Verhältnis zur eigenen Mobilität gestellt. Somit trägt die experimentelle audio-visuelle Wahrnehmung zu einer Positionierung von Audio-Zuschauer*innen im akustischen Raum und angesichts akustischer Körper bei und ‚berücksichtigt' medientechnische Inszenierungen der Stimme. Audio-Zuschauer*innen, respektive ‚Zuschauer*innen des Akustischen' testen die Wahrnehmung affektiv, analytisch und reflexiv in einem Transitraum der Wahrnehmung.

74 Kognitive und wahrnehmungspsychologische Forschungen erläutern Einflüsse und Transformationen des Hörens durch das Sehen, beispielsweise im sogenannten McGurk-Effekt oder auch in Untersuchungen audio-visueller Täuschungen wie Bauchreden u. v. m. Wenn der Chor in *Velma Superstar* Töne singt, zunächst auf einem geschlossenen [o:] über ein offeneres [:ɔ] hin zu dem offenen Vokal [a:], und im weiteren Verlauf die stakkato gesungenen Silben [ba] und [da] zu hören sind, drängt sich eine Anspielung an den McGurk-Effekt auf. Der Gedanke an den McGurk-Effekt als Spielmaterial in *Velma Superstar* entsteht vor allem in der schriftlichen Vergegenwärtigung des Wahrnehmungseindrucks, und zwar ausgehend von der Video-Dokumentation der Aufführung. Vgl. darüber hinaus O'Regan / Noë: A Sensorimotor Account of Vision and Visual Consciousness. Auch Chion spricht im Rahmen audio-visueller Täuschung vom Bauchrednereffekt und erklärt diesen als Projektion des Tons auf das Bild in zeitlicher Vektorisierung, die Einflussnahme zwischen Sehen und Hören gilt bei Chion als ‚Visu-Audition', vgl. Kap. 2.3.

5. Hören und Sehen probieren: Musik in *Requiem*

In der Aufführung *Requiem* steht Musik in einem kultischen Kontext. Die Inszenierung geht von dem Zeremoniell einer Totenmesse aus und thematisiert Feier und Abgesang, Leben und Tod respektive Überleben und Exitus.[1] Die grundsätzliche Frage, wem oder was musikalisch gehuldigt und/oder wer oder was zu Grabe getragen wird, drängt sich auf. Statt einer Antwort überführen Grenzen beschreitende Aufführungs- und Inszenierungspraktiken von Klang in der Aufführung *Requiem* das, was Theater, Performance, Konzert und Ritus sein mag, in musikalische Stilrichtungen und Produktionskontexte von Musik.

Die Musiker und Performer Christian Garcia, Christophe Jaquet und Stéphane Vecchione arbeiten auch in dieser Produktion mit zwei Tänzerinnen zusammen (Arantxa Martinez, Valerie Liengme). Der Bühnenbildner Serge Perret ist zu Beginn der Aufführung dabei zu sehen, wie er Instrumente und andere Objekte auf der Bühnenfläche aufbaut und anordnet. Die Fläche ist mit einem beigefarbenen Teppich ausgelegt und zunächst in Gelbfiltern ausgeleuchtet (Lichtgestaltung: Laurent Junod). Mobile hüfthohe Trennwände unterteilen den Raum in verschiedene Nischen, in denen Perret ein Schlagzeug und einen Synthesizer platziert. Andere Spieler*innen richten darin Mikrofone ein und verlegen Kabel. Eine rechteckige Box, die in den Bühnenturm emporragt, begrenzt die Bühnentiefe und erinnert an einen Altarraum in einer Kirche. Dieser zusätzliche Raum im Raum ist mit einer Glasfront und einer seitlichen Tür versehen, könnte

1 Velma: *Requiem* (UA: 11.09.2007, Zentrum für Zeitgenössische Kunst ‚Arsenic', Lausanne). Ich habe die Vorstellungen am 27. und 28. November 2008 im HAU 1, Berlin, gesehen. Bis heute ist keine weitere gemeinsame Arbeit der Gruppe entstanden.

eine Tonloge darstellen und unterstützt den Eindruck des Bühnenbilds als Aufnahmestudio. Damit gehen Erwartungen an akustische Experimente einher und eröffnen ein Spannungsfeld zur Totenmesse als liturgischem Zeremoniell. Die Aufführung ist in einzelne Szenen gegliedert, folgende Szenentitel werden auf die Glasfront der Tonloge projiziert: „Introitus", „Kyrie", „Tractus", „Sequentia Dies Irae", „Sequentia Tuba Mirum", „Sequentia Rex Tremendae", „Sequentia Recordare", „Offertorium", „Communio" und „Hymnus". Die Bezeichnungen sind der Struktur der Totenmesse entlehnt. Sie wurden in der Missale von Papst Pius V. 1570 im ersten Vatikanischen Konzil von Trient als Requiem-Formular festgelegt.[2] Reibungen an kirchenmusikalischen Vorgaben dieser sogenannten *Missa pro defunctis* entstehen in der Aufführung sprachlich und instrumental. Fraglich ist allerdings, wie verbreitet ein kulturelles Wissen um den lateinischen Text und Einteilungen in Proprium und Ordinarium überhaupt noch sind.[3] Einschränkend gilt zudem, dass die Kernsequenz der Totenmesse, nämlich der Abschnitt „Dies Irae", ohnehin außer Gebrauch ist und nach römisch-katholischem Ritus nur im Stundengebet am Allerseelentag gesungen wird.[4] Somit ist offen, ob Reibungen an Regeln des Zeremoniells in der 70-minütigen Aufführungserfahrung auch ins Leere laufen, also schlicht gar nicht bemerkt

2 Vor dem Tridentinum 1570 gab es beispielsweise in England und Frankreich andere liturgische Ordnungen der Totenmesse als in Italien oder Spanien. Ob beispielsweise die jeweiligen Sätze der Kern-Sequenz „Dies Irae" vollständig vertont wurden, liegt in eben diesen unterschiedlichen Texttraditionen des Requiems begründet. Vgl. Tibor Kneif / Ursula Reichert: Requiem. In: *MGG. Sachteil 8*, 1988, Sp. 156–170, hier Sp. 164.

3 Reibungen konnte ich weniger in der Aufführung identifizieren als vielmehr in der nachträglichen Rekonstruktion mit Hilfe einer DVD-Dokumentation der Vorstellung vom 13.09.2007. In der Liturgie sind Texte des Ordinariums feste Textteile im Ablauf einer heiligen Messe: Kyrie, Sanctus, Agnus, Benedictus. Davon werden Propriums-Texte, also eigens für die Totenmesse vorgesehene Textteile wie beispielsweise das Kernstück „Dies irae, dies illa", unterschieden. Vgl. Paul-Gerhard Nohl: *Lateinische Kirchenmusiktexte. Geschichte. Übersetzung. Kommentar.* Kassel: Bärenreiter 2002, S. 75.

4 Diese Streichungen in der Liturgie der Totenmesse wurden nach dem Zweiten Vatikanischen Konzil 1962–1965 im *Sancrosanctum Concilium* und *Missale Romanum* fixiert. Die Streichung begegnet der Befürchtung, dass die Formulierungen als Drohszenario den christlichen Gehalt des Auferstehungsglaubens und der Erlösung in den Hintergrund drängen, so die zusammengefasste Begründung, vgl. Alexander Zerfaß: Dies irae. Eine Botschaft aus dem finsteren Mittelalter? http://www.liturgie.ch/liturgieportal/liturgische-zeichen/musik/218-dies-irae (Zugriff am 15.07.2016). Der Nachvollziehbarkeit halber beginnt der Text der Kernsequenz nach dem Gesangbuch des Liturgischen Instituts der deutschsprachigen Schweiz: „Tag des Zornes, Tag der Zähren! / Wirst die Welt in Asche kehren, / wie Sybill' und David lehren. / Welch ein Graus wird sein und Zagen, / wenn der Richter kommt, mit Fragen / streng zu prüfen alle Klagen" (aus d. Lat. v. U. Bomm, 1947. http://www.liturgie.ch/kirchenmusik/lebenslauf/sterben-und-begraebnis/218-dies-irae (Zugriff am 15.07.2016)).

werden. Vielmehr sind musikalische Exkurse im Sprechen, im Gesang, im instrumentalen Spiel und im Umgang mit elektroakustischen Apparaten als inszenierte Klänge auffällig. Sie ergeben ein Spannungsfeld, das sich als Liturgie-Theater zuspitzen lässt und im Kontext von Entgrenzungen und Einordnungen steht, d. h. inszenierte Klänge stehen in der audio-visuellen Wahrnehmung im Verhältnis zu thematischen und strukturellen Ausgangspunkten, die irreführend sein können. Dafür ist die folgende Szene mit dem Titel „Sequentia Tuba Mirum" nach ca. der Hälfte der Aufführungsdauer paradigmatisch.

Liengme steht an der Rampe, Martinez seitlich nach hinten versetzt und Jaquet vor der nun rot ausgeleuchteten Tonloge. In einer dreieckigen Anordnung blicken sie ins Publikum und skandieren den Text des Requiemformulars in lateinischer Sprache. Ihr Sprechen sehen und hören Audio-Zuschauer*innen im Kontext eines der drei Abschnitte des „Dies Irae"-Satzes der Liturgie. Inhaltlich geht es im liturgischen Text ebenfalls um ein Sprechen, nämlich um den Richterspruch Gottes.[5] Die Spieler*innen vollziehen während des Sprechens gleichmäßige und sehr präzise ausgeführte Hebungen und Senkungen ihrer Arme und Knie. Sie scheinen in ihrer Aussprache, den Text in einzelnen Silben geradezu zu zergliedern. Stimmlich betont der Vortrag allerdings keine Hebungen und Senkungen in den Verszeilen; es ist auch keine spezifische Sprachmelodie herauszuhören. Die Sprechweise ist in einer stockenden Aussprache leise und auf gleicher Tonhöhe als „Tu-ba-mi-rum-spar-gens-so-num per se-pul-cra re-gi-o-num" auffällig und betrifft den gesamten Abschnitt des lateinischen Texts.[6] Auf den Silben der Worte „natura", „totum", „inultum" und „securus" liegen mit Bassgitarre und

5 Theologische wie religionswissenschaftliche Exegesen des Textes stehen analytisch nicht im Vordergrund, folgende Wort-für-Wort-Übersetzung nimmt Paul-Gerhard Nohl vor: „Die Posaune wird wunderlichen Laut erschallen lassen / über der Gräber Reich / zwingen wird sie alle vor den Richterthron. / Der Tod wird erstarren und [auch] die Natur, / wenn auferstehen wird die Kreatur, / um vor dem Richter sich zu verantworten. / Ein Buch, beschrieben, wird man hervorholen, / in welchem alles steht, / aus ihm die Welt wird gerichtet werden. / Wird nun der Richter [zu Gericht] sitzen, / was auch immer im Verborgenen war: es wird ans Licht kommen: / nichts wird unvergolten bleiben. / Was werde ich Elender dann sagen? / welchen Anwalt werde ich erbitten, / wenn kaum der Gerechte sicher sein kann?" (Nohl: *Lateinische Kirchenmusiktexte*, S. 91–92 (Hinzufügungen in eckigen Klammern im Original).)

6 Ergänzend lautet dieser der Vollständigkeit halber: „[...] coget omnes ante thronum. / Mors stupebit et natura, / com resurget creatura / judicanti responsura. / Liber scriptus proferetur, / in quo totum continetur, / unde mundus judicetur. / Judex ergo cum sedebit, / quidquid latet apparebit / nil inultum remanebit. / Quid sum miser tunc ducturus? / Quem patronem rogaturus, / cum vix justus sit securus?" (Ebd.) Die Zuordnung zu den Worten wurde mit Hilfe der Aufzeichnung der Aufführung auf DVD rekonstruiert.

Schlagzeug gesetzte Lärmakzente und krachende Betonungen.[7] Garcias nachhallende Akkorde dröhnen und Vecchiones Schlagzeugspiel lässt sich als ‚Break' oder ‚Fill-in' mit Trommelwirbeln beschreiben.[8] Er schlägt auf die Snare und Crash-Becken lautstark ein. Ob diese Akzente allerdings den – nicht zuletzt aufgrund der Lautstärke – unverständlichen Worten inhaltlich Gewicht verleihen, ist zweifelhaft. Der lautliche Nachdruck wirkt stattdessen wie eine Zäsur innerhalb der fließenden Formlosigkeit in der Sprechweise der Silben. Garcias Bassgitarrenspiel kommt einer Improvisation in einem geradezu sphärischen Klangbild nahe.[9] Die Saiten der Bassgitarre schwingen in veränderten Pegeln nach und das Instrument scheint mit Phaser- und Hall-Effektgeräten versehen zu sein. Auffällig ist diese szenenübergreifende Improvisation auch im Schlagzeugspiel. Vecchione schlägt die Bassdrum ohne einen erkennbaren Rhythmus wiederholt an. Stilistisch lässt sich die Musik als Ausprägung der ‚Psychedelic-Rock'-Musik beschreiben und steigert sich in der anschließenden Szene mit dem aussagekräftigen Titel „Rex Tremendae" zu einer ‚Trance'-Improvisation.[10] In dieser Ausprägung elektroakustischen Instrumentalspiels gelten (überlange) Kollektivimprovisationen – neben dem offenen Bezug zu Drogenerfahrungen und Zuordnungen zu Visionen und Halluzinationen – auch als Kennzeichen des ‚Acid'-Rock-Pop. Zusätzlich zu E-Bass und Drums erklingt zudem ein weiteres

7 Zu den Begrifflichkeiten von Lärm und Krach als Reibungen an (westeuropäischen) musikalischen Konventionen vgl. Kap. 1.2.

8 In der Pop- und Rock-Musik werden ‚Fill-ins' oft gespielt, um den Übergang von Strophe zu Refrain einzuleiten. Der Begriff bezieht sich vor allem auf die Instrumentengruppe Schlagwerk und wird mittlerweile auch in andere Verwendungsbereiche wie Game-Design und Film übertragen. In den deutschen Sprachwortschatz ist er (noch) nicht aufgenommen und fehlt auch im *Oxford Advanced Learners Dictionary*.

9 Der Begriff ‚Freie Improvisation' ist musiktheoretisch und -geschichtlich enger gefasst und wird auf ein kollektives Spiel bezogen. Zu Formen und Implikationen der Freien Improvisation in der Musik, vgl. Diedrich Diederichsen: Rückkehr des Kollektivs. Ein Hintergrundessay zu „collective identities". In: Berno Odo Polzer / Thomas Schäfer (Hrsg.): *Katalog Wien Modern*. Saarbrücken: Pfau 2005, S. 66–69.

10 Bezeichnungen und Herleitungen musikalischer Stilrichtungen weichen in ihrer Aussagekraft nicht selten erheblich voneinander ab. Der Begriff Psychedelic Rock wird in den USA angeblich erstmals 1967 für das Album *Surrealistic Pillow* der Gruppe Jefferson Airplane verwendet, wobei begrifflich die texanische Band 13th Floor Elevators bereits ein Jahr zuvor die LP *Pychedelic Sounds* veröffentlicht und auf Konzerten in San Francisco vorgestellt hatte. Die britische Version dieser Stilrichtung wird prominent von Pink Floyd mit den Alben *The Piper at the Gates of Dawn* (1967) und *A Saucerful of Secrets* (1968) vertreten. Ein Erbe des Psychedelic Rock für die weitere Entwicklung der Rockmusik sehen Peter Wicke, Wieland und Kai-Erik Ziegenrücker in einem subtilen Klangempfinden und in einem Umgang mit Licht als zusätzlicher Dimension zur Musik. Vgl. Wicke / Ziegenrücker / Ziegenrücker: *Handbuch der populären Musik*, S. 564.

Geräusch, das sowohl in der vorausgehenden „Dies Irae"-Szene zu hören war als auch in den beiden anschließenden Szenen noch zu hören sein wird. Wie eine Stimme in einer Spektralanalyse und wie ein sonores Summen, Rauschen oder ein elektronisch generierter Synthesizersound wirkt der Halteton geradezu wie ein lautliches Fundament für andere Akzente. Dabei eignet sich der Klang als Orgelpunkt für Interpretationen im Sinne allgemeiner Bedrohung und Angst vor einem Richterspruch.

Unverständliche Worte und Verständnislücken durch zu lautes Spiel von Instrumenten sind in der Kirchenmusik ein Problem. In seinem Apostolischen Schreiben vom 22. November 1903, dem Motu Propio *Tra le sollecitudini*, widmet sich Papst Pius X. diesem „Mißstand auf dem Gebiet des Gesanges und der Kirchenmusik".[11] Konkret wird das Motu proprio hinsichtlich des Gesangs, der sich am gregorianischen Ideal zu orientieren habe und darüber hinaus nicht als Sologesang dominant sein solle. Der liturgische Text ist auf Lateinisch zu singen und zwar in einer spezifischen unumstößlichen Abfolge. Die Vorgaben weisen aus:

> Der liturgische Text ist zu singen, wie er in den Büchern steht, ohne daß Worte verändert oder umgestellt werden, ohne ungehörige Wiederholungen, ohne Verstümmelungen von Silben; er muß stets in einer Weise vorgetragen werden, daß ihn die zuhörenden Gläubigen verstehen können.[12]

Explizite Verbote erklären im Motu proprio zudem die Verwendung bestimmter Instrumente. Sie haben vor allem die Vokalmusik mit Orgelbegleitung zu unterstützen, hingegen: „Verboten ist in der Kirche der Gebrauch des Pianoforte sowie aller lärmenden oder der Unterhaltungsmusik zugehörigen Instrumente, wie kleine und große Trommel, Becken, Schellen [...]".[13] Eine Reihe eben dieser Instrumente ist in der Aufführung *Requiem* im Einsatz. Laut und – wie

11 Die deutsche Übersetzung der kirchenmusikalischen Gesetzgebung (und Zitiergrundlage der folgenden Ausführungen) ist abgedruckt in Hans Bernhard Meyer SJ / Rudolf Pacik: *Dokumente zur Kirchenmusik unter besonderer Berücksichtigung des deutschen Sprachgebietes*. Regensburg: Pustet 1981, S. 23–34, hier S. 24. Das offizielle Amtsblatt des Apostolischen Stuhls Acta Apostolicae Sedis (=AAS), vormals Acta Sancta Sedis (= ASS) veröffentlicht das Motu proprio auf Italienisch unter dem Kennzeichen ASS 36 (1903–04), S. 329–339, vgl. http://www.vatican.va/holy_father/pius_x/motu_proprio/index_it.htm (Zugriff am 15.07.2016). Darüber hinaus vgl. Wolfgang Reiffer: Das Motu proprio Pius' X. und seine Auswirkungen bis zum Zweiten Vatikanischen Konzil. In: Albert Gerhards (Hrsg.): *Kirchenmusik im 20. Jahrhundert. Erbe und Auftrag*. Münster: Lit 2005, S. 75–97.

12 Vgl. Meyer / Pacik: *Motu proprio III. Der liturgische Text*, Abs. 9, S. 29.

13 Ebd., Abs. 19, S. 32.

es im Motu proprio heißt – ‚lärmend' hören Audio-Zuschauer*innen Synthesizer, Bass- und E-Gitarre. Die Liturgie als Textformular sowie musikalische Vorgaben der Messe scheinen somit in der Aufführung *Requiem* ästhetischer (Spreng-)Stoff, Velma interessiert insbesondere die Strenge der Vorgaben, wenn sie äußern: „Velma is fascinated by their rigour"[14]. Das Spannungsfeld ist in Praktiken der Noise- und Drone-Musik[15] zugespitzt, zusätzlich erhellt Blitzlicht in unregelmäßigen Abständen wieder und wieder den Bühnenraum. Das Akustische der Aufführung weist dabei weit über die Liturgie der Totenmesse hinaus und thematisiert in einer kultischen Dimension auch Musikpraktiken und -stile wie Minimal, Noise, Drone, Psychedelic, Trance und Acid-Rock-Pop. Bezüge zu musikgeschichtlichen Aspekten von Requiem-Vertonungen liegen offen.[16] Die Relationen betreffen Aufführungskonventionen von Musik[17] in so unterschiedlichen Kontexten wie Kirche, (Pop- und Rock-)Konzert und Ton-Studio und verweisen auf eine heterogene Musikproduktion, beispielsweise elektroakustisch-instrumental, stimmlich-sprachlich respektive chorisch-a-cappella. Dabei interessiert in der Analyse der Wahrnehmung von Musik in *Requiem*

14 Vgl. Velma: Requiem. http://www.velma.ch/framentre.html (Zugriff am 15.07.2016).

15 Noise-Musik bezieht sich auf eine stilisierte Form des Hardcore Punk mit einem mehr oder weniger avantgardistischen Kunstanspruch. Liegt Noise im wörtlichen Sinn von Lärm und Krach kein klassisches musikkompositorisches Muster zugrunde, gelten nicht-musikalische Begrifflichkeiten wie Klangbildhauerei, Soundscapes und Layers als alternative Beschreibungsansätze. Zudem gilt Noise als Sammelbezeichnung für vergleichbare Spielweisen anderer popmusikalischer Genres, insbesondere Industrial Rock, Grindcore, Death und Trash Metal. Vgl. Wicke / Ziegenrücker / Ziegenrücker: *Handbuch der populären Musik*, S. 415. Zur Verwendung des Orgelpunkts als Drone, vgl. auch Kap. 4. Auf die Ausprägung als Noise gehe ich im Rahmen der Analyse einer Atmosphäre (Kap. 5.2.) und der Wahrnehmung von Interferenzen (Kap. 5.3) genauer ein.

16 Musikalische Entwicklungen in Requiem-Vertonungen sind in der Analyse nicht zentral. Auf spezifische Ausprägungen im 20. Jahrhundert geht Paul Thissen ein, vgl. ders.: *Das Requiem im 20. Jahrhundert*, Teil 1: Vertonungen der Missa pro defunctis. Sinzig: Studio 2011; ders.: *Das Requiem im 20. Jahrhundert*, Teil 2: Nichtliturgische Requien. Sinzig: Studio 2011. Er erarbeitet einen Katalog komponierter Requien für den Zeitraum 1918–2000, der 87 ausgewählte Werke, u. a. auch elektronische Kompositionen und radiophone Hörstücke umfasst, und liefert musikwissenschaftliche Analysen. Für andere musikalische Transformationen sei auf Michel Chions elektroakustisches Requiem *Kyrie – Requiem (– Perpetuum Kyrie)* von 1973 verwiesen. Einen Überblick über Formen und Entwicklungen des Requiems geben Kneif / Reichert: Requiem.

17 Christian Grüny schlägt Musik als „relativ stabile", weder rein situative noch der Zeit enthobene Praxis vor und ersetzt die Frage nach dem, was Musik ist, durch ein ‚Wie'. Dieser Ansatz kommt der Untersuchung des Akustischen in *Requiem* bezüglich inszenierter Musikpraktiken entgegen, vgl. Grüny: *Kunst des Übergangs*, S. 9. Zu Konzertaufführungen, insbesondere im Hinblick auf ein Requiem vgl. Elena Ungeheuer: Konzertformate heute: abgeschaffte Liturgie oder versteckte Rituale? In Tröndle (Hrsg.): *Das Konzert*, S. 125–151. Vgl. darüber hinaus Brüstle: *Konzert-Szenen*.

insbesondere, wie Wirkungen des Akustischen entstehen und wie Audio-Zuschauer*innen damit umgehen. Dies wird entlang akustischer Körper, Raum und Medien verfolgt und legt die These nahe, dass Audio-Zuschauer*innen hier eine Bewegung zwischen Hören und Sehen üben können.

5.1 Klangkörper-Szenen: Instrumente, Apparate und Musik-Darsteller*innen im körperlichen Spiel hören und sehen

Akustische Körper umfassen in der Arbeit *Requiem* Instrumente, Apparate und Performer. Insbesondere in fehlender Verstärkung fallen Bassgitarre, elektronische Orgel und Synthesizer auf. Dabei zielt die beschreibende Differenzierung auf diejenige ästhetische Verwendung von Instrumenten ab, die Schallphänomene mit eigenem akustischen Wert hervorbringt, ohne zwingend mit musikalischen Kriterien beschrieben werden zu müssen, kurz: Geräusche komplementär zu Klängen.[18]

Während die Spieler*innen die Einrichtung eines Aufnahmestudios suggerieren, tritt Garcia zu Beginn der Aufführung auf, hängt sich die Bassgitarre um und verkabelt das Instrument. Die Trennwände der Nischen sehen so aus, als ob sie mit Pyramidenschaumstoff zur Schalldämmung versehen sind. Auf die Glasfront der assoziierten Tonloge wird – wie auf eine Breitbildleinwand – der Szenentitel „Introitus" projiziert. Sowohl Jaquet am Mikrofon als auch Garcia mit der Bassgitarre tragen Kopfhörer. Vecchione sitzt – ohne Instrument – in einer weiteren Nische, Liengme steht in der Tonloge und Martinez kniet und blickt zu Garcia auf. Sie scheinen Garcia ebenso gespannt zu beobachten, wie es das Publikum im Auditorium tun mag. Gedämpft und begleitet von einem Rauschen sind dumpfe Töne, möglicherweise Bassgitarrenakkorde, zu hören. Garcia ist allerdings nicht ‚in Aktion', er benutzt die Bassgitarre nicht als Instrument für eine Klangproduktion, sondern schaut auf seinen Verstärker. Bevor sich überhaupt Assoziationen und Fragen zur Geräuschkonstitution stellen, nimmt Garcia die Lautsprecher vom Kopf, wendet sie in den Händen und setzt sie erneut auf. Deutlich wird in diesen Vorgängen des Absetzens, Wendens und erneuten Aufsetzens, dass Bassgitarrenakkorde eben aus den Kopfhörern schallen. Die audio-visuelle Wahrnehmung orientiert sich dabei vor allem an den Bewegungen des Darstellers und an der Apparatur aus Verstärker und Kopfhörern. Offensichtlich ist,

18 Ein Eintrag im *MGG* zu ‚Geräusch' fehlt. Einzelne Protagonisten der historischen Avantgarde, der *musique concrète* / Neuen Musik und Neo-Avantgarde, die sich durch spezifische Geräusch-Kompositionen auszeichnen, sind darin durchaus verzeichnet.

dass Garcia die Bassgitarre eben nicht spielt. Vielmehr tritt er mit dem Requisit Bassgitarre in dieser Eröffnungsszene der Aufführung – zunächst – nicht als Musiker auf, sondern stellt eine Musiker-Figur dar, nämlich den Bassgitarristen.[19] Zur Kennzeichnung bietet sich dafür der übergreifende Begriff ‚Schauspieler' nicht an, ist er doch für eine Differenzierung zu pauschal und auch irreführend, weil damit andere Aufführungs- und Wahrnehmungskonventionen in den Vordergrund rücken würden.[20] Die Begriffe Akteur*innen, Performer*innen, Musiker*innen implizieren dagegen breitere Verwendungskontexte, in denen die Differenzierung zwischen Musik-Darsteller*in und Musiker*in weniger deutlich ist. Deshalb ist hier von Darsteller*innen einer Musiker*innen-Figur mit dem Behelfsbegriff ‚Musik-Darsteller*in' die Rede.[21]

Im Anschluss ist ein weiteres Geräusch auffällig, das ebenfalls von der körperlichen Aktion Garcias ausgeht: Audio-Zuschauer*innen sehen nun, wie Garcia an den Saiten der Gitarre zupft. Allerdings bringt dieses Zupfen nicht die erwarteten Töne einer elektronischen Bassgitarre hervor, sondern lediglich ein Zupfgeräusch. Überraschend ist dabei, dass das unverstärkte Spiel der Saiten überhaupt hörbar ist. Die Terminologie der Raumakustik spricht auch von akustisch trockenem, aber nicht totem Klang.[22] Für die Wahrnehmung desselben ist erstens die vorausgehende Einrichtung eines Tonstudios – quasi in der Wirkung einer grundsätzlichen Sensibilisierung – relevant. Zweitens wird die Aufmerksamkeit auf den akustischen Körper, exemplarisch das Instrument Bassgitarre, durch denjenigen, der es zupft respektive spielt, gesteigert. Dadurch lenkt der Musik-Darsteller als saitenzupfendender Akteur die Aufmerksamkeit auf

19 Der begriffliche Vorschlag „Musical Personae" von Philip Auslander bezieht sich auf gesellschaftliche Charakterisierungen von Musikern in Konzerten und Populärkultur, die Auslander mit theatertheoretischen ‚persona'-Modellen zu fundieren sucht. Auf Inszenierungen von Musik und Musikern in Theateraufführungen bezieht er seine Begriffsprägung nicht, vgl. Philip Auslander: Musical Personae. In: *The Drama Review* 50,1 (2006), S. 100–119.

20 Zu Veränderungen der Bezeichnung Schauspieler*in sowie zu Implikationen und Reflexionen des Schauspielens vgl. Weiler / Roselt (Hrsg.): *Schauspielen heute.*

21 Der Begriff Musikerdarsteller mit der Dominanz auf Musiker und ohne Bindestrich rückt in die Nähe zu der im Musiktheater verwendeten Bezeichnung Sängerdarsteller und ist demnach als Unterscheidungsbegriff nicht hilfreich. Zur Unterscheidung von Schauspieler*innen und Sängerdarsteller*innen vgl. Liebscher: Schauspieler – Sängerdarsteller.

22 Für ‚trockenen' Klang gelten allgemeine Nachhallzeiten von 0,25 bis 0,5 Sekunden, veränderbar mit breitbandigen Absorbern. Vgl. Thomas Görne: Der Raum ist dein Freund. In: *KEYS Special Akustik* 6 (2003), S. 48. http://poisonnuke.de/Downloads/Studioartikel.pdf (Zugriff am 15.07.2016). Ich verwende die Begrifflichkeit ‚trockener Klang' nicht, weil diese Klangspezifik nur ein Aspekt von vielen anderen im Rahmen des Akustischen ist. Allerdings kommt der Eindruck ‚trockenen Klangs' gerade in dem hier besprochenen Zusammenhang unverstärkter und verstärkter Geräusche zur Geltung.

das elektroakustische Instrument und die medientechnische Apparatur. Hinzu kommt ein diffuses Rauschen, das den Geräuschen aus Kopfhörern zugeordnet wird. Somit geht es erstens um gespeicherte Klänge und zweitens um unverstärkte Geräusche wie die der gezupften Saiten. Sind Eigenschaften und Klangqualitäten einer E-Bassgitarre allgemein in Verstärkungen begründet und vor allem in solchen zu hören, wird in der „Introitus"-Szene auch das unverstärkte Instrument als ‚akustischer Körper' deutlich. Die Unterscheidung verstärkt/unverstärkt erzeugt in dieser Szene eine wirkungsvolle Inszenierung von Klang, weil sie einen audio-visuellen Wahrnehmungsspielraum offen legt. Der Anblick des Akteurs und der Anblick des Instruments rufen Erwartungen von bestimmten Klängen und Tönen hervor. Diese Erwartungen werden in der Geräuschproduktion des Zupfens verschoben und geradezu konterkariert.[23] Das stellt ein Spannungsverhältnis her, das auf dem Anblick des Gitarristen als Musiker-Figur, auf dem E-Bass als elektroakustischem Instrument und auf der Hörerfahrung der Zupfgeräusche basiert.

In der Aufführung *Requiem* verdeutlicht auch die folgende stimmliche Artikulation Jaquets innerhalb der „Introitus"-Szene einen inszenatorischen Spielraum zwischen der Verstärkung der Stimme durch Mikrofon und einer ausbleibenden Verstärkung. Jaquet steht hinter einem Standmikrofon und artikuliert unverständliche Laute. Er scheint körperlich äußerst beansprucht und umfasst mit beiden Händen das Mikro. Dabei ist Lautstärke nicht das Problem, zumal zuvor sogar Zupfgeräusche einer unverstärkten Bassgitarre zu hören waren. Vielmehr ist die Sprechweise der Vokale, ihre Betonung und die Intonation nicht als Sprache, Sprechen oder Singen vernehmbar. Nur mit Hilfe der DVD-Dokumentation lässt sich rekonstruieren, dass Jaquet einzelne Silben der Worte „Requiem aeternam dona eis, Domine" und somit die Eröffnung des „Introitus"-Satzes aus dem Textformular des Requiems zu Gehör zu bringen versucht.[24] Ein diffuses Klangmaterial mit einzelnen Vokalen, Konsonanten und Aspirationsgeräuschen wird vor allem mimisch ausagiert. Somit durchkreuzt die Kombination Mikrofon und unverständlicher Gesang erstens Erwartungen an die zu sehende medientechnische Apparatur und zweitens Erwartungen an ein Theater, in dem

23 Aus der Musiksoziologie ist dieses Spannungsfeld ebenfalls ein umfassendes Forschungsgebiet, vgl. exemplarisch Rebecca McSwain: The Social Reconstruction of a Reverse Salient in Electric Guitar Technology Noise: The Solid Body, and Jimi Hendrix. In: Hans-Joachim Braun (Hrsg.): *Music and Technology in the Twentieth Century*. Baltimore: Johns Hopkins UP 2002, S. 186–198.

24 In der Aufführungserfahrung ist das Unverständnis auf die eigene Unkenntnis des Requiem-Textformulars zurückzuführen und/oder auf das zu wenig geschulte Gehör.

das Vermögen von Schauspieler*innen, zu flüstern und dabei verständlich zu sein, gilt.

In beiden Szenen bewegen sich Jaquet am Mikrofon und Garcia am Bass rhythmisch mit ihren Oberkörpern und Instrumenten. Ihre Bewegungen legen allzu nahe, dass sie in eine Musikproduktion eingebunden sind. Allerdings sehen sie vor allem so aus, ‚als ob' sie Musik spielen respektive als ob Jaquet singt. Garcias körperliche Aktion mit dem E-Bass lässt auch an Luftgitarren-Solos denken.[25] Der Anblick eilt geradezu jeder Hörerfahrung oder Imagination von Klang voraus und der Eindruck verkompliziert sich in der anschließenden Situation. Martinez verlässt ihre Beobachterposition zu Füßen der Musiker und tritt in die Tonloge ein. Beim Öffnen der Tür erklingen lärmende Akkorde der Bassgitarre ebenso wie Jaquets Gesang in elektronischer Verstärkung. Jaquet schien zuvor dargestellt zu haben, dass er in das Mikrofon schreit, eine aufgezeichnete Version davon ist nun zu hören. Somit ist in der Darstellung einer Sänger-Figur, die zunächst eben nicht mit einer Gesangsstimme wahrnehmbar ist, ein potenzieller Klangkörperstatus des Akteurs ebenso wie der des Mikrofons offensichtlich und geht mit einem Wissen um Aufzeichnungstechnologien einher. Mikrofon und Instrument erhalten einen Status, der als ‚objekthafte Klangkörperlichkeit' sichtbar ist und mit Erfahrungen und Wissen um Klangproduktion verflochten ist. Diese Komplexität wird in der Inszenierung durch die ausbleibende Verstärkung und die reproduzierten Klänge deutlich.

Ergänzend zur Stimme und zum Bassgitarrenspiel ist diese objekthafte Klangkörperlichkeit von Instrumenten und Apparaturen in einer weiteren Szene im letzten Drittel der Aufführung inszeniert: Tipp- und Tastengeräusche einer elektronischen Orgel sind in der als „Offertorium" betitelten Szene zu hören.[26] Unregelmäßige Blitze erhellen die ansonsten sehr dunkel ausgeleuchtete Bühnenfläche. Leiser werdende Geräusche aus dem zuvor gesehenen und gehörten Musikspiel hallen nach. In einer graduell heller werdenden Bühnenausleuchtung

25 Über das Aufführungsgeschehen in *Requiem* hinaus und mit Bezug zu anderen kulturellen Praktiken im Umgang mit Musikinstrumenten sind Luftgitarren-Solos eine verbreitete Unterhaltungsform mit eigenen Festivals. Zudem spielen Gitarristen auch in medienspezifischen Auseinandersetzungen wie im Computerspiel exemplarisch eine Rolle, vgl. Roesner: The Guitar Hero's Performance.

26 Das Offertorium im Requiem-Textformular steht in Verbindung mit dem Ordinarium des Abendmahls und der Erinnerung daran, dass Jesus Christus für die Menschen gestorben ist. Jesus Christus wird zugleich als Richter und Retter angerufen. Den lateinischen Liturgietext mit dem Beginn „Domine Jesu Christe, / rex gloriae, / libera animas omnium fidelium defunctorum" übersetzt Nohl als „Herr Jesus Christus, König der Herrlichkeit, / befreie die Seelen aller Gläubigen, die verstorben sind" (Nohl: *Lateinische Kirchenmusiktexte*, S. 118).

sitzt Vecchione nahe der Rampe an einer elektronischen Orgel. Er spielt das Instrument und schlägt die Tasten an, allerdings ohne Töne. Diese ‚trockenen' Tastengeräusche rufen Gedanken an mikrofonierte Anschläge hervor. Somit kommen durch die Anschlaggeräusche sowohl das Instrument respektive Klangobjekt als auch die Apparatur aus Verstärkern, Lautsprechern/PA-System als akustische Körper zur Geltung. Zusammenfassend bleibt zugleich offen, inwiefern die ausbleibende Verstärkung oder unverständliche Artikulation in Kombination mit darauffolgendem Geschrei auch thematisch aussagekräftig ist und als Verstummen des Menschen im Offertorium gelten mag.

Die Anforderungen an Audio-Zuschauer*innen sind in den geschilderten Szenen hoch, denn in changierenden Aufführungspraktiken und Wahrnehmungskonventionen des musikalischen Spiels sind Überlagerungen zwischen Ritus, Konzert und Theater hervorgehoben. Akustische Körper sind einerseits Musik-Darsteller im Sinne eines Sängers, dessen Gesang am Mikrofon zunächst nur zu sehen und erst im Anschluss als elektroakustische Einspielung zu hören ist. Zudem ist ein ‚objekthafter Klangkörper'-Status einer Apparatur und eines Instruments in verstärkten und unverstärkten Klängen inszeniert. Die fehlende Amplifikation steigert die Aufmerksamkeit. Darin liegt ein Aktionspotenzial[27] von Audio-Zuschauer*innen, das gleichermaßen von Reflexionen der performativen Situation als Ritus, Tanz und Theater geprägt ist. Zudem spielt die Wahrnehmung ihrer einzelnen – quasi phasenverschobenen – Elemente eine wesentliche Rolle – Gesang ist erst *nach* dem Anblick des körperlich agierenden Sängers eingespielt. Dabei bietet sich an, die Aktivität von Audio-Zuschauer*innen als Bewegung zwischen Hören und Sehen zu erfassen. Denn sie können sich auf die Hervorbringung von Klängen quasi phasenverschoben ausrichten und mit potenziellen Enttäuschungsmomenten, z. B., dass Bassgitarrentöne in der einen Situation nicht zu hören sind, dynamisch umgehen. Zugleich vermögen solche Ausrichtungen der Audio-Zuschauer*innen analytische Annahmen darüber zu fördern, wie der Klang eines Instruments oder einer Stimme inszeniert ist – verstärkt und unverstärkt beispielsweise – und wie die eigene Aufmerksamkeit darauf gelenkt wird. Somit liegt darin das Potenzial offen, die

27 Monika Meister benennt dieses Potenzial als ‚Möglichkeitsraum', in dem das Performative im „Gezeigten [...] eine Vielzahl von Potentialitäten [verzweigt], die multiperspektivische Wahrnehmung intendieren" und möglicherweise mit perzeptiver Multistabilität einhergehen (Monika Meister: Das Performative und das Theater. Anmerkungen zur Ästhetik szenischer Präsenz. In: Juri Giannini / Katharina Bleier / Michael Gerzabek / Annegret Huber (Hrsg.): *auf/be/zu/ein/schreiben. Praktiken des Wissens und der Kunst*. Wien: Mille Tre 2014, S. 45–54, hier S. 46).

Wahrnehmungssituation in ihren gestalteten Gegebenheiten und den eigenen Umgang mit denselben zu reflektieren.
Eine sich kontinuierlich verändernde Ausrichtung auf akustische Körper geht auch von Wirkungen derselben in Raumsituationen aus. Diese Raumsituationen sind von Atmosphären durchzogen.

5.2 Atmosphären: Kirche, Konzert und Tonstudio hören und sehen

Der zuvor beschriebene Aufbau eines Bühnenbilds kann im Sinne eines Aufnahmestudios gedeutet werden, zugleich lässt die rechteckige Box Assoziationen an einen Altarraum zu. Der akustische Raum zwischen Kirche, Konzertbühne und Tonstudio entsteht zudem in spezifisch inszeniertem Sprechen und in elektroakustischer Musikproduktion.
Folgende drei Szenen sind ausgewählt, um Eindrücke nachvollziehbar zu machen: Eine Raumwirkung, die mit der in einer Kirche vergleichbar ist, entsteht in der zeremoniellen Dynamik eines Sprechens, das mit orgelähnlichen Klängen, Glockentönen und medientechnischen Hall-Effekten einhergeht. Eine umfassende Raumwirkung wie in einem Konzert zeichnet sich durch Musik aus – Krach, Lärm und Geräusche sind als Noise-Musik gebündelt. Changierende Atmosphären sind in den letzten Szenen des Stücks auffällig: a-cappella-Gesang, der an Chorauftritte bei einem Kirchentag erinnert, sowie aufgezeichnete Klänge und Geräusche der gesamten zuvor gesehenen und gehörten Aufführung gehen ineinander über und wirken wie eine Mischung aus Zeremonie, Zugabe im Konzert und Sampling in einem Tonstudio.
Die Rampe im Jugendstiltheaterbau des HAU 1 fällt in der Szene mit dem Titel „Offertorium" auf[28]: ‚Oben' auf der Bühne zelebrieren die Spieler*innen Theater, Ritus und Konzert, während ‚unten' im Saal zugehört und zugesehen wird.[29] In der blau beleuchteten Tonloge steht Liengme vor einem Mikrofon und der Anblick ruft Gedanken an eine Kanzel in einer Kirche und auch Assoziationen

28 Die Szene wurde bereits in Kap. 5.1. unter dem Aspekt von Inszenierungen der E-Orgel im Tipp- und Tastenspiel analysiert. In der hier relevanten Analyse des Akustischen als Raumsituation und -wirkung geht es um ein sprachlich vorgetragenes Klangmaterial in geradezu beschwörender Formelhaftigkeit neben Klängen, Geräuschen und Tönen von Instrumenten und Medientechnik.

29 Der Eindruck ist je nach Sitzplatz in dem Jugendstil-Haus mit zwei Rängen relativierbar, ich sitze beim ersten Besuch im Parkett, beim zweiten Besuch neben der Licht- und Tonregieloge im 1. Rang.

an eine Schaltzentrale in einem Tonstudio hervor.[30] Martinez ist in diesem Zentrum in langsamen Bewegungen – teils in Drehungen – zu sehen; der Bühnenraum, der die Box umgibt, ist dunkel. Viele Standstrahler, die zuvor von Perret auf der gesamten Fläche und in verschiedenen Höhen platziert wurden, sind auf den Publikumsraum ausgerichtet, blenden zuerst die Zuschauer*innen und in Anbetracht der im Verlauf der Szene schwächer leuchtenden Lichtquellen drängt sich auch der Gedanke an Kerzen auf. In ein Mikrofon spricht Liengme langsam, deutlich und mit ausgeprägtem französischen Akzent den lateinischen Liturgietext in italienischer Aussprache. Beispielsweise ist der Begriff „lucem" mit dem Zischlaut [tʃ] auszumachen, der französische Akzent in der Aussprache von „repraesentet eas" klingt phonetisch wie [representetə essə] und hebt in einer Verfremdung eines informativen Zeichengehalts der Worte dieselben als Aneinanderreihung von Lauten hervor.[31] Liengmes langsames Sprechen, gedehnte Vokale und ihre Aussprache unterstützen Gedanken an ein rituelles Sprechen. Mit dem kirchenmusikalischen Ideal des gregorianischen Gesangs in einer Liturgie kann weder ihre Artikulation noch Intonation gleichgesetzt werden. Dennoch lassen die artikulierten Worte in der von ihr vorgetragenen Intonationsarmut auch an die Lesung eines liturgischen Textformulars denken: Ihr Vortragsstil zeichnet sich durch eine Sprechweise im Sinne von Instruktionen aus und rückt dabei in die Nähe zu religiösen Interessen und Richtlinien wie im Motu proprio formuliert.[32] Mit vielen Pausen werden allerdings die gesprochenen Wörter auch geradezu singularisiert und ziehen auch für Kenner des Text- oder Requiemformulars einen vermuteten Sinnzusammenhang auseinander. In dieser Sprechweise zwischen Anrufung und Beschwörung sind auch die Wiederholungen einzelner Wörter wirkungsvoll. Der fremdsprachige Text ist in seiner Fremdsprachigkeit geradezu potenziert und gewinnt Relevanz als lautliches Material.

Musikalisch begleiten einzelne Töne, die wie die einer Orgel klingen, Liengmes Sprechen. Allerdings kann diesen Tönen – weder visuell noch mit dem eigenen

30 Ohne Raumanalogien überstrapazieren zu wollen, sei auf die Bezeichnung „Kanzel" für die DJ-Position – oberhalb der Tanzfläche – verwiesen.

31 Der Kritiker Tobi Müller hört in der späteren „Dies Irae"-Szene sogar: „Lateinisch ‚irae' mit französischem Akzent [gesprochen] legt phonetisch ‚irait' nahe. Aus dem Zorn wird ein grammatischer Hoffnungsschimmer: ‚ça irait', es würde gehen, es könnte gehen" (Tobi Müller: Totenmesse für den Rockkult – Velma *Requiem*. In: *Theater heute*, 2/2008, S. 51).

32 Ein Vergleich zwischen der Sprechweise in der Aufführung mit Kriterien gregorianischen Gesangs wäre eine aufschlussreiche phonetische Analyse. Der Begriff ‚Instruktionen' gilt auch in Deutungen einzelner Ausprägungen gregorianischen Gesangs vor Beginn der Mehrstimmigkeit. Vgl. *Riemann Sachlexikon Musik*, hrsg. v. Willibald Gurlitt / Hans Heinrich Eggebrecht. Mainz: Schott 1996, S. 347–350.

Hörvermögen – ein Instrument eindeutig zugeordnet werden. Weder die elektronische Orgel, die Vecchione zuvor noch unverstärkt in Tastentönen hörbar machte und die er nun nicht mehr spielt, noch ein Synthesizer oder eine E-Gitarre sind als Quellen der Töne auszumachen. Auch eine Melodie ist nicht erkennbar. Auffällig ist vielmehr der Nachhall der Klänge. Eine elektroakustische Einspielung der Töne liegt nahe und verhindert im Hall-Effekt auch nicht, an die Akustik einer gotischen Kirche zu denken. Leise sind zudem hohe Töne in heller Klangfarbe zu hören. Zu sehen ist Jaquet, der an einer kaum sichtbaren Glöckchenkette entlangstreicht. Er sitzt gemeinsam mit Vecchione in prominenter Position an der Rampe, Letzterer dreht langsam eine Handglocke und der Klöppel klingt am Korpus. Diese instrumentalen Glockentöne fallen zum einen aufgrund von Tonhöhen und zum anderen in instrumentaler Handhabung auf. Eine ‚getragene' Stimmung geht nicht zuletzt auch davon aus, dass die Spieler*innen ihre minimalen Handlungen langsam vollziehen.

Heben die Forschungen zur Atmosphäre von Gernot Böhme und Hermann Schmitz eine leiblich-räumliche Erfahrung von Atmosphären im ‚Zwischen' hervor, gehen Audio-Zuschauer*innen diesem Zwischen potenziell nach. Dabei richtet sich die Aufmerksamkeit möglicherweise auf ‚Ekstasen der Dinge', beispielsweise auf Töne der Glöckchenkette, das Rauschen eines Mikrofons, auf die Sprechweise oder auf Standstrahler in gedimmter Beleuchtung. Entscheidend ist nicht der Klang in differenzierbaren Eigenschaften, sondern der Klang, wie er Audio-Zuschauer*innen erscheint, also vielmehr wie das, was ist – z. B. die Wirkung von Klängen und Stimme –, zustande kommt. Dabei involviert die Wahrnehmung von Atmosphäre Ahnungen, Imaginationen, Assoziationen, Erinnerungen, Hypothesen und Gefühle und löst sich aus einer Ursache-Wirkungs-Logik.[33] In Stimmungen, die als Raumsituationen und -wirkungen entstehen, spielen Affektionen von Audio-Zuschauer*innen ebenso eine Rolle wie analytische und reflexive Ansätze, Erfahrungen und Wissen. Sie stehen im Zusammenhang mit einer heterogen begründbaren Beweglichkeit von Audio-Zuschauer*innen, die eine subjektive ‚Dis-Position' im Umgang mit ihrer Umwelt bedeutet, kurzum: Stimmungen bezeichnen also nicht vorgängige Eigenschaften eines kirchlichen Raums, einer Konzertbühne oder eines Tonstudios, sondern entstehen in affektiver und zugleich sensomotorischer Bewegung im Raum.[34] Diese Bewegung verläuft zwischen Hören und Sehen, indem

33 Freilich ist im Theater das Spannungsfeld von Inszenierung und Aufführung und damit Strategie und Wirkung aufrecht erhalten. Vgl. Kap. 1.4.

34 Die Betonung eines Umgangs und einer Disposition basiert auf Erläuterungen der phänomenologischen leiblich-räumlichen Wahrnehmung (u. a. von Atmosphäre), vgl. Kap. 2.1. Darüber hinaus berücksichtigt die hier zur Debatte stehende Analyse eines Umgangs mit Klängen

Audio-Zuschauer*innen sich am Ort ihres Befindens in Raumsituationen auf das Gehörte und Gesehene ausrichten. Einzelne sensomotorische Bewegungen machen eine konzeptuelle Bewegung zwischen Hören und Sehen anschaulich. Audio-Zuschauer*innen verändern eventuell ihre Blickrichtungen, sie wenden den Kopf, den Oberkörper, strecken sich, beugen sich vor, um beispielsweise Glöckchenkette und Spieler*innen erkennen zu können oder um herauszufinden, welche Klänge das Sprechen Liengmes begleiten – allesamt Beweggründe, die als affektive, analytische und reflexive beschrieben werden können. Kontinuierliche Aufmerksamkeitsverschiebungen[35] sind einerseits inszeniert und andererseits audio-visuell perpetuiert. Deshalb gelten Wahrnehmungseindrücke von Liengmes geradezu formelhaftem, rituellem Sprechen sowie von gespeicherten und eingespielten hallenden Klängen und Glöckchentönen in einer Kerzenscheinwirkung als Inszenierungselemente eines akustischen Raums, in dem Audio-Zuschauer*innen sich bewegen. Diese Eigenbewegung ist zugleich mit Erwartungen und Erfahrungen eines Zeremoniells in einem Kirchenraum verflochten.

Die Bühne ist dunkel, das Auditorium auch und Musik, die mit Psychedelic-Trance- sowie Noise- und Drone-Musik vergleichbar ist, rückt Zuschauer*innen auf den Leib. In den Szenen „Rex Tremendae" und „Sequentia Recordare" ist eine Atmosphäre durch eine geradezu unbestimmte, offene Soundgestaltung, die an Improvisationen in Konzerten erinnert, auffällig. Beide Szenentitel werden projiziert, allerdings ist der Schriftzug eher grau als schwarz-weiß, somit ist ein Wechsel kaum erkennbar und verdeutlicht, dass die Szenen ineinander übergehen.[36]

Jaquet singt am Mikrofon einzelne Silben in hohen Tönen. Sein weißes Rüschenhemd hängt über der Hose und ruft diffuse Vorstellungen eines nicht

Gibsons Ansatz im Rahmen einer ‚Ecological Psychology'. Somit kommt eine konzeptuelle Bewegung zwischen Hören und Sehen dem Umstand entgegen, dass Klang-Inszenierungen Audio-Zuschauer*innen nicht grundlos überfallen, sondern in einer spezifischen Raumsituation entstehen. An dieser Entstehung haben Audio-Zuschauer*innen – quasi ‚dis-positionell' und in experimentellen Verhandlungen von Angeboten und vorausgehenden Erfahrungen – einen wesentlichen Anteil, vgl. Kap. 2.1 u. 2.4. Eine kritische Perspektive auf ontologische Begründungen von Atmosphäre formuliert Bernhard Waldenfels in einem In- und Auseinander von nicht objektivierbarer Eigenleiblichkeit und objektivierter, dinghafter Körperlichkeit, vgl. ders.: *Sinnesschwellen*, insb. Kap. „Hörwelt als Lebenswelt", S. 179–199.

35 Einleitend wurden dazu Leibniz' Begriffsprägung ‚kleiner Wahrnehmung' genannt, vgl. Präludium.

36 Beide Szenen gehören im liturgischen Requiem-Formular zur Kernsequenz „Dies Irae". Im Verlauf der Aufführung gehen sie der zuvor geschilderten Offertoriumsszene mit Raumwirkungen, die als kirchliche assoziiert und beschrieben wurden, voraus.

disziplinierbaren Chorknaben hervor. Garcia spielt eine Akkordfolge auf der Bassgitarre, die Akkorde hallen nach und betonen fließende Übergänge. Vecchiones Perkussion auf Tamburins und Tom-Tom-Trommeln bleibt als akzentfreies Spiel in Erinnerung. Dieses Form entgrenzende Instrumentalspiel lässt die Bezeichnung als Improvisation[37] zu und ist stilistisch als Psychedelic-Trance-Musik beschreibbar.[38] Daran knüpfen das nun folgende musikalische Spiel und der Gesang an. In die hohen Töne von Jaquets Sprechgesang stimmen auch Garcia und Vecchione ein. Der von ihnen gesungene Text in einzelnen Silben scheint noch unverständlicher als im gesamten vorausgehenden Verlauf der Aufführung. Martinez ist in der Mitte der Bühne zunächst in langsamen und immer schneller werdenden Drehungen mit ausgebreiteten Armen und im Anschluss sogar in Headbanging-Bewegungen zu sehen. Hingegen bewegt sich Liengme in der Tonloge sehr langsam um sich selbst. Zudem blenden die frontal ins Publikum gerichteten Spots die Zuschauer*innen. Lauter und schneller spielen derweil Vecchione am Schlagzeug und Garcia am Bass. Feedback-Geräusche sind zu hören und eine geradezu umfassende apokalyptische Stimmung drängt sich auf. Der Improvisation scheint kein musikkompositorisches Muster zugrunde zu liegen, deshalb bietet sich der nicht musikalische Begriff der ‚Soundfläche' in seiner Offenheit an, um die atmosphärische Konfiguration zu beschreiben. Auch auf die Gefahr einer allzu klischeehaften Reproduktion von apokalyptischen Vorstellungen hin trägt die Dunkelheit der Szene maßgeblich zu diesem Eindruck bei. Einzelne Lichtblitze erhellen punktuell die Szene, zuerst in schneller Abfolge, dann in abnehmendem Tempo. Die Noise-Demonstration geschieht in langen Blacks. Die Musik klingt einerseits geradezu destruktiv und andererseits so notwendig wie eine Reinigung von (kirchen-)musikalischen und kompositorischen Vorgaben. Die immersive Situation birgt zugleich motivierende Impulse – Audio-Zuschauer*innen setzten sich potenziell zu einem Bedrängnis ins Verhältnis. Gründe dafür werden u. a. in einem taktilen oder kommunikativen Verständnis des Hörens, beispielsweise einer Berührung und eines Appells, sowie in weiteren vielfältigen Charakteristika von Lärm, Musik und Klang vermutet.[39] Schmitz erklärt die Erfahrung von sogenannten Halbdingen wie dem Schall mit seinem Konzept der Bewegungssuggestionen. Sie stellen eine Brückenqualität zwischen dem Leib und Raum im Rahmen einer

37 Zu methodischen Aspekten von Musik im Theater vgl. Roesner: *Musicality in Theatre*, insb. hinsichtlich Improvisation Kap. 5 „Theatre and Jazz", S. 171–206.

38 Zu Stilmerkmalen dieser musikalischen Ausprägung vgl. Einleitung in dieses Kapitel.

39 Vgl. Kap. 1; auch Rost: Intrusive Noises.

'antagonistischen Einleibung' dar. Bewegungssuggestionen sind in der Wahrnehmung der akustischen Konzertatmosphäre deshalb zentral, weil sie sich als antizipierte Bewegung verstehen lassen und damit auch implizieren, dass es eine Bereitschaft zu einer Eigenbewegung gibt, vergleichbar mit einem Ausweichen vor einem heranfliegenden Stein. Der Raum in der „Sequentia Recordare"-Szene wirkt wie eine Licht- und Laut-Umgebung, in der Audio-Zuschauer*innen Impulsen zu Eigenbewegungen nachgehen und sich zu inszenierten Klängen verhalten können.[40] Diese potenziellen Eigenbewegungen werden als Positionierung innerhalb der klanglichen Umgebung und gegenüber inszenierten Klängen verstanden und beinhalten auch das Moment, ein Innen und Außen zu trennen, um sogleich den Kollaps der Trennung zu bemerken. Darin kommt eine Positionierung von Audio-Zuschauer*innen als fixierbares Befinden, Haltung oder Ausrichtung weder 'Hier', also innerhalb einer Sound-Umgebung, noch 'Dort', also gegenüber dem inszenierten Geschehen, an ihr Ziel, sondern ist zwischen Affektion, kritischer Distanz und Reflexion situiert. Die Dynamik der Positionierung ist dabei wesentlich. Audio-Zuschauer*innen können erstens das eigene affektive Erleben in Raumsituationen ausloten und zweitens die Inszenierung hinterfragen, beispielsweise entlang der Frage, was an der Konzertatmosphäre so überwältigend ist. Zugleich können Eigenbewegungen eine reflexive Bewegung zwischen Hören und Sehen bedeuten und die Aufmerksamkeit darauf lenken, wie mit der bedrängenden Wirkung einer Noise-Demonstration umgegangen werden kann. Die so verstandene Positionierung bündelt also Bewegungspotenziale von Zuschauer*innen, die in der Raumwirkung einzelnen Akzenten im Gesehenen und Gehörten mit Fragen nach ihrem Zustandekommen nachgehen und eine kritische oder affirmative Haltung dazu probieren.

Die audio-visuelle Wahrnehmung der Atmosphäre einer weiteren Szene geht von einer Klangproduktion wie in einem Tonstudio aus. Darin sind Klänge zentral, die kaum Rückschlüsse auf spezifische Klangquellen zulassen und die eine medientechnische Produktion derselben in den Vordergrund stellen.

Die „Tractus"-Szene beginnt mit der textlich formulierten Bitte um Absolution („Absolve, Dominus").[41] Liengme ist in der Tonloge an einem Telefonapparat und vermuteten Schaltern und Reglern zu sehen. Jaquet sitzt außerhalb dieser Box vor einem Mikrofon, Vecchione ist am Schlagzeug platziert, beide tragen

40 Ergänzend bezeichnet das lateinische Verb *recordare* die Bedeutungen sich erinnern, gedenken, beherzigen, auch: im Gedächtnis bewahren. Zugleich ist *recordare* die etymologische Wurzel des englischen Verbs *to record* – aufbewahren, aufzeichnen, aufnehmen, speichern.

41 Die Szene ist im ersten Drittel des Aufführungsverlaufs angesiedelt und geht den einzelnen „Dies Irae"-Sequenzen unmittelbar voraus.

Kopfhörer und Martinez lehnt sich zuschauend an eine der Stellwände. Garcia wechselt die Position und das Instrument und setzt sich vor eine elektronische Orgel an die Rampe. Er spielt nicht die Tasten des Instruments, sondern dreht an den Reglern des Verstärkers. Dabei sind wabernde Oszillatoren-Geräusche zu hören. Möglicherweise sind auch zuvor aufgenommene Töne der E-Orgel mit Wah-Wah- und Phaser-Effekten bearbeitet und werden nun eingespielt. Sie legen dem visuellen Geschehen einen tiefen Bordun-Klang zugrunde. Jaquet singt zunächst leise und in hohen Tönen aus dem Textformular des Requiems. Stakkato und in ausgeprägter Betonung der Vokale ist die Zeile „Absolve, Domine, animas omnium fidelium defunctorum, ab omni vinculo delictorum" zu hören. Veränderungen im Tempo sind auffällig und die Frage, ob seine Stimme durch einen Vocoder verarbeitet ist, drängt sich auf. Laute Töne der Elektro-Orgel sind dann hörbar, als Martinez die Tür der Tonloge öffnet und hineintritt. Sie presst ihr Gesicht an die Fensterfront und wie die Klänge mit möglichen Phaser-Effekten erscheint auch ihr Gesicht verzerrt, der geöffnete Mund könnte einen Schrei ohne Laut bedeuten. Jaquet streicht erneut die Glöckchenkette entlang, deren hellen Töne sich nun von den gedämpften Klängen in Vecchiones Schlagzeugspiel mit Fellkopfschlägeln auf einem Becken abheben, Hi-Hat-Geräusche erweitern das Klangspektrum. Daraus ergibt sich eine langsame Musik in einer geradezu konzentrierten Stimmung. Vecchione und Garcia singen nun ebenfalls den „Tractus"-Text mit besonderer Betonung der Vokale im Stakkato. Hören sich dabei die instrumentalen Töne nach einem jeweils neuen Anschlag an, klingen die gesungenen Vokale, als ob die Sänger ihre Stimme neu ansetzten, quasi „(ab)s-o-o-o-o-o-o(lve) do-o-o-o-o-o-o-mi-no-o-o-o-o".[42] Allzu metaphorisch formuliert: Der Gesang wirkt, als ob er von einem kaputten CD-Gerät abgespielt würde. Zuschauer*innen sehen, wie Martinez auf der Glasfläche der Tonloge mit ihren Händen eine weiße Farbe aufträgt. Sie wischt einen Streifen frei und sie ist in einer schreienden Körperhaltung zu sehen. Im Hall-Effekt ist ihr Schrei nun auch zu hören.

Im Unterschied zu der geradezu überwältigenden Wirkung eines Noise-Konzerts in der „Sequentia Recordare" wird in der „Tractus"-Szene eine andere Stimmung deutlich. Sie zeichnet sich geradezu durch die Wahrnehmung der einzelnen Elemente der Lautproduktion aus und nahe liegt, das Akustische der Szene mit einer Tonproduktion im Aufnahmestudio zu vergleichen.[43] Nahe liegt auch,

42 Die in Klammern geschriebenen Buchstaben sind kaum zu hören. Hingegen klingen die Vokale ‚gestützt', wodurch der Gesang im stimmlichen Gleichgewicht erscheint.

43 Diese Klanggestaltung in einem Tonstudio erläutert Susan Schmidt-Horning: From Polka to Punk: Growth of an Independent Recording Studio 1934–1977. In: Braun (Hrsg.): *Music and Technology*, S. 136–148.

davon zu sprechen, dass Töne und das musikalische Spiel und auch Gänge und Positionen der Tänzerinnen im Raum geradezu montiert, kompiliert oder komponiert sind.[44] Diese Zusammenstellung ruft auch Gedanken an Tonstudiopraktiken hervor, in denen unterschiedliche Spuren einzelner Stimmen zusammengefügt werden. Auffällig ist dabei eine Raumwirkung, die sich mit Bezug zu Phil Spectors Produktionstechnik als ‚Wall of Sound' beschreiben lässt.[45] Spector verfolgte seit 1961 in den Gold Star Studios Hollywoods das Interesse, den Hörern die Erfahrung eines Klangraums zu ermöglichen, Besonderheiten des Studios sollten ebenso zu hören sein wie einzelne Instrumente. Räumlich experimentierte Spector vor allem mit Hall- und Echoeffekten.[46] Entgegen anderer Tonstudiopraktiken war die Mikrofonierung darauf ausgerichtet, die Geräusche des Raums und nicht nur einzelne Instrumente aufzunehmen. Dabei gilt Spector als einer der ersten Musikproduzenten, die den Raum des Tonstudios als Instrument verstanden und versuchten, diese Räumlichkeit auch hörbar zu machen. Mit den Interessen Spectors an der Beziehung von Hören und Raum lässt sich die Inszenierung von (Musik-)Produktionstechniken und Gedanken an ein Tonstudio in der „Tractus"-Szene verknüpfen. Gedanken an eine kaputte Tontechnik sind in der Wahrnehmung der Klang-Inszenierung als Tonstudio enthalten und visuell unterstützt die Ausstattung mit einem Geräusche verschluckenden Teppich und einem historisch anmutenden Mikrofon der 1970er Jahre die Atmosphäre als Tonstudio ebenfalls.

Die Raumsituationen der erläuterten Szenen zusammenfassend mag der im Bühnenbild platzierte Raum im Raum als Tonloge oder Kanzel den Augenblick bestimmen; Höreindrücke verändern das Spektrum und verdeutlichen unterschiedliche Atmosphären. Tonstudio, Konzertbühne und Kirche sind somit audio-visuelle Raumwirkungen in wechselnden Schwerpunkten, zu denen

44 Vgl. Rebstock / Roesner (Hrsg.): *Composed Theatre.*

45 Spectors Produktionstechnik wird zumeist mit dem englischsprachigen Begriff *wall of sound* markiert. Gegenüber einer konfrontativen und begrenzenden Implikation einer Übersetzung im Sinne von Wand, Mauer, Wall, Bastion, Festung verwende ich den offenen Begriff ‚Klangraum' und den englischsprachigen Originalausdruck.

46 Der Legendenstatus der Gold Star Studios fußt nicht nur auf berühmten Musikern wie The Ronettes, Ike und Tina Turner oder den Righteous Brothers, sondern vor allem auf auditiven Besonderheiten des Raums, zugespitzt in Begriffen wie *reverb chamber* und *echo chamber*: „Sonically, the Wall of Sound was a combination of Gold Star's echo chambers and Spector's desire to record large numbers of musicians without any form of acoustic isolation, inside a small room with a ceiling heigt of 14". 'The lack of isolation between the musicians had a lot to do with the unique results', says Levine [...] but it was the room itself and the juxtaposition of the musicians themselves which were the leading factors in creating what became known as the Wall of Sound" (Mark Cunningham: *Good Vibrations. A History of Record Production*. Chessington, Surrey: Castle Communications 1996, S. 55).

Audio-Zuschauer*innen aktiv beitragen. Ihre Wahrnehmung mündet weniger in ein illustratives Raum-Ergebnis, sondern sie probieren Hören und Sehen in Akzent- und Aufmerksamkeitsverschiebungen mobil.[47] Sie setzen sich *innerhalb* der Sound-Umgebung *zu* inszenierten Klängen kritisch oder affirmativ ins Verhältnis und verorten sich ‚hör-sehend' in einer Atmosphäre.
Darüber hinaus böte die Klang- und Musikproduktion in Bearbeitungen der Stimme durch Vocoder und Oszillatoren auch einen guten Beispielfundus für die Analyse der Wirkungen akustischer Medientechniken. Im Folgenden liegt der Analysefokus erstens auf Überlagerungen zwischen elektroakustischer, instrumentaler und stimmlicher Klangproduktion sowie auf Vorgängen des Speicherns, Bearbeitens, Auswählens und auf einem erneuten Zusammensetzen von Klängen. Die Frage, inwiefern eine medientechnische Produktion von Klang im Überschuss und/oder Entzug gehört und gesehen wird, steht im Vordergrund. Ergänzend zu der im Rahmen einer Konzertatmosphäre analysierten „Sequentia Recordare" sowie am Beispiel der beiden letzten Szenen der Aufführung, „Communio" und „Hymnus" beziehen sich Überlegungen darauf, inwiefern Audio-Zuschauer*innen in einer Bewegung zwischen Hören und Sehen mit Verflechtungen von medientechnischer und nicht medientechnischer Klangproduktion umgehen. Die Analyse geht von der These aus, dass Interferenzen in der Klangproduktion dazu führen, inszenierten Klang im Überschuss und Entzug zu hören und zu sehen.

5.3 Interferenzen: Elektroakustische Musikproduktion im Überschuss und Entzug hören und sehen

Die Wahrnehmung des Akustischen hinsichtlich medientechnischer Musikproduktion zu analysieren, setzt voraus, dass eine medientechnische und nicht medientechnische Produktion von Klang deutlich unterscheidbar und wahrnehmbar ist. In der Theaterarbeit *Requiem* von Velma ist das insbesondere in der „Sequentia Recordare"-Szene nicht der Fall. Medientechnische, instrumentale und stimmliche Klangproduktion überlagern sich, dies ist als Interferenz gebündelt. Christian Garcias Spiel mit Bassgitarre und Verstärker bringt Interferenzen mit Feedback-Geräuschen hier exemplarisch zur Geltung. Eine Abgrenzung zwischen medientechnischer und nicht medientechnischer Klangproduktion ist hingegen in der Abfolge der letzten beiden Szenen des Stücks,

47 Zur Unterscheidung einer grundsätzlichen Raumkonstitution durch Bewegung von einer Bewegung im Zwischenraum vgl. Wirth: Zwischenräumliche Bewegungspraktiken.

„Communio“ und „Hymnus“, deutlich. An einen a-cappella-Gesang der Performer schließt eine medientechnische Gestaltung des Akustischen an, die sich auf den gesamten vorherigen Aufführungsverlauf bezieht. Zuvor gehörte Klänge und Musik werden gesampelt und wiedergegeben. In beiden Szenen entstehen, so die These, Reibungen zwischen sich überlagernder medientechnischer und nicht medientechnischer Produktion und bewirken Fragen nach dem ‚Wie‘ der Klangproduktion und nicht zuletzt nach dem ‚Was‘ und ‚Wie‘ in der Wahrnehmung. Zugleich birgt die inszenierte Musikproduktion Wirkungen in den Kategorien Überschuss und Entzug. Folgende Fragen stecken die Analyseaspekte ab: Welche Wirkungen entstehen in der körperlich-instrumentalen Produktion eines Feedbacks sowie während a-cappella-Gesangs gefolgt von einem Einspielszenario zuvor gehörter Klänge? Wie werden Überlagerungen zwischen medientechnischer, instrumentaler und stimmlicher Klangproduktion wahrgenommen, als Spuren und Lücken, auf Umwegen des Hörens über das Sehen und vice versa, im Entzug und Überschuss? Inwiefern üben Audio-Zuschauer*innen eine komplexe Verflechtung von medientechnischem und nicht medientechnisch hervorgebrachtem Klang in einer Bewegung zwischen Hören und Sehen und entwickeln dabei einen Sinn für Medientechniken?

Die Musik in der „Sequentia Recordare“-Szene lässt sich – ergänzend zur Atmosphäre eines Noise-Konzerts – als körperliche Verausgabung im Umgang mit Instrumenten wahrnehmen. Vecchione drischt in gesteigertem Tempo auf alle Perkussionsinstrumente des Schlagzeugs ein, die Feedback-Produktion Garcias am E-Bass sieht so aus als ob Abstimmungen mit dem Lautsprecher den Performer körperlich herausforderten. Seine Bewegungen sind auffällig und Übertragungsqualitäten der Apparatur lautstark hörbar – Garcia krümmt sich und das Instrument vor dem Lautsprecher. Dabei gilt als Quelle des Feedbacks der Verstärker respektive Monitorboxen auf der Bühne. Die ‚objekthaften Klangkörper‘ sind in der situativen Wahrnehmung Orientierungseinheiten dafür, das elektroakustische Feedback im Lautsprecher als Quelle ‚dingfest‘ zu machen. Dabei ist die – ekstatisch anmutende – Ausstrahlung des Lautsprechers in der Feedback-Produktion genauso physikalisch begründbar wie wirkungsspezifisch. Letztgenannter Ansatz bezieht sich darauf, dass das performative Potenzial im Umgang mit der medientechnischen Anordnung ebenso thematisiert wird wie die Apparatur selbst.[48]

48 Gespeicherten Sound führt beispielsweise auch Tarek Atoui auf, der in *The Metastable Circuit 1* ein komplexes Ensemble aus Rechnern und anderen Verarbeitungsapparaturen, Oszillatoren, Controllern, Effektgeräten und verkabelten Schnitt- und Schaltstellen, kurz: eine Fülle

Dass die medientechnische Lautproduktion ein körperlicher Akt ist und auch ein körperlich anstrengender Akt sein kann, ist dabei nicht in Frage gestellt. Dass Garcia in seinem Spiel einen Kraftakt ‚nur' darstellt, ist somit nicht gemeint. Gleichwohl liegt in der präsentierten Interaktion ein theatrales Potenzial, in dem der Begriff ‚Musik-Darsteller' gründet.[49] Polarisiert formuliert: Der Akteur ist im körperlichen Umgang mit der Medientechnik in Szene gesetzt und in der Feedback-Produktion steht zur Debatte, inwiefern es ihn in seiner körperlichen Anwesenheit überhaupt braucht.[50] Nun suchen Audio-Zuschauer*innen möglicherweise sowohl in einer Klangquellenorientierung als auch in Differenzierungen zwischen körperlicher und medientechnischer Klangproduktion nach plausiblen Anhaltspunkten, also danach, wie Musik denn nun hervorgebracht wird. Diese Suche findet – wie zuvor erläutert – audio-visuell, d. h. in Konvergenzen (Übereinstimmungen zwischen Gehörtem und Gesehenem) und in Divergenzen (Trennungen zwischen Gehörtem und Gesehenem respektive auf Umwegen zwischen Hören und Sehen) statt. Zugleich ist die Suche verallgemeinerbar in der Heuristik einer Bewegung zwischen Hören und Sehen. Audio-Zuschauer*innen sind dabei sowohl affektiv und analytisch der Feedback-Präsentation auf der Spur, die auch dann aktiviert ist, wenn Komponenten des körperlich-instrumentalen sowie elektroakustischen Spiels in einer räumlichen Wirkung als Atmosphäre aufgehen (und nach Schmitz Bewegungssuggestionen enthalten) oder sich auf die Ausstrahlung eines Lautsprechers zusammenziehen. Wirkungsspezifisch formuliert: Eine Bewegung zwischen Hören und Sehen ist durch eine Überschusswirkung des körperlich-instrumentalen sowie elektroakustischen Spiels angeregt. Darin konvergieren Hören und Sehen. Garcias auffällige Bewegungen, in denen er sich und das Instrument vor dem Verstärker krümmt, verdeutlichen eine solche Überschusswirkung. Auch auf die Gefahr hin, heuristische Suchbewegungen

an Hard- und Software zusammenbaut. Atoui hat darin verschiedene Sounds aus dem Musikarchiv für klassische arabische Musik in Beirut eingespeichert und sampelt diese in Aufführungen. In einem bewegungsintensiven Spiel an der Apparatur bringt er Prozesse des Mischens, Kombinierens, Montierens, Überlagerns nicht nur zu Gehör, sondern auch zur Ansicht. Vgl. Konzert im Rahmen der *documenta 13* am 15.09.2012. Ein Ausschnitt ist im Internet einsehbar: http://www.youtube.com/watch?v=PfUDbYdvoRA (Zugriff am 15.07.2016). Auch Hassan Khans Performances machen diese Verbindung körperlich-elektroakustischer Klangproduktion mit komplexen Apparaturen deutlich, er verweigert eine Aufzeichnung und Distribution seiner Konzerte und Musik auf Platten und arbeitet grundsätzlich in verschiedenen Kunstformen, vgl. den Film *Jewel* (EG 2010, R: Hassan Khan). https://www.youtube.com/watch?v=GdnbiOUn8hg (Zugriff am 15.07.2016).

49 Dieses Potenzial diskutiere ich am Beispiel akustischer Körper in Kap. 5.1.

50 Gitarren stehen in der analysierten Installation am Schluss der Aufführung *Velma Superstar* ohne die sie spielenden Akteure vor den Lautsprechern, vgl. Kap. 4.3.

zu übertreiben, könnte die Bewegung zwischen Hören und Sehen durch einen ‚Bewegungsnacheffekt' gekennzeichnet sein. Hören und Sehen scheint perpetuiert und affektiv können Überschusswirkungen in einer Überwältigungsästhetik beschrieben werden. In einem Bewegungsrausch zwischen Hören und Sehen können Audio-Zuschauer*innen einerseits versuchen, ihre Position zu behaupten, beispielsweise in Fokussierungen und analytischen Strukturierungen des Geschehens oder Isolierungen der Klangproduktion.

Andererseits – scheinbar paradox – birgt die inszenierte Klang- und Musikproduktion auch etwas, das als Irritationen zur Sprache kommt. Sie basieren auf einem Entzug z. B. angesichts von Klängen, die sich eben nicht allein im Lautsprecher materialisieren lassen. Auch akusmatische Spielarten und ambivalente Stimmkörper sind Beispiele inszenierter Sprecher und Stimme, die zuvor auch im Rahmen einer Unverfügbarkeitsästhetik zusammengefasst wurden. Ein Entzug von Klangquelle, Lokalisierung, Hörereignis lässt die Wahrnehmung einerseits potenziell ins Stocken geraten und dynamisiert sie andererseits. Geradezu innehaltende Umwege in der audio-visuellen Wahrnehmung ergänzen mögliche differenzierende Bewegungen zwischen Hören und Sehen. Eine analytische Bewegung, in der die Frage ‚Welche Quelle hat der Klang?' maßgeblich scheint, widmet sich – quasi in der Anwendung des eigenen sensomotorischen Wissens – auch allgemeinen Funktionen der Medientechnik und geht mit Erwartungen an hörbaren Gesang sowie Imaginationen von Playback-Gesang einher. Am Beispiel der Szenen ‚ausbleibender Verstärkung' hinsichtlich des elektroakustischen Instrumentalspiels mit Kopfhörern wurde die Bewegung zwischen Hören und Sehen als reflexiv und analytisch profiliert, weil Klangquellenorientierung, Lokalisierung und Überprüfung der eigenen Wahrnehmung darin relevante Orientierungseinheiten sind. Dieser Entzug im Akustischen kann möglicherweise über den Umweg des Sehens aufgeklärt werden. Mit Wirkungen in den Kategorien Entzug und Überschuss gehen Audio-Zuschauer*innen also affektiv, analytisch und reflexiv um, und zwar in einer Bewegung, die ebenso sensomotorisch wie imaginativ ist. Dadurch können Positionen – u. a. in Konvergenzen und Divergenzen – erarbeitet, ausprobiert und ausgelotet werden und tragen zur Verortung im Akustischen bei. Das bedeutet auch, dass Audio-Zuschauer*innen angesichts der Feedback-Produktion Garcias eine Bewegung zwischen Hören und Sehen üben können, um Überlagerungen zwischen elektroakustischem und körperlich-instrumentalem Spiel in Inszenierungsmerkmalen wahrzunehmen.

In den letzten beiden Szenen der Aufführung *Requiem* kommen die dargelegten heuristischen Polarisierungen der Wahrnehmung von Überlagerungen besonders zur Geltung, allerdings nicht zeitgleich, sondern in zwei Szenen hintereinander. Die „Communio"-Szene zeichnet sich durch einen a-cappella-Gesang,

der einem Kirchentag angemessen scheint, aus. In der „Hymnus"-Szene, die die letzte der Aufführung ist, sind Geräusche, Stimmen, Klänge, Töne aus dem bisherigen Verlauf der Aufführung erneut zu hören.
Zählt der „Communio"-Satz der Requiem-Messe allgemein zum Ordinarium, also zum festen Bestandteil im Rahmen des Abendmahls, schließt die gleichnamige Szene in der Aufführung dramaturgisch an die geschilderte kirchlich anmutende Raumwirkung an. Die Sprechweise Liengmes als Instruktionen und auch die Wirkung schwächer werdender und wie Kerzenlicht strahlender Spots wurden genannt, die Szene endet in einem Black. Sodann wechselt die Lichtstimmung abrupt und die „Communio"-Szene beginnt in einer hellen Raumausleuchtung. Diesen Wechsel scheinen die Zuschauer*innen als Signal für das Ende der Aufführung zu verstehen, sie klatschen. Der Szenentitel „Communio" wird dabei auf die Glasfront der Tonloge projiziert. Liengme tritt aus dieser heraus, die weiteren Spieler*innen treten ebenfalls an die Rampe, blicken lächelnd ins Publikum und klatschen auch. Garcia greift zur Akustikgitarre und spielt eine Akkordfolge, zu der Jaquet in einem Sprechgesang die Textteile „Lux aeterna, luceat eis, Domine" und weitere Zeilen des „Communio"-Satzes anstimmt. Die Intonation mit Sprechpausen zwischen den Worten fällt auf, Vecchione schnippt mit den Fingern und Perret baut Teile des Bühnenbilds ab. Alle singen klatschend und fingerschnippend einen Refrain, der einsetzt, nachdem Jaquet die Worte „vocem meam" mehrmals spricht. Wie in einem Gospel wird das Wort „Domine" wiederholt mehrstimmig gesungen. Für eine Interpretation dieser Gesangseinlage als Zugabe ist keine Zeit, erlischt doch die helle Bühnenbeleuchtung abrupt und auch der Gesang verstummt wie in einem schnellen Fade-out. Die Wahrnehmung *in* medientechnischen Prägungen kommt in diesem Beschreibungsansatz zur Geltung und meint, dass der chorische Gesang schnell leise wird. Nun folgt eine Einspielung von dröhnenden Gitarren. Kaum erkennbar ist der letzte Szenentitel „Hymnus" auf die Glasscheibe der Tonloge projiziert. Erneut sind unverständliche Worte vernehmbar, sie werden ergänzt durch wabernde Geräusche – ob diese von E-Gitarren, Synthesizer oder elektronischer Orgel kommen, bleibt unklar. Außerdem sind solche hohen Töne zu hören, die an den Gesang von Jaquet – einem Chorknaben ähnlich und in langgezogenen Tönen verzerrt – erinnern. Die Spieler*innen sind in dem zunächst dunklen Bühnenraum kaum zu erkennen. Einem Black folgt eine graduell heller werdende Ausleuchtung, in der Perret zu sehen ist, wie er weitere Teile des Bühnenbilds abbaut. Jaquet steht vor der Glasfläche, spiegelt sich darin und zupft an seinem Rüschenhemd. Vecchione nimmt die Position vor einem noch verbleibenden Mikrofon ein und verharrt dort. Auch Martinez ist in Körperpositionen des Verharrens zu sehen, die wie Zitate vorheriger Szenen

scheinen. Sie beobachtet erneut ihre Spielpartner, beginnt Gänge, deutet Drehungen an und nimmt wiedererkennbare Positionen aus dem bisherigen Verlauf ein. Klänge von Instrumenten oder gar sprachliche Artikulationen aus vorherigen Szenen scheinen als gespeicherte Aufnahmen eingespielt zu werden. Der mit Hall-Effekten bearbeitete Schrei von Martinez aus der „Tractus"-Szene ist ebenso zu hören wie ein gesprochenes „Domine" und sogar ein applausähnliches Geräusch. Schließlich betritt Perret die Tonloge, setzt sich mittig auf einen Stuhl und schaut auf die Projektion einer Lichtung im Wald. Das Schlussbild zeigt die Aufnahme von Baumkronen und eine Kamerafahrt in Richtung einer Lichtquelle lädt zu freier Interpretation zwischen Himmel und Hölle ein.
Die Kombination und direkte Abfolge beider Szenen macht deutlich, dass der instrumentale und vokale gemeinschaftlich gesungene Refrain in der „Communio"-Szene in einem geradezu konträren Verhältnis zur anschließenden medientechnischen Gestaltung der „Hymnus"-Szene steht. Folgende Merkmale des Akustischen werden darin deutlich. Sichtbare und hörbare Sänger gelten als Klangquellen ebenso wie der Gitarrist mit Akustikgitarre ein akustischer Körper ist. In Übereinstimmung mit Theaterkonventionen erscheint die „Communio"-Szene zunächst wie ein Applausauftritt und die anschließende Gesangseinlage kann – wie im Konzert – als Zugabe gelten. Daran nehmen Audio-Zuschauer*innen affektiv – wie in einer begeisterten Überschuss-Wirkung – teil und klatschen mit. In der „Hymnus"-Szene hingegen wird Klang wie der eingespielte Schrei aus dem vorherigen Verlauf der Aufführung elektroakustisch wiedergegeben, quasi zugunsten einer der Medientechnik eigenen Theatralität. Diese wird als Inszenierungsspielraum beispielsweise unverstärkter und verstärkter sowie aufgezeichneter und eingespielter Stimmen deutlich. Mikrofonierte Stimmen, ‚Klangkörper-Apparaturen' und Einspielungen können demnach als Spuren gelten, die Audio-Zuschauer*innen – nach Chion „zwischen Code und Simulakrum"[51] – verfolgen, assoziieren, imaginieren oder ‚verdinglichen'. Das Sampling lenkt die Aufmerksamkeit auf Überlagerungen elektroakustischer, stimmlicher und instrumentaler Musikproduktion. In diesen Überlagerungen sind die Wirkungskategorien Entzug und Überschuss ein Bewegungsspielraum des wahrnehmenden Subjekts[52] und ermöglichen, so der Vorschlag,

51 Chion bezeichnet die Wahrnehmung des Wiedergegebenen als eine zwischen Code und Simulakrum, vgl. Chion: Ton und Bild, S. 62.

52 Reckwitz spricht mit einer „hybriden Subjektkonstitution in Bewegung", zuspitzbar auf eine heterogen ausgerichtete und auch auf sich selbst angewandte Wahrnehmungs- und Präsentationseifrigkeit, ein „Bewegungsdispositiv" auch in der Wahrnehmung an (Reckwitz: Die Gleichförmigkeit und die Bewegtheit des Subjekts, S. 179–180).

Übertragungen von einem Höreindruck auf den zu sehenden Verlauf.[53] Dieser Ansatz lässt sich mit einer zuvor erläuterten Umweg-Kommunikation der Sinne umschreiben. Leitend ist dabei die Annahme, dass Übertragungen Projektionen des Gehörten auf das Gesehene, Imaginationen von Klang oder Zuordnungen von Klängen zu bestimmten Klangquellen überschreiten. Begrifflich implizieren Übertragungen, dass *etwas* von A nach B übertragen oder vielleicht auch transkribiert wird, vom Höreindruck in einen Text beispielsweise. Zudem geht es in der Aktiv-Konstruktion des Verbs um Vorgänge wie Übersetzen und damit auch Transformieren. Kurzum: In Übertragungen ist eine referentielle Funktion des Spur-Begriffs überschritten, womit es gar nicht mehr um eine aussagekräftige Klangquelle geht, auch wenn diese in der Wahrnehmung vordergründige Gewissheiten oder (lückenhafte) Erklärungen anbietet. Vorteile eines heuristischen Verständnisses von ‚Übertragungen' und Umwegen in der Wahrnehmung liegen in einer Dynamik, die eben auch in einem heuristischen Bewegungsbegriff enthalten ist. Audio-Zuschauer*innen gehen mit dem Akustischen dynamisch um, statt hörend und/oder sehend Quellen, Körper und ihre jeweilige Nähe und Distanz zur eigenen Position und ihrem Sitzplatz zu ‚fixieren'. Nicht zuletzt sind in der Wahrnehmungssituation am Ort des Befindens Wahrnehmungskonventionen dynamisch berücksichtigt, einerseits in Übertragungen, die jeweils Überschreitungen von Theater oder Konzert bedeuten, oder eben in einer simultanen Wirksamkeit intermediärer Rahmen. D. h., Audio-Zuschauer*innen können in einer grundsätzlichen Bewegung zwischen Hören und Sehen auf Umwegen und durch Übertragungen sowie in motorischen Ausrichtungen üben, inszenierte Klänge hörend und sehend zu unterscheiden oder zu fusionieren. Diese Übung ist innerhalb und gegenüber dem Akustischen affektiv, analytisch und reflexiv und lässt sich in Aufführungen zwischen Theater, Ritus und Konzert anwenden. Diese Übung der Bewegung zwischen Hören und Sehen wird im folgenden Abschnitt zusammengefasst.

5.4 Zwischenfazit: Bewegung als Übung

Ausgehend von der Frage, wie Musikproduktion in *Requiem* von Velma inszeniert und wahrnehmbar ist, bietet die Aufführung an, eine Bewegung zwischen Hören und Sehen zu üben: Auf wahrnehmungspraktischer Ebene lassen sich Übertragungen, Positionierungen und Verortungen zusammenfassen, die motorische Bewegungen einschließen. Darin sind außerdem Imaginationen und

53 Von psychoanalytisch begründeten Übertragungsprozessen gehe ich nicht aus.

Übertragungen von einem Höreindruck auf visuelle Angebote enthalten, die Wahrnehmungskonventionen von Konzert, Theater und Ritus berücksichtigen. Auf einer wahrnehmungskonzeptuellen Ebene akzentuieren Umwege in einer Kommunikation der Sinne die Aufmerksamkeit von Audio-Zuschauer*innen, diese Akzente beruhen auf Wirkungen, die in den Kategorien Überschuss und Entzug gebündelt werden.

Integriert eine Bewegung zwischen Hören und Sehen Neigungen, Erinnerungen, Erfahrungen und sensomotorisches Wissen, üben Audio-Zuschauer*innen die genannten Einflüsse affektiv, analytisch und reflexiv sowie motorisch aus – sie verhandeln dadurch auch medientechnische und nicht medientechnische Interferenzen in inszenierter Musikproduktion. In *Requiem* kann das Akustische erstens als Inszenierung spezifischer Klangkörper, z. B. der Akteur*innen als Musik-Darsteller*innen oder einzelner medientechnischer Apparaturen, zweitens in Raumsituationen als Atmosphären zwischen Kirche, Konzert und Tonstudio sowie drittens in Überlagerungen von elektroakustischer und instrumentaler Klangproduktion und Gesang wahrgenommen werden.[54]

Audio-Zuschauer*innen trainieren geradezu die audio-visuelle Wahrnehmung akustischer Körper – in *Requiem* umfassen diese erstens Instrumente mit und ohne Amplifikation, zweitens medientechnische Requisiten wie Kopfhörer, Boxen und Verstärker und drittens Akteur*innen im Umgang mit diesen Apparaten. Eine Unterscheidung zwischen Musiker*innen und Darsteller*innen respektive Schauspieler*innen und Performer*innen wird darin notwendig und mündet in dem Vorschlag von ‚Darsteller*innen einer Musiker-Figur', kurz Musik-Darsteller*innen. Außerdem bergen fehlende Verstärkungen von elektroakustischen Instrumenten Reibungen an Konventionen und machen einen Entzug von erwarteten Klängen markant. Darin ist die Aktivität von Audio-Zuschauer*innen als analytische Bewegung zwischen Hören und Sehen beschreibbar, weil zwischen medientechnischer und nicht medientechnischer Klangproduktion differenziert werden kann.

In der Wahrnehmung von Räumen, die von Atmosphären durchzogen sind, birgt das Akustische zeitliche und räumliche Überschuss-Wirkungen. Die körperliche und elektroakustische Klangproduktion überlagert sich nicht nur,

54 In der Arbeit *Rondo* wurde die Bewegung zwischen Hören und Sehen als Choreografie der Wahrnehmung des Akustischen in einer Reibung zwischen Wahrnehmungskonventionen des Tanzes, Konzerts und Theaters beschrieben, die Audio-Zuschauer*innen im Balanceakt ausloten. In der Arbeit *Velma Superstar* ist die Bewegung zwischen Hören und Sehen als Umweg im Sinne eines Wahrnehmungsexperiments und entlang der Konventionen Konzert, Hörspiel, Playback zusammengefasst.

sondern erscheint einerseits geradezu konzentriert wie beispielsweise in dem Eindruck von Huldigungen, auch überwältigend in einer Noise-Demonstration und andererseits differenzierbar in Sampling-Praktiken. Darüber hinaus liegen in Atmosphären Impulse – Schmitz spricht von Bewegungssuggestionen –, denen Audio-Zuschauer*innen in Eigenbewegungen nachgehen können. Diese werden grundsätzlich als ein ‚Sich ins Verhältnis Setzen' zu und Positionierung in Atmosphären verstanden. Anders formuliert: Die den Audio-Zuschauer*innen auf den Leib rückende inszenierte Lautlichkeit – beispielsweise in der Überwältigungsästhetik eines Konzerts – ruft mal mehr oder mal weniger ausgeprägte motorische Bewegungen hervor, die mit einer heuristischen Bewegung zwischen Hören und Sehen einhergehen. Blickbewegungen, körperliche Ausrichtungen und nicht zuletzt Klatschen sind motorische Beispielbewegungen, die für Affirmation und Kritik, Differenzierung der Atmo in ihre Elemente und Überprüfung der eigenen Wahrnehmung stehen. Sensomotorische Fertigkeiten, Fähigkeiten und ein leiblich-räumliches Wissen werden dadurch weiterentwickelt, was sich in *Requiem* als vielschichtige Bewegungsübung in der letzten Szene des Stücks unter Beweis stellen kann – im Umgang mit einem aufgezeichneten Geräuschfundus des bisherigen Verlaufs der Aufführung.

Überschuss und Entzug beziehen als zwei Wirkungskategorien des Akustischen ein Wissen um die Medialität der Aufführung, um Konventionen der Wahrnehmung und ein Wissen um Medientechniken ein. Ein Entzug kann in Reibungen an Vorannahmen und Konventionen entstehen und aus gesuchten und nicht identifizierbaren Klangquellen resultieren, kurz: Das Gehörte muss nicht mit dem übereinstimmen, was die Aufführung zu sehen anbietet. Ein Überschuss kann als überwältigende Wirkung inszenierten Klangs beschrieben werden. Mit diesen Überschüssen gehen Audio-Zuschauer*innen in einer Bewegung zwischen Hören und Sehen um; die erstens ein mit den Augen vermessendes Abtasten des Raums übersteigt und zweitens eine Verortung in der omnidirektionalen Raumsituation des Akustischen bedeutet. Die Wirkungen Überschuss und Entzug enthalten kontinuierliche Verschiebungen der Aufmerksamkeit – das sind Übertragungen und Umwege in der Wahrnehmung, die nicht zuletzt auch mit den Kontexten, in denen Musik in *Requiem* inszeniert ist, umgehen. Ein Ton-‚Studio' als Raum, in dem Audio-Zuschauer*innen die Klangwahrnehmung mit Bezugnahmen und Trennungsmomenten zwischen dem Auditiven und Visuellen üben und verfeinern, ist einerseits Bühnenbild und mag andererseits ein übergreifendes Sinnbild für das Handeln von Audio-Zuschauer*innen sein.

Am Beispiel der Aufführung *Requiem* stellt sich für Audio-Zuschauer*innen zudem die Frage, wie sie sich in den changierenden Aufführungsformen Konzert und Theater und zwischen Kirche und Tonstudio positionieren können. Ein Wahrnehmungseindruck ist intermediär gerahmt und bedeutet, Wahrnehmungskonventionen auszuhandeln. Damit ist das Potenzial gegeben, in der ästhetischen Wahrnehmung des Akustischen Klang und Inszenierung zu qualifizieren, zu differenzieren oder zu reflektieren – zwischen Theater, Konzert und Ritus. Diese audio-visuelle Wahrnehmung als Bewegung zwischen Hören und Sehen geht mit körperlichen, räumlichen und medientechnischen Klang-Inszenierungen um – ebenso wie mit vielfältigen Bedingungen ihrer Produktion und Rezeption. Die Frage, ob das Theater Ritus oder Konzert aktualisiert, modifiziert oder dekonstruiert, scheint dabei weniger bedeutsam als die jeweilige Haltung von Audio-Zuschauer*innen. Im Zweifelsfall wird das aufgeführte *Requiem* durch Bewegungen von Audio-Zuschauer*innen – nicht zuletzt im Applaus – zu einem Echo zwischen Ritus, Theater und Konzert.

6.
Audio-visuelle Wahrnehmung des Akustischen zwischen Digression und Disziplinierung

Klang-Inszenierungen in zeitgenössischen Theateraufführungen werden in Erfahrungssituationen wahrgenommen, die sich durch ein Hören in Relationen und den Ort des Befindens auszeichnen. Dieser Zusammenhang ist im Begriff des Akustischen gebündelt. Wahrnehmungsästhetisch ist also erstens relevant, wie Klang inszeniert ist, zweitens reflektiert die Untersuchung das Verhältnis zwischen Hören und Sehen und analysiert drittens, wie Zuschauer*innen mit dem Akustischen interagieren können. Antworten liegen in einer audio-visuellen Wahrnehmung, die im Bindestrich einen Bewegungsbegriff auf mehreren Ebenen im Zentrum hat, zugleich kann sich der Bindestrich in bestimmten Inszenierungsstrategien auch als Trennstrich erweisen: Zuschauer*innen, so das allgemeine Untersuchungsergebnis, bewegen sich. Dabei betont die reflexive Verbform das Vermögen, Wahrnehmungspraktiken zu entwickeln, die auch in einem motorischen Umgang mit Wirkungen inszenierter Klänge an einem bestimmten Ort zur Geltung kommen. An diesem Ort sind Konventionen der Wahrnehmung hinterlegt, die erstens allgemeine Bedingungen und Prägungen der Wahrnehmung ergänzen und zweitens zu wirkungsspezifischen Raumsituationen, in denen sich das wahrnehmende Subjekt befindet, beitragen. Deshalb geht es auch um die Wahrnehmung ‚im' Akustischen.

Wahrnehmungspraktiken, so zeigt die Analyse des Akustischen in exemplarischen Aufführungen, lassen sich in einer heuristischen Bewegung zwischen Hören und Sehen erfassen. Sie ist affektiv in Zu- und Abwendungen, analytisch in Fokussierungen und Ausrichtungen sowie – in einer Aufmerksamkeit auf die eigenen Wahrnehmungsleistungen – reflexiv. Zudem bündelt der Bewegungsbegriff, inwiefern das Akustische Konventionen und spezifische Eigenschaften, die Zuhören und Zuschauen zugeordnet werden, torpediert und zugleich unterläuft. In dieser Wirkungsspezifik zeichnet sich die audio-visuelle Wahrnehmung des Akustischen durch zwei Tendenzen aus. Sie sind übergreifend als Disziplinierung und Digression von Wirkungen zuspitzbar und werden entlang des erarbeiteten Begriffsinventariums zusammengefasst.

Das Akustische in zeitgenössischen Theateraufführungen wird als Klang und Inszenierung von Klang verstanden. Klang umfasst stimmlich, instrumental und medientechnisch hervorgebrachte Geräusche sowie Musik und ‚Klang ex negativum', zum Beispiel Stille, Nicht-Sprechen oder Nicht-Singen. Darin gilt Klang als Modell gestalteter Hörerfahrungen, deren Theatralität heterogen bestimmbar ist. Entscheidend ist dabei, dass Klang-Inszenierungen Bedingungen und Voraussetzungen ihrer Wahrnehmung potenziell offenlegen. Die analysierten Aufführungen Velmas thematisieren in unterschiedlichen Schwerpunkten die Inszenierung von Klang und wie Hören und Sehen inszeniert werden. Wirkungen werden dadurch audio-visuell verhandelbar. D. h., das Auditive bestimmt das Akustische, doch liegt die Pointe des Begriffskonzepts eben darin, dass das Auditive mit dem Visuellen in variablen Zusammenhängen steht, erstens in einer räumlichen Erfahrungssituation und zweitens an einem Ort, der mit Konventionen einhergeht. Deshalb zielt das Verständnis des Akustischen darauf ab, – über Schallwellen hinaus – eine Hörerfahrung im Theater zu untersuchen, die mit anderen Charakteristika des Geschehens korrespondiert.[1] Zudem sind Erfahrungssituationen im Theater gewohntermaßen durch die Fixierung auf einen Sitzplatz gekennzeichnet. Entgegen dieser Fixierung und Implikationen einer passiven Rezeption lässt sich im Akustischen als audio-visuellem Geschehen von einer heuristischen Bewegung von Rezipienten ausgehen, die in Hinwendungen, Zuwendungen oder Abwendungen auch eine physische ist. Zugleich spielen kulturelle Kontexte von Hörerfahrungen in Aufführungen eine wesentliche Rolle, denn sie verweisen auf allgemeine Veränderungen von Wahrnehmung sowie auf Veränderungen von Konventionen und wurden in einer Entwicklung von Wahrnehmungspraktiken diskutiert.

Überlegungen zu Wahrnehmungsveränderungen im Theater setzen an einem sogenannten ‚Guckkastendispositiv' an, das hinsichtlich des Akustischen Erweiterungen notwendig macht.[2] Dabei gilt die grundsätzliche Ausgangsbasis, dass

1 Vgl. insbesondere die Konzeption des Akustischen als inszenierter Klang mit Wirkung in Kap. 1.2.

2 In dieser Studie stehen keine Aufführungen zur Diskussion, die experimentelle Audio-Zuschauer*innen-Platzierungen anbieten, die Aufführungen Velmas finden in ‚4.-Wand-Anordnungen' statt. Zu veränderter Musikrezeption vgl. Julia H. Schröder: *Zur Position der Musikhörenden: Konzeptionen ästhetischer Erfahrung im Konzert*. Hofheim: Wolke 2014.

sich ‚im' Akustischen das Zuschauen verändert. Ist das Akustische eine gestaltete Hörerfahrung, in der Klang in einer Strategie der Inszenierung angesiedelt und Resultat der im Konzeptions- und Probenprozess getroffenen Entscheidungen ist, verhalten sich Zuschauer*innen dieser Gestaltung gegenüber nicht unbewegt. Inwiefern daraus resultierende Bewegungspotenziale für Zuschauer*innen auch in der außertheatralen Lebenswelt gegeben sind und Rückschlüsse aus dieser Untersuchung auf Annahmen zu übergreifenden Veränderungen der Wahrnehmung zulassen, betrifft Aspekte, die u. a. im Forschungsfeld der Sound Studies in historischer, anthropologischer und philosophischer Perspektive untersucht werden. Daher schließt die Analyse an eine kulturwissenschaftlich orientierte Beschäftigung mit Klang und Bewegung an. Inszenierungen von Klang wie sie beispielsweise in den Arbeiten Velmas zur Geltung kommen, sind in einzelnen Analyseaspekten mit Konzertpraktiken und Installationen der Klangkunst sowie mit Tanztheaterformen vergleichbar.

Das Akustische gilt zudem als Möglichkeit, um in der Aufführung spezifische Wirkungen in subjektiver ebenso wie in gemeinschaftlicher Erfahrung und in einem kulturell-historischen Kontext zu verhandeln. Insofern Klang-Inszenierungen den Raum des Befindens konstituieren, Zuschauer*innen umgeben, bedrängen und sich verflüchtigen, regen diese Wirkungen eine Aktivität von Zuschauer*innen innerhalb des Akustischen an. Diese Aktivität ist in dem Terminus Raumsituation zusammengefasst. Zugleich problematisiert das Akustische inszeniertes Zuschauen und Zuhören. Denn Aufführungen betonen ihre Mittel und legen damit Wahrnehmungspotenziale offen oder machen sie verhandelbar, beispielsweise in einer Laut-und-leise- und/oder Hell-dunkel-Dramaturgie sowie durch diverse medientechnische Realisierungen von Stimme und Musik und in rhythmischen visuellen sowie auditiven Konfigurationen. Das, was zu hören ist, und das, was die Aufführung zu Schauen anbietet, muss nicht übereinstimmen, sondern kann Lücken und Unverfügbarkeiten in der Wahrnehmung des akustischen Geschehens offenlegen, beispielsweise zweifelhafte Klangquellen oder problematische ‚Stimmkörper'. Ein allgemeines Zusammenspiel zwischen Auditivem und Visuellem steht somit nicht nur in einem additiven, komplementären oder konträren Verhältnis, sondern in einer Beziehung, die wechselseitig und transformativ ist.

In der Konzeption des Akustischen als Modell und Möglichkeit liegen also Bewegungspotenziale von Zuschauer*innen auf folgenden heuristischen Ebenen: Mit Angeboten *in* einer Raumsituation gehen Zuschauer*innen aktiv um und verhalten sich *gegenüber* bestimmten Inszenierungsstrategien von Klang. Zuschauer*innen *bewegen sich* zwischen Hören und Sehen sowie in möglichen konkreten motorischen Ausrichtungen, während sie Reibungen zwischen

Konventionen einer Aufführung hörend und sehend verhandeln, nicht zuletzt am lautesten im Applaus. Diese Verhandlung umfasst, wie Zuschauer*innen Höreindrücke des szenischen Prozesses jeweiligen sichtbaren Elementen zuordnen und Lücken ihrer Zuordnung entdecken können.

Grundsätzliche Wechselwirkungen zwischen Hören und Sehen sind Ambivalenzen in der Wahrnehmung des Akustischen. Sie sind in folgender Terminologie gebündelt: Inszenierungsstrategien profilieren, dass das Hörbare im szenischen Verlauf eine eigenständige Gestaltungsebene ist. Indem beispielsweise medientechnische Inszenierungen der Stimme wie im Playback die Stimmerfahrung vom sprechenden oder singenden Körper trennen, vermag das Akustische, Erwartungen von Figuren, Annahmen zu Sprechern, Sängern und Klangquellen zu überschreiten oder zu unterlaufen. Zwei Möglichkeiten ästhetischer Erfahrung lassen sich heuristisch unterscheiden, wobei sie sich grundsätzlich überlagern. Erstens werden das Auditive und das Visuelle durch die Zuschauer*innen zusammengeführt – diese Prozesse werden terminologisch als Konvergenzen zwischen Hören und Sehen erfasst. Sie ergeben nicht selten den Eindruck einer allgemeinen Übereinstimmung. Zweitens bergen Klang-Inszenierungen fehlende Übereinstimmungen zwischen dem, was die Aufführung zu hören und zu sehen gibt – Hören und Sehen divergieren. Gleichwohl ändern Konvergenzen und Divergenzen nichts an dem grundsätzlichen Bezugsverhältnis des Auditiven zum Visuellen in einer Aufführung. Vielmehr werden Akzentverschiebungen deutlich, die sowohl auf Inszenierungsstrategien als auch auf Eigendynamiken der Wahrnehmung basieren. Sie sind zusammengefasst in den Wirkungskategorien Entzug und Überschuss.

Grundsätzliche Einflüsse des Gehörten auf das zu Sehende (und vice versa) werden in Klang-Inszenierungen heuristisch als Motivation verstanden. Zu einer Bewegung zwischen Hören und Sehen tragen Imaginationen ebenso wie historisch-kulturelle Prägungen, subjektive Erfahrungen, Erinnerungen und Konventionen der Wahrnehmung bei. Außerdem liegen Beweggründe in einem Spannungsfeld von Bewegen und Innehalten in einzelnen Situationen sowie in Nähe- und Distanzqualitäten der leiblich-räumlich begründeten Wahrnehmung. Rückt also das Akustische Zuschauer*innen auf den Leib, setzen diese sich hörend und sehend in Bewegung. Gründe dafür können zusammengenommen als Verortung im Sinne eines ‚Wissen-Wollens', wo ich bin und was ich mit der Umgebung tun kann respektive wie ich mich darin verhalten kann, reformuliert werden. Deshalb steht die reflexive Verbform des ‚Sichbewegens' für affektive, analytische und reflexive Bedeutungen von Bewegung. Affektiv hängt eine

Bewegung zwischen Hören und Sehen mit Neigungen und Abneigungen zusammen und äußert sich in kritischen und affirmativen Haltungen. Analytisch ist eine Bewegung zwischen Hören und Sehen, die beispielsweise Klangquellen sucht und mögliche Unverfügbarkeiten von Ursachen bestimmter Wirkungen entdeckt. Eine reflexive Bewegung zwischen Hören und Sehen fragt, wie Wirkungen von inszenierten Klängen zustande kommen, folgt Aufmerksamkeitsverschiebungen und schließt Zweifel an den eigenen Wahrnehmungsleistungen ein. Diese heuristischen Differenzierungen gehen auch mit konkreten motorischen Bewegungen des Blicks, des Kopfs, des Oberkörpers und anderer Körperteile einher. Am Beispiel ausgewählter Aufführungen lassen sich somit Wahrnehmungspraktiken verdeutlichen, die als ‚Aus-Übung' sowie geradezu als Training von Wahrnehmung verstanden werden. In reziproken Prozessen zwischen den von heterogenen Akteur*innen ausgehandelten Rahmen und Probehandlungen im Aufführungsgeschehen und Audio-Zuschauer*innen werden Wirkungen des Akustischen also getestet, probiert und geübt, insbesondere wenn diese – wie im Fall der *9 Evenings* – auch als wirkungslos oder unentschieden qualifiziert werden. Zugleich drängen sich Fragen nach einem Theaterverständnis und darin immanenten Erwartungen respektive Konventionen auf. Ontologisch stehen Genrefragen in dieser Studie nicht im Vordergrund, sondern werden am Beispiel ausgewählter Arbeiten im Begriff der Aufführung diskutiert. Dabei gelten gattungspoetische Einteilungen als rahmende Reibungsflächen in der Wahrnehmung, denn Gattungskonventionen werden sowohl in ästhetischen Strategien als auch in der Wahrnehmung entgrenzt.

Die audio-visuelle Wahrnehmung ist ebenfalls ein Umgang mit dem, was das Akustische voraussetzt, begleitet und was es nach sich zieht, und trägt zu Bestimmungen der eigenen Position bei. Der Begriff der ‚Positionierung' bündelt Prozesse wie Trennungen des Gehörten vom Gesehenen ebenso wie Zuordnungen von Klang zu Körpern, Apparaten und Objekten. Auch Lokalisierungen von Klang im Raum und nicht zuletzt Anwendungen eines jeweiligen Wissens über medientechnische und nicht medientechnische Inszenierungsstrategien und Klangproduktion fließen in die Positionierung von Zuschauer*innen ein. Die Prozesse münden in Haltungen zu dem Geschehen und Bestimmungen desselben, so kurzzeitig diese auch sein mögen. Somit geht es in Prozessen einer Positionierung auch darum, Voraussetzungen der Wahrnehmung anzuerkennen und beispielsweise ein allgemeines Wissen um Inszenierungsvarianten von Klang anzuwenden.

D. h., Positionierungen enthalten Übertragungen, Projektionen und Imaginationen zwischen Höreindrücken und Augenblicken. Das sind ‚Umwege in der

Wahrnehmung', die einer gewissen Gegenwendigkeit des Akustischen nachgehen. Diese beinhaltet erstens, dass Zuhören das Zuschauen in Aufführungen grundsätzlich thematisiert, zweitens, dass das Akustische die Aufmerksamkeit auf Klang und Inszenierung analytisch steigert und drittens die Eigenwahrnehmung von sogenannten ‚Zuschauern des Akustischen' sensibilisieren mag. Eine Bewegung in der Wahrnehmung steht dabei nicht für eine Relativierung von Wahrnehmungsveränderungen – im Sinne eines allgemeinen *panta rhei* –, sondern sucht die Komplexität und Aktivität der audio-visuellen Wahrnehmung begrifflich und in spezifischen Wirkungen zu präzisieren. Entgegen einem allzu allgemeinen Bewegungsverständnis (und allzu pauschalen Untersuchungsergebnis) liegt in der differenzierten affektiven, analytischen und reflexiven Bewegung zwischen Hören und Sehen das Potenzial, eine konzeptuelle Bewegung im Singular mit motorischen Bewegungen im Plural zu verknüpfen. Deshalb wird Bewegung als Praxis und Prozess verstanden, in dem Zuschauer*innen Wirkungen des Akustischen womöglich zu kontrollieren oder zu disziplinieren suchen und geradezu ermitteln, wie Wirkungen zustande kommen. Das Potenzial, dass Wirkungen inszenierter Klänge ein Ordnungsbestreben unterminieren oder darüber hinausschießen können, ist darin als Spannungsverhältnis aufrechterhalten.[3] Schlussfolgernd gilt deshalb im Kontext eines Umgangs mit dem Akustischen folgendes Charakteristikum der audio-visuellen Wahrnehmung: Wirkungen akustischer Körper, Raum und Medien werden zwar in einer Bewegung dynamisch im Verhältnis zur eigenen Position angeordnet, doch sie überschreiten diese Ordnungsprozesse potenziell und erfordern weiterzuentwickelnde Relationen zwischen dem Gehörten und dem Gesehenen. Das Verhältnis von Ordnung und Überschreitung ist in der audio-visuellen Wahrnehmung des Akustischen als Disziplinierung und Digression umformuliert. Es zeichnet sich durch eine Bewegung zwischen Hören und Sehen aus, die Klang-Inszenierungen genauso hinterfragt wie die eigene Wahrnehmung.

3 Paradoxien der Untersuchung der audio-visuellen Wahrnehmung des Akustischen werden darin deutlich, weshalb die Analyse mögliche Selbstverständlichkeiten, Redundanzen, Zirkelschlüsse und Imaginationen anerkennt und kennzeichnet.

6.1 Aufführungen des Akustischen hören und sehen: Reibungen an Wahrnehmungskonventionen und die audio-visuelle Wahrnehmung als Balanceakt, Experiment und Übung

Die am Beispiel der ausgewählten Theaterarbeiten skizzierte Bandbreite von Musik, Geräusch, Klang und Krach verdeutlicht das Akustische in Inszenierungen, die Genregrenzen beschreiten. Funktionszuordnungen zu Musik, wie in Unterteilungen von diegetischer und nicht diegetischer Musik, werden – beispielsweise in den Arbeiten Sebastian Nüblings – infrage gestellt. Klang-Inszenierungen werden in der Analyse ihrer Wahrnehmung auf einer heuristischen Skala angesiedelt, die von Theatermusik bis zum Soundszenario reicht. So können Tanz, Performance, Konzert, Schauspiel, Hörspiel sowie Klang-Installationen und weitere intermediäre Rahmen in Aufführungen untersucht werden. Dabei interessiert die jeweilige Inszenierung von Stimme respektive von akustischen Körpern, Raum und Medien.[4]

Historische Ausprägungen des Akustischen sind in Aufführungen der *9 Evenings: Theatre and Engineering* als Theater gebündelt. Interessen an Unbestimmtheit und Zufall stehen im Verhältnis zu medientechnischen Steuerungsmechanismen der Präsentationen. Die Aufführungen loteten die Rolle von Medientechniken aus und verursachten enttäuschte Spektakelerwartungen. Die kritische Berichterstattung bemängelte Ereignislosigkeit und vermisste Novitäten und liefert damit auch ein Zeugnis von konventionell geprägten Erwartungen an Aufführungen respektive Theater. Diese Erwartungen sind in Ausprägungen des Akustischen zeitgenössischer Theaterarbeiten ebenfalls relevant und Teil der theoretischen Diskussionen darüber, was Aufführungen und Theater, u. a. in Rekursen auf eine klassische Liveness, charakterisiert.

Die analysierten Theaterarbeiten der Gruppe Velma – *Rondo*, *Velma Superstar*, *Requiem* – thematisieren Bedingungen und Voraussetzungen der Produktion und Rezeption des Akustischen: Das sind erstens die Aufführung auf der Basis von Inszenierungsstrategien, damit zweitens inszeniertes Hören und Sehen und drittens eine Verortung im Geschehen. Die Wahrnehmung von Klang wird in den ausgewählten Aufführungen geradezu reflexiv inszeniert. Dass das Akustische eine Reflexivität der Wahrnehmung bedingt, ist damit noch nicht bewiesen. Vielmehr liegt zunächst ein Appell[5] an Zuschauer*innen offen, einen aktiven

4 Vgl. Kap. 1.1.

5 Inwiefern sich performative, kinästhetische und motorische Aspekte des Bühnengeschehens auf den Zuhörerkörper ‚von selbst' übertragen, steht im Kontext von theoretischen Überlegungen zum Zuhören, zum Beispiel in einer Appell-Charakteristik und Zudringlichkeit. Vgl. Kap. 1.2.

Umgang mit den akustischen Angeboten in der audio-visuellen Wahrnehmung zu vollziehen respektive zu üben.

Die Aufführung *Rondo* changiert zwischen Tanz und Popsong-Präsentation und bietet zudem Zirkelschlüsse in Wissensordnungen an. Zuschauer*innen können in Auseinandersetzungen mit rhythmischen Konfigurationen im audio-visuellen Geschehen Reibungen zwischen Wahrnehmungskonventionen verfolgen und Einflüsse des Hörens und Sehens aufeinander ausloten. In exemplarischen Raumsituationen ergibt sich geradezu eine Choreografie der Wahrnehmung, die von Bewegungsformationen akustischer Körper, einer Popsong-Struktur und von dem Making-of eines Karaoke ausgeht.

Indem Performer in variierenden Schrittmustern auftreten und im wortwörtlichen Sinne ein Urbild des Rhythmus im Heben und Senken des Fußes zu Gehör bringen und vor Augen führen, lenken die akustischen Körper die Aufmerksamkeit auf Schrittgeräusche. Diese gehören in Tanz und Theater zur Konvention und werden zumeist ‚weggefiltert'. Dabei entstehen in Strukturmomenten der Aufführung, die als Wiederholung und Variation zusammengefasst werden können, Akzentverschiebungen in der Aufmerksamkeit: Audio-Zuschauer*innen können beispielsweise minimale Bewegungen der Spieler*innen fokussieren und werden am Beispiel von inszenierten Schritt- oder Atemgeräuschen auch auf ihre Lautlichkeit aufmerksam. Ebenso rücken dynamische Variationen in Bewegungssequenzen – sogenannte ‚akustische Choreografien' – und sogar ausbleibende Bewegungen der Spieler*innen in den Vordergrund. Grundsätzliche Rhythmuswechsel, beispielsweise auch in der Lichtregie mit projizierten Metronombildern und in einer Hell-dunkel-Dramaturgie, stellen geradezu Anforderungen an die Aktivität der Zuschauer*innen, z. B. Muster und Variationen derselben hörend und sehend zu erfassen. Diese Aktivität als Bewegung zwischen Hören und Sehen zu verstehen, ermöglicht, von einer Choreografie der Wahrnehmung zu sprechen. Darin sind Reibungen an Voraussetzungen, Annahmen, Erwartungen in dem, was Zuschauer*innen wahrnehmend ‚mitbringen', wesentlich: Zuschauer*innen agieren eine Bewegung zwischen Hören und Sehen aus, die sich einerseits auf ein konkretes Muster wie den gesehenen und gehörten Rundlauf bezieht und andererseits auf ein abstraktes Muster, beispielsweise auf eine Kreisstruktur in einem Popsong, auf Tanz oder eine Wissensformation. Diese Reibungen wurden zu Wahrnehmungskonzeptionen von Rhythmus ins Verhältnis gesetzt.[6]

6 Grundsätzlich ist die Rhythmus-Konzeption Grünys und Nannis in der Begriffstrias Rhythmus – Balance – Metrum mit Bezug zu Formen raumzeitlicher Organisation in den Künsten hilfreich. (Grüny / Nanni: *Rhythmus – Balance – Metrum*, S. 13). Erläuterungen eines

Das klangkörperliche Rondo in Schrittbewegungen wurde einerseits in einer ‚Stop-and-go'-Wirkung und andererseits als ‚Bewegungsrausch' respektive Karussellwirkung beschrieben. Die Wirkungen verweisen auf eine Wahrnehmungsdynamik, die sich in einer Zirkelstruktur selbst in Gang hält, und zwar in einem transformativen Verhältnis zwischen Hören und Sehen. Dabei ist eine Bewegung zwischen Hören und Sehen alles andere als gleichmäßig, denn die Wirkung eines Bewegungsrauschs kann ein Überschuss im Verhältnis von Hören und Sehen sein. In kognitiven Erklärungsansätzen ist von einem ‚Wasserfalleffekt' die Rede. Zudem tritt in dem Kreislauf das Verhältnis von Innehalten und Bewegung deutlich auf, nicht zuletzt in einer audio-visuellen Wahrnehmung, die rhythmischen Strukturierungen des Geschehens analytisch nachgeht, hier zusammengefasst im Begriff einer ‚Stop-and-go'-Wirkung.
Der akustische Raum lässt sich als Bewegungsspielraum in der Wahrnehmung zuspitzen und geht über assoziierte und imaginierte Räume eines Kammermusiksaals, Gymnastikstudios oder einer Disko hinaus. In entstehenden Raumsituationen sind Eigenbewegungen des Publikums zentral, die sich sowohl in kleinlauter – schweigender – Wahrnehmung als auch in motorischen Bewegungen wie im Applaus des Publikums zu Beginn der Aufführung, in der Mitte und am Ende Geltung verschaffen.
Eine Karaoke-Installation mit Video und Gesang ist eine produktive Verwirrung hinsichtlich der Frage, ob Performer klassisch live singen oder aufgezeichnete und reproduzierte Stimmen zu hören sind. Die Installation legt offen, wie Hören und Sehen inszeniert sind: Stimmen können keinen Sängern eindeutig zugeordnet werden, das ist weniger eine akusmatische Situation, sondern eine Inszenierung, die auf die Wirkungskategorie eines Entzugs hinweist, Ursachen für Wirkungen sind uneindeutig oder fehlen. Sie werden vielmehr in Pluralisierungen der Sprecher/Sänger, in einer Laut-leise-Dramaturgie und phasenverschobenen Einsätzen vermutet. Dabei hören Zuschauer*innen in einer Bewegung zwischen Hören und Sehen möglicherweise genauer hin, nehmen fehlende Aspirationsgeräusche wahr, suchen Lippenbewegungen zu erkennen, kurz: balancieren aus, ob Gesangsversuche eingespielt respektive medientechnisch bearbeitet sind und/oder live gesungen werden. Audio-Zuschauer*innen können gemeinsam mit Performer*innen eine Position in Medienerfahrungen als Wirklichkeitserfahrungen erproben. Somit verfolgen sie Unterhaltungsaspekte missglückten Singens ebenso affektiv wie analytisch, wenn es darum geht, eine

‚Rhythmus der Wahrnehmung' nehmen auf das Resonanzmodell des ‚Mitschwingens' (Vilém Flusser, Hans Ulrich Gumbrecht), auf das Resonanzmodell im Sinne von Bewegen und Bewegtwerden (Brandl-Risi) und intermodale Ansätze (Meyer-Kalkus u. a.) Bezug.

ästhetische Strategie wie ein Making-of als Grundlage der Verwirrung zu identifizieren. Reflexiv ist die Bewegung zwischen Hören und Sehen, weil das eigene Hörvermögen als Unterscheidungsvermögen zwischen Livegesang und Medientechnik zur Debatte steht. Reibungen zwischen Tanz und Popsong-Präsentation werden dabei nicht aufgelöst, vielmehr ist der gesungene Song in rhythmische Ordnungen und Variationen inszenierter Körper in Raumsituationen überführt. Die Reibungen gehen sowohl mit entzogenen als auch torpedierten Ordnungsmustern im Hören und Sehen einher. Darin liegen Verweise auf auditive und visuelle Wissenspraktiken, in denen Gehörtes und Gesehenes Aufklärung über ästhetische Strategien des Klangs bieten mögen und zugleich Zirkelschlüsse in audio-visuellen Täuschungen bergen. Somit bietet die choreografische Popsong-Präsentation in *Rondo* Zuschauer*innen die Option, Hören und Sehen in einem Balanceakt als Bewegung auszutarieren.

Die Aufführung *Velma Superstar* experimentiert mit Wahrnehmungskonventionen zwischen Konzert und Theateraufführung. Eine Primadonna, die nicht singt, ist ein paradigmatisches Beispiel für das grundsätzliche Spannungsfeld einer ‚Stimmkörperlichkeit'. Darin sind Ambivalenzen der Stimme zwischen Symbol und Index eines repräsentierten Körpers ebenso wie die Stimme zwischen Körper und Sprache enthalten. Wenn die Kippfigur Primadonna beispielsweise schweigt, wenn ein Konzertmeister keine Geige spielt und ein Violinist seinen Bogen putzt, ist die Körperlichkeit der Spieler*innen zur potenziellen Hervorbringung von Klang zur Schau gestellt, unterstützt durch Instrumente, Platzierungen, Kostüm, Gestik und weiteres Bewegungsrepertoire. Darüber hinaus sind akustische Körper auch im Making-of eines Hörspiels deutlich. In Figurenannahmen sowie in einer narrativen Qualifizierung der Geräusche ordnen Audio-Zuschauer*innen gehörte und nicht gehörte, möglicherweise auch imaginierte Klänge bestimmten Sprechern zu. Diese Zuordnung mag in einer Atopie der Stimme und in einer unverfügbaren Stimmkörperlichkeit ins Leere laufen.

Die Atopie von Stimme und Klang lässt sich als Klanglandschaft beschreiben. Gehörte Bordun-Klänge, ob von röhrendem Gesang oder elektroakustischem Instrumentalspiel ausgehend, können von überall herkommen und erscheinen vor allem ausgebreitet. Der Eindruck bewirkt, dass Zuschauer*innen konkrete Anhaltspunkte und Klangquellen in einer Bewegung zwischen Hören und Sehen suchen und nicht zuletzt Sänger und andere Quellen imaginieren mögen. Dazu tragen Konzert- und Theaterkonventionen bei, die bewirken, dass in einem elektroakustischen Feedback bis zur Schlussszenerie die Annahme aufrechterhalten wird, dass ein Performer in röhrendem Dauerton singt. Dass das finale Soundszenario aus E-Gitarre, Verstärker und Nebel auf Performer komplett verzichtet, ist umso überraschender. Somit umschreibt der Begriff der Klanglandschaft einen Transitraum in der audio-visuellen Wahrnehmung, der sich auch durch Verweise auf ein ‚Vorher/Nachher' respektive ‚Jetzt und Gleich' des zu Sehenden und zu Hörenden auszeichnet. Nähe- und Distanzwirkungen im Sinne eines ‚Hier und Dort' sind darin problematisiert. In einer Überwältigungsästhetik der demonstrierten Noise-Musik mit Verfolgerspots im Nebel ist sowohl eine affektive Bewegung zwischen Hören und Sehen als auch eine analytische motiviert, Letztgenannte zum Beispiel in einer Klangquellenorientierung. Potenziell bestimmen Zuschauer*innen in der Überwältigung die eigene Position – reflexiv und nicht zuletzt motorisch. Zuschauer*innen beenden die Aufführung, indem sie den Saal nach und nach verlassen, die Performer*innen kommen während des Beifalls nicht auf die Bühne. Potenziale einer Selbstbewegung zwischen Affektion, Analyse und Reflexion sind deshalb in einer inszenierten Klanglandschaft relevant, weil sich Zuschauer*innen in derselben leiblich-räumlich verorten.

In Anbetracht einer Playback-Inszenierung, die mit Gedanken an einen Schlagersänger im Fernsehen einhergeht und dadurch einen weiteren intermediären Rahmen eröffnet, verläuft eine Bewegung zwischen Hören und Sehen entlang der Frage, inwiefern Livegesang und Lippensynchronisation unterscheidbar sind. Ein potenzieller ‚Stimmkörper' ist zu sehen, wie er gestisch und mimisch agierend mit Mikrofon durch ein mögliches Fanpublikum flaniert. Dabei liegt nahe, eine Einspielung respektive medientechnische Reproduktion oder zumindest eine Bearbeitung der Stimme – quasi als Spur eines Sängers – anzunehmen. Sie ist begründet in einer gewissen gleichbleibenden ‚Leise-Dramaturgie' des Gesangs, den Höreindrücken werden Lippenbewegungen der Schlagersänger-Figur zugeordnet. Das sind Umwege über das Zuschauen, die die audio-visuelle Wahrnehmung kennzeichnen. Zuschauer*innen suchen dabei analytisch und reflexiv Anzeichen einer Übereinstimmung und/oder Trennung zwischen Stimme und Körper. Ein Wissen um medientechnische Realisierungen der Stimme spielt dabei ebenfalls eine Rolle und potenziell wird das eigene Hörvermögen im Zusammenhang von Hören und Medien hinterfragt.

Zusammenfassend gilt die audio-visuelle Wahrnehmung des Akustischen in *Velma Superstar* als ein Wahrnehmungsexperiment, das die jeweilige Inszenierung von Stimme, akustischen Körpern, Raum und Medien geradezu gegenwendig überprüft. Der Begriff der Gegenwendigkeit korrespondiert mit einem Umlenkungsprinzip in der Wahrnehmung, das Umwege zwischen Hören und Sehen anregt. Diese Umwege kommen in dem Beschreibungsansatz von ‚Zuschauern des Akustischen' zum Ausdruck und enthalten Imaginationen, audio-visuelle Täuschungen und Annahmen von Figuren als Kippfiguren. Darin vermag die Bewegung zwischen Hören und Sehen Anhaltsmomente für Inszenierungsstrategien der Wahrnehmung in Reibungen zwischen Konzert und Theater zu entdecken.

Das Akustische der Aufführung *Requiem* thematisiert Musikproduktion in unterschiedlichen Kontexten. Im Rahmen eines Liturgie-Theaters, Konzerts und einer Aufführung elektroakustischer Musikproduktion können Zuschauer*innen einen Umgang mit dem Akustischen üben.

Inszenierungen medientechnischer Apparaturen ermöglichen, Klangkörper wie Instrumente, Musiker*innen und Musik-Darsteller*innen zu differenzieren. E-Bassgitarre oder Elektro-Orgel sind beispielsweise ‚objekthafte Klangkörper', die in fehlender Amplifikation inszeniert sind. Die fehlende Verstärkung unterläuft konventionelle Erwartungen an instrumentale und stimmliche Musikproduktion und -präsentation. Enttäuschte Erwartungen gegenüber Medientechniken werden ebenso wie unverfügbare ‚Stimmkörper' in der Wirkungskategorie eines Entzugs gebündelt. Dabei driften Hören und Sehen potenziell auseinander und machen zugleich eine Umwegrelation zueinander deutlich. Zupf-, Tipp- und Tastengeräusche beispielsweise regen eine Bewegung zwischen Hören und Sehen an, die sich auf das Instrument und denjenigen, der damit spielt, bezieht. Damit gehen reflexive Fragen einher, und zwar danach, worauf die eigenen Wahrnehmungseindrücke überhaupt beruhen.

Der Begriff ‚Musik-Darsteller*in' bezeichnet diejenigen, die im Umgang mit Medientechniken in *Requiem* zu sehen sind. Die zunächst optische Inszenierung von Kopfhörern, Mikrofon und Verstärker geht mit Erwartungen von Klang einher. Erst zeitversetzt sind das musikalische Spiel und der Gesang zu hören. Zunächst ist der Klang entzogen, um dann als medientechnische Reproduktion deutlich zu werden. Die Inszenierung lässt sich weder als musikalisches Spiel kennzeichnen noch als reine ‚Als-ob'-Darstellung, sondern legt ein begriffliches Kompositum nahe, das sowohl Ausgangspunkte im Verständnis von Musiker*in und Darsteller*in zum Ausdruck bringt als auch Unterbrechungen des jeweiligen Verständnisses. Musik-Darsteller*in ist somit kein Determinativ-Kompositum.

Akustische Körper zeichnen sich im Verhältnis von Hören und Sehen zudem durch einen Überschuss aus. Trennungen zwischen Bühne und Auditorium sind im Akustischen grundsätzlich überschritten, doch die Inszenierung eines Rockkonzerts konstituiert Raumsituationen, in denen das Akustische Zuschauer*innen als Atmosphären auf den Leib rückt. Sie kommen als Kirche, Konzert und

Tonstudio zum Ausdruck. Und in diesen Raumsituationen ist eine Bewegung zwischen Hören und Sehen angeregt, denn Atmosphären werden nicht allein gespürt, sondern affektiv, d. h. auch in Überschreitungen von Eigenschaften einzelner Sinne gehört und gesehen. Dabei ist eine Bewegung zwischen Hören und Sehen beispielsweise in Orientierungen an möglichen Klangquellen analytisch. Sie ist in Eigenbewegungen reflexiv – quasi in Überprüfungen der eigenen Wahrnehmungseindrücke.

Medientechnische Inszenierungen von Klang offenbaren geradezu Musik in den Kontexten Liturgie, Konzert und Tonstudio. In den letzten beiden Szenen der Aufführung ist die Aufmerksamkeit insbesondere auf einen a-cappella-Gesang und ein Sampling der bisherigen Klangproduktion der Aufführung gelenkt. Die Szenen in ihrer Kombination und Abfolge regen geradezu paradigmatisch eine analytische Bewegung zwischen Hören und Sehen an. Wenn die Inszenierung von Produktionstechniken einen kritischen Umgang mit produziertem Sound darstellt, liegt darin auch ein Potenzial für eine vergleichbar experimentelle Haltung im Hören und Sehen. Allerdings ist die entscheidende Bedingung für einen analytisch-differenzierenden audio-visuellen Umgang mit dem Akustischen nicht allein in der Reflexivität des szenischen Prozesses zu vermuten. Vielmehr legen a-cappella-Gesang und Sampling in der Szene Wahrnehmungskonventionen von Ritus und Konzert offen und in einem Rückgriff darauf verhandeln Zuschauer*innen diese Offenheit zuschauend und zuhörend. Somit können Zuschauer*innen in Akzentverschiebungen üben, wie Reibungen zwischen Konventionen zur audio-visuellen Wahrnehmung als grundsätzlichem Spannungsverhältnis, als differenzierter Leistung und innehaltender Reflexion oder gar ausschweifender Imagination beitragen.

6.2 Spannung, Leistung, Widerstand: Begründungszusammenhänge einer affektiven, analytischen und reflexiven Bewegung zwischen Hören und Sehen

Die audio-visuelle Wahrnehmung des Akustischen zeichnet sich durch eine Reihe von Spannungsverhältnissen aus, maßgeblich ist in dieser Studie das Wechselverhältnis zwischen Zuhören und Zuschauen. Darin gilt eine Bewegung zwischen Hören und Sehen als Leistung und umfasst heuristisch affektive, analytische und reflexive Aktivitäten von Zuschauer*innen, die wiederum in motorischen Ausprägungen deutlich werden können. Die Aktivitäten sind in dem Verständnis gebündelt, dass Zuschauer*innen sich bewegen, indem sie heterogene Bezüge zwischen dem, was Aufführungen zu hören und zu sehen anbieten, ausloten, testen und üben. Zudem können Zuschauer*innen sich innerhalb des Akustischen und gegenüber einzelnen Gestaltungen von Klang und Wahrnehmung überwältigen lassen, Widerstand zu Wirkungen proben, ihre Aufmerksamkeit verlagern sowie motorische Konsequenzen ziehen. Voraussetzungen dieser Bewegungsdimensionen liegen in wahrnehmungskonzeptuellen Fragestellungen, die als wahrnehmungstheoretische Begründungszusammenhänge gebündelt werden und auf Spannung, Leistung und Widerstand Bezug nehmen.

Das Verständnis einer Bewegung zwischen Hören und Sehen wird durch Perspektiven der Kognitionsphilosophie, Phänomenologie, Filmanalyse und Theater- und Performancetheorie unterstützt. Sensomotorisch profiliert Noë konkrete Bewegungen in einem funktionalen Umgang mit der Umwelt. Diese Bewegungen sind im Kontext des Akustischen zeitgenössischer Theaterarbeiten motorische Ausrichtungen, Zuneigungen oder Abwendungen, ein Rückzug in den Sessel der Podesterie oder ein ausschweifender Blick auf die Uhr. Chion formuliert ein differenziertes Zusammenspiel von Hören und Sehen; er geht von einem transsensoriellen Verständnis von Wahrnehmung aus und setzt zudem eine transformative Beziehung zwischen Hören und Sehen voraus. Diese Transformationen lassen sich auch zu den von Schmitz vorgeschlagenen Bewegungssuggestionen in Beziehung setzen, und Böhme hält Bewegungsanmutungen in Atmosphären fest. Palágyi versteht Einbildung als Organ, um die räumlichen Verhältnisse der Erscheinungswelt bewegt und vor allem *sich bewegend* zu begreifen. Die Bewegung zwischen Hören und Sehen beinhaltet sowohl die Motilität der Augen in Fokussierungen als auch andere Haltungsveränderungen und trägt zu einer Positionierung im Sinne einer Verortung innerhalb der lautlich gestalteten Umgebung bei.

Welchen Grad funktionaler Offenheit es insbesondere im Akustischen braucht, um eine sensomotorisch begründete ästhetische Wahrnehmung als funktionalen, kritischen, gar widerständigen Umgang mit dem Akustischen auszuagieren, hängt von dem Grad der Offenlegung inszenatorischer Mittel in Aufführungen ab. In außerästhetischen Kontexten sind reflexive ‚Bewegungsspielräume' durch kommerzielle und politische Interessen teils massiv eingeschränkt: Schall als Waffe in Systemen wie Long Range Acoustic Device (LRAD) und Linear Acoustic Array (LAAR) sind Beispiele militärischer Praktiken. Darüber hinaus problematisiert Hans-Thies Lehmann andere prekäre Bedingungen in der Lebenswelt als Wahrnehmungsmodellierung und spricht von einer „Wahrnehmungspolitik".[7] Potenziale eines Widerstands gegenüber Inszenierungsstrategien von Klang bestehen in Theaterarbeiten also dann, wenn Voraussetzungen und Kontexte der Produktion und Rezeption des Akustischen – teils

7 Lehmann: *Postdramatisches Theater*, S. 469.

offensichtlich, teils subtil – thematisiert werden. Indem Aufführungen wie die erläuterten Beispiele Gattungsgrenzen beschreiten, werden sie in intermediären Rahmen verhandelbar und in einer funktional offen ,modellierten', kurz: ästhetischen Wahrnehmung kann mit Bedingungen einer Wirksamkeit des Akustischen experimentiert werden. Konkurrieren Wahrnehmungskonventionen, können Zuschauer*innen die freigegebenen Verhandlungen von Konventionen in affektiven, analytischen und reflexiven Potenzialen praktizieren.
Zudem knüpft die hier diskutierte Konzeption einer Bewegung zwischen Hören und Sehen an bestehende Bewegungskonzeptionen aus theater- und performancetheoretischer Perspektive an. Sie werden durch eine kulturtheoretische und -historische Begründung von Bewegung in der Wahrnehmung (Reckwitz) gerahmt.[8] Zugleich wird die dem Lautlichen zugeordnete Wirkung einer Gegenwärtigkeit anerkannt und führt zu der Ausgangsposition, dass die Aufmerksamkeit von Zuschauer*innen sich an der situativen Erfahrung in leiblich-räumlicher Bestimmung ausrichtet. Allerdings ist diese Erfahrung von historischen und kulturellen Entwicklungen und Konventionen nicht zu trennen, insbesondere nicht von diskursiven Prägungen und Ansprüchen, die im folgenden Unterkapitel zusammengefasst werden.

6.3 Audio-Visionen des Akustischen: Entwicklungen im Dispositiv

Das Akustische als Modell und Möglichkeit von Klang respektive als ,inszenierter Klang mit Wirkung' zu verstehen, kommt einem Dispositiv-Verständnis, das auf Dominanzen von Perspektiven und Sitzplatz-Verhaftungen im Theater antwortet, entgegen. Darin lassen sich Konvergenzen und Divergenzen zwischen Hören und Sehen in der Wahrnehmung des Akustischen beschreiben. Konvergenzen und Divergenzen können sich – scheinbar paradox – überlagern. Inszenierungsstrategien gelten als Ordnungen auditiver und visueller Vorgänge, die Bezüge nicht voraussetzen, sondern nahelegen, unklar machen oder gar trennen. Auf der Basis, dessen, dass das Zusammenspiel zwischen Strategie und Wirkung in Prozessen zwischen Inszenierung und Wahrnehmung verankert ist, geht das Akustische in den Wirkungskategorien Überschuss und Entzug auf, kurz: Wirkungen können inszenierungsspezifische Ordnungen überschreiten oder unterlaufen. Deshalb wurde eine Aktivität von Zuschauer*innen

8 ,Bewegen und Bewegtwerden' in Aktiv/Passiv-Unterscheidungen diskutiere ich sowohl in der kulturhistorischen Charakteristik von Reckwitz als auch insbesondere am Beispiel der Arbeit *Rondo*, vgl. Kap. 2 u. 3. Zu weiteren Bewegungskonzeptionen vgl. Präludium u. Kap. 1. Auf ein *movere*-Verständnis in der Tradition antiker Rhetorik und Affekttheorien gehe ich in dieser Studie nicht ein.

zugespitzt, die analytisch oder auch affektiv einen disziplinierenden Umgang mit Wirkungen inszenierter Klänge bedeuten kann. Sie wird beeinflusst von historisch-konventionell gewachsenen und medialen Ordnungsmustern und ruft Erwartungen hervor. Zudem konkurriert eine Disziplinierung mit exzessiven Erfahrungen des Akustischen, das sind auch Erfahrungen eines ‚Ausgesetzt Seins' und allgemeinen ‚Sich Befindens' in einer gestalteten Situation. Sie werden im Begriff ‚Digression' gebündelt. Darin werden die auditive und visuelle Aufmerksamkeit von Zuschauer*innen kontinuierlich verschoben, gar zerstreut und rücken möglicherweise ganz andere Relevanzen des eigenen Befindens in den Vordergrund. Somit wird das Akustische, so zeigt die Analyse der ausgewählten Aufführungen, sowohl in Reibungen zwischen Konventionen wahrgenommen als auch in einer heuristischen und motorischen Motivation. Das wirkungsmächtige Akustische gilt dann als Auslöser dafür, Wahrnehmung affektiv, analytisch und reflexiv auszuagieren und in einer differenzierbaren Selbstbewegung Antworten auf die Ausgangsfragen, wie das Akustische wahrnehmbar ist, wie Wirkungen zustande kommen und wie Zuschauer*innen mit Wirkungen umgehen können, zu liefern. Daran anknüpfend stellt sich die Frage, wie Weiterentwicklungen der audio-visuellen Wahrnehmung hinsichtlich des Dispositivs inszenierten Klangs beschrieben werden können.[9]
Die Versprachlichung der audio-visuellen Wahrnehmung antwortet darauf. Eine Sprache für Wirkungen zu finden, die die sprachlich verfasste Wahrnehmung selbst zur Debatte stellt, ist dabei wesentlich. Deshalb wurde die audio-visuelle Wahrnehmung des Akustischen in einem Zeichen zugespitzt, das sich der gesprochenen Sprache nahezu entzieht – dem Bindestrich, der angesichts einiger Inszenierungsvarianten von Klang auch einen Trennstrich bedeuten kann. Auch Audio-Visionen und Imaginationen sind entscheidende Wahrnehmungspraktiken des Akustischen, die ausdifferenzierte Beschreibungsansätze und Begriffskonzepte notwendig machen. Somit ist dem Bewegungsbegriff in der Wahrnehmung zu eigen, Verständnisse desselben hinsichtlich von Wahrnehmungsphänomenen auszuarbeiten, kurzum: das Bewegungsverständnis auf konzeptueller und praktischer Ebene steht zur Disposition.
Das Denkmodell des Dispositivs lässt sich für das Akustische in Theateraufführungen ebenso wie für die audio-visuelle Wahrnehmung in Anspruch

9 Hinsichtlich des Akustischen wurden mit Bezug zu Foucaults Dispositiv-Konzeption Sitzplatzverhaftungen in Kombination mit zentralperspektivischen Implikationen, Bedrängnis und Provokationen bemerkt. Ein doppelter Prozess aus funktioneller Überdeterminierung und strategischer Wiederauffüllung liegt m. E. in widersprüchlichen Wirkungen ausdifferenzierter Inszenierungsvarianten von Klang, Hören und Sehen. Vgl. Kap. 1.

nehmen und als Bewegungsdispositiv weiterentwickeln – nicht zuletzt sprachlich. Hinsichtlich des Akustischen gilt das Fazit einer ‚Arbeit an der Wahrnehmung', die auch Beschreibungen und diskurskritische Zugänge betrifft. Letztgenannte loten die Beweglichkeit dieses Denkmodells aus und bedeuten eine Arbeit am Bewegungsdispositiv. Dabei sind Ordnungen der audio-visuellen Wahrnehmung, die erstens auf Wahrnehmungskonventionen eines historischen oder zeitgenössischen Theaterverständnisses basieren, die zweitens sich verändernde Bedingungen der Wahrnehmung berücksichtigen und die drittens von Eigenschaften ausgehen, die einzelnen Sinnen zugeschrieben werden, in Wechselwirkungen dynamisiert.

Nachspiel: Impuls, Resonanz und Perspektive

Thesen einer Ästhetik des Akustischen basieren auf einzelnen Erfahrungen inszenierten Klangs in Aufführungen, die während der letzten 15 Jahre in Theatern im deutschsprachigen Raum zu sehen und zu hören waren. Sie sind subjektiv begrenzt und stehen zugleich in Zusammenhängen, die subjektive Erfahrungen überschreiten. Denn Aspekte einer sich verändernden Wahrnehmung von Körper, Raum und Medien sind in den exemplarischen Aufführungen genauso enthalten wie in ihrer situativen Wahrnehmung. Deshalb ist die theaterwissenschaftliche Aufführungsanalyse in einer kulturwissenschaftlichen Perspektive situiert. Zugleich ist darin berücksichtigt, inwiefern Reibungen zwischen Konventionen zu Wahrnehmungspraktiken mit einem heuristischen Bewegungsbegriff beitragen. Interdisziplinäre wahrnehmungstheoretische Ansätze werden einbezogen, um Bedingungen und Voraussetzungen der Wahrnehmung als Bewegung zu reflektieren und um allzu exemplarische und subjektive Beschreibungen zu kontextualisieren. Ein performatives Wahrnehmungsdispositiv, so das Ergebnis der Studie, lässt sich um motorisch-affektive, -analytische und -reflexive Bewegungen in der Wahrnehmung erweitern, die in der jeweils konkreten, subjektiven und flüchtigen Erfahrung begründet sind und Anschlüsse an darüber hinausgehende Diskurse bieten.

Ein kritischer Ansatz für die Analyse eines Höreindrucks im Theater, der unwiederbringlich vorbei ist und an den eine dokumentarische Bild-und-Tonaufzeichnung erinnern mag, ist selbstverständlich und weist Grenzen einer Analyse der Wahrnehmung des Akustischen auf. Beispielsweise konnte sich die Analyse der *9 Evenings: Theatre and Engineering* nur auf dokumentarisches Material in Ton- und Videoaufnahmen, Zeichnungen, Interviews und

Berichten von Beteiligten sowie Kritiken stützen. Hören und Körper, Hören und Raum und Hören und Medien ausgehend von Aufzeichnungstechnologien von Klang zu untersuchen, folgt anderen Voraussetzungen als die situative Erfahrung des Akustischen in zeitgenössischen Aufführungen. Zugleich gilt die sprachlich verfasste Wahrnehmung als Aufzeichnungsmedium grundsätzlich als aussagekräftig und ruft die Frage hervor, inwiefern ein Bewegungsdispositiv in der Wahrnehmung auch auf historische Studien zum Akustischen anwendbar ist. Bild- und Tondokumente sowie Berichte der am Akustischen Beteiligten, also Zeitzeug*innen und Künstler*innen, sind dafür maßgebliche Quellen. Und insofern dokumentarisches Material in oben genannter Bandbreite Bedingungen einer Produktion des Akustischen offenlegt, sind auch Anschlüsse an kulturhistorische Forschungen – auch im Kontext einer Oral History – durchaus denkbar.[1] Zudem sind Feldforschung und Spurensuchen in ethnografischer und geschichtswissenschaftlicher Perspektive auch in akustischen Kunstformen über Aufführungen hinaus relevant. Auch ihnen kann sich diskursanalytisch mit einem Bewegungsdispositiv in der Wahrnehmung angenähert werden.[2] Wissenschaftsgeschichtliche und wahrnehmungstheoretisch begründete Verflechtungen von Wahrnehmung und Bewegung ergänzen die situative Erfahrungsdimension, sie sind durch entwicklungsphysiologische und -psychologische Zusammenhänge von Hören und Bewegung fundiert. Zudem ist eine empirische Wahrnehmungsforschung zum Zusammenhang von Hören und Bewegung als *ear tracking* ein Ansatz, der im Kontext der Kognitionsforschung entwickelt wird.[3] (Musik)ethnologische Methoden bergen darüber hinaus das Potenzial, anthropologische Ausgangspositionen zu Klang und Bewegung und zu Wahrnehmung und Bewegung in

1 Vgl. entsprechende Forschungsansätze in Kap. 1.

2 Michaela Meliáns Arbeit *Memory Loops* (2010) kann als Beispiel für Verflechtungen einer Oral History und ortsspezifischer Klangkunst gelten. Historische und aktuelle Aussagen von NS-Opfern und Zeitzeugen werden von Schauspieler*innen gesprochen, historische Dokumente werden von Kindern gelesen und die aufgenommenen Stimmen sind in die Musikkomposition Meliáns eingebettet. Die Tonspuren sind thematisch spezifischen Orten in München zugeordnet, auf einer virtuellen Stadtkarte hinterlegt und im Internet bis heute abrufbar, vgl. http://www.memoryloops.net (Zugriff am 15.07.2016).

3 Erste Ansätze beschreiben William Joseph King / Suzanne J. Weghorst: Ear Tracking: Visualizing Auditory Localization Strategies. Vortrag auf der Konferenz „Human Factors in Computing Systems" (CHI) in Denver, 07.–11.05.1995. http://www.sigchi.org (Zugriff am 15.07.2016). Weiterentwicklungen, beispielsweise im Rahmen der Forschung im Max-Planck-Institut für empirische Ästhetik (Frankfurt am Main), sind daran anschlussfähig.

einen kulturvergleichenden Kontext zu stellen.[4] Dabei ermöglichen Diskurs- und Dispositivanalysen ‚offene Gegenüberstellungen' und ‚Umwege', anstatt ihre Ausgangspunkte als kulturelle Begrenzungen aufzufassen.[5] Eine Wahrnehmungsforschung zu solchen Theaterarbeiten, die aus globalen Koproduktionsnetzwerken erwachsen und international touren, wäre daran anschlussfähig. Bestehende Ansätze sind historisch ausgerichtet und beziehen die Analyse globalen Vermittelns, Verkaufens und Verbreitens von Theater ein.[6]
Eine Bewegung in der Wahrnehmung spielt in Überlegungen eine Rolle, die gestaltete Hörerfahrungen – auch im Begriff eines Sound-Designs – in weitreichenden gesellschaftlichen Handlungsfeldern untersuchen.[7] Dabei liegen in Disziplinen, die das Begriffskompositum Klang-Inszenierung breit aufzustellen bereit sind, Potenziale, „acoustic territories" und weitere interaktive Anordnungen des Akustischen zu diskutieren. Unterhaltungsformate wie Karaoke und Making-of-Strategien werden – wie die Analysen zeigen – in Aufführungen verhandelt. Weiterentwicklungen wie ‚Videoke', auch Schnittstellen wie ‚Kinect' beispielsweise – eine von Microsoft seit 2010 entwickelte Hardware zur Steuerung der Videospielkonsole *Xbox 360* – oder Spielstrukturen in sogenannten Dance Machines (*Stepmania, Dance Dance Revolution*) zeichnen sich durch einen wie auch immer öffentlichen Umgang mit denselben aus. Somit stehen De-Kontextualisierungen[8] von Unterhaltungsformaten, Spielstrukturen, Programmen und Apparaten im Zusammenhang mit einer Theatralität, die von Wahrnehmung, Bewegung und Sprache nicht zu trennen ist. Dabei ist dieses audio-visuelle Geschehen als Theateraufführung an dem Ort, an dem ich mich befinde, zugleich entgrenzt.

4 Exemplarisch vgl. Bruno Nettl: *The Study of Ethnomusicology. Thirty-one Issues and Concepts.* Urbana: University of Illinois Press 2005.

5 Exemplarisch vgl. François Jullien: *Die stillen Wandlungen*, aus d. Franz. v. Ronald Voullié. Berlin: Merve 2010; ders.: *Der Umweg über China. Ein Ortswechsel des Denkens*, aus d. Franz. v. Mira Köller. Berlin: Merve 2002.

6 Exemplarisch vgl. das Forschungsprojekt Global Theatre Histories an der Ludwig-Maximilians-Universität München unter der Leitung von Christopher Balme: http://www.gth.theaterwissenschaft.uni-muenchen.de/index.html (Zugriff am 15.07.2016).

7 Ein Sound-Design von Theateraufführungen wird ergänzend zur Tontechnik zunehmend diskutiert, darüber hinaus werden Theatralitätskonzepte auf Medienanalysen bezogen, vgl. Kap. 1.

8 Ich verwende hier einen Trennstrich, um folgende Bezüge kenntlich zu machen, erstens zu Konventionen in Kontexten, in denen solche Schnittstellen entwickelt werden, und zweitens zu Konventionen, die in Weiterentwicklungen und ‚Zweckentfremdungen', also in einem unkonventionellen Gebrauch entstehen.

Literaturverzeichnis

Aber, Adolf: *Musik im Schauspiel. Geschichtliches und Ästhetisches.* Leipzig: Beck1926.

Acta Acustica United with Acustica 101 (2015).

Ästhetische Grundbegriffe. Historisches Wörterbuch in sieben Bänden, hrsg. v. Karlheinz Barck, / Martin Fontius / Dieter Schlenstedt / Burkhart Steinwachs et al. Stuttgart / Weimar: Metzler 2003.

Agamben, Giorgio: *Was ist ein Dispositiv?*, aus d. Ital. v. Andreas Hiepko. Zürich: Diaphanes 2008.

Aggermann, Lorenz: *Der offene Mund. Über ein zentrales Phänomen des Pathischen.* Berlin: Theater der Zeit 2013.

// Taube Augen. Das Konzept der Heterotopie vor dem Hintergrund des *acoustic turn.* In: Nadja Elia-Borer / Constanze Schellow / Nina Schimmel / Bettina Wodianka (Hrsg.): *Heterotopien. Perspektiven intermedialer Ästhetik.* Bielefeld: Transcript 2013, S. 211–225.

Alexander, Amy: Audiovisuelle Live Performance. http://www.see-this-sound.at/kompendium/text/54 (Zugriff am 15.07.2016).

Alkemeyer, Thomas / Kristina Brümmer / Rea Kodalle / Thomas Pille (Hrsg.): *Ordnung in Bewegung. Choreographien des Sozialen. Körper in Sport, Tanz, Arbeit und Bildung.* Bielefeld: Transcript 2009.

Alloa, Emmanuel / Thomas Bedorf / Christian Grüny / Tobias N. Klaas (Hrsg.): *Leiblichkeit. Begriff, Geschichte und Aktualität eines Konzepts.* Stuttgart: utb 2012.

Altenburg Detlef / Lorenz Jensen: Schauspielmusik. In: *Musik in Geschichte und Gegenwart. Sachteil 8*, hrsg. v. Ludwig Finscher. Kassel / Stuttgart: Bärenreiter / Metzler 1998, Sp. 1035–1049.

Arbeitsgruppe Medien: Über das Zusammenspiel von ‚Medialität' und ‚Performativität'. In: *Paragrana* 13,1 (2004), S. 129–186.

Arbeitsgruppe Wahrnehmung: Wahrnehmung und Performativität. In: *Paragrana* 13,1 (2004), S. 15–80.

Asiáin, Martin: *Sinn als Ausdruck des Lebendigen.* Würzburg: Königshausen & Neumann 2006.

Attali, Jacques: *Bruits: Essai sur l'économie politique de la musique.* Paris: Fayard 2001.

Aubrey, Elisabeth: Das einstimmige Rondeau des Mittelalters. In: *Musik in Geschichte und Gegenwart. Sachteil 8*, hrsg. v. Ludwig Finscher. Kassel / Stuttgart: Bärenreiter / Metzler 1998, Sp. 537–540.

Auhagen, Wolfgang: Theorien zur Bewegung in Musik. In: Albrecht Riethmüller / Christa Brüstle (Hrsg.): *Klang und Bewegung. Beiträge zu einer Grundkonstellation.* Aachen: Shaker 2004, S. 61–72.

Auslander, Philip: *Liveness. Performance in a Mediatized Culture.* London: Routledge 1999.

// Performance Analysis and Popular Music. A Manifesto. In: *Contemporary Theatre Review* 14,1 (2004), S. 1–13.

// Musical Personae. In: *The Drama Review* 50,1 (2006), S. 100–119.

// About Digital Liveness in Historical and Philosophical Perspective. Panel: Digital Liveness – Realtime. Desire and Sociability (Interface Keynote-Lecture), 03.02.2011. http://vimeo.com/20473967 (Zugriff am 15.07.2016).

Bachmann-Medick, Doris: *Cultural Turns. Neuorientierungen in den Kulturwissenschaften*. Reinbek: Rowohlt 2007.

Baecker, Dirk: *Beobachter unter sich: Eine Kulturtheorie*. Berlin: Suhrkamp 2013.

Baier, Gerold: *Rhythmus. Tanz in Körper und Gehirn*. Reinbek: Rowohlt 2001.

Balme, Christopher / Markus Moninger (Hrsg.): *Crossing Media. Theater – Film – Fotografie – Neue Medien*. München: Epodium 2004.

// Theater zwischen den Medien. Perspektiven theaterwissenschaftlicher Intermedialitätsforschung. In: Ebd., S. 13–31.

// Forschungsprojekt Global Theatre Histories an der Ludwig-Maximilians-Universität München. http://www.gth.theaterwissenschaft.uni-muenchen.de/index.html (Zugriff am 15.07.2016).

Barck, Karlheinz / Peter Gente / Heidi Paris / Stefan Richter (Hrsg.): *Aisthesis. Wahrnehmung heute oder Perspektiven einer anderen Ästhetik*. Leipzig: Reclam 1990.

Bardiot, Clarisse: The diagrams of 9 evenings. In: Dies. / Catherine Morris (Hrsg.): *9 Evenings Reconsidered: Art, Theatre, and Engineering, 1966*. Cambridge, MA: MIT List Visual Arts Center 2006, S. 45–52.

// *9 Evenings: Theatre and Engineering*. http://www.fondation-langlois.org/flash/e/index.php?NumPage=571 (Zugriff am 15.07.2016).

Barlow, Horace B. / Rupert M. Hill: Evidence for a Physiological Explanation of the Waterfall Phenomenon and Figural After-effects. In: *Nature* 200 (1963), S. 1434–1445.

Barthes, Roland: Zuhören. In: Ders.: *Der entgegenkommende und der stumpfe Sinn. Kritische Essays III*, aus d. Franz. v. Dieter Hornig. Frankfurt am Main: Suhrkamp 1990, S. 249–263.

// *Die Körnung der Stimme. Interviews 1962–1980*. Frankfurt am Main: Suhrkamp 2002.

Bayerdörfer, Hans-Peter (Hrsg.): *Musiktheater als Herausforderung. Interdisziplinäre Facetten von Theater- und Musikwissenschaft*. Tübingen: Niemeyer 1999.

// *Stimmen – Klänge – Töne. Synergien im szenischen Spiel*. Tübingen: Narr 2002.

Becker, Barbara: *Taktile Wahrnehmung. Phänomenologie der Nahsinne*. Paderborn: Fink 2011.

Beil, Ralf / Peter Kraut (Hrsg.): *A House Full of Music. Strategien in Musik und Kunst*. Ostfildern: Hatje Cantz 2012.

Bexte, Peter: Mit den Augen hören / mit den Ohren sehen. Raoul Hausmanns optophonetische Schnittmengen. In: Helmar Schramm / Ludger Schwarte / Jan Lazardzig (Hrsg.): *Spuren der Avantgarde: Theatrum anatomicum. Frühe Neuzeit und Moderne im Kulturvergleich*. Berlin / New York: de Gruyter 2011, S. 426–441.

Bierl, Anton / Gerald Siegmund / Christoph Meneghetti / Clemens Schuster (Hrsg.): *Theater des Fragments. Performative Strategien im Theater zwischen Antike und Postmoderne*. Bielefeld: Transcript 2009.

Bippus, Elke / Jörg Huber / Roberto Nigro (Hrsg.): *Ästhetik x Dispositiv. Die Erprobung von Erfahrungsfeldern*. Zürich: Voldemeer / Springer 2012.

Birkenhauer, Theresia: *Schauplatz der Sprache – das Theater als Ort der Literatur.* Berlin: Vorwerk 2005.

Bismarck, Beatrice von / Ursula Biermann (Hrsg.): Hoffnungsträger – Foucault und de Certeau. In: *Texte zur Kunst* 47 (2002), S. 134–147.

// *Grenzbespielungen. Visuelle Politik in der Übergangszone.* Köln: König 2005.

Blum, André L. / John M. Krois / Hans-Jörg Rheinberger (Hrsg.): *Verkörperungen.* Berlin: Akademie 2012.

Böhler, Arno / Susanne Granzer (Hrsg.): *Ereignis Denken. TheatRealität, Performanz, Ereignis.* Wien: Passagen 2009.

Boehm, Gottfried / Sebastian Egenhofer / Christian Spies (Hrsg.): *Zeigen. Die Rhetorik des Sichtbaren.* München: Fink 2010.

// / Gabriele Brandstetter / Achatz von Müller (Hrsg.): *Figur und Figuration. Studien zu Wahrnehmung und Wissen.* München: Fink 2007.

Böhme, Gernot: *Aisthetik. Vorlesungen über Ästhetik als allgemeine Wahrnehmungslehre.* München: Fink 2001.

// *Atmosphäre. Essays zur neuen Ästhetik.* Frankfurt am Main: Suhrkamp 1995.

// Akustische Atmosphären. Ein Beitrag zur ökologischen Ästhetik. In: Winrich Hopp (Hrsg.): *Klang und Wahrnehmung. Komponist – Interpret – Hörer.* Mainz: Schott 2001, S. 38–48.

Böhme, Hartmut: Raum – Bewegung – Grenzzustände der Sinne. In: Christina Lechtermann / Kirsten Wagner / Horst Wenzel (Hrsg.): *Möglichkeitsräume. Zur Performativität von sensorischer Wahrnehmung.* Berlin: Schmidt 2007, S. 53–72.

Boenisch, Peter M.: Acts of Spectating: The Dramaturgy of the Audience's Experience in Contemporary Theatre. In: *Critical Stages* 7 (2012). http://www.critical-stages.org/7/acts-of-spectating-the-dramaturgy-of-the-audiences-experience-in-contemporary-theatre/ (Zugriff am 15.07.2016).

Bolte-Picker, Petra. *Die Stimme des Körpers. Vokalität im Theater der Physiologie des 19. Jahrhunderts.* Frankfurt am Main / Berlin: Lang 2012.

Bolter, Jay David / Richard Grusin: Remediation. In: *Configurations* 3 (1996), S. 311–358.

// *Remediation. Understanding New Media.* Cambridge, MA: MIT Press 2000.

Bormann, Hans-Friedrich: *Verschwiegene Stille. John Cages performative Ästhetik.* München: Fink 2005.

Bourriaud, Nicolas: *Relational Aesthetics.* Dijon: Les presses du réel 2002.

Brandl, Rudolf M.: Bordun. In: *Musik in Geschichte und Gegenwart. Sachteil 2*, hrsg. v. Ludwig Finscher. Kassel / Stuttgart: Bärenreiter / Metzler 1995, Sp. 69–75.

Brandl-Risi, Bettina: Tableau vivant. In: Erika Fischer-Lichte / Doris Kolesch / Matthias Warstat (Hrsg.): *Metzler Lexikon Theatertheorie.* Stuttgart: Metzler 2005, S. 325–327.

// Applaus: Die Gesten des Virtuosen. In: Erika Fischer-Lichte / Christoph Wulf (Hrsg.): *Gesten. Inszenierung, Aufführung und Praxis.* Paderborn: Fink 2010, S. 266–280.

// Getting Together and Falling Apart. Applauding Audiences. In: *Performance Research* 3,16 (2011), S. 12–18.

// Das Leben des Bildes und die Dauer der Pose. Überlegungen zum Paradox des Tableau vivant. In: Dies. / Gabriele Brandstetter / Stefanie Diekmann (Hrsg.): *Hold it! Zur Pose zwischen Bild und Performance.* Berlin: Theater der Zeit 2012, S. 52–67.

// Genuss und Kritik. Partizipieren im Theaterpublikum. In: Dietmar Kammerer (Hrsg.): *Vom Publicum. Das Öffentliche in der Kunst.* Bielefeld: Transcript 2012, S. 73–90.

// *BilderSzenen. Tableaux vivants zwischen bildender Kunst, Theater und Literatur im 19. Jahrhundert.* Freiburg i. Br.: Rombach 2013.

// / Wolf-Dieter Ernst / Meike Wagner (Hrsg.): *Figuration. Beiträge zum Wandel der Betrachtung ästhetischer Gefüge.* München: Epodium 2000.

Brandstetter, Gabriele: ‚Listening' – Kinaesthetic Awareness im zeitgenössischen Tanz. In: Stephanie Schroedter (Hrsg.): *Bewegungen zwischen Hören und Sehen: Denkbewegungen über Bewegungskünste.* Würzburg: Königshausen & Neumann 2012, S. 113–127.

// Pose – Posa – Posing. Zwischen Bild und Bewegung. In: Dies. / Bettina Brandl-Risi / Stefanie Diekmann (Hrsg.): *Hold it! Zur Pose zwischen Bild und Performance.* Berlin: Theater der Zeit 2012, S. 41–51.

// / Helga Finter / Markus Weßendorf (Hrsg.): *Grenzgänge. Das Theater und die anderen Künste.* Tübingen: Narr 1998.

// / Christoph Wulf (Hrsg.): *Tanz als Anthropologie.* Paderborn: Fink 2007.

// / Birgit Wiens (Hrsg.): *Theater ohne Fluchtpunkt. Das Erbe Adolphe Appias: Szenographie und Choreographie im zeitgenössischen Theater.* Berlin: Alexander 2010.

Braun, Lucien: *Bilder der Philosophie.* Darmstadt: WBG 2009.

Breitwieser, Sabine (Hrsg.): *E. A. T. Experiments in Art and Technology.* Köln: König 2015.

Brown, Ross: *Sound. A Reader in Theatre Practice.* Basingstoke / Hampshire: Palgrave Macmillan 2010.

// Towards Theatre Noise. In: Lynne Kendrick / David Roesner (Hrsg.): *Theatre Noise. The Sound of Performance.* Newcastle upon Tyne: Cambridge Scholars 2011, S. 1–13.

Brüstle, Christa: *Konzert-Szenen. Bewegung, Performance, Medien. Musik zwischen performativer Expansion und medialer Integration 1950–2000.* Stuttgart: Steiner 2013.

// / Albrecht Riethmüller (Hrsg.): *Klang und Bewegung. Beiträge zu einer Grundkonstellation.* Aachen: Shaker 2004.

// / Nadia Ghattas / Clemens Risi / Sabine Schouten (Hrsg.): *Aus dem Takt. Rhythmus in Kunst, Kultur und Natur.* Bielefeld: Transcript 2005.

// / Clemens Risi / Stephanie Schwarz (Hrsg.): *Macht, Ohnmacht, Zufall. Aufführungspraxis, Interpretation und Rezeption im Musiktheater.* Berlin: Theater der Zeit 2011.

Buchholtz, Jules: *Wem gehört die Zukunft? Wissen und Wahrheit im Szenario.* Berlin: Neofelis 2018 (im Erscheinen).

Büscher, Barbara: Theater und elektronische Medien. Intermediale Praktiken in den siebziger und achtziger Jahren. Zeitgenössische Fragestellungen für die Theaterwissenschaft. In: Erika Fischer-Lichte / Wolfgang Greisenegger / Hans-Thies Lehmann (Hrsg.): *Arbeitsfelder der Theaterwissenschaft.* Tübingen: Narr 1994, S. 193–210.

// Gegenseitige Durchdringung und Nicht-Behinderung. Über das Verhältnis zweier Performance-Systeme am Beispiel der Live Electronic Music in Produktionen der Merce Cunningham Dance Company. In: *MAP # 3* (2012): Performing Sound: Hören/Sehen. http://www.perfomap.de/map3 (Zugriff am 15.07.2016).

Buhre, Franziska: Im Schauen Tanzen. In: Marcus S. Kleiner / Thomas Wilke (Hrsg.): *Performativität und Medialität Populärer Kulturen. Theorien, Ästhetiken, Praktiken.* Wiesbaden: Springer 2013, S. 357–371.

Burns, Elizabeth: *Theatricality. A Study in Convention in the Theatre and in Social Life.* London: Longman 1972.

Caduff, Marc / Stefanie Heine / Michael Steiner (Hrsg.): *Die Kunst der Rezeption.* Bielefeld: Aisthesis 2015.

Cage, John: *Silence: Lectures and Writings.* Middletown, CT: Wesleyan UP 1986.

Campe, Rüdiger: Zeigen statt Sagen. Kleists ‚Hier' und ‚Jetzt' und die Figur des Zeigens. In: Gottfried Boehm / Sebastian Egenhofer / Christian Spies (Hrsg.): *Zeigen. Die Rhetorik des Sichtbaren.* München: Fink 2010, S. 439–458.

Certeau, Michel de: *Kunst des Handelns*, aus d. Franz. v. Ronald Voullié. Berlin: Merve 1988.

Chapple, Freda / Chiel Kattenbelt (Hrsg.): *Intermediality in Theatre and Performance.* Amsterdam: Rodopi 2006.

Chion, Michel: *La voix au cinéma.* Paris: Cahiers du Cinéma / Edition de l'Etoile 1982.

// *L'audio-vision. Son et image au cinema.* Paris: Nathan 1990.

// *Audio-Vision. Sound on Screen*, aus d. Franz. v. Claudia Gorbman. New York: Columbia UP 1994.

// Mabuse – Magie und Kräfte des „acousmêtre". In: Cornelia Epping-Jäger / Erika Linz (Hrsg.): *Medien / Stimmen.* Köln: DuMont 2003, S. 124–159.

// *Die Kunst fixierter Klänge – oder die Musique Concrètement.* Berlin: Merve 2010.

// Ton und Bild – eine Relation? Hypothesen über das Audio-*Di*visuelle. In: Maren Butte / Sabina Brandt (Hrsg.): *Bild und Stimme.* München: Fink 2011, S. 49–64.

// Audition und Ergo-Audition. In: Dieter Daniels / Sandra Naumann (Hrsg.): *See this Sound. Audiovisuology 2. Essays. Histories and Theories of Audiovisual Media and Art.* Köln: König 2011, S. 236–250.

// *Audio-Vision. Ton und Bild im Kino*, aus d. Franz. v. Alexandra Fuchs / Jörg Udo Lensing. Berlin. Schiele & Schön 2012.

Collins, John: Performing Sound / Sounding Space. In: Lynne Kendrick / David Roesner (Hrsg.): *Theatre Noise. The Sound of Performance.* Newcastle upon Tyne: Cambridge Scholars 2011, S. 23–32.

Crary, Jonathan: *Techniken des Betrachters*, aus d. Engl. v. Anne Vonderstein. Dresden / Basel: Verlag der Kunst 1996.

Csordas, Thomas J.: *Embodiment and Experience. The Existential Ground of Culture and Self.* Cambridge: Cambridge UP 1994.

Cunningham, Mark: *Good Vibrations. A History of Record Production*. Chessington: Castle Communications 1996.

Curtis, Robin / Marc Glöde / Gertrud Koch (Hrsg.): *Synästhesie-Effekte: Zur Intermodalität der ästhetischen Wahrnehmung*. München: Fink 2010.

Curtis, Robin / Gertrud Koch / Marc Siegel (Hrsg.): *Synchronisierung der Künste*. Paderborn: Fink 2013.

Damasio, Antonio: *The Feeling of What Happens. Body and Emotion in the Making of Consciousness*. New York: Harcourt Brace 1999.

Daniels, Dieter / Rudolf Frieling (Hrsg.): *Medien Kunst Aktion. Die 60er und 70er Jahre in Deutschland*. Wien / New York: Springer 1997.

// (Hrsg.): *Medien-Kunst-Interaktion: Die 80er und 90er Jahre in Deutschland*. Wien / New York: Springer 2000.

Daniels, Dieter / Sandra Naumann (Hrsg.): *See this Sound. Audiovisuology. Compendium. An Interdisciplinary Survey of Audiovisual Culture*. Köln: König 2010.

// (Hrsg.): *See this Sound. Audiovisuology 2. Essays: Histories and Theories of Audiovisual Media and Art*. Köln: König 2011.

Debord, Guy: *Die Gesellschaft des Spektakels*. Berlin: Tiamat 1996.

De Keersmaeker, Anne Teresa / Bojana Cvejić: *'En atendant' and 'Cesena': A Choreographer's Score*. New Haven: Yale UP 2013.

Diederichsen, Diedrich: Ambient: Definitionen. In: *Daidalos. Zeitschrift für Architektur, Kunst und Kultur* 68 (1998), S. 138–141.

// Rückkehr des Kollektivs. Ein Hintergrundessay zu „collective identities". In: Berno Odo Polzer / Thomas Schäfer (Hrsg.): *Katalog Wien Modern*. Saarbrücken: Pfau 2005, S. 66–69.

// Dubbing is a must. Synchronie in der zentrumslosen Popmusik. In: Robin Curtis / Gertrud Koch / Marc Siegel (Hrsg.): *Synchronisierung der Künste*. Paderborn: Fink 2013, S. 175–184.

Dolar, Mladen: *His master's voice. Eine Theorie der Stimme*. Frankfurt am Main: Suhrkamp 2007.

Dreyer, Matthias: Landscape & Soundscape. Postanthropozentrische Ästhetik bei Robert Wilson und Heiner Müller. In: Julia H. Schröder (Hrsg.): *Im Hörraum vor der Schaubühne. Theatersound von Hans Peter Kuhn für Robert Wilson und von Leigh Landy für Heiner Müller*. Bielefeld: Transcript 2015, S. 119–143.

Dreysse, Miriam: *Szene vor dem Palast: Die Theatralisierung des Chors im Theater Einar Schleefs*. Frankfurt am Main: Lang 1999.

Drügh, Heinz: *Ästhetik der Beschreibung. Poetische und kulturelle Energie deskriptiver Texte (1700–2000)*. Tübingen: Francke 2006.

// / Vinzenz Hediger / Nikolaus Müller-Schöll: Dimensionen des Ästhetischen. Projektgruppe Hediger / Müller-Schöll: Der Zuschauer als epistemische Figur. http://www.fzhg.org/forschungsfelder/ff7-dimensionen-des-aesthetischen/jfmulticontent_c221-2 (Zugriff am 15.07.2016).

Dünne, Jörg / Stephan Günzel (Hrsg.): *Raumtheorie. Grundlagentexte aus Philosophie und Kulturwissenschaften*. Frankfurt am Main: Suhrkamp 2006.

Dyson, Frances: *The Tone of Our Times: Sound, Sense, Economy and Ecology*. Boston: MIT Press 2014.

Eiermann, André: *Postspektakuläres Theater: Die Alterität der Aufführung und die Entgrenzung der Künste*. Bielefeld: Transcript 2009.

// Die Szene des Unkörperlichen. (Trans-)Formationen von Zeit, Raum und Text in „Stifters Dinge" von Heiner Goebbels. In: Stefan Tigges / Katharina Pewny / Evelyn Deutsch-Schreiner (Hrsg.): *Zwischenspiele. Neue Texte, Wahrnehmungs- und Fiktionsräume in Theater, Tanz und Performance*. Bielefeld: Transcript 2010, S. 330–347.

// ‚Was geht hier eigentlich vor?' Rahmenwechsel und Rahmenbrüche in *White Cube* und *Black Box*. In: Uwe Wirth (Hrsg.): *Rahmenbrüche, Rahmenwechsel*. Berlin: Kadmos 2013, S. 258–282.

Eikels, Kai van: *Die Kunst des Kollektiven. Performance zwischen Theater, Politik und Sozio-Ökonomie*. Paderborn: Fink 2013.

// / Annemarie M. Matzke / Isa Wortelkamp: Bewegung. In: *Metzler Lexikon Theatertheorie*, hrsg. v. Erika Fischer-Lichte / Doris Kolesch / Matthias Warstat. Stuttgart: Metzler 2005, S. 33–42.

Elia-Borer, Nadja / Constanze Schellow / Nina Schimmel / Bettina Wodianka (Hrsg.): *Heterotopien. Perspektiven intermedialer Ästhetik*. Bielefeld: Transcript 2013.

Elias, Norbert: *Über den Prozess der Zivilisation. Gesammelte Schriften*, Bd. 3, hrsg. v. Reinhard Blomert / Heike Hammer. Frankfurt am Main: Suhrkamp 1997.

Elzenheimer, Regine: *Pausen, Schweigen, Stille. Dramaturgien der Abwesenheit im postdramatischen Musik-Theater*. Würzburg: Königshausen & Neumann 2005.

Engelbrecht, Robert: Das Brummen eines Kontinents: Drones und Minimalismus. In: *Testcard* 14 (2005): Discover America, S. 90–95.

Enzyklopädie Philosophie und Wissenschaftstheorie, hrsg. v. Jürgen Mittelstraß, Bd. 3. Stuttgart: Metzler 1995.

Epping-Jäger, Cornelia / Erika Linz (Hrsg.): *Medien / Stimmen*. Köln: DuMont 2003.

Ernst, Wolf-Dieter / Anno Mungen / Nora Niethammer / Berenika Szymanski-Düll (Hrsg.): *Sound und Performance: Positionen – Methoden – Analysen*. Würzburg: Königshausen & Neumann 2015.

Ernst, Wolfgang: Zum Begriff des Sonischen (mit medienarchäologischem Ohr erhört/vernommen). In: *PopScriptum. Texte zur populären Musik* 10 (2008). http://www2.huberlin.de/fpm/popscrip/themen/pst10/ (Zugriff am 15.07.2016).

// The Temporal Gap. On Asymmetries with the So-Called 'Audiovisual' Regime (in Sensory Perception and in Technical Media). In: Joerg Fingerhut / Sabine Flach / Jan Söffner (Hrsg.): *Habitus in Habitat III: Synaesthesia and Kinaesthetics*. Bern / New York: Lang 2011, S. 225–240.

// Die Scheinbarkeit des ‚Live'. Irritationen der Gegenwartswahrnehmung durch präsenzerzeugende Medien. In: *MAP* 3 (2012): Performing Sound: Hören/Sehen. http://www.perfomap.de/map3 (Zugriff am 15.07.2016).

Fehrmann, Gisela: Die diskursive Logik kategorieller Wissensstrukturen. In: Ludwig Jäger / Erika Linz (Hrsg.): *Medialität und Mentalität. Theoretische und empirische Studien zum Verhältnis von Sprache, Subjektivität und Kognition*. München: Fink 2004, S. 69–98.

// / Erika Linz / Cornelia Epping-Jäger (Hrsg.): *Spuren Lektüren. Praktiken des Symbolischen*. Festschrift für Ludwig Jäger zum 60. Geburtstag. München: Fink 2005.

Felderer, Brigitte (Hrsg.): *Phonorama. Eine Kulturgeschichte der Stimme als Medium*. Berlin: Matthes & Seitz 2004.

Fiebach, Joachim: Brechts ‚Straßenszene'. Versuch über die Reichweite eines Theatermodells. In: *Weimarer Beiträge* 2 (1978), S. 123–147.

Fingerhut, Joerg / Sabine Flach / Jan Söffner (Hrsg.): *Habitus in Habitat III: Synaesthesia and Kinaesthetics*. Bern / New York: Lang 2011.

Fingerhut, Joerg / Rebekka Hufendiek / Markus Wild (Hrsg.): *Philosophie der Verkörperung. Grundlagentexte zu einer aktuellen Debatte*. Berlin: Suhrkamp 2013.

Finscher, Ludwig (Hrsg.): *Musik in Geschichte und Gegenwart*. Kassel / Stuttgart: Bärenreiter / Metzler 1994–2008.

Finter, Helga: *Der subjektive Raum*, Bd. 1: Die Theaterutopien Stéphane Mallarmés, Alfred Jarrys und Raymond Roussels: Sprachräume des Imaginären. Tübingen: Narr 1990.

// *Der subjektive Raum*, Bd. 2: ‚... der Ort, wo das Denken seinen Körper finden' soll: Antonin Artaud und die Utopie des Theaters. Tübingen: Narr 1990.

// Audiovision: Zur Dioptrik von Text, Bühne und Zuschauer. In: Erika Fischer-Lichte / Wolfgang Greisenegger / Hans-Thies Lehmann (Hrsg.): *Arbeitsfelder der Theaterwissenschaft*. Tübingen: Narr 1994, S. 183–192.

// Intervokalität auf der Bühne. Gestohlene Stimme(n), gestohlene(r) Körper. In: Hans-Peter Bayerdörfer (Hrsg.): *Stimmen – Klänge – Töne. Synergien im szenischen Spiel*. Tübingen: Narr 2002, S. 39–49.

// Stimmkörperbilder: Ursprungsmythen der Stimme und ihre Dramatisierungen auf der Bühne. In: Doris Kolesch / Jenny Schrödl (Hrsg.): *Kunst-Stimmen*. Berlin: Theater der Zeit 2004, S. 131–141.

// Der (leere) Raum zwischen Hören und Sehen: Zu einem Theater ohne Schauspieler. In: Till A. Heilmann / Anne von der Heiden / Anna Tuschling (Hrsg.): *medias in res: Medienkulturwissenschaftliche Positionen*. Bielefeld: Transcript 2011, S. 127–138.

// *Die soufflierte Stimme: Text, Theater, Medien. Aufsätze 1979–2012*. Frankfurt am Main: Lang 2014.

Fischer, Eva: *Audiovisuelle Kunst. Entwicklung eines Begriffes: VJing, audiovisuelle Live Performance und Installation im Kontext kunsthistorischer und zeitgenössischer Entwicklungen*. Saarbrücken: Akademiker 2014.

Fischer-Lichte, Erika (Hrsg.): *TheaterAvantgarde: Wahrnehmung – Körper – Sprache*. Tübingen: Francke 1995.

// *Entdeckung des Zuschauers. Paradigmenwechsel auf dem Theater des 20. Jahrhunderts*. Tübingen: Francke 1997.

// Verkörperung / Embodiment. Zum Wandel einer alten theaterwissenschaftlichen in eine neue kulturwissenschaftliche Kategorie. In: Dies. / Christian Horn / Matthias Warstat (Hrsg.): *Verkörperung*. Tübingen: Francke 2001, S. 11–27.

// *Ästhetik des Performativen*. Frankfurt am Main: Suhrkamp 2004.

// *Semiotik des Theaters*, 3 Bde. Tübingen: Narr Francke 2007.

// *Interart Studies. Neue Perspektiven der Kunstwissenschaften*. Bielefeld: Transcript 2010.

// Perzeptive Multistabilität und ästhetische Wahrnehmung. In: Dies. / Barbara Gronau / Sabine Schouten / Christel Weiler (Hrsg.): *Wege der Wahrnehmung, Authentizität, Reflexivität und Aufmerksamkeit im zeitgenössischen Theater*. Berlin: Theater der Zeit 2006S. 129–139.

// / Wolfgang Greisenegger / Hans-Thies Lehmann (Hrsg.): *Arbeitsfelder der Theaterwissenschaft*. Tübingen: Narr 1994.

// / Friedemann Kreuder / Isabel Pflug (Hrsg.): *Theater seit den 1960er Jahren*. Tübingen: Francke 1998.

// / Doris Kolesch / Christel Weiler (Hrsg.): *Transformationen. Theater der neunziger Jahre*. Berlin: Theater der Zeit 1999.

// / Jens Roselt: Attraktion des Augenblicks – Aufführung, Performance, performativ und Performativität als theaterwissenschaftliche Begriffe. In: *Paragrana* 10 (2001), S. 237–253.

// / Christian Horn / Matthias Warstat / Sandra Umathum (Hrsg.): *Wahrnehmung und Medialität*. Tübingen: Francke 2001.

// / Clemens Risi / Jens Roselt / Christel Weiler (Hrsg.): *Kunst der Aufführung – Aufführung der Kunst*. Berlin: Theater der Zeit 2004.

// Aufführung. In: Dies. / Doris Kolesch / Matthias Warstat (Hrsg.): *Metzler Lexikon Theatertheorie*. Stuttgart: Metzler 2005, S. 16–26.

// Inszenierung. In: ebd., S. 146–153.

// / Robert Sollich / Sandra Umathum (Hrsg.): *Auf der Schwelle. Kunst, Risiken und Nebenwirkungen*. München: Fink 2006.

// / Barbara Gronau / Sabine Schouten / Christel Weiler (Hrsg.): *Wege der Wahrnehmung. Authentizität, Reflexivität und Aufmerksamkeit im zeitgenössischen Theater*. Berlin: Theater der Zeit 2006.

// / Kristiane Hasselmann / Markus Rautzenberg (Hrsg.): *Ausweitung der Kunstzone*. Bielefeld: Transcript 2010.

// / Adam Czirak / Torsten Jost / Frank Richarz / Nina Tecklenburg (Hrsg.): *Die Aufführung. Diskurs – Macht – Analyse*. München: Fink 2012.

Flusser, Vilém: *Gesten. Versuch einer Phänomenologie*. Ungek. Ausg. Frankfurt am Main: Fischer 1997.

Foerster, Heinz von: Wahrnehmen wahrnehmen. In: Karlheinz Barck / Peter Gente / Heidi Paris / Stefan Richter (Hrsg.): *Aisthesis. Wahrnehmung heute oder Perspektiven einer anderen Ästhetik*. Leipzig: Reclam 1990, S. 434–443.

Foucault, Michel: *Histoire de la sexualité*, Bd. 1: La volonté de savoir. Paris: Gallimard 1976.

// Ein Spiel um die Psychoanalyse: Gespräch mit Angehörigen des Département de Psychoanalyse der Universität Paris VIII in Vincennes [1977]. In: Ders.: *Dispositive der Macht: Über Sexualität, Wissen u. Wahrheit*. Berlin: Merve 1978, S. 118–175.

// *Überwachen und Strafen: Die Geburt des Gefängnisses*. Frankfurt am Main: Suhrkamp 1984.

// Andere Räume [1967]. In: Karlheinz Barck / Peter Gente / Heidi Paris / Stefan Richter (Hrsg.): *Aisthesis. Wahrnehmung heute oder Perspektiven einer anderen Ästhetik*. Leipzig: Reclam 1990, S. 34–46.

Franz, Michael / Wolfgang Schäffner / Bernhard Siegert / Robert Stockhammer (Hrsg.): *Electric Laokoon. Zeichen und Medien, von der Lochkarte zur Grammatologie*. Berlin: de Gruyter 2007.

Frensch, Peter A.: Cognitive Psychology: Overview. In: *International Encyclopedia of the Social and Behavioral Sciences*, hrsg. v. Neil J. Smelser / Paul B. Baltes, Bd. 3. Amsterdam / Oxford: Elsevier 2001, S. 2147–2154.

Frisius, Rudolf: Chion – Kyrie. http://www.frisius.de/rudolf/texte/tx642.htm (Zugriff am 15.07.2016).

Funcke, Bettina: *Pop oder Populus. Kunst zwischen high und low*. Köln: König 2007.

Geer, Nadja: *Sophistication. Zwischen Denkstil und Pose*. Göttingen: V&R Unipress 2012.

Giannini, Juri / Katharina Bleier / Michael Gerzabek / Annegret Huber (Hrsg.): *auf/be/zu/ein/schreiben. Praktiken des Wissens und der Kunst*. Wien: Mille Tre 2014.

Gibson, James Jerome: The Theory of Affordances. In: Robert Shaw / John Bransford (Hrsg.): *Perceiving, Acting, and Knowing: Toward an Ecological Psychology*. Hillsdale, NJ: Erlbaum 1977, S. 67–82.

// *The Ecological Approach to Visual Perception*. Hillsdale, NJ: Erlbaum 1979.

// *Wahrnehmung und Umwelt. Der ökologische Ansatz in der visuellen Wahrnehmung*, aus d. Amerik. v. Gerhard Lücke / Ivo Kohler. München: Urban & Schwarzenberg 1982.

Giger, Peter: *Die Kunst des Rhythmus*. Mainz: Schott 2000.

Gilles, Mareile: *Theater als akustischer Raum*. Berlin: Logos 2000.

Gludovatz, Karin / Michael Lüthy / Bernhard Schieder / Dorothea von Hantelmann (Hrsg.): *Kunsthandeln*. Zürich: Diaphanes 2010.

Goebbels, Heiner: Gegen das Gesamtkunstwerk. Zur Differenz der Künste. In: Wolfgang Sandner (Hrsg.): *Heiner Goebbels. Komposition als Inszenierung*. Berlin: Henschel 2002, S. 135–141.

// Der Raum als Einladung. Der Zuschauer als Ort der Kunst. In: Angela Lammert / Michael Diers / Robert Kudielka / Gert Mattenklott (Hrsg.): *Topos Raum. Die Aktualität des Raumes in den Künsten der Gegenwart*. Nürnberg: Verlag für Moderne Kunst 2005, S. 255–272.

// Mindestens schwer verzweifelt. Ein Essay über den Umgang mit Stimme im zeitgenössischen Musiktheater. In: *Theater der Zeit*, 1/2009, S. 24–27.

// *Ästhetik der Abwesenheit. Texte zum Theater*. Berlin: Theater der Zeit 2012.

Görne, Thomas: Der Raum ist dein Freund. In: *KEYS Special Akustik* 6 (2003), S. 48. http://images.thomann.de/pics/prod/183353_special.pdf (Zugriff am 15.07.2016).

Göttert, Karl-Heinz: *Geschichte der Stimme.* München: Fink 1998.

Goffman, Erving: *Rahmen-Analyse. Ein Versuch über die Organisation von Alltagserfahrungen*, aus d. Engl. v. Hermann Vetter. Frankfurt am Main: Suhrkamp 1980.

// *Wir alle spielen Theater. Die Selbstdarstellung im Alltag*, aus d. Engl. v. Peter Weber-Schäfer. München: Piper 2003.

Gramelsberger, Gabriele / Peter Bexte / Werner Kogge (Hrsg.): *Synthesis. Zur Konjunktur eines philosophischen Begriffs in Wissenschaft und Technik.* Bielefeld: Transcript 2014.

Gronau, Barbara: Handlung. In: *Metzler Lexikon Theatertheorie*, hrsg. v. Erika Fischer-Lichte / Doris Kolesch / Matthias Warstat. Stuttgart: Metzler 2005, S. 136–140.

// *Theaterinstallationen. Performative Räume bei Beuys, Boltanski und Kabakov.* Paderborn: Fink 2010.

Großmann, Rolf: Verschlafener Medienwandel. Das Dispositiv als musikwissenschaftliches Theoriemodell. In: *Dispositive. Positionen. Texte zur aktuellen Musik* 74 (2008), S. 6–9.

// Medienkonfigurationen als Teil (musikalisch-)ästhetischer Dispositive. In: Elke Bippus / Jörg Huber / Roberto Nigro (Hrsg.): *Ästhetik x Dispositiv. Die Erprobung von Erfahrungsfeldern.* Zürich: Voldemeer / Springer 2012, S. 207–216.

Grüny, Clemens: *Kunst des Übergangs. Philosophische Konstellationen zur Musik.* Weilerswist: Velbrück 2014.

// / Matteo Nanni (Hrsg.): *Rhythmus – Balance – Metrum. Formen raumzeitlicher Organisation in den Künsten.* Bielefeld: Transcript 2014.

Gumbrecht, Hans Ulrich: Rhythmus und Sinn. In: Ders. / Karl Ludwig Pfeiffer (Hrsg.): *Materialität der Kommunikation.* Frankfurt am Main: Suhrkamp 1988, S. 714–729.

Hallet, Wolfgang / Birgit Neumann (Hrsg.): Raum und Bewegung in der Literatur: Zur Einführung. In: Dies. (Hrsg.): *Raum und Bewegung in der Literatur: Die Literaturwissenschaften und der Spatial Turn.* Bielefeld: Transcript 2009, S. 11–32.

Harrasser, Karin: Synthese als Vermittlung. Innere Berührung und exzentrische Empfindung. In: Gabriele Gramelsberger / Peter Bexte / Werner Kogge (Hrsg.): *Synthesis. Zur Konjunktur eines philosophischen Begriffs in Wissenschaft und Technik.* Bielefeld: Transcript 2014, S. 93–104.

Hartmann, Maren / Andreas Hepp (Hrsg.): *Die Mediatisierung der Alltagswelt. Medien – Kultur – Kommunikation.* Wiesbaden: VS 2010.

Christopher Hasty: Rhythmusexperimente – Halt und Bewegung. In: Christian Grüny / Matteo Nanni (Hrsg.): *Rhythmus, Balance, Metrum. Formen raumzeitlicher Organisation in den Künsten.* Bielefeld: Transcript 2014, S. 155–207.

Haß, Ulrike: *Das Drama des Sehens. Auge, Blick und Bühnenform.* München: Fink 2005.

// (Hrsg.): *Heiner Müller, Bildbeschreibung: Ende der Vorstellung.* Berlin: Theater der Zeit 2005.

Haugeland, John: Der verkörperte und eingebettete Geist [1995]. In: Joerg Fingerhut / Rebekka Hufendiek / Markus Wild (Hrsg.): *Philosophie der Verkörperung.* Berlin: Suhrkamp 2013, S. 105–143.

Heeg, Günther: Bilder-Theater: Zur Intermedialität der Schwesterkünste Theater und Malerei bei Diderot. In: Christopher Balme / Markus Moninger (Hrsg.): *Crossing Media. Theater – Film – Fotografie – Neue Medien*. München: Epodium 2004, S. 75–98.

Heeg, Günther / Anno Mungen (Hrsg.): *Stillstand und Bewegung. Intermediale Studien zur Theatralität von Text, Bild und Musik*. München: Epodium 2004.

Hegarty, Paul: *Noise / Music. A History*. New York: Bloomsbury 2009.

Helbig, Jörg (Hrsg.): *Intermedialität. Theorie und Praxis eines interdisziplinären Forschungsgebietes*. London: Turnshare 2009.

Hempfer, Klaus (Hrsg.): *Theorien des Performativen. Sprache – Wissen – Praxis. Eine kritische Bestandsaufnahme*. Bielefeld: Transcript 2011.

Hepp, Andreas / Friedrich Krotz / Carsten Winter (Hrsg.): *Theorien der Kommunikations- und Medienwissenschaft*. Wiesbaden: VS 2008.

Herrmann, Hans-Christian von: Medialität. In: *Metzler Lexikon Theatertheorie*, hrsg. v. Erika Fischer-Lichte / Doris Kolesch / Matthias Warstat Stuttgart: Metzler 2005, S. 196–199.

Hickethier, Knut: Mediatisierung und Medialisierung der Kultur. In: Maren Hartmann / Andreas Hepp (Hrsg.): *Die Mediatisierung der Alltagswelt*. Wiesbaden: VS 2010, S. 85–96.

Hindrichs, Gunnar: *Die Autonomie des Klangs. Eine Philosophie der Musik*. Berlin: Suhrkamp 2013.

Hinz, Melanie / Jens Roselt (Hrsg.): *Chaos und Konzept: Proben und Probieren im Theater*. Bielefeld: Transcript 2011.

Hiß, Guido: *Synthetische Visionen. Theater als Gesamtkunstwerk von 1800 bis 2000*. München: Epodium 2005.

Holling, Eva: *Übertragung im Theater. Theorie und Praxis theatraler Wirkung*. Berlin: Neofelis 2016.

Home-Cook, George: Aural Acts: Theatre and the Phenomenology of Listening. In: Lynne Kendrick / David Roesner (Hrsg.): *Theatre Noise. The Sound of Performance*. Newcastle upon Tyne: Cambridge Scholars 2011, S. 97–123.

Hongler, Camille / Christoph Haffter / Silvan Moosmüller (Hrsg.): *Geräusch – das Andere der Musik. Untersuchungen an den Grenzen des Musikalischen*. Bielefeld: Transcript 2014.

Hopp, Winrich (Hrsg.): *Klang und Wahrnehmung. Komponist – Interpret – Hörer*. Mainz: Schott 2001.

Horn, Christian / Sandra Umathum / Matthias Warstat: Auswählen und Versäumen. Wahrnehmungsmodi zwischen Fernsehen und Theater. In: Erika Fischer Lichte / Sandra Umathum / Matthias Warstat (Hrsg.): *Wahrnehmung und Medialität*. Tübingen: Francke 2001, S. 143–158.

Hurley, Susan: Wahrnehmen und Handeln. Alternative Sichtweisen [2001]. In: Joerg Fingerhut / Rebekka Hufendiek / Markus Wild (Hrsg.): *Philosophie der Verkörperung. Grundlagentexte zu einer aktuellen Debatte*. Berlin: Suhrkamp 2013, S. 379–412.

Ihde, Don: *Listening and Voice. Phenomenologies of Sound* [1976]. Athens, OH: Ohio UP 2000.

Ingold, Tim: *Being Alive: Essays on Movement, Knowledge and Description*. London: Routledge 2011.

Iser, Wolfgang: *Das Fiktive und das Imaginäre. Perspektiven literarischer Anthropologie.* Frankfurt am Main: Suhrkamp 1991.

// *Der Akt des Lesens: Theorie ästhetischer Wirkung.* München: Fink 1976.

Jackob, Alexander: *Theater und Bilderfahrung. In den Augen der Zuschauer.* Bielefeld: Aisthesis 2014.

Jäger, Siegfried: Theoretische und methodische Aspekte einer Kritischen Diskurs- und Dispositivanalyse. In: Reiner Keller / Andreas Hirseland / Werner Schneider / Willy Viehöver (Hrsg.): *Handbuch Sozialwissenschaftliche Diskursanalyse*, Bd. 1: Theorien und Methoden. Opladen: Leske & Budrich 2011, S. 83–114.

Janz, Tobias: Qualia, Sound, Ereignis. Musiktheoretische Herausforderungen in phänomenologischer Perspektive. In: *Zeitschrift der Gesellschaft für Musiktheorie* Sonderausgabe (2010): Musiktheorie / Musikwissenschaft. Geschichte – Methoden – Perspektiven, S. 217–239.

Jones, Caitlin / Lizzie Muller: Between Real and Ideal: Documenting New Media Art. In: *Leonardo. Journal of the International Society for the Arts, Sciences and Technology* 41,4 (2008), S. 418–419.

Jooss, Birgit: *Lebende Bilder. Körperliche Nachahmung von Kunstwerken in der Goethezeit.* Berlin: Reimer 1999.

// Die Erstarrung des Körpers zum Tableau. Lebende Bilder in Performances. In: Christian Janecke (Hrsg.): *Performance und Bild – Performance als Bild.* Berlin: Philo 2004, S. 272–303.

Jordan, Stephanie: *Stravinsky Dances: Re-visions across a Century.* Alton: Dance Press 2007.

Jost, Torsten: Analyse der Aufführung. Über die Pluralität der Perspektiven. In: Ders. / Erika Fischer-Lichte / Adam Czirak / Frank Richarz / Nina Tecklenburg (Hrsg.): *Die Aufführung. Diskurs – Macht – Analyse.* München: Fink 2012, S. 245–252.

Jullien, François: *Umweg über China. Ein Ortswechsel des Denkens,* aus d. Franz. v. Mira Köller. Berlin: Merve 2002.

// *Die stillen Wandlungen,* aus d. Franz. v. Ronald Voullié. Berlin: Merve 2010.

Kalkofen, Hermann: Pudowkins Experiment mit Kuleschow. In: *Image* 5 (2007). http://www.gib.uni-tuebingen.de/image/ausgaben?function=fnArticle &showArticle=93 (Zugriff am 15.07.2016).

Keller, Reiner / Andreas Hirseland / Werner Schneider / Willy Viehöver (Hrsg.): *Handbuch Sozialwissenschaftliche Diskursanalyse*, Bd. 1: Theorien und Methoden. Opladen: Leske & Budrich 2011.

Kendrick, Lynne / David Roesner (Hrsg.): *Theatre Noise: The Sound of Performance.* Newcastle upon Tyne: Cambridge Scholars 2011.

Kesting, Marianne: Musikalisierung des Theaters – Theatralisierung der Musik. In: *Melos* 3 (1969), S. 101–109.

Kim-Cohen, Seth: *In the Blink of an Ear. Toward a Non-cochlear Sonic Art.* London: Continuum 2009.

// I Have Something to Say, But I Am Not Saying It. In: *Tacet. Experimental Music Journal* 1 (2011), o. P.

// *Against Ambience.* London: Bloomsbury 2013.

King, William Joseph / Suzanne J. Weghorst: *Ear Tracking: Visualizing Auditory Localization Strategies*. Vortrag gehalten auf der Konferenz „Human Factors in Computing Systems" in Denver, USA (07.–11.05.1995). http://www.sigchi.org (Zugriff am 15.07.2016).

Kittler, Friedrich: *Grammophon, Film, Typewriter*. Berlin: Brinkmann & Bose 1986.

Klein, Gabriele (Hrsg.): *Bewegung. Sozial- und kulturwissenschaftliche Konzepte*. Bielefeld: Transcript 2004.

Klein, Richard / Claus-Steffen Mahnkopf (Hrsg.): *Mit den Ohren denken: Adornos Philosophie der Musik*. Frankfurt am Main: Suhrkamp 1998.

// *Musikphilosophie zur Einführung*. Hamburg: Junius 2014.

Klepacki, Leopold / Eckart Liebau (Hrsg.): *Tanzwelten. Zur Anthropologie des Tanzens*. Münster: Waxmann 2008.

Klüver, Billy: Theater and Engineering. An Experiment. 2. Notes by an Engineer. In: *Artforum* 5,6 (1967), S. 31–33.

Kneif, Tibor / Ursula Reichert: Requiem. In: *Musik in Geschichte und Gegenwart. Sachteil 8*, hrsg. v. Ludwig Finscher. Kassel / Stuttgart: Bärenreiter / Metzler 1988, Sp. 156–170.

Kolesch, Doris: Die Spur der Stimme. Überlegungen zu einer performativen Ästhetik. In: Cornelia Epping-Jäger / Erika Linz (Hrsg.): *Medien / Stimmen*. Köln: DuMont 2003, S. 267–281.

// Natürlich künstlich. Über die Stimme im Medienzeitalter. In: Dies. / Jenny Schrödl (Hrsg.): *Kunst-Stimmen*. Berlin: Theater der Zeit 2004, S. 19–38.

// Gefühl. In: *Metzler Lexikon Theatertheorie*, hrsg. v. Erika Fischer-Lichte / Doris Kolesch / Matthias Warstat. Stuttgart: Metzler 2005, S. 119–125.

// Liveness. In: Ebd., S. 188–190.

// Situation. In: Ebd., S. 305–306.

// Stimmlichkeit. In: Ebd., S. 317–320.

// *Theater der Emotionen: Ästhetik und Politik zur Zeit Ludwigs XIV.* Frankfurt am Main: Campus 2006.

// Wer sehen will, muss hören. Stimmlichkeit und Visualität in der Gegenwartskunst. In: Dies / Sybille Krämer (Hrsg.): *Stimme: Annäherung an ein Phänomen*. Frankfurt am Main: Suhrkamp 2006, S. 40–64.

Kolesch, Doris / Sybille Krämer (Hrsg.): *Stimme: Annäherung an ein Phänomen*. Frankfurt am Main: Suhrkamp 2006.

Kolesch, Doris / Jenny Schrödl (Hrsg.): *Kunst-Stimmen*. Berlin: Theater der Zeit 2004.

Kolesch, Doris / Vito Pinto / Jenny Schrödl (Hrsg.): *Stimm-Welten. Philosophische, medientheoretische und ästhetische Perspektiven*. Bielefeld: Transcript 2009.

Krämer, Sybille (Hrsg.): *Medien, Computer, Realität. Wirklichkeitsvorstellungen und Neue Medien*. Frankfurt am Main: Suhrkamp 1998.

// Das Medium als Spur und Apparat. In: Ebd., S. 73–94.

// (Hrsg.): *Performativität und Medialität*. München: Fink 2004.

// Was haben ‚Performativität' und ‚Medialität' miteinander zu tun? Plädoyer für eine in der ‚Aisthetisierung' gründende Konzeption des Performativen. Zur Einführung in diesen Band. In: Ebd., S. 13–32.

// Das Medium zwischen Zeichen und Spur. In: Gisela Fehrmann / Erika Linz / Cornelia Epping-Jäger (Hrsg.): *Spuren Lektüren. Praktiken des Symbolischen*. München: Fink 2004, S. 153–166.

// Performanz-Aisthesis. Überlegungen zu einer aisthetischen Akzentuierung im Performanzkonzept. In: Arno Böhler / Susanne Granzer (Hrsg.): *Ereignis Denken. TheatRealität – Performanz – Ereignis*. Wien: Passagen 2009, S. 131–156.

Kramer, Ursula: Auf der Suche nach dem verlorenen Klang. Zur Schauspielmusik vor Robert Wilson und Heiner Müller. In: Julia H. Schröder (Hrsg.): *Im Hörraum vor der Schaubühne. Theatersound von Hans Peter Kuhn für Robert Wilson und von Leigh Landy für Heiner Müller*. Bielefeld: Transcript 2015, S. 163–196.

Kreuder, Friedemann / Michael Bachmann / Julia Pfahl / Dorothea Volz (Hrsg.): *Theater und Subjektkonstitution. Theatrale Praktiken zwischen Affirmation und Subversion*. Bielefeld: Transcript 2012.

Kristensen, Stefan: Merleau-Ponty I – Körperschema und leibliche Subjektivität. In: Emmanuel Alloa / Thomas Bedorf / Christian Grüny / Tobias N. Klaas (Hrsg.): *Leiblichkeit. Geschichte und Aktualität eines Konzepts*. Stuttgart: UTB 2012, S. 23–36.

Krueger, Joel: Affordances and the Musically Extended Mind. In: *Frontiers in Psychology. Theoretical and Philosophical Psychology* 4 (2014), S. 1–13.

Kuo, Michelle: 9 Evenings in Reverse. In: Catherine Morris / Clarisse Bardiot (Hrsg.): *9 Evenings Reconsidered: Art, Theatre, and Engineering, 1966*. Cambridge, MA: MIT List Visual Arts Center 2006, S. 31–43.

Kursawe, Barbara: *Docere – delectare – movere: die officia oratoris bei Augustinus in Rhetorik und Gnadenlehre*. Paderborn: Schöningh 2000.

Kursell, Julia: Sounds of Science – Schall im Labor (1800–1930). In: Dies. (Hrsg.): *Sounds of Science – Schall im Labor*, Preprint zur Konferenz am 05-07.10.2006. Berlin: MPIWG 2006, S. 3–6.

Kurzenberger, Hajo / Annemarie M. Matzke (Hrsg.): *TheorieTheaterPraxis*. Berlin: Theater der Zeit 2004.

LaBelle, Brandon: *Site Specific Sound*. Los Angeles: Errant Bodies 2004.

// *Background Noise: Perspectives on Sound Art*. New York / London: Continuum 2006.

// *Acoustic Territories: Sound Culture and Everyday Life*. New York / London: Continuum 2010.

// *Lexicon of the Mouth: Poetics and Politics of Voice and the Oral Imaginary*. New York: Bloomsbury 2014.

Lacerte, Sylvie: 9 Evenings and Experiments in Art and Technology. In: Dieter Daniels / Barbara U. Schmidt (Hrsg.): *Artists as Inventors – Inventors as Artists*. Ostfildern: Hatje Cantz 2008, S. 158–175.

Lagaay, Alice / Emmanuel Alloa (Hrsg.): *Nicht(s) sagen: Strategien der Sprachabwendung im 20. Jahrhundert*. Bielefeld: Transcript 2008.

Lagaay, Alice / David Lauer (Hrsg.): *Medientheorien. Eine philosophische Einführung*. Frankfurt am Main: Campus 2004.

// Dies.: Einleitung. In: Ebd., S. 7–29.

Lakoff, George / Mark Johnson: *Metaphors We Live by*. Chicago: Chicago UP 1980.

Larrue, Jean-Marc: Sound Reproduction Techniques in Theatre: A Case of Mediatic Resistance. In: Lynne Kendrick / David Roesner (Hrsg.): *Theatre Noise. The Sound of Performance*. Newcastle upon Tyne: Cambridge Scholars 2011, S. 14–22.

Latour, Bruno: *Das Parlament der Dinge. Für eine politische Ökologie*, aus d. Franz. v. Gustav Roßler. Frankfurt am Main: Suhrkamp 2010.

Lauer, David: Hartmut Winkler – Die Dialektik der Medien. In: Ders. / Alice Lagaay (Hrsg.): *Medientheorien. Eine philosophische Einführung*. Frankfurt am Main: Campus 2004, S. 225–247.

Lechtermann, Christina / Kirsten Wagner / Horst Wenzel (Hrsg.): *Möglichkeitsräume. Zur Performativität von sensorischer Wahrnehmung*. Berlin: Schmidt 2007.

Lehmann, Hans-Thies: *Postdramatisches Theater* [1999]. Frankfurt am Main: Verlag der Autoren 2002.

// Vom Zuschauer. In: Angelika Sieburg / Jan Deck (Hrsg.): *Paradoxien des Zuschauens. Die Rolle des Publikums im zeitgenössischen Theater*. Bielefeld: Transcript 2008, S. 21–26.

Lehnert, Gertrud (Hrsg.): *Raum und Gefühl. Der Spatial Turn und die neue Emotionsforschung*. Bielefeld: Transcript 2011.

Leisinger, Ulrich: Das instrumentale Rondo. In: *Musik in Geschichte und Gegenwart. Sachteil 8*, hrsg. v. Ludwig Finscher. Kassel / Stuttgart: Bärenreiter / Metzler 1998, Sp. 549–556.

Leonard, John: *Theatre Sound*. New York: Routledge 2001.

Leonhardmair, Teresa: *Bewegung in der Musik. Eine transdisziplinäre Perspektive auf ein musikimmanentes Phänomen*. Bielefeld: Transcript 2014.

Lichau, Karsten / Viktoria Tkaczyk / Rebecca Wolf (Hrsg.): *Resonanz. Potentiale einer akustischen Figur*. Paderborn: Fink 2009.

Lid, Tore Vagn: *Gegenseitige Verfremdungen. Theater als kritischer Erfahrungsraum im Stoffwechsel zwischen Bühne und Musik*. Frankfurt am Main: Lang 2011.

Liebscher, Julia: Schauspieler – Sängerdarsteller. Zur unterschiedlichen Aufführungssituation im Sprech- und Musiktheater, dargestellt am Beispiel der paralinguistischen Zeichen. In: Hans-Peter Bayerdörfer (Hrsg.): *Musiktheater als Herausforderung. Interdisziplinäre Facetten von Theater- und Musikwissenschaft*. Tübingen: Niemeyer 1999, S. 55–70.

Liessmann, Konrad P: *Reiz und Rührung. Über ästhetische Empfindungen*. Wien: WUV Facultas 2004.

Linz, Erika / Gisela Fehrmann: Die Spur der Spur. Zur Transkriptivität von Wahrnehmung und Gedächtnis. In: Gisela Fehrmann / Erika Linz / Cornelia Epping-Jäger (Hrsg.): *Spuren Lektüren. Praktiken des Symbolischen*. München: Fink 2004, S. 89–104.

Lippard, Lucy: Total Theatre? In: Catherine Morris / Clarisse Bardiot (Hrsg.): *9 Evenings Reconsidered: Art, Theatre, and Engineering, 1966*. Cambridge, MA: MIT List Visual Arts Center 2006, S. 65–73.

Lowry, Stephen: Star. In: Hans-Otto Hügel (Hrsg.): *Handbuch Populäre Kultur: Begriffe, Theorien und Diskussionen*. Stuttgart / Weimar: Metzler 2003, S. 441–445.

Löw, Martina: *Raumsoziologie*. Frankfurt am Main: Suhrkamp 2001.

Lorenceau, Jean: Die rätselhafte Wasserfalltäuschung. In: *Gehirn und Geist* 2 (2004), S. 34–36.

Lucchesi, Joachim: *Zur Funktion und Geschichte der zeitgenössischen Schauspielmusik und zu einigen Aspekten der schauspielmusikalischen Praxis*. Unveröffentlichte Dissertation, Humboldt Universität zu Berlin 1977.

Mace, William M.: James J. Gibson's Strategy for Perceiving: Ask Not What's Inside Your Head, but What Your Head's Inside of. In: Robert Shaw / John Bransford (Hrsg.): *Perceiving, Acting, and Knowing: Toward an Ecological Psychology*. Hillsdale, NJ: Erlbaum 1977, S. 43–65.

Maeder, Marcus (Hrsg.): *Milieux Sonores / Klangliche Milieus. Klang, Raum und Virtualität*. Bielefeld: Transcript 2010.

Maresch, Rudolf: Ein Mehr von Unentscheidbarkeiten. In: *Telepolis*, 09.11.1998. http://www.heise.de/tp/artikel/2/2522/1.html (Zugriff am 15.07.2016).

Märtens, Susanne / Hannes Böhringer (Hrsg.): *Vorsicht Wagnis: Kunst, Wissen, Forschen*. Nürnberg: Verlag für Moderne Kunst 2013.

Manning, Erin / Brian Massumi: *Thought in the Act: Passages in the Ecology of Experience*. Minneapolis: University of Minnesota Press 2014.

Massumi, Brian: *Parables for the Virtual: Movement. Affect. Sensation*. Durham, NC: Duke UP 2003.

Matzke, Annemarie M.: *Testen, Spielen, Tricksen, Scheitern. Formen szenischer Selbstinszenierung im zeitgenössischen Theater*. Hildesheim: Olms 2005.

// *Arbeit am Theater: Eine Diskursgeschichte der Probe*. Bielefeld: Transcript 2012.

// ‚Das Theater wird Pop nicht finden' – Medialität und Popkultur am Beispiel des Performance-Kollektivs She She Pop. In: Marcus Kleiner / Thomas Wilke (Hrsg.): *Performativität und Medialität populärer Kulturen. Theorien, Ästhetiken, Praktiken*. Wiesbaden: Springer 2013, S. 373–389.

Mausfeld, Rainer: Wahrnehmungspsychologie: Geschichte und Ansätze. In: *Handbuch der Allgemeinen Psychologie – Kognition*, hrsg. v. Joachim Funke / Peter A. Frensch. Göttingen: Hogrefe 2006, S. 97–107.

McGurk, Harry / John MacDonald: Hearing Lips and Seeing Voices. In: *Nature* 264 (1976), S. 746–748.

McSwain, Rebecca: The Social Reconstruction of a Reverse Salient in Electric Guitar Technology Noise: The Solid Body, and Jimi Hendrix. In: Hans-Joachim Braun (Hrsg.): *Music and Technology in the Twentieth Century*. Baltimore: Johns Hopkins UP 2002, S. 186–198.

Meister, Monika: Das Performative und das Theater. Anmerkungen zur Ästhetik szenischer Präsenz. In: Juri Giannini / Katharina Bleier / Michael Gerzabek / Annegret Huber (Hrsg.): *auf/be/zu/ein/schreiben. Praktiken des Wissens und der Kunst*. Wien: Mille Tre 2014, S. 45–54.

Merleau-Ponty, Maurice: *Phänomenologie der Wahrnehmung*, aus d. Franz. v. Rudolf Boehm. München: de Gruyter 1974.

// *Das Sichtbare und das Unsichtbare. Gefolgt von Arbeitsnotizen*, aus d. Franz. v. Regula Giuliani / Bernhard Waldenfels. München: Fink 1994.

Mersch, Dieter: *Ereignis und Aura. Untersuchung zu einer Ästhetik des Performativen*. Frankfurt am Main: Suhrkamp 2002.

Metzler Lexikon Literatur- und Kulturtheorie, hrsg. v. Ansgar Nünning. Stuttgart: Metzler 2008.

Metzler Lexikon Medientheorie und Medienwissenschaft: Ansätze – Personen – Grundbegriffe, hrsg. v. Helmut Schanze. Stuttgart: Metzler 2002.

Meyer, Hans Bernhard SJ / Rudolf Pacik (Hrsg.): *Dokumente zur Kirchenmusik unter besonderer Berücksichtigung des deutschen Sprachgebietes*. Regensburg: Pustet 1981, S. 23–34.

Meyer, Petra Maria: *Die Stimme und ihre Schrift: Die Graphophonie der akustischen Kunst*. Wien: Passagen 1993.

// (Hrsg.): *Acoustic Turn*. Paderborn: Fink 2008.

// Stimme, Geste und audio-visuelle Konzepte. Akustische Kunst – Performance – ‚Theater der Ohren'. In: Ebd., S. 291–351.

Meyer-Kalkus, Reinhart: *Stimme und Sprechkünste im 20. Jahrhundert*. Berlin: Akademie 2001.

// Akusmatische Extensionen im sonoren Kino. Überlegungen zu Michel Chions Theorie der Audiovision. In: Maren Butte / Sabina Brandt (Hrsg.): *Bild und Stimme*. München: Fink 2011, S. 67–98.

Mieszkowski, Sylvia / Sigrid Nieberle (Hrsg.): *Unlaute: Noise / Geräusch in Kultur, Medien und Wissenschaften seit 1900*. Bielefeld: Transcript 2017.

Morris, Catherine: 9 Evenings: An Experimental Proposition (Allowing for Discontinuities). In: Dies. / Clarisse Bardiot (Hrsg.): *9 Evenings Reconsidered: Art, Theatre, and Engineering, 1966*. Cambridge, MA: MIT List Visual Arts Center 2006, S. 9–21.

Motte-Haber, Helga de la: *Musik und Bildende Kunst. Von der Tonmalerei zur Klangskulptur*. Laaber: Laaber 1990.

Müller, Heiner: Bildbeschreibung (1984 Faksimile). In: Ulrike Haß (Hrsg.): *Heiner Müller, Bildbeschreibung: Ende der Vorstellung*. Berlin: Theater der Zeit 2005.

Müller-Schöll, Nikolaus (Hrsg.): *Ereignis. Eine fundamentale Kategorie der Zeiterfahrung: Anspruch und Aporien*. Bielefeld: Transcript 2003.

// / Saskia Reither (Hrsg.): *Aisthesis. Zur Erfahrung von Zeit, Raum, Text und Kunst*. Schliengen: Argus 2005.

Mungen, Anno: *BilderMusik. Panoramen, Tableaux vivants und Lichtbilder als multimediale Darstellungsformen in Theater- und Musikaufführungen vom 19. bis zum 20. Jahrhundert*. Remscheid: Gardez! 2006.

Nancy, Jean-Luc: Die Kunst – Ein Fragment. In: Jean-Pierre Dubost (Hrsg.): *Bildstörung. Gedanken zu einer Ethik der Wahrnehmung*. Leipzig: Reclam 1994, S. 170–184.

// *Zum Gehör*, aus d. Franz. v. Esther von der Osten. Berlin: Diaphanes 2010.

Nettl, Bruno: *The Study of Ethnomusicology. Thirty-one Issues and Concepts*. Urbana: University of Illinois Press 2005.

Newen, Albert: *Philosophie des Geistes. Eine Einführung*. München: Beck 2013.

Noë, Alva: *Action in Perception*. Cambridge, MA: MIT Press 2005.

// *Out of Our heads. Why You Are Not Your Brain, and Other Lessons from the Biology of Consciousness.* New York: Hill & Wang 2009.

// *Du bist nicht dein Gehirn. Eine radikale Philosophie des Bewusstseins*, aus d. Engl. v. Christiane Wagler. München: Piper 2010.

// *Varieties of Presence.* Cambridge, MA: Harvard UP 2012.

Nohl, Paul-Gerhard: *Lateinische Kirchenmusiktexte. Geschichte. Übersetzung. Kommentar.* Kassel: Bärenreiter 2002.

Oberender, Thomas: Vorwort. Analyse der Störungen. Theater als das Drama der Wahrnehmung. In: Hajo Kurzenberger / Annemarie M. Matzke (Hrsg.): *TheorieTheaterPraxis.* Berlin: Theater der Zeit 2004, S. 27–38.

O'Doherty, Brian: New York: 9 Armored Nights. In: Catherine Morris / Clarisse Bardiot (Hrsg.): *9 Evenings Reconsidered: Art, Theatre, and Engineering, 1966.* Cambridge, MA: MIT List Visual Arts Center 2006, S. 75–79.

Onuki, Atsuko / Thomas Pekar (Hrsg.): *Figuration – Defiguration. Beiträge zur transkulturellen Forschung.* München: Iudicium 2006.

O'Regan, J. Kevin / Alva Noë: A Sensorimotor Account of Vision and Visual Consciousness. In: *Behavioral and Brain Sciences* 24 (2001), S. 939–973.

// Ein sensomotorischer Ansatz des Sehens und des visuellen Bewusstseins. In: Joerg Fingerhut / Rebekka Hufendiek / Markus Wild (Hrsg.): *Philosophie der Verkörperung. Grundlagentexte zu einer aktuellen Debatte.* Berlin: Suhrkamp 2013, S. 328–376.

Otto, Ulf: *Internetauftritte. Eine Theatergeschichte der neuen Medien.* Bielefeld: Transcript 2013.

Paetzold, Heinz: Synästhesie. In: *Ästhetische Grundbegriffe*, Bd. 5, hrsg. v. Karlheinz Barck / Martin Fontius / Dieter Schlenstedt / Burkhart Steinwachs et al. Stuttgart / Weimar: Metzler 2003, S. 840–868.

Papenburg, Jens Gerrit: ‚Petites perceptions' nach Leibniz. Vortrag beim Symposion „Klanganthropologie: Gespür. Empfindung. Kleine Wahrnehmung", 08.11.2007. http://www.udkberlin.de/sites/soundstudies/content/e244/e247/e728/ (Zugriff am 15.07.2016, nicht mehr verfügbar).

Papenburg, Jens Gerrit / Holger Schulze: Fünf Begriffe des Klangs. Disziplinierungen und Verdichtungen der Sound Studies. In: *Sound Studies. Positionen. Texte zur aktuellen Musik* 86 (2011), S. 10–15.

Paragrana 2,1–2 (1993): Das Ohr als Erkenntnisorgan.

Paragrana 16,2 (2007): Klanganthropologie: Performativität – Imagination – Narration.

Pavis, Patrice: Wirkung. In: *Metzler Lexikon Theatertheorie*, hrsg. v. Erika Fischer-Lichte / Doris Kolesch / Matthias Warstat. Stuttgart: Metzler 2005, S. 393–397.

// Preface. In: Lynne Kendrick / David Roesner (Hrsg.): *Theatre Noise. The Sound of Performance.* Newcastle upon Tyne: Cambridge Scholars 2011, S. x–xiii.

// Zum aktuellen Stand der Zuschauerforschung. In: *Forum Modernes Theater* 26,1–2 (2011), S. 73–97.

Pehlemann, Alexander / Ronald Galenza (Hrsg.): *Spannung. Leistung. Widerstand. Magnetbanduntergrund DDR 1979–1990.* Berlin: Verbrecher 2006.

Performance Research 3,16 (2011): On Participation & Synchronisation, hrsg. v. Bettina Brandl-Risi / Kai van Eikels / Ric Allsopp.

Perniola, Mario: *Wider die Kommunikation*, aus d. Ital. v. Sabine Schneider. Berlin: Merve 2005.

// *Über das Fühlen*, aus d. Ital. v. Sabine Schneider. Berlin: Merve 2009.

// Gefahr, Risiko, Ungewissheit. In: Susanne Märtens / Hannes Böhringer (Hrsg.): *Vorsicht Wagnis: Kunst, Wissen, Forschen*. Nürnberg: Verlag für Moderne Kunst 2013, S. 20–31.

Peters, John Durham: Helmholtz und Edison. Zur Endlichkeit der Stimme. In: Sigrid Weigel / Friedrich Kittler / Thomas Macho (Hrsg.): *Zwischen Rauschen und Offenbarung: Zur Kultur- und Mediengeschichte der Stimme*. Berlin: Akademie 2008, S. 291–312.

Phelan, Peggy: *Unmarked. The Politics of Performance*. London: Routledge 2008.

Pinto, Vito: *Stimmen auf der Spur. Zur technischen Realisierung der Stimme in Theater, Hörspiel und Film*. Bielefeld: Transcript 2012.

positionen. Texte zur aktuellen Musik: Material 32 (1997).

Power, Cormac: *Presence in Play: A Critique of Theories of Presence in the Theatre*. Amsterdam: Rodopi 2008.

Primavesi, Patrick: Geräusch, Apparat, Landschaft. Die Stimme auf der Bühne als theatraler Prozess. In: *Forum Modernes Theater* 14,2 (1999), S. 144–172.

Primavesi, Patrick / Simone Mahrenholz (Hrsg.): *Geteilte Zeit. Zur Kritik des Rhythmus in den Künsten*. Schliengen: Argus 2005.

Prinz, Sophia: *Die Praxis des Sehens: Über das Zusammenspiel von Körpern, Artefakten und visueller Ordnung*. Bielefeld: Transcript 2014.

Pross, Caroline: Das Gesetz der Reihe. Zum Verhältnis von Literatur, Wissen und Anthropologie in Schnitzlers *Reigen*. In: *Hofmannsthal Jahrbuch zur europäischen Moderne* 10 (2002), S. 245–266.

Rainer, Cosima / Stella Rollig / Dieter Daniels / Manuela Ammer (Hrsg.): *See this sound. Versprechungen von Bild und Ton*. Köln: König 2009.

Rausch, Edwin: Probleme der Metrik (Geometrisch-optische Täuschungen). In: Wolfgang Metzger / Heiner Erke (Hrsg.). *Allgemeine Psychologie. Der Aufbau des Erkennens*, 1. Halbband: Wahrnehmung und Bewußtsein. Göttingen: Hogrefe 1966, S. 776–865.

Rebentisch, Juliane: *Ästhetik der Installation*. Frankfurt am Main: Suhrkamp 2003.

Rebstock, Matthias: Strategien zur Produktion von Präsenz. In: Martin Tröndle (Hrsg.): *Das Konzert. Neue Aufführungskonzepte für eine klassische Form*. Bielefeld: Transcript 2009, S. 143–151.

// Drama der Stimmen. Zum Verhältnis von Körper und Stimme in David Martons *Wozzeck*. In: Stephanie Schroedter (Hrsg.): *Bewegungen zwischen Hören und Sehen: Denkbewegungen über Bewegungskünste*. Würzburg: Königshausen & Neumann 2012, S. 325–335.

// / David Roesner (Hrsg.): *Composed Theatre: Aesthetics, Practices, Processes*. Bristol: Intellect 2012.

Reckwitz, Andreas: Die Gleichförmigkeit und die Bewegtheit des Subjekts: Moderne Subjektivität im Konflikt von bürgerlicher und avantgardistischer Codierung. In: Gabriele Klein (Hrsg.): *Bewegung. Sozial- und kulturwissenschaftliche Konzepte.* Bielefeld: Transcript 2004, S. 155–183.

Reiffer, Wolfgang: Das Motu proprio Pius' X. und seine Auswirkungen bis zum Zweiten Vatikanischen Konzil. In: Albert Gerhards (Hrsg.): *Kirchenmusik im 20. Jahrhundert. Erbe und Auftrag.* Münster: Lit 2005, S. 75–97.

Reininghaus, Frieder / Katja Schneider / Elmar Budde (Hrsg.): *Experimentelles Musik- und Tanztheater.* Laaber: Laaber 2004.

Reulecke, Anne-Kathrin (Hrsg.): *Fälschungen. Zu Autorschaft und Beweis in Wissenschaften und Künsten.* Frankfurt am Main: Suhrkamp 2006.

Richarz, Frank: Diskurse der Aufführung – Die vierfache Diskursivierung eines Begriffs. In: Ders. / Erika Fischer-Lichte / Adam Czirak / Torsten Jost / Nina Tecklenburg (Hrsg.): *Die Aufführung. Diskurs – Macht – Analyse.* München: Fink 2012, S. 27–33.

Risi, Clemens: David Moss in Salzburg oder Die Aufführung als Provokation einer Musiktheaterwissenschaft. In: Ders. / Christel Weiler / Jens Rosel (Hrsg.): *Strahlkräfte. Festschrift für Erika Fischer-Lichte.* Berlin: Theater der Zeit 2008, S. 54–65.

// The Diva's Fans: Opera and Bodily Participation. In: *Performance Research* 16,3 (2011), S. 49–54.

Risi, Clemens / Robert Sollich: Musik. In: *Metzler Lexikon Theatertheorie*, hrsg. v. Erika Fischer-Lichte / Doris Kolesch / Matthias Warstat. Stuttgart: Metzler 2005, S. 209–214.

Rodatz, Christoph: *Der Schnitt durch den Raum. Atmosphärische Wahrnehmung in und außerhalb von Theaterräumen.* Bielefeld: Transcript 2010.

Rösing, Helmut: Klangfarbe und Sound in der populären Musik. In: *Musik in Geschichte und Gegenwart. Sachteil 5*, hrsg. v. Ludwig Finscher. Kassel / Stuttgart: Bärenreiter / Metzler 1996, Sp. 156–159.

// Synästhesie. In: *Musik in Geschichte und Gegenwart. Sachteil 9*, hrsg. v. Ludwig Finscher. Kassel / Stuttgart: Bärenreiter / Metzler 1998, Sp. 168–185.

Roesner, David: *Theater als Musik. Verfahren der Musikalisierung in chorischen Theaterformen bei Christoph Marthaler, Einar Schleef und Robert Wilson.* Tübingen: Narr 2003.

// Singing Actors and Dancing Singers. Oscillations of Genre, Physical and Vocal Codes in Two Contemporary Adaptations of Purcell's Dido and Aeneas. In: *Studies in Musical Theatre* 1,2 (2007), S. 123–137.

// The Politics of the Polyphony of Performance. Musicalization in Contemporary German Theatre. In: *Contemporary Theatre Review* 18,1 (2008), S. 44–55.

// The Mechanics of Noise: Theatricality and the Automated Instrument in Heiner Goebbels' Theatre and Pat Metheny's Jazz. In: Ders. / Lynne Kendrick (Hrsg.): *Theatre Noise. The Sound of Performance.* Newcastle upon Tyne: Cambridge Scholars 2011, S. 149–163.

// The Guitar Hero's Performance. In: *Contemporary Theatre Review* 21,3 (2011), S. 276–285.

// Musikalität als ästhetisches Dispositiv: Analogien und Transfers. In: Elke Bippus / Jörg Huber / Roberto Nigro (Hrsg.): *Ästhetik x Dispositiv. Die Erprobung von Erfahrungsfeldern.* Zürich: Voldemeer / Springer 2012, S. 195–206.

// Der *Guitar Hero* zwischen Musizieren und Performen. In: Stephanie Schroedter (Hrsg.): *Bewegungen zwischen Hören und Sehen*. Würzburg: Könighausen & Neumann 2012, S. 591–607.

// *Musicality in Theatre. Music as Model, Method and Metaphor in Theatre Making*. Farnham: Ashgate 2014.

Röttger, Kati: F@ust vers. 3.0: Eine Theater- & Medien-Geschichte. In: Christopher Balme / Markus Moninger (Hrsg.): *Crossing Media. Theater – Film – Fotografie – Neue Medien*. München: Epodium 2004, S. 33–54.

Rogoff, Irit: Looking Away. Participations in Visual Culture. In: Gavin Butt (Hrsg.): *After Criticism: New Responses to Art and Performance*. Oxford: Blackwell 2005, S. 117–134.

Roselt, Jens: Raum. In: *Metzler Lexikon Theatertheorie*, hrsg. v. Erika Fischer-Lichte / Doris Kolesch / Matthias Warstat. Stuttgart: Metzler 2005, S. 260–267.

// *Phänomenologie des Theaters*. Paderborn: Fink 2008.

// Das Drama der Wahrnehmung. In: Gerald Siegmund / Petra Bolte-Picker (Hrsg.): *Subjekt : Theater. Beiträge zur analytischen Theatralität*. Frankfurt am Main: Lang 2011, S. 57–68.

Rost, Katharina: Intrusive Noises: The Performative Power of Theatre Sounds. In: Lynne Kendrick / David Roesner (Hrsg.): *Theatre Noise. The Sound of Performance*. Newcastle upon Tyne: Cambridge Scholars 2011, S. 44–56.

// / Stephanie Schwarz / Rainer Simon: Tuning In/Out. Auditory Participation in Contemporary Music and Theatre Performances. In: *Performance Research* 16,3 (2011), S. 67–75.

// *Sounds that matter. Dynamiken des Hörens in Theater und Performance*. Bielefeld: Transcript 2017.

Sandner, Wolfgang (Hrsg.): *Heiner Goebbels. Komposition als Inszenierung*. Berlin: Henschel 2002.

Sanio, Sabine: Neue Musik … und die Wahrnehmung der Täuschung. In: *Komponierte Wahrnehmung. positionen. Texte zur aktuellen Musik* 37 (1998), S. 13–15.

// Interaktion und Kommunikation in der ästhetischen Erfahrung. Perspektiven einer situativen Ästhetik. In: Winrich Hopp (Hrsg.): *Klang und Wahrnehmung. Komponist – Interpret – Hörer*. Mainz: Schott 2001, S. 49–66.

// Sinn und Sinne der ästhetischen Erfahrung. In: *Musikforum* 3,5 (2007), S. 36–37.

// Aspekte einer Theorie der auditiven Kultur. Ästhetische Praxis zwischen Kunst und Wissenschaft. In: *Auditive Perspektiven. Mit den Ohren denken* 1,4 (2010). http://edoc.hu-berlin.de/kunsttexte/2010-4/sanio-sabine-2/PDF/sanio.pdf (Zugriff am 15.07.2016).

Sartre, Jean-Paul: *Das Imaginäre. Phänomenologische Psychologie der Einbildungskraft*, aus d. Franz. v. Hans Schöneberg. Reinbek: Rowohlt 1971.

Schafer, Raymond Murray: *Die Schallwelt in der wir leben*, aus d. Engl. v. Friedrich Hans Saathen. Wien: Universal-Edition 1971.

// *The Tuning of the World: A Pioneering Exploration into the Past History and Present State of the Most Neglected Aspect of Our Environment: the Soundscape*. Toronto / New York: Knopf 1977.

// *Die Ordnung der Klänge. Eine Kulturgeschichte des Hörens*, aus d. Engl. u. neu hrsg. v. Sabine Breitsameter. Mainz: Schott 2010.

Schläder, Jürgen / Franziska Weber (Hrsg.): *PerformingInterMediality. Mediale Wechselwirkungen im experimentellen Theater der Gegenwart*. Leipzig: Henschel 2010.

Schmidt, Christina: Theater zwischen Raum und Bild. Von Appia zu Schleef. In: Kati Röttger (Hrsg.): *Welt-Bild-Theater. Bildästhetik im Bühnenraum*. Tübingen: Narr 2012, S. 167–177.

Schmidt-Horning, Susan: From Polka to Punk: Growth of an Independent Recording Studio 1934–1977. In: Hans-Joachim Braun (Hrsg.): *Music and Technology in the Twentieth Century*. Baltimore: Johns Hopkins UP 2002, S. 136–148.

Schmitz, Hermann: *System der Philosophie*, Bd. 1: Die Gegenwart. Bonn: Bouvier 1964.

// *System der Philosophie*, Bd. 3: Der Gefühlsraum. Bonn: Bouvier 1969.

// *Was ist Neue Phänomenologie?* Rostock: Koch 2003.

// *Der Leib, der Raum und die Gefühle*. Aktual. Neuaufl. d. Ausg. v. 1998. Bielefeld: Sirius 2007.

// Leibliche Kommunikation im Medium des Schalls. In: Petra Maria Meyer (Hrsg.): *Acoustic Turn*. Paderborn: Fink 2008, S. 75–88.

// *Kurze Einführung in die Neue Phänomenologie*. Freiburg i. Br.: Alber 2009.

// Vorwort. In: *Jahrbuch immersiver Medien* (2013): Atmosphären: Gestimmte Räume und sinnliche Wahrnehmung, S. 7–8.

Schmölders, Claudia: Lächeln im Zwischenraum. Zur Miene des Übergangs. In: Uwe Wirth (Hrsg.): *Bewegen im Zwischenraum*. Berlin: Kadmos 2012, S. 379–400.

Schneider, Herbert: Lully. In: *Musik in Geschichte und Gegenwart. Personenteil 11*, hrsg. v. Ludwig Finscher. Kassel / Stuttgart: Bärenreiter / Metzler 2004, Sp. 578–605.

Schoon, Andi / Axel Volmar (Hrsg.): *Das geschulte Ohr. Eine Kulturgeschichte der Sonifikation*. Bielefeld: Transcript 2012.

Schouten, Sabine: *Sinnliches Spüren. Wahrnehmung und Erzeugung von Atmosphären im Theater*. Bielefeld: Transcript 2007.

Schramm, Helmar: *Karneval des Denkens. Theatralität im Spiegel philosophischer Texte des 16. und 17. Jahrhunderts*. Berlin: Akademie 1996.

Schröder, Julia H. (Hrsg.): *Cage & consequences*. Hofheim: Wolke 2012.

// *Zur Position der Musikhörenden: Konzeptionen ästhetischer Erfahrung im Konzert*. Hofheim: Wolke 2014.

// (Hrsg.): *Im Hörraum vor der Schaubühne. Theatersound von Hans Peter Kuhn für Robert Wilson und von Leigh Landy für Heiner Müller*. Bielefeld: Transcript 2015.

Schrödl, Jenny: Schreiarien und Flüsterorgien. Stimmen als Oberflächenphänomene im Theater René Polleschs. In: Annette Stahmer (Hrsg.): *Parole # 1: The Body of the Voice / Stimmkörper*. Berlin: Salon 2009, S. 89–91.

// *Vokale Intensitäten. Zur Ästhetik der Stimme im postdramatischen Theater*. Bielefeld: Transcript 2012.

Schroedter, Stephanie (Hrsg.): *Bewegungen zwischen Hören und Sehen: Denkbewegungen über Bewegungskünste*. Würzburg: Königshausen & Neumann 2012.

Schulze, Holger (Hrsg.): *Sound Studies. Traditionen – Methoden – Desiderate. Eine Einführung*. Bielefeld: Transcript 2008.

// Über Klänge sprechen. In: Ebd., S. 9–15.

// *Gespür – Empfindung – Kleine Wahrnehmungen. Klanganthropologische Studien*. Bielefeld: Transcript 2012.

// *Gespür. Eine Einzelstimmung*. Hamburg: Textem 2014.

// Körper und Klang. In: *Merkur. Deutsche Zeitschrift für Europäisches Denken* 68,4 (2014), S. 350–358.

Schwanebeck, Wieland: Klassisches Making-of. In: *Making-of. Ein Lexikon*, 01.07.2013. http://making-of-lexikon.de/#text=klassisches-making-of (Zugriff am 15.07.2016).

Schwanhäußer, Anja: *Stilrevolte Underground. Die Alternativkultur als Agent der Postmoderne*. Münster: Lit 2002.

Schwarz, Stephanie / Rainer Simon: Mit den Augen gehort. Formen der Sichtbar- und Unsichtbarwerdung in aktuellen Musiktheateraufführungen und -installationen. In: Dies. / Christa Brüstle / Clemens Risi (Hrsg.): *Macht, Ohnmacht, Zufall. Aufführungspraxis, Interpretation und Rezeption im Musiktheater*. Berlin: Theater der Zeit 2011, S. 197–214.

Seifert, Uwe / Jin Hyun Kim / Anthony Moore (Hrsg.): *Paradoxes of Interactivity: Perspectives for Media Theory, Human-Computer Interaction, and Artistic Investigations*. Bielefeld: Transcript 2008.

Seiffarth, Carsten / Martin Sturm / Offenes Kulturhaus Överösterreich (Hrsg.): *Sam Auinger & Friends. A Hearing Perspective. Book 2 / Theory*. Bozen: Folio 2007.

Shaw, Robert / John Bransford (Hrsg.): *Perceiving, Acting, and Knowing: Toward an Ecological Psychology*. Hillsdale, NJ: Erlbaum 1977.

Sieburg, Angelika / Jan Deck (Hrsg.): *Paradoxien des Zuschauens. Die Rolle des Publikums im zeitgenössischen Theater*. Bielefeld: Transcript 2008.

Siegmund, Gerald: *Abwesenheit. Eine performative Ästhetik des Tanzes. William Forsythe, Jérôme Bel, Xavier Le Roy, Meg Stuart*. Bielefeld: Transcript 2006.

// Schrittmuster. Rhythmus im modernen Tanz. In: Patrick Primavesi / Simone Mahrenholz (Hrsg.): *Geteilte Zeit. Zur Kritik des Rhythmus in den Künsten*. Schliengen: Argus 2006, S. 242–253.

// Das Gedächtnis des Körpers in der Bewegung. In: Leopold Klepacki / Eckhart Liebau (Hrsg.): *Tanzwelten. Zur Anthropologie des Tanzens*. Münster: Waxmann 2008, S. 29–44.

// Affekte ohne Zuordnung – Zonen des Unbestimmbaren: Zu den Choreographien von Antonia Baehr. In: Patrick Primavesi / Martina Groß / Katja Leber (Hrsg.): *Lücken sehen … Beiträge zu Theater, Literatur und Performance. Festschrift für Hans-Thies Lehmann zum 66. Geburtstag*. Heidelberg: Winter 2010, S. 303–318.

// Choreographie und Gesetz. Zur Notwendigkeit des Widerstands. In: Nicole Haitzinger / Karin Fenböck (Hrsg.): *Denkfiguren. Performatives zwischen Bewegen, Schreiben und Erfinden*. München: Epodium 2010, S. 118–129.

// Un-Fug: Gespenster und das Wahrnehmungsdispositiv des Theaters. In: Ders. / Petra Bolte-Picker (Hrsg.): *Subjekt: Theater. Beiträge zur analytischen Theatralität. Festschrift für Helga Finter zum 65. Geburtstag.* Frankfurt am Main: Lang 2011, S. 31–45.

// / Petra Bolte-Picker (Hrsg.): *Subjekt: Theater. Beiträge zur analytischen Theatralität. Festschrift für Helga Finter zum 65. Geburtstag.* Frankfurt am Main: Lang 2011.

// Theater als Dispositiv. Ästhetik, Praxis und Episteme der darstellenden Künste. DFG Forschungsprojekt 2014. Unpaginiert. http://gepris.dfg.de/gepris/projekt/262397687 (Zugriff am 15.07.2016).

Singer, Milton (Hrsg.): *Traditional India. Structure and Change.* Philadelphia: American Folklore Society 1959.

Smith, Mark M. (Hrsg.): *Hearing History: A Reader.* Athens: University of Georgia Press 2004.

Souksengphet-Dachlauer, Anna: *Text als Klangmaterial. Heiner Müllers Texte in Heiner Goebbels Hörstücken.* Bielefeld: Transcript 2015.

Spehr, Georg (Hrsg.): *Funktionale Klänge. Hörbare Daten, klingende Geräte und gestaltete Hörerfahrungen.* Bielefeld: Transcript 2011.

Springstübe, Darja: *Über Wahrnehmung und Ausdruck in der Philosophie Maurice Merleau-Pontys.* Berlin: Logos 2013.

Stenzel, Julia: *Der Körper als Kartograph? Umrisse einer historischen Mapping Theory.* München: Epodium 2010.

Sterne, Jonathan: *The Audible Past: Cultural Origins of Sound Reproduction.* Durham, NC: Duke UP 2002.

Szendy, Peter: *Listen. A History of Our Ears*, aus d. Franz. v. Charlotte Mandell. New York: Fordham UP 2008.

Tecklenburg, Nina: Telling Performance. Zur (Ent-)Mythisierung der Aufführung. In: Dies. / Erika Fischer-Lichte / Adam Czirak / Torsten Jost / Frank Richarz (Hrsg.): *Die Aufführung. Diskurs – Macht – Analyse.* München: Fink 2012, S. 175–187.

Thissen, Paul: *Das Requiem im 20. Jahrhundert*, Teil 1: Vertonungen der Missa pro defunctis. Sinzig: Studio 2011.

// *Das Requiem im 20. Jahrhundert*, Teil 2: Nichtliturgische Requien. Sinzig: Studio 2011.

Thorau, Christian: The Sound Itself. Antimetaphorisches Hören an den Grenzen von Kunst. In: *Paragrana* 16,2 (2007), S. 206–214.

Tigges, Stefan / Katharina Pewny / Evelyn Deutsch-Schreiner (Hrsg.): *Zwischenspiele. Neue Texte, Wahrnehmungs- und Fiktionsräume in Theater, Tanz und Performance.* Bielefeld: Transcript 2010.

Tkaczyk, Viktoria: Theater und Wortgedächtnis. Eine Spurensuche nach der Gegenwart. In: Erika Fischer-Lichte / Adam Czirak / Torsten Jost / Frank Richarz / Nina Tecklenburg (Hrsg.): *Die Aufführung. Diskurs – Macht – Analyse.* München: Fink 2012, S. 275–289.

// Listening in Circles. Spoken Drama and the Architects of Sound, 1750–1830. In: *Annals of Science* 71,3 (2014), S. 299–334.

Toop, David: *Into the Maelstrom: Music, Improvisation and the Dream of Freedom: Before 1970.* New York: Bloomsbury 2016.

// *Ocean of Sound. Klang, Geräusch, Stille*, aus d. Engl. v. Diedrich Diederichsen. St. Andrä-Wördern: Koch 1997.

Tröndle, Martin (Hrsg.): *Das Konzert. Neue Aufführungskonzepte für eine klassische Form*. Bielefeld: Transcript 2011.

Truax, Barry: *Acoustic Communication*. Westport, CT: Ablex 2001.

Turner, Victor: *From Ritual to Theater: The Human Seriousness of Play*. New York: PAJ 1982.

Ungeheuer, Elena: Konzertformate heute: abgeschaffte Liturgie oder versteckte Rituale? In: Martin Tröndle (Hrsg.): *Das Konzert. Neue Aufführungskonzepte für eine klassische Form*. Bielefeld: Transcript 2009, S. 125–151.

Vanderbeeken, Robrecht / Christel Stalpaert / David Depestel / Boris Debackere (Hrsg.): *Bastard or Playmate? Adapting Theatre, Mutating Media and the Contemporary Performing Arts*. Amsterdam: Amsterdam UP 2012.

Vass-Rhee, Freya: Auditory Turn: William Forsythe's Vocal Choreography. In: *Dance Chronicle* 33,3 (2010), S. 388–413.

Vautrin, Eric: Hear and Now: How Technologies Have Changed Sound Practices. In: Lynne Kendrick / David Roesner (Hrsg.): *Theatre Noise. The Sound of Performance*. Newcastle upon Tyne: Cambridge Scholars 2011, S. 139–148.

Viehoff, Reinhold: Interaktion / Interaktivität. In: *Metzler Lexikon Medientheorie und Medienwissenschaft: Ansätze – Personen – Grundbegriffe*, hrsg. v. Helmut Schanze. Stuttgart: Metzler 2002, S. 151–152.

Voegelin, Salomé: *Listening to Noise and Silence: Towards a Philosophy of Sound Art*. New York: Continuum 2010.

Vogel, Juliane / Christopher Wild (Hrsg.): *Auftreten. Wege auf die Bühne*. Bielefeld: Transcript 2014.

Volmar, Axel / Jens Schröter (Hrsg.). *Auditive Medienkulturen: Techniken des Hörens und Praktiken der Klanggestaltung*. Bielefeld: Transcript 2013.

Waldenfels, Bernhard: Der Logos der praktischen Welt. In: Hiroshi Kojima (Hrsg.): *Phänomenologie der Praxis im Dialog zwischen Japan und dem Westen*. Würzburg: Königshausen & Neumann 1989, S. 12–29.

// *Sinnesschwellen. Studien zur Phänomenologie des Fremden 3*. Frankfurt am Main: Suhrkamp 1999.

// *Das leibliche Selbst: Vorlesungen zur Phänomenologie des Leibes*. Frankfurt am Main: Suhrkamp 2000.

// *Bruchlinien der Erfahrung*. Frankfurt am Main: Suhrkamp 2002.

// Stimme am Leitfaden des Leibes. In: Cornelia Epping-Jäger / Erika Linz (Hrsg.): *Medien / Stimmen*. Köln: DuMont 2003, S. 19–35.

// Sichbewegen. In: Gabriele Brandstetter / Christoph Wulf (Hrsg.): *Tanz als Anthropologie*. Paderborn: Fink 2007, S. 14–30.

// *Sinne und Künste im Wechselspiel. Modi ästhetischer Erfahrung*. Berlin: Suhrkamp 2010.

Warren-Crow, Heather: Sounding Off: Performance, Dyssynchrony and Participatory Media. In: *Performance Research* 3,16 (2011), S.123–126.

Weigel, Sigrid / Friedrich Kittler / Thomas Macho (Hrsg.): *Zwischen Rauschen und Offenbarung: Zur Kultur- und Mediengeschichte der Stimme*. Berlin: Akademie 2008.

Weiler, Christel: Postdramatisches Theater. In: *Metzler Lexikon Theatertheorie*, hrsg. v. Erika Fischer-Lichte / Doris Kolesch / Matthias Warstat. Stuttgart: Metzler 2005, S. 245–248.

// Mehr als das Auge des Betrachters. In *Schultheater* 10 (2012), S. 39–41.

Weiler, Christel / Jens Roselt (Hrsg.): *Schauspielen heute. Die Bildung des Menschen in den performativen Künsten*. Bielefeld: Transcript 2011.

Wellbery, David: Stimmung. In: *Ästhetische Grundbegriffe*, Bd. 5, hrsg. v. Karlheinz Barck / Martin Fontius / Dieter Schlenstedt / Burkhart Steinwachs et al. Stuttgart / Weimar: Metzler 2003, S. 703–733.

Welsh, Caroline: *Hirnhöhlenpoetiken: Theorien zur Wahrnehmung in Wissenschaft, Ästhetik und Literatur um 1800*. Freiburg i. Br.: Rombach 2003.

Whitman, Simone: Theater and Engineering. An Experiment. 1. Notes by a Participant. In: *Artforum* 5,6 (1967), S. 26–30.

Wicke, Peter / Wieland Ziegenrücker / Kai-Erik Ziegenrücker (Hrsg.): *Handbuch der populären Musik: Geschichte, Stile, Praxis, Industrie*. Erw. Neuausg. Mainz: Schott 2007.

Wiens, Birgit: *Intermediale Szenographie. Raum-Ästhetiken des Theaters am Beginn des 21. Jahrhunderts*. Paderborn: Fink 2014.

Wiesing, Lambert: *Philosophie der Wahrnehmung*. Frankfurt am Main: Suhrkamp 2002.

Wihstutz, Benjamin: *Theater der Einbildung. Zur Wahrnehmung und Imagination des Zuschauers*. Berlin: Theater der Zeit 2006.

// Heterotopie der Sinne. Überlegungen zur Einbildungskraft des Zuschauers. In: Stefan Tigges / Katharina Pewny / Evelyn Deutsch-Schreiner (Hrsg.): *Zwischenspiele. Neue Texte, Wahrnehmungs- und Fiktionsräume in Theater, Tanz und Performance*. Bielefeld: Transcript 2010, S. 316–329.

// Ulrich Matthes' Onkel Wanja und die verkörperte Einbildung des Zuschauers. In: Jens Roselt / Christel Weiler (Hrsg.): *Schauspielen heute. Die Bildung des Menschen in den performativen Künsten*. Berlin: Transcript 2011, S. 27–33.

Wilson, Peter Niklas: Russolos Enkel. Anmerkungen zur Ästhetik der New Yorker ‚Noise Music'. In: *MusikTexte. Zeitschrift für Neue Musik* 23 (1988), S. 25–27.

Wimmer, Jeffrey / Maren Hartmann (Hrsg.): *Medienkommunikation in Bewegung. Mobilisierung – Mobile Medien – Kommunikative Mobilität*. Wiesbaden: Springer 2014.

Wirth, Uwe (Hrsg.): *Performanz. Zwischen Sprachphilosophie und Kulturwissenschaften*. Frankfurt am Main: Suhrkamp 2002.

// Zwischenräumliche Bewegungspraktiken. In: Ders. (Hrsg.): *Bewegen im Zwischenraum*. Berlin: Kadmos 2012, S. 7–34.

// *Rahmenbrüche, Rahmenwechsel*. Berlin: Kadmos 2013.

// (Hrsg.): *Bewegen im Zwischenraum*. Berlin: Kadmos 2012.

Wodianka, Bettina: Zu Gast im Hör-Spiel-Raum. Überlegungen zur hörenden Teilnahme. In: Marc Caduff / Stefanie Heine / Michael Steiner (Hrsg.): *Die Kunst der Rezeption*. Bielefeld: Aisthesis 2015, S. 221–234.

Wulf, Christoph: Das mimetische Ohr. In: Gunter Gebauer (Hrsg.). *Anthropologie*. Leipzig: Reclam 1998, S. 225–233.

Zeitschrift für Semiotik 34,1–2 (2012): Situation und Klang.

Zenck, Martin: Dal niente. Vom Verlöschen der Musik. Zum Paradigmenwechsel vom Klang zur Stille in der Musik des neunzehnten und zwanzigsten Jahrhunderts. In: *MusikTexte. Zeitschrift für Neue Musik* 55 (1994), S. 15–21.

Zentrum für Bewegungsforschung an der Freien Universität (Hrsg.): *Programmheft Tanz über Gräben. 100 Jahre ‚Le Sacre du Printemps'. Kongress. Gespräche. Aufführungen*. Berlin: Selbstverlag 2013.

Zeuch, Ulrike: *Umkehr der Sinneshierarchie. Herder und die Aufwertung des Tastsinns seit der frühen Neuzeit*. Tübingen: Niemeyer 2000.

Zerfaß, Alexander: Dies irae. Eine Botschaft aus dem finsteren Mittelalter? In: Liturgie-Portal des Liturgischen Instituts der deutschsprachigen Schweiz, 2009. http://www.liturgie.ch/liturgieportal/liturgische-zeichen/musik/218-dies-irae (Zugriff am 15.07.2016).

Rezensionen

Aulich, Bernd: Wie von Geisterhand gesteuert. In: *Stifters Dinge* fesselt Heiner Goebbels durch eine imponierende Theatermaschinerie. In: *Recklinghäuser Zeitung*, 24.09.2013.

Behrendt, Eva / Franz Wille: ‚Alles ist erzählt – und dann kommen noch zehn Minuten Musik'. Ein Gespräch mit Albrecht Puhlmann, Sebastian Nübling und Muriel Gerstner über Regietheater in der Oper. In: *Theater heute*, 4/2007, S. 18–27.

Burri, Nadine: Endlos ist nur der Anfang. In: *Kulturkritik*, 26.08.2011. http://www.kulturkritik.ch/2011/guilherme-botelho-alias-sideways-rain/ (Zugriff am 15.07.2016).

Connolly, Kate: When Pianos Attack. What If Actors Stood Aside and Let the Props Steal the Show? Kate Connolly on a Bizarre Collision of Music and Theatre. In: *The Guardian*, 27.03.2008.

Diederichsen, Diedrich: Töne haben Ursachen. Immer. In: *Theater heute*, 1/2008, S. 14–18.

Genecand, Marie-Pierre: Féerie pour pianos, robots et arbres. In: Le *Temps*, 18.09.2007.

Henrichs, Benjamin: Stöhn heul kreisch blök krächz jaul stotter murmel. In: *Die Zeit*, 28.02.1986.

Malzacher, Florian: Große Tiere – Die Kunst der Kuratoren. In: *Theater heute*, 4/2011, S. 5–21.

Meier, Simone: Das winzige Stückchen Punk. In: *Theater heute*, 3/2005, S. 8–9.

Müller, Tobi: Totenmesse für den Rockkult – Velma *Requiem*. In: *Theater heute*, 2/2008, S. 51.

Oskamp, Katja: Massen an Text, Zeit und Fett. In: *Berliner Zeitung*, 03.09.2007.

Filme

Fucking Åmål (*Raus aus Åmål*, DK/SW 1998, R: Lukas Moodysson).

John Cage: Variations VII/9 Evenings in Theatre & Engineering. US 2006, R: Barbro Schultz Lundestam.

Lucinda Childs: Vehicle/9 Evenings in Theatre & Engineering. US 2010, R: Barbro Schultz Lundestam.

Jewel. EG 2010, R: Hassan Khan.

Internet-Quellen

Atoui, Tarek: Auftritt auf der dOCUMENTA (13), 15.09.2012. https://www.youtube.com/watch?v=PfUDbYdvoRA (Zugriff am 15.07.2016).

Chion, Michel. http://michelchion.com (Zugriff am 15.07.2016).

David Langlois Foundation, Montreal, Canada. http://www.fondation-langlois.org/html/e/selection.php?Selection=9EVO (Zugriff am 15.07.2016).

Experiments in Art and Technology (EAT). http://www.medienkunstnetz.de/werke/documents/ (Zugriff am 15.07.2016).

Melián, Michaela: Memory Loops, 2010. http://www.memoryloops.net (Zugriff am 15.07.2016).

Motu Propio *Tra le sollecitudini.* Amtsblatt des Apostolischen Stuhls Acta Apostolicae Sedis (=AAS), vormals Acta Sancta Sedis (= ASS): ASS 36 (1903–04), S. 329–339. http://w2.vatican.va/content/pius-x/it/motu_proprio/documents/hf_p-x_motu-proprio_19031122_sollecitudini.html (Zugriff am 15.07.2016). http://www.liturgie.de/liturgie/index.php?bereich=publikationen&datei=pub/oP/dok/sacrosanctumconcilium (Zugriff am 15.07.2016).

Tagung „soundthinking", Goethe Universität Frankfurt am Main, 30.05.–01.06.2013. http://www.soundthinking2013.blogspot.de (Zugriff am 15.07.2016).

Die Publikation ist zugleich eine Dissertation am Fachbereich 05 der JLU Gießen.

Bibliografische Information der Deutschen Nationalbibliothek
Die Deutsche Nationalbibliothek verzeichnet diese
Publikation in der Deutschen Nationalbibliografie;
detaillierte bibliografische Daten sind im Internet
über http://dnb.d-nb.de abrufbar.

Umschlaggestaltung: Marija Skara
Lektorat & Satz: Neofelis Verlag (mn/ae)
Druck: PRESSEL Digitaler Produktionsdruck, Remshalden
Gedruckt auf FSC-zertifiziertem Papier.
ISBN (Print): 978-3-95808-126-0
ISBN (PDF): 978-3-95808-177-2